Peter Hammerschmidt | Kirsten Aner
Zeitgenössische Theorien der Sozialen Arbeit

Peter Hammerschmidt | Kirsten Aner

Zeitgenössische Theorien der Sozialen Arbeit

3., überarbeitete und erweiterte Auflage

BELTZ JUVENTA

Der Autor / die Autorin

Peter Hammerschmidt, Jg. 1963, Dr. phil. habil., Dipl.-Päd., Dipl. Soz.-Päd. (FH), ist seit 2007 Professor für Grundlagen der Sozialen Arbeit an der Hochschule München, Fakultät für angewandte Sozialwissenschaften. Seine Arbeitsschwerpunkte sind: Theorien, Geschichte und Organisationen der Sozialen Arbeit.

Kirsten Aner, Jg. 1963, Dr. rer. pol. habil., ist seit 2012 Professorin für Lebenslagen und Altern an der Universität Kassel, Fachbereich Humanwissenschaften, Institut für Sozialwesen. Ihre Arbeitsschwerpunkte sind: Alter und Soziale Arbeit, Kritische Gerontologie, Lebenslagen im Kontext von Altenpolitik, Lebensläufe und Biografien, Alter als soziale Konstruktion.

MIX
Papier aus verantwortungsvollen Quellen
FSC® C089473

Dieses Buch ist erhältlich als:
ISBN 978-3-7799-6798-9 Print
ISBN 978-3-7799-6799-6 E-Book (PDF)

3., überarb. u. erw. Auflage 2022

in der Verlagsgruppe Beltz · Weinheim Basel
Werderstraße 10, 69469 Weinheim

Herstellung: Ulrike Poppel
Satz: Datagrafix, Berlin
Druck und Bindung: Beltz Grafische Betriebe, Bad Langensalza
Printed in Germany

Weitere Informationen zu unseren Autoren und Titeln finden Sie unter: www.beltz.de

Inhalt

Vorwort zur 3. Auflage

Angesichts der erfreulichen Nachfrage und der regen Theoriedebatte seit dem Erscheinen der ersten Auflage schien es uns geboten, nach der zweiten eine dritte, nun aktualisierte und deutlich erweiterte Auflage in Angriff zu nehmen. Die wesentlichen Änderungen und Ergänzungen gegenüber der 2. Auflage seien im Folgenden benannt:

Wir haben Nachträge zum Theoriediskurs nach dem ersten Erscheinen dieses Buches im Jahr 2017 vorgenommen (vgl. Kap. 2.5) und soweit erforderlich und sinnvoll die neue Literatur in die Kapitel 3 und 4 eingearbeitet. Das dritte Kapitel haben wir um eine weitere Theorie der Sozialen Arbeit ergänzt, Horst Bossongs Theorie Sozialer Arbeit als „freundliche Kolonialisierung" (Kap. 3.7). Für die Darstellung von Winklers Theorie Sozialer Arbeit als „Ermöglichung von Subjektivität" haben wir ein neues Schlüsseldokument zugrunde gelegt und den Text des Kapitels entsprechend neu formuliert. Die Steckbriefe zu den einzelnen Theorien haben wir ebenfalls neu gefasst und erweitert. Vor allem aber haben wir die Theorien einer wissenssoziologischen Analyse unterzogen und ein neues Kapitel (4.5) zur Rekonstruktion der Theorien als Problemkonstruktionen ausgearbeitet. Im Anhang zur Neuauflage finden sich tabellarische Darstellungen der Rekonstruktionen der Theorien als Problemkonstruktionen sowie sechs Überblickstabellen, in denen die im 3. Kapitel vorgestellten einzelnen Theorien in verschiedenen Dimensionen vergleichend nebeneinander gestellt sind. Diese Tabellen sollen den Überblick über die Theorien erleichtern und damit den Gebrauchswert des Buches für die LeserInnen erhöhen.

Ebenfalls zu ergänzen ist unsere ursprüngliche Danksagung: Für kritische Durchsicht und Rückmeldungen zu den Erweiterungen in dieser Auflage danken wir Anne Hans, Nicolas Grießmeier, Alessa Krempel, Juliane Sagebiel, Florian Schriefl, Tuan Tran und Jan Wienforth. Als studentische Beschäftigte unterstützte uns Elena Blum. Sabine Stange übernahm gewohnt professionell abschließende Korrekturen und Formatierungen. Sascha Weber, der uns in der ersten Auflage als Mitautor zur Seite stand, widmet sich inzwischen anderen Arbeitsschwerpunkten und zog sich leider aus unserem Theorieprojekt zurück. Wir danken ihm herzlich dafür, dass wir uns weiter auf seine Arbeiten für dieses Buch (vgl. Fußnote 8) stützen können.

1 Einleitung

Die Anregung zu diesem Buch ergab sich für die VerfasserInnen aus den Anforderungen und Bedürfnissen der Lehre, insbesondere den Anforderungen an eine fundierte Lehre zu Theorieentwürfen der Sozialen Arbeit und zu theoretischen Erörterungen zur Sozialen Arbeit. Mit der Einführung von Bachelor- und Masterstudiengängen im Rahmen des Bologna-Prozesses seit Ende der 1990er Jahre erfolgte eine Vereinheitlichung der Studien- und Prüfungsordnungen an (Fach-)Hochschulen und Universitäten, was in der praktischen Umsetzung in Deutschland zu einer „Verschulung" von Studium und Lehre führte. Damit einher ging und geht vielfach eine Ausweitung und „Verbreiterung" der Lehrinhalte bei gleichzeitiger „Verflachung". Aus einer Wissenschafts- und Bildungsperspektive ist dies, ebenso wie die Parallelentwicklungen (Ökonomisierung und Ent-Demokratisierung der Hochschulen), generell skeptisch zu sehen und wird zu Recht zunehmend kritisiert (etwa: Münch 2009; 2011). Ein wesentlicher positiver Effekt indes lässt sich darin sehen, dass vormals nicht oder kaum in den Curricula verankerte Gegenstände nunmehr per Studien- und Prüfungsordnungen zum Wissenskanon erhoben wurden. Bei welchen Gegenständen dies positiv zu bewerten ist und bei welchen nicht, darüber lässt sich trefflich streiten. Aus Sicht der VerfasserInnen, das mag an dieser Stelle genügen, ist die curriculare Verankerung der Geschichte und der Theorien Sozialer Arbeit begrüßenswert. Eine hinreichende Auswahl – trotz einiger durchaus gelungenen Werke – an entsprechenden Lehrbüchern der klassischen wie zeitgenössischen Theorien der Sozialen Arbeit liegt jedoch bislang noch nicht vor.

Die Soziale Arbeit verfüge, so Werner Thole, über eine „plural ausdifferenzierte Theorielandschaft" (2005, S. 28), und Franz Hamburger (2003, S. 104) bezeichnet die Theoriediskussion der Sozialen Arbeit als lebendig und vital. Beiden Einschätzungen ist beizupflichten. Richtig ist aber gleichzeitig auch, was Hamburger ebenfalls ausführt, nämlich, dass das, wofür „tatsächlich der Begriff ‚Theorie' angewendet wird, […] nicht nur unübersichtlich und häufig willkürlich […], sondern mehr oder weniger chaotisch" (ebd.) ist. Dieser Sachstand macht Bemühungen, sich einen Überblick über Theorien der Sozialen Arbeit zu verschaffen, zu einem schwierigen Unterfangen. Die vorliegenden Systematisierungsversuche zu Theorien Sozialer Arbeit, wie sie sich etwa in Einführungen in die Soziale Arbeit, aber auch in den seit Ende der 1970er Jahre vereinzelt vorgelegten monografischen Überblicksdarstellungen finden, wählen entweder einen personenbezogenen Zugang (Buchkremer 1995/2009; Niemeyer 1998; Thole/Galuske/Gängler 1998;

Engelke 1998/2002; Eggemann/Hering 1999[1]) oder sie bemühen sich um eine Zuordnung nach (Theorie-)Traditionen (Thole 2002), wissenschaftstheoretischen Grundpositionen (Marburger 1979; Schmidt 1981; Thole 2002) sowie Paradigmen oder Diskursen (Sahle 2004; May 2008). Damit liegen Werke vor, die teilweise für die wissenschaftlichen Fachdiskussionen wertvoll und inspirierend und teilweise für die Lehre überaus gelungen und hilfreich sind. Gleichwohl erscheinen uns beide Zugänge – der personenbezogene und der kategoriale – letztlich unbefriedigend (ähnlich Hamburger 2003, S. 104 f.).

Bei den vorliegenden personenbezogenen Darstellungen haftet der getroffenen Auswahl nicht selten etwas Willkürliches an – lassen sich Adam Smith oder Otto von Bismarck als Theoretiker Sozialer Arbeit verstehen?[2] –, was nicht nur, aber sicherlich auch daran liegt, dass in diesen Darstellungen die VerfasserInnen ihren eigenen Theoriebegriff und ihr (Vor-)Verständnis von Sozialer Arbeit nicht offenlegen. Der Mangel eines zugrunde gelegten Theoriebegriffs – oder seiner konsistenten Anwendung – ist behebbar; nicht jedoch ein anderes Problem beim personenbezogenen Zugang: Die Personen, die TheoretikerInnen der Sozialen Arbeit selbst, revidierten nicht selten im Verlauf ihres Lebens ihre Theoretisierung Sozialer Arbeit, sei es, weil sie ihre wissenschaftstheoretischen Grundpositionen, ihren Theoriebegriff oder schlicht ihren Blick auf die Empirie Sozialer Arbeit änderten (vgl. May 2008, S. 10). Im Ergebnis heißt dies, dass eine Person nicht einfach für eine Theorie steht. Will man sich nicht mit der „Nummerierung" von Personen einen Notbehelf verschaffen – was bei einzelnen durchaus möglich wäre: Mollenhauer-1, Mollenhauer-2, Mollenhauer-3 (vgl. Niemeyer 1998, S. 191–226) –, dann bleibt zunächst der Versuch, ein kategoriales Ordnungsschema zu konstruieren und es auf die vorhandenen Theorien anzuwenden. Ein Blick auf die vorliegenden kategorialen Ordnungsversuche und ihr Vergleich zeigt (vgl. Lambers 2013, S. 259–268), dass hier mit unterschiedlichen, aber auch sich teilweise überschneidenden Kategorien operiert wurde. Die Darstellungen gelangen zu unterschiedlichen Ergebnissen, was generell nicht verwundern muss. Aber sie kommen auch dort zu höchst unterschiedlichen Ergebnissen – etwa in der Zuordnung von

---

1 Thole/Galuske/Gängler (1998) sowie Niemeyer (1998) sprechen von „Klassikern/Klassikerinnen der Sozialen Arbeit/Sozialpädagogik", aber die angeführten Personen sind durchaus überwiegend auch die namhaften TheoretikerInnen Sozialer Arbeit. Das gilt eingeschränkt auch für die von Eggemann und Hering (1999) vorgestellten „Wegbereiterinnen der modernen Sozialarbeit".

2 So bei Engelke (1998/2002). Eine gute, weil transparente, Begründung für seine Auswahl an – nicht Theoretikern, aber Klassikern – liefert dagegen Niemeyer (1998, S. 10–14) seinen LeserInnen. Ähnlich Thole/Galuske/Gängler (1998, S. 21–25), wobei jedoch „ein zentrales Kriterium" für die KlassikerInnen-Auswahl, nämlich, dass es sich um Personen handele, die „einen theoretischen Beitrag" (ebd., S. 23) geleistet haben müssen, wenig hilfreich ist, weil und insofern die Autoren mitzuteilen versäumen, was sie unter einem „theoretischen Beitrag" verstehen.

Personen/Theorien –, wo sie mit einer identischen Ordnungskategorie arbeiten. Sicher spielt dafür eine Rolle, dass die TheoretikerInnen, wie schon angeführt, ihre Positionen im Laufe der Zeit änderten, und zudem, dass sie ihre Theorien vielfach nicht klar und systematisch auf einer erkenntnis- und wissenschaftstheoretischen Grundlage, in einer disziplinären Perspektive oder im Rahmen eines Paradigmas oder eines Diskurses entwickelt haben. Entscheidender ist aber, dass es allen Ordnungsschemata an klaren und trennscharfen Kategorien mangelt.[3] Eine auffallende Gemeinsamkeit in den vorliegenden kategorialen Ordnungsschemata ist, dass stets zusätzlich eine Zuordnung von Personen (als VertreterInnen oder RepräsentantInnen einer Theorie) erfolgt. Das lässt sich als Versuch interpretieren, die meist wenig aussagekräftigen und sachhaltigen – letztlich unklaren – Kategorien zu klären und zu konkretisieren. Damit werden jedoch die schon angeführten Probleme einer personenbezogenen Darstellung der Theorien Sozialer Arbeit, die die kategorialen Ordnungsschemata ja überwinden wollten/sollten, in diese übertragen.

Im vorliegenden Buch wird ein anderer Weg der Überblicksdarstellung von Theorien Sozialer Arbeit beschritten. Unverzichtbar erscheint es uns, zunächst unseren eigenen Theoriebegriff und anschließend unser Verständnis von Sozialer Arbeit in Form einer Arbeitsdefinition offenzulegen und damit auch kritisierbar zu machen. Aus beidem zusammen ergibt sich die Auswahl der vorzustellenden Theorien. Außer Betracht bleiben (Teil-)Theorien, die nicht den Anspruch haben, die Soziale Arbeit als Ganzes zu erfassen, die also den sich aus der Definition ergebenden Gegenstand nicht umfänglich beschreiben. Wir beschränken uns also auf Theorien *der* Sozialen Arbeit, also auf Theorien, die die gesamte Soziale Arbeit erklären. Dementsprechend haben wir nur solche Theorien aufgenommen,

- die diesen Anspruch haben, ungeachtet dessen, ob sie diese Ambition aus unserer Sicht auch erfüllen und
- die diesen Anspruch erfüllen, auch wenn er nicht erhoben wurde.

Ob dabei in den Theorien die Worte „Soziale Arbeit", „Sozialarbeit" oder „Sozialpädagogik" verwendet werden, spielte für unsere Auswahl allein keine Rolle. Theorien, die unter dem Etikett „Soziale Arbeit" nur die Kinder- und Jugendhilfe erfassen, wurden von uns nicht berücksichtigt. Mollenhauers Sozialpädagogik hingegen schon, weil er unter dem (irreführenden) Ausdruck „Theorie der Jugendhilfe" durchaus auch die Sozialarbeit in den Blick nahm – ungeachtet

3 Pars pro toto: Der Versuch von Schmidt (1981, S. 214ff.) und, ihm folgend, Thole (2005, S. 32f.) zwischen seinen Kategorien „transzendentalphilosophischer Ansatz" und „geisteswissenschaftlich-hermeneutischer Ansatz" oder zwischen „dialektisch-kritischer" und „marxistischer Ansatz" zu unterscheiden, ist zum Scheitern verurteilt. Die von Kant ausgehende Transzendentalphilosophie gehört zur Geisteswissenschaft – und marxistische Ansätze verstehen sich in Anschluss an Marx immer als dialektisch-kritisch.

dessen, ob uns seine Ausführungen dazu überzeugen oder nicht. Außer Betracht bleiben Diskussionsbeiträge, Überlegungen u. Ä. zur Theorie, Praxis oder Profession Sozialer Arbeit, die nicht dem Anspruch unserer Definition von Theorie entsprechen. Das gilt auch, wenn die entsprechenden Personen/TheoretikerInnen in den Fachdiskussionen breite Beachtung finden und ihre Ausführungen dort eventuell auch mit dem Etikett „Theorie" versehen werden (z. B. lebensweltorientierte Soziale Arbeit). Diskursrelevanz war für uns ebenso wenig wie Praxisrelevanz ein Kriterium. Kurzum: Wir präsentieren im Folgenden nur Theorien Sozialer Arbeit, die die Soziale Arbeit als Ganzes erfassen und erklären sollen. Dabei fokussieren wir – eingedenk der angeführten Probleme einer personenbezogenen Darstellung – nicht auf TheoretikerInnen, sondern auf Theorien, wohl wissend, dass wir nicht ganz auf Personenbezüge verzichten können und dass wir dabei Personen und ihren jeweiligen Werken nicht gerecht werden können. Dies ist billigend in Kauf zu nehmen. An Stelle einer Zuordnung der Theorien nach Personen tritt in unserer Darstellung die Zuordnung nach der jeweiligen Kernbestimmung dessen, was in der jeweiligen Theorie Soziale Arbeit ist. Die gewählte Reihenfolge ist dabei schlicht chronologisch. Wir beschränken uns hier auf die zeitgenössischen Theorien und beginnen in den 1960er Jahren mit der von Klaus Mollenhauer eingeleiteten „sozialwissenschaftlichen Wende" in der Theoriebildung Sozialer Arbeit, die uns fachpolitisch hinreichend bedeutend erscheint, um eine solche Periodisierung zu begründen (→ Kap. 2.1). Die Darstellung klassischer Theorien Sozialer Arbeit ist einer späteren Publikation vorbehalten.

In diesem Buch gehen wir von der Definition aus, dass eine Theorie die Erklärung einer Sache ist – ungeachtet dessen, ob diese Erklärung falsch oder richtig ist. Dabei ist kategorial zwischen Alltagstheorien und wissenschaftlichen Theorien zu unterscheiden. Wissenschaftliche Theorien unterliegen wegen ihres generellen Geltungsanspruchs höheren Anforderungen. Das Kriterium für ‚höher' ist, dass ihre Erstellung wissenschaftlichen Regeln unterliegt: Verlangt wird, dass sie den Gesetzen der Logik folgend systematische, geordnete, plausible Aussagen über ihren eingegrenzten Gegenstand formulieren, die intersubjektiv überprüfbar und damit auch kritisierbar sowie grundsätzlich widerlegbar sind. Sie zielen auf eine (möglichst) fehlerfreie Erklärung und sind handlungsentlastet.

Ob fehlerfreie, geordnete Aussagen über einen Gegenstand als Objektivität, Wahrheit, Wirklichkeit, Realität, Richtigkeit, Gewissheit o. ä. bezeichnet werden, ist abhängig von der zugrunde gelegten Wissenschafts- und Erkenntnistheorie. Dasselbe gilt für die Verhältnisbestimmung von Theorie und Sache. Theorie kann (und wird je nach erkenntnistheoretischen Grundannahmen) als Abbildung oder Widerspiegelung der Wirklichkeit, als Rekonstruktion oder als Konstruktion der Wirklichkeit verstanden werden. Der Rede von Theorie als (Re-)Konstruktion von Wirklichkeit kann die Annahme zugrunde liegen, dass diese Wirklichkeit auch jenseits ihrer Theoretisierung existiert und erkannt werden kann oder, dass sie zwar existiert, aber nicht erkannt werden kann oder aber, dass von keiner der Theorie vorgängigen Wirklichkeit ausgegangen werden kann.

Wir gehen jenseits der klassischen philosophischen Polarisierung zwischen Idealismus und Materialismus davon aus, dass eine materiale Welt unabhängig vom menschlichen Bewusstsein existiert, diese und insbesondere die soziale Wirklichkeit aber erst durch gedankliche Arbeit kommunikativ im gesellschaftlichen Kontext konstruiert werden muss, um Bedeutung zu erlangen; insofern folgen wir dem symbolischen Interaktionismus. Theorie ist damit auf die Sache bezogen, aber zwischen beiden besteht eine unaufhebbare Nicht-Identität. Sie unterscheiden sich, um ein beliebtes und auch recht treffendes Bild zu bemühen, wie die Landkarte von der Landschaft.

Theorie als gedankliche (Re-)Konstruktion einer Sache, die diese Sache erklärt, erfordert, dass Theorien im Kern analytisch sind; regelmäßig ist auch eine deskriptive (beschreibende) Dimension erforderlich. Daneben finden sich vor allem in handlungsbezogenen Theorien mit gewisser Notwendigkeit auch normative Dimensionen (Sollens-Forderungen). Die jeweilige Ausprägung dieser Dimensionen zu unterscheiden ist dabei notwendig, um die Theorien verstehen und beurteilen zu können, denn sie erfordern, um gelten zu können, unterschiedliche Erklärungs- und Begründungsmuster.

Die Theorie und die Sache, um die es in diesem Buch geht, ist die Soziale Arbeit. Unser (Vor-)Verständnis von Sozialer Arbeit in Form einer Arbeitsdefinition offenzulegen, erscheint uns aus den gleichen Gründen erforderlich, wie die vorstehenden Ausführungen zu unserem Theorieverständnis.

Unter Sozialer Arbeit verstehen wir eine personenbezogene soziale Dienstleistung, die im sozialstaatlichen Rahmen zur Bearbeitung sozialer Probleme eingesetzt wird, damit die AdressatInnen im gesellschaftlichen Interesse bei der Bewältigung von Lebensproblemen so unterstützt werden, dass sie in die Lage versetzt werden, gesellschaftlichen (Normalitäts-)Anforderungen zu entsprechen.

Die Ursprünge der Sozialpädagogik,[4] so Mollenhauer (1959), liegen in der industriellen Gesellschaft. Anders formuliert: Soziale Arbeit entstand mit der bürgerlichen Gesellschaft und der dort formulierten Sozialen Frage, die *das* soziale Problem der industriekapitalistischen Marktgesellschaft war und ist. Sie hat grundsätzlich die private Organisation der gesellschaftlichen Reproduktion in Form marktgesteuerter Austauschprozesse zur Voraussetzung und Grundlage. Die hierbei entstehenden Unsicherheiten und Risiken werden durch die Sozialpolitik aufgefangen, wobei sie Kompensationen für die als legitim angesehenen

4 Mollenhauer verwendet die Bezeichnung „Sozialpädagogik" für das, was die Verf. in diesem Buch „Soziale Arbeit" nennen. Für Mollenhauer umfasst der (Ober-)Begriff „Sozialpädagogik" auch die Praxisfelder, die nach älterer Unterscheidung zum Bereich der Sozialarbeit (etwa Familienberatung, Bewährungshilfe und Altenhilfe) gehören (Mollenhauer 1966/1998, S. 313).

Fälle gescheiterter privater Reproduktion bereitstellt und zwar derart, dass die Mitglieder der Gesellschaft grundsätzlich zur privaten Reproduktion bereit sind (vgl. Sachße/Tennstedt 2005). Sozialpolitik relativiert damit einerseits die Marktabhängigkeit von Individuen (Dekommodifizierung), anderseits schafft sie aber auch die Voraussetzungen für deren Marktteilnahme (Kommodifizierung). Lässt sich Sozialpolitik als Antwort auf die Soziale Frage bestimmen, dann stellt Soziale Arbeit die (sozialpädagogische Teil-)Antwort dar; sie ist für die pädagogisch bearbeitbaren Teile der Sozialen Frage zuständig (vgl. Niemeyer/Böhnisch/Schröer 1997; Dollinger 2006; 2008a).

Soziale Arbeit war im ersten sozialen Sicherungssystem verankert, der kommunalen Armenfürsorge.[5] Sie war durch die Kopplung materieller Unterstützungsleistungen mit persönlicher Hilfe, d.h. auch durch Einflussnahme und Kontrolle, gekennzeichnet und, modern formuliert, als persönliche soziale Dienstleistung gestaltet. Knüpfte die Soziale Arbeit in gewisser Weise auch an vorangegangene Formen und Traditionen von Armenpflege und Caritas an, so hatte sie diesen gegenüber dennoch einen anderen Charakter. Soziale Arbeit war (und ist) auf die Systemimperative der Lohnarbeitsgesellschaft bezogen. Was dabei im einzelnen diesen Systemimperativen entspricht, welche „gesellschaftlichen (Normalitäts-)Anforderungen" bestehen und was damit als „normal" bzw. als „abweichend" gilt, unterliegt ebenso wie die Bestimmungen von „gesellschaftlichen Interessen", „Lebensproblemen" und grundsätzlich die Frage, was als einzelnes (legitimes) soziales Problem anzusehen ist, gesellschaftlichen Definitions- und Aushandlungsprozessen, die eingelagert in den jeweiligen gesamtgesellschaftlichen Kontext und damit auch interessengeleitet und machtbasiert vollzogen werden. Dasselbe lässt sich für die Spezifizierung sozialer Probleme festhalten. Welcher Art – und damit wie diese Probleme zu bearbeiten sind – liegt keineswegs in der „objektiven Natur einer Sache". Auch die Deutung, welches Problem (sozial-)pädagogisch, polizeilich/juristisch oder medizinisch zu bearbeiten ist oder etwa durch schlichte Geldleistungen, erfolgt jeweils im Widerstreit und unterliegt zudem, wie die übrigen angeführten Dinge auch, dem zeitlichen und gesellschaftlichen Wandel. Deshalb ist auch keine abschließende Aufzählung von Aktivitäten, Praxisfeldern und AdressatInnen/NutzerInnen der Sozialen Arbeit möglich. Die weitere Entwicklung hängt (wie schon in der Vergangenheit) von gesellschaftlichen Problematisierungsprozessen ab. Seit und mit der Anerkennung der „sozialpädagogischen Frage" (als Teil der Sozialen Frage) und der Institutionalisierung ihrer Lösung als „Sozialpädagogik" (als Teil der Sozialpolitik) in Form von Rechtsgrundlagen, Organisationen (Ämtern, sozialen Einrichtungen, Dach-, Fach- und Berufsverbänden) und der späteren

---

5 Später kamen dann die Sozialversicherung und Sozialversorgung als weitere Säulen des sozialen Sicherungssystems hinzu, die im Unterschied zur Fürsorge jedoch vorwiegend mit Geld- und Sachleistungen operieren.

disziplinären Verankerung im Hochschulsystem verfügt die Soziale Arbeit über eigene (kollektive) Akteure, um auf diese Problematisierungsprozesse Einfluss zu nehmen (vgl. Euteneuer u.a. 2014; Hammerschmidt et al. 2018, S. 15ff.).

In der „Klassiker-Debatte" der Sozialen Arbeit, die Ende der 1990er Jahre ausgehend von den Publikationen von Christian Niemeyer (1998), Werner Thole, Michael Galuske und Hans Gängler (1998) sowie auch Maike Eggmann und Sabine Hering (1999) geführt wurde, formulierte Wolf Rainer Wendt (1999) zunächst die Frage: „Müssen Klassiker deutsch sein?" und etwas später ergänzte Sabine Andresen (2001): „Müssen Klassiker männlich sein?". Die beiden Fragen wurden von Wolf Rainer Wendt und Sabine Andresen jeweils mit einem eindeutigen und klaren Nein beantwortet. Dem ist uneingeschränkt beizupflichten. Die Nationalität und das Geschlecht der Menschen, deren Theorien wir hier summarisch oder eingehender vorstellen, stellte für uns kein Auswahlkriterium dar. Dafür, dass im Ergebnis überwiegend deutsche Männer die Theorien entwickelt haben, die Gegenstand des vorliegenden Buches bilden, gibt es benennbare Gründe. Entscheidende Gründe hierfür werden heute vor allem durch die Frauen- und Geschlechterforschung diskutiert und finden ihre Beweisführung in der „Reproduktion geschlechtshierarchischer Verteilungsasymmetrien", in der „Vergeschlechtlichung von Arbeit, die dem Berufsbereich selbst inhärent sind", aber auch in der „Logik von Professionalisierungsprozessen und Prozessen der sozialen Schließung" (Wetterer 2002, S. 223; vgl. Gildenmeister/Robert 2000; Stecklina 2013). Die geschlechtshierarchische Arbeitsteilung in den Praxisfeldern Sozialer Arbeit reproduziert sich im Wissenschaftssektor (vgl. Cremer/Bader/Dudek 1990; Rabe-Kleberg 1990). Für diese Gründe sind jedoch nicht die VerfasserInnen dieser Zeilen haftbar zu machen. Allenfalls ließe sich einwenden, dass aus der Fokussierung der AutorInnen dieses Werkes auf die Soziale Arbeit in Deutschland ein – durchaus den VerfasserInnen zuzuschreibendes – solches Ergebnis folge, womit dann eine Begründung für diese Fokussierung erforderlich zu werden scheint. Warum also diese Beschränkung auf den deutschsprachigen Raum, die eingedenk der internationalen Vielfalt von Theoretisierungen Sozialer Arbeit, der Fülle internationaler Bezüge innerhalb einzelner Theorien sowie der generellen „Internationalisierung", „Globalisierung" der Welt „an sich", der wissenschaftlichen Fachdiskussionen im Allgemeinen sowie auch von Theorie und Praxis selbst, unmodern, national borniert oder schlicht unzeitgemäß erscheinen kann? Wie in unserer Definition Sozialer Arbeit schon ausgeführt, verstehen wir Soziale Arbeit als Teil der Sozialpolitik und damit als Teilantwort auf die Soziale Frage. Und die Antwort auf die Soziale Frage – die konkrete Ausgestaltung in einzelnen sich industrialisierenden Ländern, die Entstehungsbedingungen der bürgerlich-kapitalistischen Lohnarbeitsgesellschaft – war historisch-konkret verschieden in Abhängigkeit von gesellschaftlichen Auseinandersetzungen, wobei viele Faktoren eine Rolle spielten, z.B. auch konfessionelle Konstellationen. Im Ergebnis unterscheiden sich auch die jeweiligen Gesellschaftsformationen als

Ganze und es unterscheiden sich mehr noch die jeweiligen Sozialpolitiken und die Ausgestaltungen von Sozialstaatlichkeit und eben in diesem Rahmen auch die Gestaltung von Sozialer Arbeit.[6] Damit ist nicht dementiert, dass es Gemeinsamkeiten, Ähnlichkeiten, Strukturhomologien gibt. Die gibt es sehr wohl – zumindest für einzelne Ländergruppen. Aber es verbietet sich, gesellschafts- oder zeit- bzw. epochenübergreifend allgemeine Wahrheiten über Soziale Arbeit – oder soziale Hilfen – formulieren zu wollen, da Wahrheit immer konkret ist.[7]

Zum Aufbau des Buches: Der Einleitung lassen wir zunächst ein Kapitel mit hinführendem und rahmendem Charakter folgen (2. Kap.). Hier soll vor dem Hintergrund der Entwicklungen im Sozialen Sektor, vornehmlich in den Praxisfeldern der Sozialen Arbeit und im Ausbildungsbereich der Sozialen Arbeit, ein Abriss der Theoriegeschichte von den 1960er Jahren bis zur Gegenwart präsentiert werden. Damit möchten wir einen Überblick über die Theorieentwicklung Sozialer Arbeit geben, mit dem es auch möglich sein wird, die ausgewählten Theorien des folgenden Kapitels (3. Kap.) einzuordnen und zudem Theoriediskussionen zu integrieren, die in der Vorstellung der Einzeltheorien keinen angemessenen Platz finden.

Im Zentrum des Buches steht dieses dritte Kapitel, in dem wir vierzehn von uns identifizierte Theorien Sozialer Arbeit im Einzelnen präsentieren. Dies nehmen wir nach einem einheitlichen Muster vor. Wir beginnen mit der Definition und Gegenstandsbestimmung Sozialer Arbeit aus der jeweiligen Theorieperspektive und benennen knapp die VertreterInnen der Theorie. Anschließend stellen wir die Kernaussagen der Theorie vor. Dabei rekonstruieren wir zunächst die Gedankenbewegungen bis hin zum Ausgangspunkt der (Kern-) Argumentation (Grundannahmen/Ausgangspunkt), referieren anschließend die

---

6 Explizit anders sieht das der Deutsch-Amerikaner Falck (1997, S. 131), wenn er im Nachwort zu seiner Schrift, in der er seine Membership-Theorie Sozialer Arbeit entfaltet hat, festhält: „Soziale Arbeit, wo immer sie wirkt, ist nicht an irgendeine Kultur gebunden oder an irgendeine Gesellschaft. Stattdessen begreifen wir sie als eine universale menschliche Möglichkeit." Augenscheinlich enthalten die Ausführungen zu seiner Theorie implizit wie auch explizit eine Fülle von kultur-, gesellschafts- und zeitbedingten Sachverhalten – jenen der aktuellen US-amerikanischen. Ungewollt liefert Falck damit ein beredtes Beispiel für die Unhaltbarkeit dieser Position. Anders der Brite Payne (1991, S. 1) in der Einleitung seiner Aufarbeitung von Theorien Sozialer Arbeit in sozialkonstruktivistischer Perspektive: *„This apparent shared understanding across many societies raises questions. Is social work a single entity? If so, presumably we should be able to say what it is and what not. But there is no agreed definition. It is hard to decide what might be, who its clients are, what its methods are, what a social worker is. Perhaps these are insoluble problems, and no final decisions about them may be made. The answers may vary according to the time, social conditions and cultures within which the questions are raised."* Dem ist beizupflichten.

7 Zum „methodologischen Nationalismus" (auch) der Theorien Sozialer Arbeit siehe Köngeter 2009.

(Kern-)Argumentation und schließlich die Schlussfolgerungen, die daraus abgeleitet werden. Bei einigen Theorien (Kap. 3.3 und 3.10) haben wir unter der Überschrift „Abgrenzungen" ein zusätzliches Unterkapitel eingefügt. Hier finden sich kursorische Hinweise auf weitere eigenständige Theorien Sozialer Arbeit, die die Kernbestimmung Sozialer Arbeit mit der hauptsächlich dargestellten Theorie teilen, die sich aber in der einen oder anderen Weise in einem grundsätzlichen Aspekt von dieser unterscheiden. Unter der Zwischenüberschrift „Grenzen und offene Fragen" bemühen wir uns dann um eine kritische Bewertung der wiedergegebenen Theorie. Soweit es möglich war, haben wir als Literaturgrundlage für unsere Darstellungen einen inhaltlich vollumfänglichen, aber gleichwohl möglichst knappen Text herangezogen (Schlüsseldokument). Damit wollen wir die Möglichkeit schaffen, in der Lehre parallel mit einem Originaltext und unserer Aufarbeitung und Interpretation arbeiten zu können. Zudem stellen wir die (wichtigsten) VertreterInnen der jeweiligen Theorie mit knappen biografischen Angaben vor. Am Ende jedes Theorie-Kapitels verweisen wir auf das Schlüsseldokument und – soweit möglich – zusätzlich auf eine ausführlichere Darstellung sowie auf weitere, nach Relevanz sortierte, ergänzende Texte zur selben Theorie und schließlich auf orientierende Sekundärliteratur zu der jeweiligen Theorie. Damit soll es uns gelingen, so unsere Hoffnung, der jeweiligen Theorie gerecht zu werden; dass wir dabei gleichzeitig den TextverfasserInnen als TheoretikerInnen nicht immer gerecht werden, haben wir schon eingeräumt. Abschließend fassen wir zentrale Aspekte der Theorien in einer tabellarischen Übersicht zusammen, die wir als „Steckbrief" etikettieren.

Im vierten Kapitel vergleichen wir die vorgestellten Theorien unter verschiedenen Aspekten. Eine Leseempfehlung, ein umfassendes Literaturverzeichnis und (neu in der 3. Auflage) ein Anhang mit Übersichtstabellen zum Vergleich der Theorien sowie zur Rekonstruktion der Theorien als Problemkonstruktionen runden und schließen das Buch ab.

Die gendersensible, geschlechtsneutrale Wortwahl wird von uns bevorzugt und verwendet, auch wenn es das Schriftbild und den Lesefluss stören mag. Dort, wo wir die Argumentation der TheoretikerInnen referieren, halten wir uns jedoch an die konkrete Wortwahl oder Begriffsverwendung dieser AutorInnen. Das betrifft neben der nicht-geschlechtsneutralen Sprache auch Bezeichnungen wie „Sozialarbeit" und „Sozialpädagogik", „Sozialarbeiter/Sozialpädagoginnen" oder „Klienten/Klientinnen", „Kunden/Kundinnen" usw., obwohl wir selbst die Ausdrücke „Soziale Arbeit", „Professionelle" und „AdressatInnen" bevorzugen.

Abschließend gilt es noch einer Dankesschuld zu entsprechen, was wir hiermit gerne tun. Danken möchten wir einer Reihe von Kolleginnen und Kollegen, aber auch drei Studierenden der Sozialen Arbeit an der Hochschule München und an der Universität Kassel, die sich bereitgefunden haben, einzelne Kapitel dieses Buches im Entwurfsstadium zu studieren und uns mit vielfältigen Anregungen und kundiger Kritik geholfen haben. Namentlich: Nicolas Grießmeier, Burkhardt Hill, Jana Konschak, Christine Kopatsch, Ngan Nguyen-Meyer und Juliane Sagebiel sowie Katharina Itzke, Anja Uhl und Johanna Trautner; letzterer danken wir außerdem für die Unterstützung der abschließenden formalen Korrekturen. Besonderer Dank gilt Gerd Stecklina, der uns in der Anfangsphase des Buchvorhabens als Ideengeber und intensiver Diskussionspartner zur Seite stand. Für alle Fehler und Schwächen sind selbstredend die VerfasserInnen verantwortlich. Das vorliegende Buch ist durch einen langen Arbeits- und Diskussionsprozess zu einem Gemeinschaftswerk geworden; gleichwohl zeichnen wir im Rahmen unserer Arbeitsteilung jeweils für einzelne Kapitel primär verantwortlich.[8]

8 Kirsten Aner für die Kapitel 3.1, 3.8 und 3.9; Kirsten Aner und Peter Hammerschmidt für Kapitel 4; Peter Hammerschmidt für die Kapitel: 1, 3.2 bis 3.7, 3.10, 3.12 bis 3.14 sowie Kap. 4.5; Peter Hammerschmidt und Sascha Weber für Kapitel 2; Sascha Weber für Kapitel 3.11.

2 Zur Real- und Theoriegeschichte der Sozialen Arbeit

Die Realgeschichte der Sozialen Arbeit und die darin eingebettete Entwicklung der Theorie(-n) der Sozialen Arbeit erscheinen für Studierende der Sozialen Arbeit oft unverbunden. Das folgende Kapitel soll verdeutlichen, dass und wie beide Entwicklungen miteinander in Beziehung stehen. Hierzu werden die im 3. Kapitel vorgestellten Einzeltheorien quasi „doppelt" eingeordnet: zum einen in die Zeitgeschichte unter besonderer Berücksichtigung der sozialarbeitsrelevanten Entwicklungen und zum anderen in einen Theoriediskurs über den Zeitverlauf. So sollen Theorien nicht nur aus sich selbst, sondern auch aus ihrer Zeit heraus, aus den politischen, sozialen und berufsbezogenen und organisatorischen Bedingungen der Sozialen Arbeit verständlich(-er) werden. Diese verzahnte Betrachtung von Real- und Theoriegeschichte soll den Blick für Wechselwirkungen und für wechselseitige Irritationen schärfen.

Vor dem Hintergrund dieser Überlegungen wird die Darstellung – nach Jahrzehnten geordnet – jeweils zunächst die gesellschaftlichen Rahmenbedingungen, anschließend relevante Entwicklungen in der Praxis Sozialer Arbeit und schließlich die Theoriegeschichte behandeln. Zwei Hinweise sind dabei zu berücksichtigen. (1.) Trotz der eingangs betonten Beziehung zwischen Real- und Theoriegeschichte gilt: (a) Die Theorien sind nicht als mehr oder weniger zwangsläufiges Ergebnis der empirisch vorfindbaren Realität (hier: Realgeschichte Sozialer Arbeit) zu verstehen und umgekehrt (b) die Realgeschichte Sozialer Arbeit ist nicht als „Umsetzung" von Theorien in eine Praxis zu lesen. (2.) Die folgenden Ausführungen zielen weder bezüglich der Real- noch bezüglich der Theoriegeschichte auf Vollständigkeit; Ziel dieses Kapitels ist lediglich, eine Einordnung der im 3. Kapitel vorgestellten einzelnen Theorien zu geben. Die Theoriediskurse der vergangenen Jahrzehnte wurden durchaus breiter geführt, worauf wir dann von Fall zu Fall verweisen werden.

2.1 Entwicklungen in den 1960er Jahren

Zur Realgeschichte Sozialer Arbeit

Die 1960er Jahre waren in der Bundesrepublik durch wirtschaftliche und soziale Normalisierung gekennzeichnet, die sich in den Gegenständen und Rahmenbedingungen Sozialer Arbeit widerspiegelte. Das so genannte „Wirtschaftswunder" erreichte immer größere Teile der Bevölkerung und die finanziellen

Handlungsspielräume der öffentlichen Hand vergrößerten sich. Und dies weniger als 15 Jahre seit dem Ende des Zweiten Weltkrieges, der Massenelend hinterlassen hatte. Schon zu Beginn dieses Zeitraums konnte mit der Verabschiedung des Bundessozialhilfegesetzes und des Jugendwohlfahrtsgesetzes 1961 die Fürsorge auf ein neues rechtliches Fundament gestellt werden.

Mit dem Bundessozialhilfegesetz (BSHG) brachte der Bundestag eine grundsätzliche Neuregelung des Fürsorgerechts auf den Weg (zur Entwicklung: Föcking 2007). Künftig ersetzte im BSHG wie in anderen Bereichen das Wort „Hilfe" den Begriff der „Fürsorge". Dem Urteil des Bundesverwaltungsgerichts vom 24.6.1954 folgend räumte das neue BSHG den Hilfebedürftigen ein subjektiv-öffentliches Recht auf Fürsorgeleistungen ein. Mit diesem einklagbaren Rechtsanspruch war der Status des Fürsorgeempfängers grundsätzlich neu justiert: Fürsorge sollte kein passiver Verwaltungseingriff mehr sein. Das Gesetz legte weiterhin fest, dass sich die Leistungen der Fürsorge künftig am Prinzip der Menschenwürde orientieren mussten, womit auch das soziokulturelle Existenzminimum zum Maßstab angemessener Hilfe wurde. Die „traditionellen" Geldleistungen der Fürsorge hießen nun „Hilfe zum Lebensunterhalt" (HLU); hier waren die Regelungen des Weimarer Fürsorgerechts in modernisierter Fassung aufgehoben. Daneben schuf das BSHG mit den „Hilfen in besonderen Lebenslagen" (HbL) eine zusätzliche und neue Leistungsart. HbL sollten bedarfsgerecht bei der Erhaltung eines eigenen Haushalts, Behinderung, Pflegebedarf, Krankheit, Familienplanung, werdenden Müttern und Tuberkulosekranken eingreifen (Tennstedt 2003, S. 62 f.). Damit wurde das vormals enge Verständnis von Hilfebedürftigkeit deutlich erweitert und die Orientierung an Vorbeugung und Rehabilitation, die über die berufliche hinausgeht, vorgegeben. Das erweiterte den Adressatenkreis Sozialer Arbeit und veränderte damit zugleich ihren Charakter.

Bei der Reform des Reichsjugendwohlfahrtgesetzes aus dem Jahr 1922 zum Jugendwohlfahrtgesetz (JWG) 1961 blieb die Grundstruktur des Vorläufergesetzes erhalten, das als Organisationsgesetz („Jugendamtsgesetz") ausgestaltet worden war. Auch wenn das neue Gesetz dem Charakter des alten verhaftete und hinter den Vorstellungen und Forderungen der Fachöffentlichkeit zurückblieb, brachte diese Neuregelung aus Sicht der Sozialen Arbeit deutliche Fortschritte. Insbesondere fand die schon lange geforderte „Freiwillige Erziehungshilfe" als neues Rechtsinstitut Eingang ins JWG, die rechtliche Position der Eltern wurde gestärkt und eine Verfachlichung eingeleitet.

Die Entwicklung der Berufspraxis hinkte in großen Teilen diesen rechtlichen Fortschritten zunächst hinterher. Eine erste grundlegende Bestandsaufnahme zur Vollzugspraxis der Jugendhilfe im Auftrag des Deutschen Vereins (Vogel 1960) zeigte, dass etwa ein Viertel der Jugendämter noch ohne Fachpersonal tätig war, der Anteil gering-qualifizierter Mitarbeiter bei bis zu 90 Prozent lag und rund zwei Drittel der Jugendamtsleitungen dort ohne Fachausbildung tätig war. Für die Aufgaben der Jugendpflege sowie der Erziehungsberatung stellten vor allem die ländlichen Jugendämter kaum Mittel bereit und viele Jugendämter verfügten über keinen eigenen Außendienst. Nicht nur in den Behörden, sondern auch in den Jugendhilfeeinrichtungen selbst, herrschte ein großer Mangel an pädagogisch qualifiziertem Fachpersonal. Besonders gravierend war dies in den meist konfessionell getragenen Erziehungsheimen, wo Kinder und Jugendliche überwiegend unter – nicht nur nach heutigen Maßstäben – unhaltbaren Zuständen lebten und litten (Loerbroks/Wendelin 2010; Damberg et al. 2010; Henkelmann et al. 2011; Winkler/Schmuhl 2011).

Hinzu kam der so genannte „Subsidiaritätsstreit". Die Vertreter der Wohlfahrtsverbände hatten im Vorfeld der Fürsorgerechtsreformen Positionsverluste zugunsten der kommunalen Wohlfahrtspflege befürchtet und unter der Federführung des Caritasverbandes „verschärfte" Subsidiaritätsregelungen, die als Funktionssperren für die öffentlichen Träger wirken konnten, in den Reformgesetzen erreicht. Einzelne Kommunen und Bundesländer klagten dagegen. Ein Ende fanden die damit umrissenen Auseinandersetzungen erst 1967 durch ein Urteil des Bundesverfassungsgerichts (BVerfGE 22), das die Nachrangigkeitsregelungen für das Tätigwerden der öffentlichen Träger im BSHG und JWG als verfassungsgemäß erklärte. Den nunmehr einsetzenden Ausbau an sozialen Einrichtungen und Diensten vollzogen aber nicht nur die sog. freien Träger, auch die Kommunen erweiterten die soziale Infrastruktur; die befürchtete faktische Funktionssperre kam dabei praktisch nicht zum Tragen.

Als popularitätsfördernd für die freie Wohlfahrtspflege erwies sich der Contergan-Skandal. Dieser Skandal um die Schädigungen durch das Schlafmittel Contergan wurde seit 1962 von hoher öffentlicher Aufmerksamkeit begleitet und deckte zudem auf, dass die sozialrechtliche Situation der Eltern für die medizinische Behandlung, Rehabilitation und finanzielle Versorgung der Betroffenen unzureichend war. Der freien Wohlfahrtspflege gelang es, sowohl mediale Aufmerksamkeit zu erlangen („Aktion Sorgenkind") als auch sich als für die Hilfeleistung zuständige Instanz zu definieren und finanzielle Mittel in ihre Einrichtungen zu lenken (Bösl 2009, S. 93). Die 1960er Jahre waren zugleich die Zeit der ersten Elterninitiativen. Zunächst organisierten sich Eltern chronisch kranker bzw. behinderter Kinder, die mit dem bestehenden System der Fürsorge für ihre Kinder unzufrieden waren (Bösl 2009, S. 141).

Auch die Ausbildung unterlag in den 1960er Jahren deutlichen Veränderungen. Die traditionellen Ausbildungsstätten für Tätigkeiten in der Sozialen Arbeit waren Wohlfahrtsschulen, die sich hinsichtlich ihrer Zugangsvoraussetzungen, Lehrinhalte, Schwerpunkte und Methoden weitgehend an den Regelungen aus der Weimarer Republik orientierten. Eine Reform der Ausbildungsordnung in Nordrhein-Westfalen 1959 gab den Anstoß für eine nicht nur semantische Veränderung: Nach und nach wurde in der Bundesrepublik die Berufsbezeichnung „Fürsorgerin" bzw. „Fürsorger" von der Bezeichnung „Sozialarbeiterin" bzw.

„Sozialarbeiter" abgelöst. Diese hatten nun an „Höheren Fachschulen" eine dreijährige Ausbildung zu absolvieren, in der sozial- und verhaltenswissenschaftliche Lehrinhalte einen höheren Stellenwert erhielten. Die AbsolventInnen waren ab 1961 im öffentlichen Dienst in die Stufe Vb eingruppiert und gehörten damit zum „gehobenen Dienst" (Amthor 2003, S. 487 ff.; Sachße/Tennstedt 2012, S. 166–170).

Die Berufspraxis änderte sich gleichwohl nur langsam. Sie war in den 1960er Jahren konzeptionell durch das Modell der Familienfürsorge als fachübergreifender Außendienst der Sozialbehörden geprägt, oft an die Gesundheitsämter und nur selten an die Jugend- und Sozialämter angebunden. Ein Viertel der Kommunen hatte zu diesem Zeitpunkt keine Familienfürsorge (Hammerschmidt/Uhlendorff 2012, S. 30).

Zur Theorieentwicklung

In den 1960er Jahren finden sich erste Ansätze einer Neuorientierung innerhalb der Theoriediskussion der Sozialen Arbeit. Den disziplinären Rahmen dafür bildete die von Heinrich Roth unter dem Schlagwort „realistische Wende" geforderte Hinwendung der seinerzeit in Westdeutschland rein geisteswissenschaftlich ausgerichteten Erziehungswissenschaften zur empirischen Forschung (vgl. Roth 1958; 1962). Diese Forderung bedeutete eine Öffnung der Erziehungswissenschaften gegenüber den Sozialwissenschaften.

Als Pionier der Theoriebildung in diesem Sinne wirkte Klaus Mollenhauer. Mit seiner Dissertation von 1959 legte er die Grundlagen dafür. Mit dieser Schrift und mit einer Reihe von darauf aufbauenden Veröffentlichungen bis Mitte der 1960er Jahre beeinflusste er sowohl die Erziehungswissenschaften allgemein als auch speziell die Sozialpädagogik. Dabei tragen Mollenhauers Schriften aus dieser Zeit „Übergangscharakter". Erste Schritte hin zu einer „Versozialwissenschaftlichung" der Erziehungswissenschaften wurden gemacht, der gleichzeitige Versuch, das geisteswissenschaftliche Erbe zu wahren, führte aber dazu, dass dieser Weg nicht zu Ende gegangen wurde (→ Kap. 3.1).

Ab der zweiten Hälfte der 1960er Jahre zeigten dann die Sozialwissenschaften selbst Interesse an der Sozialen Arbeit. Nach und trotz der Überwindung der kriegsbedingten Massennotstände erfuhren sozialarbeiterische/sozialpädagogische Maßnahmen eine deutliche Ausweitung und wurden mit neuen Rechtsgrundlagen versehen: dem Jugendwohlfahrtsgesetz und dem Bundessozialhilfegesetz von 1961. Wie dies zu erklären sei, fragte sich etwa der Soziologe Helge Peters. Seine Antwort – Soziale Arbeit sei eine Instanz sozialer Kontrolle und zugleich Agentur sozialer Innovationen – trug den Charakter einer eigenständigen, soziologischen Theorie Sozialer Arbeit. Man kann auch ihn als Pionier der Theoriebildung bezeichnen, da er aus einer sozialkonstruktivistischen Perspektive fragt, wie die jeweils als defizitär konstruierten Gruppen durch eben diese Konstruktion zu Handlungsadressaten werden (→ Kap. 3.2).

Mit den Theorien von Mollenhauer und Peters in den 1960er Jahren war das Feld für Theoriediskussionen neu bestellt.[9] Gleichwohl: Eine Darstellung zeitgenössischer Theorien Sozialer Arbeit mit Mollenhauers früher Theorie, die Soziale Arbeit als „Theorie der Jugendhilfe" bestimmt, beginnen zu lassen, mag fraglich erscheinen, zumal mit der Begründung, dass damit eine „sozialwissenschaftliche Wende" in der Theoriebildung eingeleitet wurde. Und es ist in der Tat begründungsbedürftig. Schließlich waren in der Theoriegeschichte Sozialer Arbeit bis dahin keineswegs nur geisteswissenschaftliche Theorien formuliert worden.

An dieser Stelle sollte berücksichtigt werden, dass vor dem Hintergrund des gesellschaftlichen Aufbruchs nach der November-Revolution von 1918 und dem Ausbau des Weimarer Wohlfahrtsstaates eine Reihe von Theoretisierungen Sozialer Arbeit erfolgte, die durch vielfältige Diskussionen begleitet waren; hierbei war die geisteswissenschaftliche Perspektive lediglich eine unter anderen. Schon im späten Kaiserreich und dann vor allem während der Weimarer Republik formulierten heute als „Klassiker" bzw. „Klassikerinnen" bezeichnete Personen Theorien Sozialer Arbeit jenseits der Geisteswissenschaften, die mehr oder weniger eindeutig bzw. ausgeprägt sozialwissenschaftlich angelegt waren. Zu erwähnen wären hier vor allem Christian Jasper Klumker (1918; 1923 a, b; 1931), der Begründer einer eigenständigen Fürsorgewissenschaft, aber auch Alice Salomon (1921; 1926; 1927) und Siegfried Bernfeld (1925). Gegen Ende der Weimarer Republik kam auch in der Sozialen Arbeit eine neue, sozialbiologische Sicht hinzu, die dann während der NS-Zeit als eugenische Neuausrichtung der Praxis Sozialer Arbeit wirkmächtig werden konnte. Für (potentiell) kritische sozialwissenschaftliche Perspektiven blieb während der NS-Diktatur wenig Raum und der zuvor ausgeprägte Trend hin zu einer Verwissenschaftlichung und Akademisierung der Sozialen Arbeit wurde gebrochen.

Ein Wiederanknüpfen an den vitalen Theoriediskurs der 1920er Jahre war in der Nachkriegszeit in Westdeutschland nicht möglich. Einige der in die Emigration gezwungenen TheoretikerInnen wie Bernfeld und Salomon blieben dort, andere waren zwischenzeitlich verstorben, wie etwa Klumker, und wieder andere waren fachlich/beruflich anderweitig oder aber (altersbedingt) nicht mehr engagiert. Hinzu kam, dass im konservativ-restaurativen Klima der Adenauer-Ära, vor dem Hintergrund der sog. Ost-West-Konfrontation, für gesellschaftskritische, sozialwissenschaftliche und – erst recht – marxistische Theorien (und TheoretikerInnen) kein Platz zu sein schien.

9 Weitere Impulse sollten ab Ende der 1960er Jahre aus der Studentenbewegung kommen, die in der Theoretisierung Sozialer Arbeit vor allem in den 1970er Jahren zum Tragen kamen.

Was blieb war die universitäre – eben geisteswissenschaftliche – Sozialpädagogik, die sich in den 1950er Jahren um eine Theorie der Sozialpädagogik (Sozialen Arbeit) bemühte, indem sie sich an deren Aufgaben orientierte oder indem sie das „Wesen" der Sozialpädagogik aus den Wortbestandteilen „Sozial" und „Pädagogik" abzuleiten versuchte.

Ungeachtet des universitären Theoriediskurses, der sich um den Erziehungsbegriff drehte, zentrierte sich das (traditionelle) Selbstverständnis der Sozialen Arbeit in den 1950er Jahren – und bis zur Gegenwart – um den Hilfebegriff. Als nicht nur in den 1950er Jahren prominentester Vertreter der Theorie Soziale Arbeit als „Hilfe" kann der Klumker-Schüler Hans Scherpner gelten. Soziale Arbeit, erklärt Scherpner, sei Hilfe und Hilfe sei eine Funktion der Gemeinschaft, also ein soziales Phänomen – nicht Frage individueller Motivation oder Altruismus. Die fürsorgerische (sozialarbeiterische, sozialpädagogische; d. Verf.) Hilfe sei immer persönliche, auf den Einzelfall bezogene Hilfe. Dabei sei die fürsorgerische Hilfe als eine besondere Form der allgemeinen Hilfe zu verstehen. Als Motiv für die Hilfegewährung führt Scherpner a) die Sorge um einzelne Glieder der Gemeinschaft, die den Anforderungen des Gemeinschaftslebens nicht entsprechen, und b) die Sorge um die Existenz der Gemeinschaft an. Als Gründe für die Hilfsbedürftigkeit nennt er a) Armut, als eine wirtschaftliche Hilfsbedürftigkeit, die aus dem Versagen gegenüber den wirtschaftlichen Erfordernissen des Lebens entspringe und die mit wirtschaftlicher Hilfe behoben werde, und b) Verwahrlosung, bei der es sich um erzieherische Hilfebedürftigkeit handele, die aus Unzulänglichkeiten der moralischen Ordnung gegenüber entspringe und die durch Erziehung und Bewahrung zu beheben sei (Scherpner 1962).

Angesichts dieses „unerfreulichen Bildes" (Mollenhauer 1966/1998, S. 308) der Theoriediskussionen der Sozialen Arbeit in den 1950er Jahren formulierte Klaus Mollenhauer seine Theorie – und etwas später auch Helge Peters. Dabei grenzte sich Mollenhauer sowohl von der seinerzeit geisteswissenschaftlich verengten Perspektive der universitären Sozialpädagogik als auch von der in der Tradition der Fürsorgewissenschaft stehenden Theorie von Hans Scherpner ab. Gegenüber der universitären Sozialpädagogik betonte er die Notwendigkeit einer sozialwissenschaftlichen Perspektivenerweiterung und gegenüber Scherpner das Festhalten am Erziehungsbegriff zum Verständnis Sozialer Arbeit. Dabei war für Scherpners Theorie Erziehung durchaus ein zentrales Element, aber eben nicht alleine, sondern im Konzert mit Not und Hilfe. Räumte Mollenhauer auch ein, dass der „Nothilfe-Charakter" (Mollenhauer 1959, S. 131) der Sozialen Arbeit nicht zu verleugnen sei, so benötigte seiner Ansicht nach eine systematische Begründung der Sozialpädagogik jedoch einen „positiven" Begriff. Und der konnte ihm zufolge nur der Erziehungsbegriff sein (→ Kap. 3.1). Wie überzeugend diese Überlegungen Mollenhauers auch sein mögen, seine darauf basierende Theoretisierung Sozialer Arbeit befruchtete und belebte den Theoriediskurs Sozialer Arbeit der 1960er Jahre.

2.2 Entwicklungen in den 1970er Jahren

Zur Realgeschichte Sozialer Arbeit

Der Beginn der 1970er Jahre stand unter dem Eindruck gesellschaftlicher Umbruchprozesse. Bereits mit der SPD-Regierungsbeteiligung in der Großen Koalition 1966 bis 1969 begann eine Hochphase gesellschaftlicher Reformen – u. a. des Familien- und Strafrechts sowie in der Bildungs- und Sozialpolitik –, die unter wirtschaftlich günstigen Vorzeichen unter der Kanzlerschaft Willy Brands 1969 bis 1974 anhielt, und die gegenüber der restaurativen Adenauer-Ära insgesamt zu einer Modernisierung und Liberalisierung in Staat und Gesellschaft führen sollten.

Schon seit Ende der 1960er Jahre hatten sich Studentenbewegung, zweite Frauenbewegung, Schwulen- und Lesbenbewegung, Behindertenbewegung u. ä. kritisch mit Themen wie der Notstandsgesetzgebung (1968), dem Vietnam-Krieg, dem Umgang mit der faschistischen Vergangenheit Deutschlands, dem Geschlechterverhältnis, gesellschaftlichen Diskriminierungen und sozialen Ungleichheiten auseinandergesetzt (Wendt 2008, S. 268; Schildt/Siegfried 2009, S. 115 f.). Nunmehr, also in der ersten Hälfte der 1970er Jahre, erhielten staatliche Reformen durch Protestaktionen und die nun auch organisatorische Formierung der „Neuen Sozialen Bewegungen" einen Schub.

In der zweiten Hälfte der 1970er Jahre endete das sog. Wirtschaftswunder und es begann eine Weltwirtschaftskrise. Auch in West-Deutschland entwickelte sich Massenarbeitslosigkeit. Das staatliche Krisenmanagement führte zu Staatsverschuldung und Inflation und eine Phase des Rückbaus sozialer Leistungen setzte ein. Politisch war dieser Übergang durch den Wechsel der Kanzlerschaft von Willy Brandt zu Helmut Schmidt 1974 (beide SPD) gekennzeichnet. Innenpolitisch veränderte sich in den 1970ern das Klima. Linksradikale Terrorakte und die zunehmende Verbreitung von Drogenkriminalität sowie eine öffentliche Diskussion um die sog. innere Sicherheit trugen dazu bei. In der sozialpolitischen Arena wurde von dem CDU-Politiker Heiner Geißler unter dem Schlagwort der „Neuen Sozialen Frage" die Wirksamkeit des sozialpolitischen Arrangements insgesamt in Frage und der Konflikt der organisierten gegen die unorganisierten Interessen zur Diskussion gestellt (Geyer 2008, S. 32 f.; Grunow 2008, S. 780).

Zur Zeit der sozialliberalen Regierung unter Willy Brandt konnte eine Reihe von Leistungsverbesserungen in der Sozialhilfe erreicht werden. Sozial- und Gesundheitspolitik sollten nun auch zur Prävention beitragen und „Freiheit" schaffen und Soziale Arbeit sollte nicht mehr nur vor „Abstieg" schützen, sondern auch „soziale Gerechtigkeit" herstellen (Grunow 2006). Für die Soziale Arbeit bedeuteten spätestens diese Impulse einen Paradigmenwechsel von der Orientierung an der Nächstenliebe hin zur wissenschaftlich fundierten Profession. Neue Leistungen wurden definiert (z. B. Kostenübernahme bei Schwangerschaftsabbruch), neue

Gruppen von Leistungsberechtigten eingeschlossen (z. B. psychisch Behinderte, Obdachlose) und die Höhe der Leistungen an die wirtschaftliche Entwicklung angepasst bzw. dynamisiert (Frerich/Frey 1996, S. 126 f.). Damit erhöhten sich die Sozialhilfeausgaben für offene Hilfen (nicht-stationärer Bereich) zwischen 1965 und 1970 um mehr als 50 % bei einer gleichbleibenden Zahl der unterstützten Personen. Steigende Empfängerzahlen verzeichneten die Hilfen in besonderen Lebenslagen. Besonders intensiv war die Ausgabenausweitung bei den stationären Hilfen, was im Wesentlichen auf die erheblichen Verbesserungen in der Versorgung zurückzuführen war.

Im Zuge dieser Entwicklungen modernisierten die Kommunen auch die Strukturen der Jugend- und Sozialhilfe. Mit einer Reihe von Versuchen zur Reorganisation der kommunalen Sozialverwaltungen (Trier, Bremen, Berlin u. v. a. m.) begann eine „Modellbewegung". Ziele waren eine ganzheitliche Fallbearbeitung mit stärkerer Klienten-Zentrierung, Dekonzentration der Ämter und die Überwindung der Trennung von Innen- und Außendienst. Bis Mitte der 1970er Jahre setzte sich für die neue Form der Sozialen Arbeit der Begriff „Allgemeiner Sozialer Dienst" (ASD) durch und löste sukzessive die Familienfürsorge als Wort und Modell ab (Andre 1994; S. 156 ff.; Grunow 2008, S. 791; Hammerschmidt/Uhlendorff 2012, S. 28–31).

Zugleich erreichten die Impulse der 68er-Bewegung die Jugendhilfe. Die sog. Heimkampagne bewirkte neben der Schließung von Fürsorgeerziehungsheimen allmählich pädagogische Reformen in den verbleibenden. Alternative Unterbringungsformen für Jugendliche, wie betreute Wohngruppen, wurden geschaffen. Ähnlich verhielt es sich bei der Kinderbetreuung. Sukzessive führten die von Eltern selbstorganisierten Betreuungsformen für Klein- und Schulkinder (Kinderläden) zum Wandel in den Kindertagesstätten auch der etablierten öffentlichen und freigemeinnützigen Träger. Zwar scheiterte die parallel zu diesen Entwicklungen intensiv diskutierte grundlegende Reform des JWG letztlich im Gesetzgebungsverfahren (Sachße 2018, S. 182–258), dennoch wuchsen der Leistungsumfang der Jugendhilfe und die dazugehörige Infrastruktur.

Das Klima gesellschaftlicher Öffnung stieß auch eine Modernisierung der Psychiatrie an. Der Bundestag berief eine Enquete-Kommission zur Psychiatrie, die 1973 einen ersten Bericht vorlegte, mit dem öffentlich wurde, unter welch unhaltbaren und oft menschenunwürdigen Bedingungen psychisch kranke Menschen in den psychiatrischen Krankenhäusern der Bundesrepublik lebten. Der Abschlussbericht der Kommission (BT-Drs. 7/4200 vom 25.11.1975) formulierte dann eine Reihe von Empfehlungen für die rechtliche, organisatorische und fachliche Weiterentwicklung des gesamten Feldes. Im Vordergrund standen dabei die Enthospitalisierung und Ambulantisierung sowie die Qualifizierung und Differenzierung des Systems.

Unmittelbare Auswirkungen auf die Soziale Arbeit hatten die Bildungsreformen der sozialliberalen Koalition. Im Jahr 1968 hatten die Länder die

Einrichtung von Fachhochschulen anstelle der Höheren Fachschulen für Sozialarbeit bzw. Sozialpädagogik beschlossen. Zeitgleich führten die Universitäten Diplom-Studiengänge „Erziehungswissenschaften" (mit vorwiegend sozialpädagogischer Ausrichtung) ein. Beides bedeutete eine Akademisierung der Ausbildung für die Soziale Arbeit und führte in den 1970er Jahren zu einem großen Professionalisierungsschub (Kruse 2004, S. 108), der durch einen rasanten Ausbau der Studienplatzkapazitäten und der Studierendenzahlen begleitet wurde. In der Arbeitsmarktstatistik zeigte sich diese Entwicklung am Wachstum der Sozialberufe insgesamt in dieser Zeit. Während 1965 noch 96.800 Vollbeschäftigte in dieser Gruppe gezählt wurden, hatte sich ihre Zahl bis 1975 auf rund 250.000 mehr als verdoppelt (Grunow 2006, S. 855).

Innerhalb dieses Ausbildungsbereiches gab es heftige Auseinandersetzungen über Rolle, Auftrag und Methoden Sozialer Arbeit. So verschärfte die Etablierung der wissenschaftlichen Ausbildung für SozialarbeiterInnen und SozialpädagogInnen den Konflikt um die Praxisorientierung der Ausbildung. Während die Fachhochschulen ein zunehmend wissenschaftliches Ausbildungsprofil entwickelten (Andre 1994, S. 162), forderten die Wohlfahrts- und Kommunalverbände einhellig eine möglichst an den praktischen Erfordernissen vor Ort orientierte Ausbildung. Die kommunalen Spitzenverbände erklärten 1976 gar, dass die neuen Fachhochschulen den Sozialarbeitern eine „falsche Vorstellung von den Pflichten, der Haltung und der Loyalität eines Mitarbeiters in der kommunalen Selbstverwaltung" vermittelten (zit. n. Kruse 2004, S. 113). Anstellungsträger monierten mögliche Folgekosten durch höhere Vergütungserwartungen und sahen in der Höherstufung primär Statusstreben (ebd.).

Den Hintergrund für die Befürchtungen und Vorwürfe bildete das Argumentieren und Agieren der Sozialarbeiterbewegung. Sie hatte sich ausgehend von einem Treffen des Berliner „Arbeitskreises kritischer Sozialarbeiter" (AKS) im Oktober 1968 formiert. Die Sozialarbeit, so hieß es in der dort verabschiedeten Resolution, verschleiere die „eklatantesten Widersprüche und Ungerechtigkeiten" und unterstütze das „Fortbestehen widersinniger Zustände". Statt die Klienten an die gesellschaftlichen Verhältnisse anzupassen, solle sie die Ursachen von Hilflosigkeit aufdecken und bekämpfen (zit. n. Steinacker 2011, S. 205). Neben der grundsätzlichen Kritik an der Funktion Sozialer Arbeit und der Selbstorganisation der SozialarbeiterInnen als kritische Gegenmacht, ging es dem AKS um die Entwicklung einer alternativen Berufspraxis und eine Demokratisierung der Institutionen (Müller 1997, S. 134–148; Steinacker 2011). In den folgenden Jahren bildeten sich bundesweit kritische Arbeitskreise; neben dem AKS eine Vielzahl weiterer Modelle, die vielfach im Unterschied zum AKS bereichsspezifisch ausgerichtet waren. Schwerpunkte bildeten dabei: Heimerziehung (Heimkampagne), Obdachlosenprojekte, die Arbeit mit Strafgefangenen und Psychiatrieerfahrenen, GWA-Projekte und Initiativen für autonome Jugendzentren (Steinacker 2011, S. 207 f.). Erstmals in der Berufsgeschichte agierte die Soziale Arbeit als eigenständiger (fach-)politischer Akteur jenseits von „berufsständischen" oder jeweiligen Trägerinteressen. Die organisierte Präsenz der Fachkräfte der Sozialen Arbeit reichte (zunächst nur) bis Ende der 1970er-Jahre, aber die von ihr gesetzten (selbst-)kritischen Reformimpulse wirken bis in die Gegenwart hinein (ebd.).

Zur Theorieentwicklung

Die Theoriediskussion in der Sozialen Arbeit der 1970er Jahre wird von zwei wesentlichen Einflüssen beherrscht: der Akademisierung der Sozialen Arbeit und den gesellschaftlichen Veränderungen durch die neuen sozialen Bewegungen, die sich ausgehend von den Studentenprotesten und weiter der sog. 68er-Bewegung entwickelten. Die Akademisierung verschaffte der Sozialen Arbeit eine akademische Infrastruktur an Fachhochschulen und Gesamthochschulen. Zahlreiche neue Professuren wurden geschaffen und nicht nur mit ErziehungswissenschaftlerInnen, sondern mit Personen aus anderen Herkunftsdisziplinen besetzt, was sich als fruchtbar für neue Fachdiskurse erweisen sollte. In dieselbe Richtung wirkte auch der personelle Ausbau der universitären Erziehungswissenschaften und die Verankerung von Diplomstudiengängen mit dem Schwerpunkt Sozialpädagogik an den Universitäten. Damit war eine personelle Basis für neue diskursive Auseinandersetzungen und neue Theorieentwürfe entstanden.

Ebenso förderlich war es für die Theoriediskussion, dass ab Anfang der 1970er eine Fülle neuer, unabhängiger Fachzeitschriften geschaffen wurden; vordem gaben ausschließlich die großen Träger- und Fachorganisationen Zeitschriften für Soziale Arbeit heraus. Neben einer Reihe kleinerer, marxistischer Zeitschriften (z. B. „Sozialpädagogische Korrespondenz" (1969–1973), „Erziehung und Klassenkampf" (1971–1975)), die meist nach wenigen Jahren wieder eingestellt werden mussten, entstand auch eine Fachzeitschrift, die sich zugleich als Theorie-Organ für die Soziale Arbeit verstand und die ab 1970 bis heute erscheint: die „neue praxis".

Disziplinär betrachtet entfalteten insbesondere Soziologie und Sozialphilosophie, die sich seit den 1960er Jahren stark mit gesellschaftlichen Veränderungen, Kapitalismuskritik und den Folgen des Faschismus beschäftigten, großen Einfluss auf die Theorieentwicklung. Namentlich zu nennen ist hier in erster Linie Herbert Marcuse, der zur Galionsfigur der Studentenbewegung avancierte, aber auch Erich Fromm und auch die (wieder) in Deutschland ansässigen prominenten Vertreter der Kritischen Theorie (Frankfurter Schule) wie Theodor W. Adorno, Max Horkheimer und als Vertreter der zweiten Generation Jürgen Habermas. Der Frankfurter Schule ging es um die Entwicklung einer Kritischen Theorie der Gesellschaft, wofür sie auf Wissensbestände des

Marxismus und der Psychoanalyse zurückgriff und diese zu verbinden suchte (Jay 1981; Wiggershaus 1989). Parallel und gewissermaßen als Gegenbewegung hierzu entwickelte sich eine Strömung in Psychologie und Soziologie, die die Sozialwissenschaften als streng empirische, am von Karl R. Popper formulierten Paradigma des kritischen Rationalismus orientierte Tatsachenwissenschaften konzipierte. Sie stand einem emanzipativen Auftrag der Sozialwissenschaften ablehnend gegenüber. Exemplarisch standen sich beide Wissenschaftsauffassungen im sog. Positivismusstreit (Adorno et al. 1969/1975) in der deutschen Soziologie gegenüber und die Ergebnisse dieser Grundsatzdifferenzen zeigen sich auch in der Theoriebildung der Sozialen Arbeit der 1970er Jahre.

Der wohl renommierteste Vertreter des kritischen Rationalismus in den Erziehungswissenschaften war Wolfgang Brezinka (1972). An ihn anknüpfend formulierte der aus der Schulpädagogik kommende Erziehungswissenschaftler Lutz Rössner Anfang der 1970er Jahre eine „Theorie der Sozialarbeit" (→ Kap. 3.3) in der Tradition des kritischen Rationalismus. Er griff dabei hochgradig formalisiert auf die Regeln einer falsifizierbaren Theoriebildung zurück und bestimmte dabei Soziale Arbeit als „tertiäre Erziehung". Rössner ging es mit seiner Theorie um die Entwicklung eines wissenschaftlich-technologischen Aussagesystems, das im Sinne des Positivismus wertfrei sein müsse. Eine Theoriediskussion im eigentlichen Sinne entfaltete sich daraufhin nicht. Vielmehr erfuhren seine Überlegungen eine knappe und barsche Zurückweisung – es handle sich um bloße „Sozialtechnologie", die zudem „Missbrauchsmöglichkeiten" Tür und Tor öffne, das Wertfreiheitspostulat sei Ideologie. Einen nennenswerten Einfluss konnte Rössners Theorie nicht entfalten, sie widersprach zu sehr dem gesellschaftskritischen Zeitgeist und wurde deshalb schon bald nicht mehr zur Kenntnis genommen, also schlichtweg ignoriert (Marburger 1979).

Einen merklich größeren Einfluss auf die Theoriediskussion der Sozialen Arbeit hatten dagegen die Theorien mit kritisch-emanzipativem Anspruch; Mollenhauer sprach eingedenk dessen von den 1970er Jahren als Zeit einer „kritisch-emanzipatorischen Wende" (Mollenhauer 1998). Die meisten Theorieansätze dieser Zeit setzten an der gesellschaftlichen Rolle Sozialer Arbeit an und rekurrierten dabei, dem damaligen Zeitgeist entsprechend, auf den zuvor in der Bundesrepublik tabuisierten Marxismus. Die Zeitdiagnose „Spätkapitalismus" war vielfach Konsens. Dieser „Mainstream" (und dass drei von den von uns für die 1970er Jahre identifizierten Theorien Sozialer Arbeit beanspruchten, marxistisch zu sein) darf aber nicht darüber hinwegtäuschen, dass die seinerzeitigen Fachdiskussionen durchaus breiter waren und eine Vielzahl der Beteiligten an den Theoriediskussionen „bürgerliche" Positionen vertraten. Zudem war die (Selbst-) Etikettierung als „kritisch-emanzipativ" ein breites Dach, unter dem sich sowohl bürgerliche als auch radikale Ansätze versammelten. Unterschiedlich oder einfach gar nicht beantwortet wurden dabei die beiden zentralen Fragen, nämlich was eine kritisch-emanzipative Theorie ausmache und wie eine entsprechende kritisch-emanzipative Praxis aussehen könne – oder auch nicht. Dabei verliefen die Trennlinien nicht nur zwischen „Bürgerlichen“ und „Radikalen“, sondern auch innerhalb dieser beiden „Lager“.

Die entschiedenste Antwort, zumindest auf die Frage nach der (Un-) Möglichkeit einer kritisch-emanzipativen Praxis, formulierte Walter Hollstein in seiner Theorie, der zufolge „Sozialarbeit unter kapitalistischen Produktionsbedingungen“ – so auch der Titel des von Hollstein und Meinhold 1973 herausgegebenen Buches – immer nur Herrschaftssicherung sein könne. Damit verblieb in dieser Theoretisierung kein Raum für eine kritisch-emanzipative sozialarbeiterische Berufspraxis. Nicht trotz, sondern vielmehr wegen dieser provozierenden Radikalität wurde Hollstein ein wichtiger Referenzpunkt für die Theoriediskussion bis in die 1980er Jahre hinein. Das Buch wurde in den Jahren nach seinem ersten Erscheinen in rascher Folge mehrfach neu aufgelegt; mit der vierten Auflage (1976) waren 42.000 Exemplare auf dem Markt und 1980 erfolgte schließlich eine letzte Auflage. Die fachliche Resonanz auf diesen Bestseller war enorm. Ihr Tenor war zwar überwiegend ablehnend, jedoch fielen – je nach Standort der KritikerInnen – die Zurückweisungsgründe ganz unterschiedlich aus. Wenige Jahre später revidierten Hollstein und Meinhold (1977) dann ihre Position in einem Buch, das den bezeichnenden Untertitel: „Möglichkeiten der Arbeit im sozialen Bereich“ trug. Damit gelangten Hollstein und Meinhold an den Punkt, an dem ansonsten die übrigen TeilnehmerInnen an der Theoriediskussion waren (und blieben). So loteten bürgerliche wie linke, radikalere Theoretiker durchgehend die „Handlungsspielräume in der Sozialarbeit“ (so auch der Titel eines Buches von Horst R. Schneiders aus dem Jahr 1977) aus.

In diesem Kontext sind die Bemühungen etwa des Arbeitskreises kritische Sozialarbeit (1971), des Autorenkollektivs (1971/1978), von Ferdinand Buer, Dankwart Danckwerts oder der Randgruppenkonferenz in Berlin (1970), aber auch von Karam Khella, zu verorten. Khella (→ Kap. 3.5) führte seine Bemühungen bis zu einer ausformulierten eigenständigen Theorie Sozialer Arbeit weiter. Wie Hollstein entwickelte er auf Basis des Marxismus eine Theorie der Sozialarbeit, kam jedoch zu anderen Ergebnissen als dieser. Zwar diene „klassische Sozialarbeit“ „von oben“ der Herrschaftssicherung, hier stimmt Khella Hollstein zu, aber es sei auch eine alternative, revolutionäre „Sozialarbeit von unten“ durchaus zu praktizieren, damit widersprach er Hollstein. Die Vorstellung, dass die benachteiligte Klientel der Sozialen Arbeit das „revolutionäre Subjekt“ sei, das von den SozialarbeiterInnen in den Klassenkampf geführt werden soll, wie in der sog. Randgruppenstrategie postuliert, wies Khella, klassisch marxistisch argumentierend, zurück. Das revolutionäre Subjekt sei die Arbeiterklasse, aber die Sozialarbeit könne den Klassenkampf unterstützen, wenn sie a) ihre deklassierten Klienten „re-klassiere“, d. h. dazu beitrüge, dass sie sich in den Klassenzusammenhang und die Organisationen der Arbeiterbewegung re-integrierten, und sie b) sich selbst den Zielen der Arbeiterbewegung anschließe.

Mit marxistischen Anklängen, aber weniger radikal und zurückhaltender argumentierten die sog. Jahrbuch-Autoren, die sich politisch eher am Sozialistischen Büro Offenbach (SB) orientierten (→ Kap. 3.6). Sie theoretisierten Soziale Arbeit als „vergesellschaftete Sozialisationsarbeit", bei der die Grenzen zwischen Privatem und Öffentlichem immer mehr zugunsten des Öffentlichen verschoben würden. Sozialarbeiterische Intervention greife immer weiter über die früheren, kleinen Gruppen der Randständigen hinaus und ziele nunmehr im Rahmen einer Pädagogisierung der Gesellschaft auf breite Gesellschaftskreise; letztlich auf die Durchschnittsarbeitskraft. Die Autoren sahen als Folgen der Industrialisierung die schrittweise Notwendigkeit ehemals private Sozialisationsaufgaben in die Verantwortung des Staates zu legen. Dabei war zunächst die Bildung durch das öffentliche Schulwesen, die Erziehung durch die öffentliche Jugendhilfe und die Subsistenz in Form der öffentlichen Fürsorge in die Einflusssphäre des Staates in modernen Industriegesellschaften übergegangen. Sie sprachen deshalb von einer „Vergesellschaftung der Sozialisation". Mit Begriffen aus der Sozialisationstheorie schlossen sie zum einen an den erziehungswissenschaftlichen Diskurs an. In Begriffen wie „Ich-Identität" und „Triebunterdrückung" zeigen sich auch bei den Jahrbuch-Autoren zum anderen die Einflüsse der seinerzeit populären psychoanalytischen Sichtweise wie auch die Bezüge zur Frankfurter Schule. Sie reflektierten die Fragen nach der „Objektivität" und der „Konstruktion" von Wirklichkeit und schlossen damit an Peters konstruktivistische Theorie an. Mit ihrer normativen Zurückhaltung schließlich leiteten die Jahrbuch-Autoren eine pragmatische Wende im Theoriediskurs ein, der nicht mehr die revolutionäre Gesellschaftsveränderung zum Ziel hatte.

Summarisch nachzutragen sind an dieser Stelle weitere Einflüsse auf die Theoriediskurse und Fachdiskussionen der Sozialen Arbeit, auch wenn daraus keine „vollständigen" Theorien Sozialer Arbeit hervorgingen. Im Zuge der oben skizzierten Beschäftigung mit der Kapitalismuskritik der Kritischen Theorie (Frankfurter Schule), die unter anderem auf Ansätze des Marxismus und der Psychoanalyse zurückgriff, wurde der „Klassiker" Bernfeld wiederentdeckt und die kritisch sozialpsychologischen Arbeiten Peter Brückners sowie die Grundlagen der Kritischen Psychologie von Holzkamp/Osterkamp wurden rezipiert. Einfluss erlangten auch die psychoanalytischen Arbeiten von Alfred Lorenzer. Als Vermittler dieser Ansätze in die Soziale Arbeit hinein können vor allem Burkhardt Müller und Karl-Heinz Braun gelten, was aber erst in den 1980er Jahren erfolgte. Zudem rezipierte und diskutierte die sozialpädagogische/sozialarbeiterische Fachöffentlichkeit seit den 1970er Jahren Arbeiten von US-Wissenschaftlern wie beispielsweise von Erving Goffman (etwa: Asylums 1961; Stigma 1963) und Howard S. Becker (etwa: Outsiders 1963), die in der Perspektive des symbolischen Interaktionismus bzw. des Sozialkonstruktivismus Sachverhalte und Personengruppen in den Blick nahmen, mit denen die bundesdeutsche Soziale Arbeit befasst war (vgl. dazu etwa den zweibändigen Herausgeberband von Brusten/Hohmeier 1975).

2.3 Entwicklungen in den 1980er Jahren

Zur Realgeschichte Sozialer Arbeit

Die wirtschaftlichen Krisen der 1970er Jahre führten in der westlichen Welt zur Schwächung sozialdemokratischer Parteien und Konzepte und zu einem Aufschwung von konservativen Parteien und wirtschaftspolitischen Vorstellungen, die als Neoliberalismus bekannt wurden. In der Bundesrepublik wurde 1982 die sozialliberale durch die christlich-liberale Koalition unter Bundeskanzler Helmut Kohl (CDU) abgelöst. Im selben Zeitraum hatten sich in vielen westlichen Ländern aus den neuen sozialen Bewegungen der 1970er Jahre heraus Parteien entwickelt, die sich insbesondere ökologischen und friedenspolitischen Zielen verpflichtet fühlten und sich auf eine außerparlamentarische Umweltbewegung stützen konnten. 1983 zog die Partei Die Grünen erstmals in den Deutschen Bundestag ein.

Aufgrund von Leistungseinschränkungen für Arbeitslose, die der Bund verfügte, stieg zudem die Zahl der EmpfängerInnen von Sozialhilfe, vor allem von Hilfen zum Lebensunterhalt (HLU), stark an. Ende der 1980er Jahre gab es fast viermal so viele EmpfängerInnen von HLU wie zu Beginn der 1970er. In Folge der Massenarbeitslosigkeit und zunehmenden Armut entstanden neue Initiativen von Arbeitslosen bzw. SozialhilfeempfängerInnen, die Druck und Einfluss auf die etablierten parlamentarischen Strukturen und Verbandsstrukturen ausübten. Die aus den sozialen Bewegungen hervorgegangenen, zunächst rein ehrenamtlich betriebenen sozialen Einrichtungen und Dienste professionalisierten sich zunehmend; auch wenn das ehrenamtliche Element erhalten blieb. Letztlich sicherten die öffentlichen Kostenträger der Sozial- und Jugendhilfe diese Verberuflichung finanziell ab, zumal es den neuen Einrichtungen und Selbsthilfegruppen gelang, als Mitglieder der etablierten Wohlfahrtsverbände aufgenommen zu werden (Merchel 1989).

Die schon angeführte Massenarbeitslosigkeit betraf auch und besonders Jugendliche, zumal in den frühen 1980er Jahren die geburtenstarken Jahrgänge der Wirtschaftswunderjahre auf den Ausbildungs- und Arbeitsmarkt drängten. Die Jugendämter und die freien Jugendhilfeträger reagierten darauf mit neuen Angeboten, Konzepten und Qualifizierungsmaßnahmen, die zu einer weiteren Professionalisierung, Differenzierung und Expansion der Jugendhilfe beitrugen, obwohl die Reformdiskussion über die Rechtsgrundlagen der Jugendhilfe noch nicht abgeschlossen war.

In den 1980er Jahren waren vor allem gesundheitsbezogene Gruppen gleichermaßen aktiv wie erfolgreich. Die Behindertenbewegung, die sich selbst provokativ als „Krüppelbewegung“ bezeichnete (Rudloff/Schliehe 2008), erhielt einen Schub, als das Jahr 1981 von den Vereinten Nationen zum Jahr der

Behinderten ausgerufen wurde. Ein weiterer starker Entwicklungsimpuls zu Beginn der 1980er-Jahre ging vom Problemkomplex HIV/AIDS aus. Massiver Problemdruck und große mediale Aufmerksamkeit bewirkten, dass vordem undenkbare Maßnahmen, wie die Drogenrehabilitation für akut Suchtkranke und die direkte Einbeziehung der Selbsthilfegruppen der Betroffenen ermöglicht wurden (Grunow 2005a, S. 676 ff.).

Diese Prozesse liefen jedoch bei weitem nicht ohne Spannungen ab. So kritisierten Teile der Selbsthilfebewegung die Soziale Arbeit als kolonisierende, methodisch wenig eigenständige und nicht wirkmächtige Instanz (Andre 1994, S. 154 ff.). Die Fachkräfte hatten dieser Kritik – zumal nach dem weitgehenden Scheitern einer kritischen, gesellschaftsverändernden Sozialarbeit in den 1970er Jahren – wenig entgegenzusetzen. Viele gerieten zusätzlich unter Existenzdruck, weil der Arbeitsmarkt die große Zahl neu ausgebildeter SozialarbeiterInnen und SozialpädagogInnen nicht mehr aufnehmen konnte. Die Folge war die Hinwendung zu neuen Methoden des „people processing" und (psycho-)therapeutischen Zusatzausbildungen (Wendt 2008, S. 321 ff.), die oft als Psychotherapeutisierung oder auch „Psycho-Boom" der 1980er Jahre bezeichnet wird.

Zur Theorieentwicklung

Während deutlich wurde, dass die Neuen Sozialen Bewegungen sich kaum einer akademischen Sozialen Arbeit unterordnen wollten, sondern – in Anwendung der Ergebnisse kritisch-emanzipatorischer Theorie – das (doppelte) Mandat und die Legitimation der Sozialen Arbeit und ihrer Professionellen massiv in Frage stellten, ertönten erste Warnungen vor einer „Überprofessionalisierung" Sozialer Arbeit, die zu einer Entmündigung der Bürger/Klienten durch Experten (Illich 1979) führen könne bzw. schon geführt habe. Micha Brumlik (1980, S. 317) mahnte an, in der Sozialen Arbeit solle selbstkritisch „über die Grenzen der Sozialpädagogik und ihrer Theorieentwicklung" nachgedacht werden, statt über ihre Expansion. Es gelte, „das Sozial- und Beratungswesen personell überhaupt nicht weiter aus-, sondern eher abzubauen und anstatt dessen gesetzliche und vor allem finanzielle Kompensationen für Notleidende einzuführen bzw. politisch zu erkämpfen versuchen" (ebd.).

Derart in Frage gestellt, musste sich die Theorie Sozialer Arbeit neu mit ihrer Aufgabe und ihrer Professionalität auseinandersetzen. So folgte in den 1980er Jahren eine Phase der Neufokussierung weg von den großen (häufiger auch marxistischen) gesellschaftstheoretischen Fragen hin zur Problematisierung des Verhältnisses der Sozialen Arbeit zu ihren Zielgruppen und KlientInnen. Dies bedeutete die Reflexion des eigenen Professionsverständnisses, der

Handlungskompetenz und der Methoden sowie des Bildes von den Zielgruppen.[10] Besonders erwähnenswert sind hierbei die Arbeiten von Bernd Dewe und Hans-Uwe Otto, die mit ihren Publikationen zur „reflexiven Professionalität" großen Einfluss auf das Berufs- und Handlungsverständnis der Sozialen Arbeit bis in die Gegenwart ausüben (Dewe/Otto 1996).

Im gleichen Diskurskontext ist die Fachtagung der Kommission Sozialpädagogik der DGfE vom Juni 1983 zu verorten, deren Beiträge Siegfried Müller und Hans-Uwe Otto (1984) unter dem Titel „Verstehen oder Kolonialisieren?" herausgaben. Die Herausgeber beklagten die „relativ abstrakten Funktionsbestimmungen" der Sozialen Arbeit (der 1970er Jahre; d. Verf.). „Was aber haben vor allem die gesellschaftlichen Standortbestimmungen", so lautete ihre rhetorische Frage, „an neuen Erkenntnissen vermittelt?" (Müller/Otto 1984, S. 7). Zugleich seien die sozialwissenschaftlichen Analysen sozialpädagogischer Detailprobleme nicht mit diesen Standortbestimmungen verbunden worden, die Randständigkeit der Verstehensproblematik (hermeneutischer Ansätze) sei eine Folge dessen. Gleichzeitig räumten Müller/Otto die Grenzen hermeneutischer Ansätze ein und fragten nach der Fruchtbarkeit der Habermas'schen These von der „Kolonialisierung der Lebenswelt" für das Verständnis Sozialer Arbeit. Sie kamen zu dem Schluss, dass diese These nicht als bloße Metapher, wohl aber als Theorem „analytische Potenz" entfalten könne (ebd.).

Am weitesten gedieh dann Horst Bossongs wenige Jahre später vorgelegter Versuch, die Kolonialisierungs-These für die Erklärung Sozialer Arbeit fruchtbar zu machen (S. Kap. 3.7). Er konstatierte: „Die Sozialarbeit ist in starkem Maße historisch wie aktuell in den Prozeß der inneren Kolonialisierung der Lebenswelt involviert und zielt selbst dort, wo sie über kommunikative Prozesse abstraktes Recht wieder zu versprachlichen sucht, darauf ab, Assimilationsprobleme insonderheit an den Rändern der Gesellschaft aufzufangen und die Anpassung der Lebenswelt an die Imperative von Markt und Staat zu unterstützen [...]. Mithin vermag die Sozialarbeit die Lebenswelt prinzipiell nicht gegen Kolonialisierungsprozesse zu schützen." (Bossong 1987, IV). Bossong fährt fort: „Gleichwohl könnte die Sozialarbeit – perspektivisch gesehen – ihren Handlungsadressaten in einer radikalisierten Beratungsausrichtung Orientierungshilfe im Umgang mit den Subsystemen von Markt und Staat anbieten. Auch wenn sie auf diese Weise selbstredend nicht auf die Befreiung von, sondern auf eine Anpassung an die gewissermaßen ‚kolonialen' Verhältnisse zielen würde, so trüge sie damit doch immerhin zu einer ‚freundlichen Kolonialisierung' bei, indem sie die

10 Diese Umorientierung spiegelte sich auch in der Wahl von Buchtiteln wider. So war beispielsweise das vielbeachtete zweibändige Herausgeberwerk von Otto und Schneider von 1973 mit „Gesellschaftliche Perspektiven der Sozialarbeit" betitelt, während das ebenfalls zweibändige Werk von Müller, Otto, Peter und Sünker von 1984, das ebenfalls den Anspruch hatte, die Fachdiskussion Sozialer Arbeit zu bündeln, den Titel „Handlungskompetenz der Sozialarbeit/Sozialpädagogik" trug.

Kolonialisierung für jene, die in besonderer Weise Assimilationsprobleme haben, gleichsam erträglicher machen könnte. Von der Option einer emanzipatorischen Sozialarbeit muß demgemäß Abschied genommen werden, sie ist nichts als eine höchst zweifelhafte Fiktion" (ebd.). Letztlich führte Bossongs Analyse, ausgehend von einem anderen Diskussionsstand, einer anderen Theorieperspektive und -sprache zu durchaus ähnlichen Ergebnissen wie die marxistisch angelegten Theorien in den 1970er Jahren. Doch damit war er offensichtlich nicht zeitgemäß und seine Theorie entfaltete folglich in den Fachdiskussionen keine Breitenwirkung.

Die Abkehr der Theoriebildung vom Großen und Ganzen, den Klassen-Widersprüchen, dem Staat und den gesellschaftlichen Gruppen, ging mit Bezügen zu anderen sozialwissenschaftlichen Disziplinen einher als vordem. Zwar reichen die Einflüsse der Soziologie und Sozialphilosophie aus den 1970ern in das folgende Jahrzehnt hinein, doch diese Disziplinen schienen der Sozialen Arbeit bei ihren Methoden- und Wirksamkeitsproblemen nicht helfen zu können. Die 1980er Jahre standen also im Zeichen der Wiederentdeckung des Subjekts, der Individualisierung und Psychologisierung und dabei auch der Entpolitisierung Sozialer Arbeit. Als vielversprechend wurden die Ergebnisse der psychologischen Lern- und Therapieforschungen angesehen. Dies zeigte sich in der zunehmenden Rezeption sozialpsychologischer, psychotherapeutischer und psychoanalytischer Wissensbestände. In diesen Kontext sind etwa die Arbeiten von Burkhard Müller (1985/1991, 1993/1997, 1995) einzuordnen.[11]

Im Unterschied zu diesem Theoriezweig entfaltete Wolf Rainer Wendt seine Überlegungen. Das sog. Wirtschaftswunder brachte Deutschland nicht nur eine Steigerung des Wohlstandes, sondern auch die Erfahrung, dass industrielles Wachstum die natürlichen Ressourcen der Umwelt verbraucht und damit die Lebensgrundlage der Gesellschaft gefährdet. Störfälle in Atomkraftwerken, große Chemieunfälle, Waldsterben und Luftverschmutzung sensibilisierten für die Wechselwirkungen zwischen Mensch und Umwelt, oft reduziert auf den Interessengegensatz zwischen Ökonomie und Ökologie. Der Begriff des „Ökosystems" wurde zum Schlagwort für diese komplexen Wechselbeziehungen und diente sowohl sozialen Bewegungen, wie der Umweltbewegung, als auch der (sozial-)wissenschaftlichen Forschung als Bezugspunkt. Wendt griff diesen ökologischen Denkansatz auf und integrierte ihn in einen Theorieansatz der Sozialen Arbeit (Wendt 1982). Hierfür griff Wendt auf ökonomische Wissensbestände zurück, jedoch nicht in der kapitalismuskritischen Form der 1970er Jahre, sondern als Grundlage einer Sozialökonomik, die Basis für das Wirtschaften im

---

11 Müller, ursprünglich Theologe, vertrat als Hochschullehrer eine psychoanalytisch ausgerichtete Sozialpädagogik. Befreit von der „Last der großen Hoffnungen" (Müller 1985/1991), wandte sich Müller handlungsbezogenen Reflexionen und Methodenfragen zu, was durchaus für eine Theoretisierung Sozialer Arbeit relevant war, aber letztlich von ihm nicht zu einer eigenständigen Theorie Sozialer Arbeit weiterentwickelt wurde.

Interesse humaner Lebensbedingungen sein sollte. Ihr zur Seite stellte er eine ökologische Perspektive auf die Gesellschaft, deren Lebensbedingungen von der Interdependenz sozialer Bedürfnisse bestimmt werden. Soziale Arbeit wird aus dieser Perspektive zur Mittlerin zwischen individueller Hilfe und am Gemeinwesen orientierter sozialpolitischer Partizipation. Wendt entwickelte seinen „ökosozialen Ansatz" nicht zu einer umfassenden Theorie Sozialer Arbeit weiter und seine Beiträge zur „Ökologie Sozialer Arbeit" wurden in den universitären Theoriediskussionen kaum zur Kenntnis genommen (Engelke 2002, S. 361).

Große Resonanz im Theoriediskurs der Sozialen Arbeit dagegen erzielte Hans Thiersch seit den 1980er Jahren mit seinem „Alltags-" bzw. später sog. „Lebenswelt-Ansatz". In Parenthese: Die große Resonanz ist durchaus bemerkenswert, zumal diesem normativen Ansatz mit Bossongs Analyse (s. o.) der Boden entzogen worden war; aber das wurde nicht weiter zur Kenntnis genommen. Hans Thiersch entstammt der akademischen Generation der 1960er Jahre. Nach akademischen Stationen bei Erich Weniger und Heinrich Roth war er bereits 1970 auf einen Lehrstuhl für Erziehungswissenschaft an der Universität Tübingen berufen worden. Doch erst der Zeitgeist der 1980er Jahre war der Nährboden für seinen Theorieansatz, der die Lebenssituation des Klienten, seine sozialen Bezüge und Handlungskompetenzen in den Mittelpunkt der Überlegungen stellte. Dabei verband Thiersch wissenschaftsparadigmatische Grundorientierungen (Phänomenologie, Hermeneutik, Pragmatismus) mit Systematisierungen von „Dimensionen" der Lebenswelt aus der Subjektperspektive (als Anspruch einer rekonstruktiv-verstehenden Sozialwissenschaft) und „Strukturmaximen" zur Gestaltung der Praxis. Der Klient sollte in seiner „Lebenswelt" wahrgenommen werden, zumal diese Lebenswelt eine zentrale Rolle als Ressource darstelle. Maßnahmen und Interventionen seien am subjektiv „gelingenderen Alltag" zu messen, weshalb auch die Wünsche und Ziele der Klientel ernst zu nehmen seien. Die Lebenswelt-Formel erweis sich als hochgradig anschlussfähig bei der Suche nach einem neuen Verhältnis zwischen Professionellen und KlientInnen. Sie schuf eine Grundlage dafür, das schwierige Verhältnis zwischen Sozialer Arbeit und Neuen Sozialen Bewegungen auf eine neue Basis zu stellen, indem sie den Alltag und die Lebenswelt von z. B. Arbeitslosen, Behinderten oder Homosexuellen in die Konzeption Sozialer Arbeit einband. Zwar ist anzumerken, dass der so genannte Lebenswelt-Ansatz weder von Thiersch selbst noch von seinen SchülerInnen zu einer geschlossenen Theorie weiterentwickelt wurde, aber vermutlich lagen darin auch der Charme und die Anschlussfähigkeit bzw. Integrationsfähigkeit des Konzeptes. Es ermöglichte, wie Niemeyer (2010, S. 252 ff.) urteilt, die Traditionslinien der hermeneutisch-pragmatischen Pädagogik mit den emanzipativen Ansprüchen kritischer Ansätze zu verbinden.[12]

12 Eine vergleichsweise umfangreiche und aktuelle Darstellung des Konzepts der Lebensweltorientierung legte Thiersch zusammen mit Grundwald 2014 vor (Grundwald/

Rauschenbach und Züchner (2005, S. 156) unterscheiden theoretische Beiträge, die „eher zu einer professionellen Selbstverständigung" beitragen oder „konzeptionelle Strukturmaximen" formulieren, von solchen, „die stärker auf die Versprachlichung und Erhellung eines Ist-Zustandes der Sozialen Arbeit ausgerichtet sind und deren Ziel vor allem die Beschreibung, Rekonstruktion oder Erklärung" ist; sie ordnen das Konzept der Lebensweltorientierung der ersten Gruppe zu.[13] Der Präsenz und Prominenz im Theoriediskurs Sozialer Arbeit hat das keinen Abbruch getan; ganz im Gegenteil.

Eine gleichfalls hohe Präsenz im Theoriediskurs hat die Theoretisierung Sozialer Arbeit als Hilfe zur Lebensbewältigung von Lothar Böhnisch. Böhnisch nahm in seine Theoriekonstruktion sozialpsychologische Elemente auf, verknüpfte diese aber mit gesellschaftstheoretischen Überlegungen und formulierte sie zu einer Theorie Sozialer Arbeit aus. Böhnisch bestimmt Soziale Arbeit als institutionelles Ergebnis der Moderne und als „Reaktion auf die Bewältigungstatsache" (→ Kap. 3.8). Seine Theorie Sozialer Arbeit übernimmt das Erklärungsmuster des marxistischen Psychoanalytikers Bernfeld, der Erziehung als „Reaktion auf die Entwicklungstatsache" definierte (Bernfeld 1925/1973, S. 49 ff.). Böhnisch ersetzt aber die psychoanalytische Fundierung Bernfelds durch das entwicklungspsychologische Coping-Konzept und die Marx'sche Analyse der bürgerlichen Gesellschaft durch Emile Durkheims soziologische „Krisendiagnose" und verbindet diese beiden Elemente dann mit dem sozialpolitisch-soziologischen Konzept der „Lebenslagen". Auf diese interdisziplinäre Weise beschreibt er die AdressatInnen sozialpädagogischer Interventionen als Individuen, die sich mit den widersprüchlichen Herausforderungen moderner Gesellschaften auseinandersetzen müssen und bestimmt im selben Zug Soziale Arbeit als Hilfe zur Lebensbewältigung (→ Kap. 3.8).

Nachzutragen bleibt hier noch, dass in den Theoriediskursen der Sozialen Arbeit in den 1980er Jahren auch kritisch bildungstheoretische Überlegungen Eingang fanden. Hierfür stehen vor allem die Theoretisierungen von Heinz Sünker (1984; 1989); und vordem auch schon von Mollenhauer. Zudem gab es Diskursbeiträge aus der Perspektive der Psychoanalyse – etwa die Arbeiten

---

Thiersch 2014). Eine gute Quelle, um die Entwicklung des Konzeptes über mehrere Jahrzehnte hinweg nachzuvollziehen, bietet eine Aufsatzsammlung (Thiersch 2015). Eine vorzügliche Darstellung zu Hans Thiersch als modernem „Klassiker" der Sozialpädagogik legte Niemeyer (2010) vor. Kritisch zur Frage, inwieweit das Konzept der Lebensweltorientierung sozialwissenschaftlichen Ansprüchen genügt: Reyer 2002, S. 255–260; Neumann/Sandermann 2008, 2012, 2018b, S. 203 ff.; Krieger 2018, S. 56–59; zum Aspekt der „Orientierung": Cleppien 2008.

13 Ergänzend zu dieser Charakterisierung des Konzepts nimmt Niemeyer eine Charakterisierung der Person Hans Thiersch vor. Dieser sei „am ehesten wohl als praxisorientierter ‚Sozialreformer' zu umschreiben, dem es um die ‚Gestaltung des Sozialen'" ging und dem „die detailversessene theoriesystematische Argumentation eher fernliegt" (Niemeyer 1998, S. 227). Auch das mag zum Erfolg seiner Konzeption beigetragen haben.

von Burkhard Müller – bzw. der Kritischen Psychologie, die sich insbesondere mit dem Namen Karl-Heinz Braun verbinden. Doch zur Ausformulierung entsprechender umfassender Theorien gelangten diese Ansätze nicht. Letztlich blieb es für die 1980er Jahre, trotz einer Reihe weiterer Denkansätze und einem breiten Theoriediskurs, bei den im 3. Kapitel vorzustellenden Bestimmungen Sozialer Arbeit als „stellvertretende Deutung" und „Hilfe zur Lebensbewältigung".

2.4 Entwicklungen in den 1990er Jahren

Zur Realgeschichte Sozialer Arbeit

Die Rahmenbedingungen Sozialer Arbeit in den 1990er Jahren wurden nicht zuletzt durch die territoriale Erweiterung der Bundesrepublik Deutschland (BRD) geprägt. Da es sich bei dem als „Wiedervereinigung" bezeichneten Prozess um den Anschluss der (ehemaligen) Deutschen Demokratischen Republik (DDR) an die BRD, genauer um den Beitritt der DDR zum Geltungsbereich des Grundgesetzes handelte, erfolgte die Übertragung der bundesdeutschen Wirtschafts- und Sozialordnung von West auf Ost. Mit der Rechtsübertragung fand auch ein Institutionentransfer statt. Das veränderte die ostdeutschen Verhältnisse grundlegend und hatte recht bald Rückwirkungen auf den fortan gesamtdeutschen Sozialstaat (zu den Auswirkungen auf den deutschen Sozialstaat im Allgemeinen vgl. Ritter 2006; zur Sozialhilfe vgl. Willing 2007; zur sozialen Infrastruktur vgl. Grunow/Olk 2007; Olk 2006; zur freien Wohlfahrtspflege vgl. Angerhausen et al. 1998).

Die Jugendhilfe erlebte in den 1990er Jahren einen erheblichen Ausbau[14] und tiefgreifende Veränderungen, als am 1. Januar 1991 das „Kinder- und Jugendhilfegesetz" (KJHG) als VIII. Buch des Sozialgesetzbuches (SGB VIII) in Kraft trat (in Ostdeutschland schon am 3. Oktober 1990). Das neue Jugendhilferecht brach mit der überkommenen Systematik des JWG und der Gesetzgeber stellte stattdessen die präventive Grundausrichtung und den Dienstleistungscharakter der Angebote der Kinder- und Jugendhilfe in den Vordergrund, die dementsprechend auch mit vielen Rechtsansprüchen für die Erziehungsberechtigten versehen wurden. Auf den veralteten Begriff der Verwahrlosung verzichtete der Gesetzgeber ebenso wie auf die zuvor für diesen Fall vorgesehene Fürsorgeerziehung. Stattdessen war von „erzieherischen Bedarfen" und den entsprechenden „Hilfen zur Erziehung" (§§ 27 ff.) die Rede, die auf Antrag der Erziehungsberechtigten und mit deren Beteiligung (Hilfeplanverfahren gemäß § 36) gewährt werden konnten. Die nach

14 Der steigende Leistungsumfang hängt zu großen Teilen mit einem nun eingeführten Rechtsanspruch auf einen Kindergartenplatz für Kinder, die das 3. Lebensjahr vollendet hatten bis zum Schuleintritt gem. § 24 SGB VIII zusammen.

wie vor bestehenden Eingriffsrechte und -pflichten der Jugendämter im Falle von Kindeswohlgefährdungen platzierte der Gesetzgeber unter der Überschrift „Andere Aufgaben der Jugendhilfe" zusammen mit justizbezogenen Tätigkeiten und den Kontroll- und Aufsichtsfunktionen etwa gegenüber Pflegepersonen und Einrichtungen im Dritten Kapitel des Gesetzes.

Einen weiteren gravierenden Einschnitt bedeutete die Einführung des am angelsächsischen New Public Management orientierten Kontraktmanagements zur Finanzierung und Steuerung sozialer Dienste ab Mitte der 1990er Jahre. Das betraf zunächst die gesundheitsbezogenen und pflegerisch tätigen Einrichtungen, dann aber auch die Regelungsbereiche der Sozial- und als letztes der Kinder- und Jugendhilfe. So verankerte der Bundesgesetzgeber 1998 (wie zuvor schon im BSHG) in den §§ 78a bis g SGB VIII die vereinbarungsrechtliche Finanzierung auch für Jugendhilfeleistungen (allerdings mit Ausnahmen, etwa für die Hilfe zur Erziehung in Vollzeitpflege). Die Jugendämter hatten schon seit Mitte der 1990er Jahre ihre Binnenstrukturen nach dem Muster des so genannten Neuen Steuerungsmodells transformiert, um die expansive Kostenentwicklung infolge jugendhilferechtlicher Neuregelung in den Griff zu bekommen. Nach der Novelle von 1998 übertrugen sie die wettbewerbliche Handlungslogik durch die neuen Finanzierungsinstrumente auf die freien Träger, die ihrerseits zu Kosteneinsparungen und weiteren Anpassungsreaktionen gezwungen waren. Nun hielten auch hier verstärkt betriebswirtschaftliche Methoden in Form des „Sozialmanagements" Einzug. Es bedeutete zum einen die Abkehr vom Selbstkostendeckungsprinzip als Finanzierungsgrundsatz für Soziale Dienste, zum anderen sollten mittels Verträgen Leistungsinhalte und Vergütungen festgelegt werden, mit denen ein Qualitätswettbewerb initiiert werden sollte. Mit der Einführung des Kontraktmanagements wurden die zuvor privilegierten Träger der Freien Wohlfahrtspflege mit den privatgewerblichen Trägern gleichgestellt (Hagn et al. 2012; Weber 2014). Der Aus- und Weiterbildungssektor reagierte darauf mit der Aufnahme entsprechender Lehrinhalte (Sozialmanagement) sowie später auch mit der Etablierung entsprechender (Master-)Studiengänge.

Zur Theorieentwicklung

Spielten auch in den 1990er Jahren die Theorie Sozialer Arbeit als Hilfe zur Lebensbewältigung (auch als „Lebensbewältigungsparadigma" apostrophiert) sowie der Lebenswelt-Ansatz bzw. die „Lebensweltorientierung" in den Theoriediskussionen weiterhin eine prominente Rolle, so traten nunmehr auch weitere, neue Perspektiven und Theoretisierungen hinzu. In erster Linie zu nennen sind hier subjekt- und systemtheoretische sowie aus der Professionsforschung hervorgegangene Theorien Sozialer Arbeit. Die damit zunehmende Diversifizierung der Theorieangebote führte zusammen mit den als gravierend empfundenen zeitgeschichtlichen Umbrüchen zu Verunsicherungen bezüglich verlässlicher Bezugspunkte für das (Selbst-)Verständnis Sozialer Arbeit. Die gegen Ende der 1990er Jahre geführte „KlassikerInnen-Debatte“[15] lässt sich in diesem Zusammenhang als Versuch einer disziplinären (Selbst-)Vergewisserung deuten. Dasselbe gilt in gewisser Weise für die sich seit den 1980er Jahren entwickelnde und in den 1990er Jahren verstärkt angewandte historische Forschung über Soziale Arbeit, die – anders als die gleichgerichteten Versuche in den 1970er Jahren – seitdem überwiegend den Standards der Geschichtswissenschaften gemäß durchgeführt wird. Diese Forschung erschloss zunehmend die Komplexität der Hintergründe und Entwicklungen des Faches und zeigte die Verschiedenheit der Wurzeln der Denk- und Praxistraditionen, die sich in der Sozialen Arbeit finden lassen. Letzteres floss dann wieder in die „KlassikerInnen-Debatte“ ein, bei der es um die Konstruktion von Traditionslinien anhand von TheoretikerInnen/DenkerInnen der Sozialen Arbeit bzw. in Abgrenzung zur Vorstellung einer gemeinsamen Tradition um die Konstruktionen eigenständiger Linien der Sozialpädagogik und der Sozialarbeitswissenschaft ging (Niemeyer 2001, 2005; Gängler 2001; Birgmeier 2012, S. 84 ff.).

Die Traditionslinie der universitären Sozialpädagogik wurde in den 1990er Jahren durch die Theorieentwürfe von Michael Winkler (1988) und die Beiträge von Bernd Dewe und Hans-Uwe Otto weitergeführt. Michael Winkler legte 1988 einen vielbeachteten Theorieentwurf einer „Theorie der Sozialpädagogik“ vor (→ Kap 3.9). Die Impulse aus der Professionalisierungsdiskussion, deren Ergebnisse unter anderem von Dewe und Otto 1996 als „reflexive Sozialpädagogik“ zusammengefasst wurden, schärften den Begriff des sozialpädagogischen Handelns (→ Kap 3.1). Zugleich lassen sich für die 1990er Jahre weitere Differenzierungen von Theorieansätzen feststellen. Hierzu zählen einerseits die Diskussionsbeiträge zu einer Sozialarbeitswissenschaft als Handlungswissenschaft, die sich an der gesellschaftlichen Praxis der Sozialen Arbeit orientieren sowie die Probleme sozialer Dienste rational aufarbeiten und ihre Funktion innerhalb des Sozialstaats klären sollte (Pfaffenberger 2009). Diese handlungswissenschaftlichen Beiträge wurden stark von den Fachhochschulen unterstützt. Größere Beachtung erhielten jedoch Theorieentwürfe, die wiederum an Theoriekonjunkturen in den Sozialwissenschaften anschlossen. Aufgegriffen und zur Grundlage von

15 Michael Winkler (1993, S. 172) formulierte in der fachöffentlichen Diskussion die Aussage, dass der ungesicherte Status der Sozialpädagogik als Wissenschaft und Profession mit dem Fehlen von Klassikern zusammenhänge. Fünf Jahre später erschienen dann gleich vier Buchpublikationen (Engelke 1998; Eggemann/Hering 1998; Niemeyer 1998; Thole/Gängler/Galuske 1998), die die Frage nach den Klassikern und Klassikerinnen der Sozialpädagogik bzw. Sozialen Arbeit zu beantworten versuchten. Die Antworten fielen recht unterschiedlich aus. Die daraufhin geführten fachlichen Kontroversen über und zu den angeführten Publikationen firmieren seither als „KlassikerInnen-Debatte“.

Theorieentwürfen gemacht wurden insbesondere die Systemtheorie bzw. zeitgeschichtliche Phänomene wie „Individualisierung" oder „Ökonomisierung".[16]

Die Systemtheorie entwickelte sich zunächst außerhalb der Sozialwissenschaften in der Kybernetik und Steuerungstheorie. Diese Gedanken wurden von dem US-Amerikaner Talcott Parsons in den 1960er Jahren für die Gesellschaftstheorie fruchtbar gemacht. Im deutschen Sprachraum wurde die Systemtheorie maßgeblich seit den 1970er Jahren durch Niklas Luhmann adaptiert und weiterentwickelt. Luhmann erweiterte die Systemtheorie um Einflüsse zur Selbststeuerung und Selbstreproduktion aus der Biologie. Schon seit 1979 veröffentlichte Niklas Luhmann gemeinsam mit Karl Eberhard Schorr Diskussionsbeiträge zur systemtheoretischen Betrachtung der Pädagogik und des Erziehungssystems (Luhmann/Schorr 1979a, b) und 1981 erschien eine Rekonstruktion des Wohlfahrtsstaats aus systemtheoretischer Perspektive (Luhmann 1981). Luhmann veröffentlichte die Grundzüge seiner Theorie Sozialer Systeme 1984 und erzielte in den folgenden Jahren mit Bänden über weitere Teilsysteme der Gesellschaft einen immer größeren Grad der Differenzierung (Luhmann 1987).

In der Sozialen Arbeit wurde die Systemtheorie in zwei Schulen rezipiert. Die erste Schule systemtheoretischer Rezeption greift Luhmanns Gedanken und Begriffswelt im engeren Sinne auf und verzichtet auf Anleihen aus anderen Theoriebereichen. Mit Dirk Baeckers Beitrag von 1994 beginnend lässt sich eine breitere Rezeption der Systemtheorie innerhalb der Sozialen Arbeit feststellen. Diese Systemtheorien Sozialer Arbeit wurden von Roland Merten (u. a. 1997), Michael Bommes und Albert Scherr (2000a; 2000b) sowie Georg Weber und Frank Hillebrandt (1999) vorgelegt. Sie übertrugen die Annahmen der Systemtheorie auf die Soziale Arbeit und ihre Funktion innerhalb der Gesellschaft (→ Kap. 3.11). Die zweite Schule (Züricher Schule) um Sylvia Staub-Bernasconi und Werner Obrecht übernahm den Systembegriff in ihre Theorie Sozialer Arbeit (Staub-Bernasconi 1995), wobei die bis dahin vorliegenden Arbeiten zur Systemtheorie mehr als Anregung für ein eigenes Konzept dienen sollten. Der Systembegriff Staub-Bernasconis lässt einen Großteil der begrifflichen Differenzierungsarbeit der soziologischen Systemtheorie hinter sich, erweitert ihn über soziale Systeme hinaus und verbindet ihn mit einer ontologischen Bedürfnistheorie, die auf den Gedanken von Ilse Arlt basiert. Staub-Bernasconi spricht deshalb von einer „systemischen" Perspektive (→ Kap. 3.10). Im Unterschied zur ersten Schule systemtheoretischer Erklärungen Sozialer Arbeit konzipierte die Züricher Schule die Theorie Sozialer Arbeit als Handlungstheorie; die damit erforderliche normative Orientierung findet sie in den Menschenrechten.

In der deutschen Sozialen Arbeit beschäftigten sich seit der Einführung des Kontraktmanagements in den 1990er Jahren eine Vielzahl von Beiträgen,

16 Generell zu den Schwierigkeiten der Verbindung von Zeitdiagnosen mit Theorien Sozialer Arbeit: Dollinger 2008b.

überwiegend kritisch, mit der „Ökonomisierung" Sozialer Arbeit, ihrer Funktion, ihren Folgen und Ergebnissen (vgl. Beiträge in Sozialistisches Büro 2000). Das in der Jugendhilfe unter dem Etikett „Neue Steuerung" in die Sozialgesetze einfließende neue Sozialstaatsverständnis findet sich in den Dienstleistungstheorien wieder, die seit den 1990er Jahren als weiterer Theoriestrang Eingang in den Fachdiskurs fanden.

2.5 Entwicklungen seit den 2000er Jahren

Zur Realgeschichte Sozialer Arbeit

Im ersten Jahrzehnt des neuen Jahrhunderts zeigten sich die Auswirkungen des Endes der zuvor bipolaren Weltordnung sowohl politisch als auch ökonomisch. Alte und neue geostrategische und wirtschaftliche Interessen und Akteure konkurrierten miteinander. Die mediale politische Diskussion wurde nach den Anschlägen auf die Twin-Towers des World Trade Centers in New York am 11. September 2001 beherrscht vom Thema des sog. islamistischen Terrorismus; auch der globalisierte Finanzmarkt war ein wichtiges Thema. Im März 2000 – mit dem Platzen der sog. Dotcom-Blase – hatten die Erwartungen der Kapitalmärkte an die digitale Revolution einen jähen Dämpfer erhalten. Andererseits gab es infolge der Einführung des Euro-Bargeldes im Jahr 2002 und der sog. EU-Osterweiterung um zehn Staaten im Jahr 2004 zunächst genügend Anlagemöglichkeiten für das weltweite Finanzkapital. In der Weltfinanzkrise von 2007 bis 2009 zeigte sich jedoch, dass die überzogenen Renditeerwartungen der Finanzindustrie die Realwirtschaft aus dem Gleichgewicht bringen konnten. Die Deregulierung der Finanzmärkte als Teil des neoliberalen Politikmodells geriet zunehmend in die Kritik (Streeck 2013).

In Deutschland spielte der sozialpolitische Aspekt dieser Politik eine besondere, für die Soziale Arbeit nicht zu unterschätzende Rolle. Hier regierte von 1998 bis 2005 eine rot-grüne Koalition unter Bundeskanzler Gerhard Schröder, dessen sog. Agenda 2010 die Richtlinien der Arbeitsmarkt- und Sozialpolitik dieser Jahre bestimmte. Ab 2005 regierte auf Bundesebene die CDU gemeinsam mit der SPD in einer großen Koalition unter Kanzlerin Angela Merkel, die die zuvor eingeleitete arbeitsmarkt- und sozialpolitische Wende verschärft fortsetzte. Mit dem Ziel „das Land auf Wachstumskurs" zu führen, wurden Maßnahmen zur Senkung von Lohn(neben)kosten und arbeitsrechtlichen Standards ergriffen, erfolgten Reformen und Leistungsabbau in den Sozialsystemen bei gleichzeitiger Deregulierung insbesondere des Finanzsektors.

Im Bereich der Sozialhilfe ist die Agenda 2010 als sog. Hartz-Gesetzgebung (I-IV) bekannt geworden. Deren Kern waren die drastische Einschränkung der Leistungen der Arbeitslosenversicherung gemäß SGB III (Arbeitslosengeld I) sowie die Zusammenlegung der vormaligen Arbeitslosenhilfe mit der Sozialhilfe für Erwerbsfähige im neuen SGB II zu einer pauschalierten Grundsicherungsleistung, die im Volksmund „Hartz IV" genannt wird. Die Sozialhilfe, nunmehr nur noch für die nicht Erwerbssuchenden, wurde 2005 als zwölftes Buch (SGB XII) in das Sozialgesetzbuch integriert. EmpfängerInnen von ALG-II-Leistungen nach dem SGB II sind mit dem Prinzip „Fördern und Fordern" konfrontiert. Ihr Rechtsanspruch auf Unterstützung ist an fortlaufend kontrollierte Gegenleistungen gekoppelt. Die Nichteinhaltung zieht regelmäßig Sanktionen nach sich, deren Ausgestaltung durch die Arbeitsagenturen tausendfach die Gerichte beschäftigt (Promberger 2010).

Im Bereich der Kinder- und Jugendhilfe standen die Themen Verwahrlosung und sexuelle Gewalt gegen Kinder im Fokus der Diskussion. Seit Ende der 1990er Jahre ist eine erhöhte öffentliche Aufmerksamkeit für Verwahrlosung und Kindesmissbrauch in den Medien nachzuweisen, wobei häufig die Arbeit der Jugendämter in Frage gestellt wird und zuweilen auch die Arbeitsbedingungen der Fachkräfte kritisiert werden. Vom Bundesministerium für Familie, Senioren, Frauen und Jugend wurde 2007 das Aktionsprogramm „Frühe Hilfen für Eltern und Kinder und soziale Frühwarnsysteme" ins Leben gerufen, in dem Jugendhilfe und Gesundheitswesen zu engerer Kooperation und Kontrolle exkludierter Familien angehalten wurden. Dieses Programm zeigt deutlich, dass die Ursachen der Gefährdung von Kindern kaum als gesellschaftliche Probleme, sondern als Folgen individuellen Fehlverhaltens der Eltern wahrgenommen und „bearbeitet" werden (Meysen/Schönecker/Kindler 2009).

Im Bereich der gesundheitsbezogenen Hilfen intensivierte sich infolge der Ratifizierung der UN-Behindertenrechtskonvention im Jahr 2009 eine Diskussion über Rechte und Inklusion von Menschen mit Behinderungen in Deutschland. Dabei standen insbesondere die Wohlfahrtsverbände und die Soziale Arbeit unter dem Verdacht, sich nicht von paternalistischen Traditionen in der Behindertenhilfe verabschieden zu wollen (vgl. Weber 2015).

Im Bereich der Ausbildung für die Soziale Arbeit brachte in den 2000er Jahren der so genannte „Bologna-Prozess" deutliche Veränderungen mit sich. Um eine Vereinheitlichung der Studienabschlüsse auf europäischer Ebene zu erreichen und die Mobilität der Studierenden zu fördern, sind an die Stelle der Diplom- und Magister-Abschlüsse sukzessive die Bachelor (Undergraduate) und Master (Graduate) Abschlüsse getreten. Die (Fach-)Hochschulen als traditionelle Ausbildungsstätten bieten seither neben den bekannten Studiengängen für Soziale Arbeit zunehmend auch spezialisierte Studiengänge sowohl auf BA- als auch auf MA-Niveau an. In den 2000er Jahren waren zunächst vor allem Spezialisierungen auf Sozialmanagement zu verzeichnen.

Soweit zu den Entwicklungen bis Mitte der 2010er Jahre, dem Zeitpunkt, an dem das Typoskript zur ersten Auflage dieses Buches fertiggestellt wurde. In den seitdem verstrichenen Jahren standen vier Themenkomplexe im Zentrum der Öffentlichkeit in Deutschland, aber auch in Europa und darüber hinaus: Die Fluchtmigration nach Europa ab 2015, die forcierte Digitalisierung nicht nur der Arbeitswelt, der Klimawandel sowie jüngst die Covid-19 Pandemie. Die ersten beiden Themen spielten und spielen für die Soziale Arbeit eine größere Rolle, wobei in Rechnung zu stellen ist, dass sich der Klimawandel zunehmend auf Fluchtbewegungen auswirkt und dass die Corona-Pandemie der Digitalisierung absehbar zusätzlichen Schub verschafft.

Kriege und Bürgerkriege in den Staaten Nordafrikas und im Nahen Osten, in die EU- und NATO-Staaten involviert waren, führten zu großen Fluchtbewegungen. Viele Millionen Menschen suchten Schutz innerhalb ihrer Heimatländer (Afghanistan, Syrien, Irak, Jemen, Libyen usw.), weitere Millionen in den jeweiligen Nachbarländern. Ein vergleichsweise kleiner Teil gelangte über den Landweg („Balkanroute“) oder über das Mittelmeer nach (EU-)Europa; Tausende überlebten ihren Fluchtversuch nicht. Anfang September 2015 gestattete die Bundeskanzlerin Merkel mehreren Tausend Geflüchteten, die an den östlichen und südöstlichen Außengrenzen der EU gestrandet waren, vorübergehend die Einreise. Dieses Öffnen der EU-Binnengrenzen auch für Flüchtlinge dokumentierte, dass das sog. Dublin-System und damit ein Kernelement einer gemeinsamen europäischen Asyl- und Migrationspolitik, das EU-Migrationsregime insgesamt, gescheitert war. Diese Entscheidung führte zu einer enormen Polarisierung in der deutschen Öffentlichkeit, innerhalb des Parteienspektrums und auch zwischen den Unionsparteien. Auf der einen Seite entstand eine „Willkommenskultur“ mit einem bemerkenswert umfangreichen zivilgesellschaftlichen Engagement zugunsten der neu eingetroffenen Flüchtlinge. Auf der anderen Seite empörten sich besonders nationalistische, rassistische und islamfeindliche Kreise über die humanitär begründete Einreiseerlaubnis der Bundeskanzlerin (SVR 2019, S. 57; Hammerschmidt et al. 2021). Die zwei Jahre zuvor (2013) gegründete rechtsextreme Partei AFD mit ihrem neofaschistischen „Flügel“ befeuerte, KritikerInnen innerhalb der etablierten Parteien übertrumpfend, deren Kritik mit völkisch-nationalistischen und islamfeindlichen Argumenten, womit es ihr bei den folgenden Wahlen gelang, in den Bundestag und alle Landtage einzuziehen. In dem aufgepeitschten gesellschaftlichen Klima erfolgten zahlreiche gewalttätige Übergriffe auf Flüchtlinge und deren Unterkünfte. Das Bundeskriminalamt erfasste für 2015 1.031 politisch motivierte Straftaten auf Asylsuchende und ihre Unterkünfte, für das Folgejahr 995 weitere. Im Jahr 2019 wurden 126 Straftaten gegen Unterkünfte und weitere 1.620 Straftaten gegen Asylsuchende und Flüchtlinge behördlich festgestellt (SVR 2020, S. 10).[17]

17 Die rechtsextreme Gewalt beschränkte sich nicht auf Flüchtlinge. Im Juni 2019 wurde der Kasseler Regierungspräsident Walter Lübcke (CDU), der sich für Flüchtlinge eingesetzt hatte, Opfer eines Mordanschlages. Wenige Monate später, am Jom Kippur, endete ein versuchter Massenmord in einer Synagoge in Halle mit zwei Toten. Weitere Anschläge folgten, wie etwa im Februar 2020 in Hanau mit elf Toten einschließlich des rechtsextremen Attentäters.

Die Betreuung der geflüchteten Menschen in den aufnehmenden Kommunen oblag der Sozialen Arbeit. Flüchtlingssozialarbeit hatte Konjunktur, was sich auch ausgeprägt in der Fachpublizistik zeigte. In Fachzeitschriften, Sammelbänden und auch Handbüchern der Sozialen Arbeit waren und sind Flucht und Migration sowie interkulturelle und antirassistische Soziale Arbeit – wieder verstärkt – Gegenstand (pars pro toto: Melter 2015; Gogolin et al. 2018; Hartwig et al. 2018; Resch/Wagner 2019; Hammerschmidt et al. 2021).

Die zweite hier anzuführende Entwicklung, die „Digitalisierung" bzw. „Mediatisierung" ist (noch) weniger als (Flucht-)Migration einem bestimmten Zeitpunkt zuzuordnen; allenfalls ließe sich auf den ab 2007 einsetzenden „Siegeszug" des Smartphones verweisen, aber dies nur als Teil einer insgesamt rasanten technischen Entwicklung von Geräten (Computern), Infrastrukturen (Netzwerken) und Anwendungen (Software). Inzwischen haben sich das Kommunikationsverhalten und die Kommunikationsverhältnisse stark verändert. Dies betrifft die Kommunikation zwischen mehreren Personen und die zwischen einzelnen Personen und (ihren) Geräten. Hinzu kommen Informationsaustausch zwischen Geräten ohne weiteres menschliches Zutun („Internet der Dinge"), die systematische Auswertung und auch kommerzielle Nutzung der bei all dem anfallenden gigantischen Datenmengen durch Algorithmen („Big Data") sowie nunmehr die automatisierte Weiterentwicklung solcher Algorithmen durch die Software selbst („Künstliche Intelligenz"). Insgesamt erleben wir eine digitale Transformation unserer sozialen Welt, sie ist in alle Bereiche des Alltagslebens – auch die der AdressatInnen und Fachkräfte der Sozialen Arbeit –, in Betriebe, Organisationen und öffentliche Verwaltungen – auch die der Sozialen Arbeit – eingezogen. Mit der Digitalisierung entstehen für Menschen in allen Altersgruppen und Lebenslagen neue Bewältigungsaufgaben, an denen sie scheitern können (Bewältigungsprobleme). Soziale Arbeit als Hilfe zur Lebensbewältigung hat diese zu bearbeiten und muss sich dabei zugleich um die Vermittlung von Medienkompetenz und Medienbildung bemühen. Neue Beratungsformen, etwa online-Beratung, bei alten wie neuen (z. B. Cybermobbing) Problemen beginnen sich seit einigen Jahren zu etablieren.

Die Datenspuren, die mit der umfassenden Mediatisierung entstehen, werden immer breiter und tiefer. Die Gefahr der Schaffung des „gläsernen Menschen", von der Anfang der 1980er Jahre im Rahmen der Kontroversen über die Volkszählung in (West-)Deutschland die Rede war, wird zunehmend Realität. Über welche technischen Möglichkeiten Staaten verfügen und welches Ausmaß staatliche Überwachungspraktiken haben, ist einer breiten Öffentlichkeit erst seit Edward Snowdens Enthüllungen 2013 (NSA-Affäre) bekannt. Daneben sind es große Konzerne, keineswegs nur, aber ganz besonders die Internet-Konzerne, die umfassende Datenerhebung, -auswertung und darauf gestützte Beeinflussung von Menschen zu einem Geschäftsmodell erhoben haben. Wir leben in den Worten von Shoshana Zuboff (2018) im „Zeitalter des Überwachungskapitalismus".

Mag auch die Rede von Überwachung für das Agieren der Sozialarbeitenden gegenüber ihren AdressatInnen unangemessen erscheinen, so ist doch gewiss, dass Soziale Arbeit stets auch eine Kontrollfunktion impliziert und sich die technischen Möglichkeiten dazu in den letzten Jahren durch die Digitalisierung erhöht haben. Elektronische Dokumentation Sozialer Arbeit ist inzwischen üblich, womit auch automatisierte Erstellung von Persönlichkeitsprofilen und Risikoprognosen möglich sind. Einige Bundesländer nutzen für den Bereich der Bewährungshilfe bereits heute Computerprogramme, um Erfolge und Risiken sozialpädagogischer Maßnahmen prognostizieren zu können (Schierz 2015). Vorbild dafür sind entsprechende Programme zur Verbrechensbekämpfung in den USA. Eine Übertragung dieses Vorgehens ist auf viele Praxisfelder möglich und liegt umso näher, je stärker ihnen ein quantitatives Risikofaktoren-Denken zugrunde liegt, wie etwa in den Frühen Hilfen. Es ist zudem kompatibel mit den Konzepten einer „evidenzbasierten Sozialen Arbeit". In diesen Konzepten werden grundsätzlich quantitativ ermittelte Korrelationen zu Prognosen über Wahrscheinlichkeiten verdichtet. Höchst fraglich ist, ob sie einer sozialpädagogischen Diagnostik angemessen sind, denn dieser Diagnostik geht es um die jeweilige besondere Situation einzelner AdressatInnen und nicht um statistische Wahrscheinlichkeiten (vgl. Otto et al. 2020, S. 210–215 u. passim). Solche Versuche, das „Technologie-Defizit" der Sozialen Arbeit durch Computertechnologie zu beseitigen, werden bzw. würden einerseits die professionelle Autonomie der Fachkräfte wie auch verstehende Diagnosen unterminieren und anderseits dem Status der AdressatInnen als SozialbürgerInnen, Individuen und Subjekte widersprechen und sie stattdessen zu Objekten von Kosten-Nutzen-Erwägungen herabwürdigen.

Eine intensivere Auseinandersetzung über die Auswirkungen all dieser skizzierten Entwicklungen auf die Praxis – einschließlich auf die Ausbildungspraxis für die Soziale Arbeit – setzte vor allem in der zweiten Hälfte des vergangenen Jahrzehnts ein (Helbig 2014; Klein 2015; Kutscher et al. 2015, 2020; Schierz 2015; Eder et al. 2017; Beranek et al. 2018; Stüwe/Ermel 2019). Deren Ende und Ergebnisse lassen sich ebenso wenig vorhersagen wie die technischen und gesellschaftlichen Entwicklungen, auf die sie sich beziehen.

Zur Theorieentwicklung

Die theoretischen Auseinandersetzungen der 2000er Jahre greifen die (sozial-)politischen Umbrüche ihrer Zeit auf, ohne dabei zu der Radikalität zu gelangen, die einen Teil der Debatten der 1970er Jahre kennzeichnete. Zentral waren hierbei einerseits die Rücknahme sozialstaatlicher Sicherungsversprechungen mit ihren Folgen nicht zuletzt für die AdressatInnen Sozialer Arbeit und andererseits die Folgen der Vermarktlichung der Erbringung Sozialer Arbeit. Die in den

1990er Jahren verstärkt einsetzende Dienstleistungsdiskussion, die Frage nach dem Dienstleistungscharakter und der spezifischen Qualität Sozialer Arbeit, spielte im Theoriediskurs der 2000er Jahre deshalb weiterhin eine große Rolle.[18] In diesem Kontext ist auch die Nutzertheorie (→ Kap. 3.13) zu verorten. Besondere Beachtung fanden darüber hinaus französische Theoretiker, deren Werke hierzulande verstärkt rezipiert und diskutiert wurden und auch die Forschung anregten. Das gilt in erster Linie für Pierre Bourdieu, Robert Castel, Loïc Wacquant und Michel Foucault, aber auch für Jean-François Lyotard. Dabei rekurrierte die deutsche Fachdiskussion keineswegs nur auf die „sozialarbeitsnahen" Arbeiten von Bourdieu, Castel und Wacquant, sondern auch auf deren zeitdiagnostische Analysen, bereichsspezifische Studien und kritische politische Statements. Foucaults und Lyotards Arbeiten regten darüber hinaus auch Theoretisierungen Sozialer Arbeit an. Besonders beachtenswert waren hierbei die von Kessl und Otto (2012) vorgelegte (knappe) „Genealogie Sozialer Arbeit", bei der Soziale Arbeit als „spezifische Form der Führung von Menschen, einer ‚Regierung des Sozialen'" dechiffriert wurde, sowie Kessls „Gouvernementalität Sozialer Arbeit" (2005, 2007; vgl. auch Anhorn et al. 2007; Garbers 2008; Berner 2012). Hinzuweisen bleibt an dieser Stelle noch auf die Postmoderne Theorie Lyotards, auf die gestützt Heiko Kleve eine eigenständige Theorie Sozialer Arbeit entwickelte (→ Kap. 3.14).

Speisten die Rekurse auf Bourdieu, Castel, Wacquant und Foucault neue kritische analytische Elemente in den bundesdeutschen Theoriediskurs ein, so führte die „Entdeckung" des Capability Approachs für die Soziale Arbeit zu einem neuen, zusätzlichen, normativen Bezugspunkt. Hierbei geht es um „Verwirklichungschancen" im Anschluss an die Arbeiten des Wirtschaftswissenschaftlers und Philosophen Amartya Sen oder genauer um deren Fortentwicklung durch Martha Nussbaum, die mit einem Aufsatz von Hans-Uwe Otto und Holger Ziegler (2006) in die hiesige Fachdiskussion eingeführt wurde. Ein Herausgeberband (Otto/Ziegler 2008) und weitere Aufsätze (u.a. Otto/Scherr/Ziegler 2010; Otto/Ziegler 2010) folgten. Der Ansatz wurde in der Fachdiskussion zunächst verhalten-positiv aufgenommen. Später formulierte Horst Bossong (2011) eine grundlegende Kritik. Der Capability Approach werde in der sozialarbeits- und erziehungswissenschaftlichen Fachdiskussion als produktiver Impuls rezipiert. Die Verbindung mit der Idee eines tugendhaften Lebens und einer dahin strebenden staatlich/öffentlich veranlassten Befähigung müsse aber bei gesellschaftskritischen Forschern irritieren (ebd., S. 591). „Mit der Rede von der Befähigung zu einem richtigen, reflektierten und guten Leben wird

18 Das spiegelt sich auch in den Titeln der einschlägigen Publikationen wider. Pars pro toto: Kessl/Otto (2009): Soziale Arbeit ohne Wohlfahrtsstaat?; Olk/Otto (2003): Soziale Arbeit als Dienstleistung; Beckmann et al. (2004): Qualität in der Sozialen Arbeit; Beckmann (2009): Qualitätsmanagement und Soziale Arbeit; Oechler (2009): Dienstleistungsqualität in der Sozialen Arbeit.

nolens volens auch das Gegenteil kreiert, nämlich der Makel des unreflektierten, falschen, schlechten Lebens, letztlich mit Blick auf den Einzelnen gar die Unfähigkeit oder Unwilligkeit, sich zu befähigen bzw. sich befähigen zu lassen" (ebd., S. 592).[19] Dies bedeute nicht weniger, „als dass sich Soziale Arbeit zu einer Art gesellschaftsumgreifenden Gerechtigkeitsprofession [...] aufschwingen würde" (ebd., S. 593). Es sei fraglich, ob Nussbaums Befähigungskatalog und vor allem die universelle Idee des guten Lebens für die Programmatik Sozialer Arbeit tragfähig sei (ebd.). Bossong konstatierte die Gefahr eines „harten Paternalismus", der sich über die geäußerten oder gelebten Präferenzen, Wünsche und Ziele von Menschen hinwegsetze, weil er sie für falsch hält (ebd., S. 598). Das führe dann zu einem „sozialpädagogischen Expansionismus", der das Gros der Menschen, der Normalbürger zu Bedürftigen definiere (ebd., S. 597). Als Alternative schlug er eine „im Markt verortete" und marktwirtschaftlich strukturierte Soziale Arbeit vor, die für ihre Produkte und Leistungen werben und Kunden zum Kauf animieren solle (ebd., S. 613). Bossongs Kritik erfuhr eine strikte Zurückweisung (Röh 2016), wobei er es seinen KritikerInnen mit seiner – auf anderer Ebene ebenfalls normativ gedachten – Schlusswendung einfach machte. Wohl aufgrund der Polarisierung Staat versus Markt fanden seine durchaus bedenkenswerten Einwände gegen den Capability Approach nicht die Beachtung, die sie vielleicht verdient hätten. Dahme und Wohlfahrt, die gegen eine solche (falsche) Polarisierung gefeit zu sein scheinen, fanden mit ihrer anders angelegten Grundsatzkritik am Capability Approach im speziellen, wie Gerechtigkeitstheorien im Allgemeinen, aber offenbar auch nicht hinreichend Gehör. Bei der aktuellen Konjunktur normativer Gerechtigkeitstheorien, so Dahme/Wohlfahrt, werde mit falschen Abstraktionen operiert, „die unter Absehung von den politisch-ökonomischen Verhältnissen, auf die sie sich gerechtigkeitstheoretisch beziehen, idealistische Modellkonstruktionen und Programmatiken formulieren, die den Tatbestand ideologischer Parteinahme für Verhältnisse erfüllen" (Dahme/Wohlfahrt 2011, S. 385), denn sie unterstellten „den Institutionen der bürgerlichen Welt ein Problem", „das sie als Subjekte der Sicherung und Fortentwicklung einer real existierenden kapitalistischen Ökonomie gar nicht haben: die Produktion einer gerechten Gesellschaft" (ebd., S. 387). Ebenfalls pointiert heißt es dann weiter: „Reaktionär an der Rückkehr zu philosophischen Abstraktionen in der gegenwärtigen Theorie- und Professionsdiskussion ist der Tatbestand, dass damit die wissenschaftliche Analyse aktueller sozialpolitischer und ökonomischer Anforderungen an die Soziale Arbeit nur noch als untergeordnetes Moment [...]

19 Otto/Ziegler hatten in ihrer Einleitung zu ihrem Herausgeberband (2010) solche Einwände vorweggenommen und zurückgewiesen; Bossong (2011, S. 593) nimmt darauf Bezug, lässt sie aber nicht gelten. Auch Röh (2016, S. 223 f.) räumt die Möglichkeit einer „paternalistischen Gefahr" ein, er sieht sie aber unter Verweis auf Äußerungen von Sen und Nussbaum, die betonen, dass sie keinen Zwang zur Nutzung des Capability Approach vorsehen, als gebannt an.

erscheint“ (ebd., S. 404; ausführlicher: dies.: 2012). Mit philosophischen Bezügen operierend arbeitet Niemeyer (2015a, S. 67–74; 2015b) heraus, dass Nussbaums „gutes Leben“ weniger, und damit für die Sozialpädagogik als Orientierung auch weniger brauchbar, sei, als das „richtige Leben“ im Sinne Adornos oder das „bessere Leben“ in Blochs Verständnis, während Böhnisch (2016, S. 139–143) mit einer historischen wie sozialpolitischen Begründung den Capability Approach als „frei schwebende Programmatik“ (ebd., S. 141) charakterisiert. Wie dem auch sei, inzwischen haben (positive) Bezüge auf den Capability Approach als normatives Element Eingang in Theorien und Konzepte Sozialer Arbeit, wie etwa in die Lebensweltorientierung (Thiersch/Grunwald/Köngeter 2012, S. 181) gefunden (ausführlich zum Vorstehenden: Babic/Leßmann 2016).

In den 2000er Jahren erscheint mit „Gender“ eine weitere Perspektive im Theorie-Diskurs der Sozialen Arbeit.[20] Einerseits wurde diese Perspektive durch die politische Förderung des „Gender Mainstreaming“ auf europäischer Ebene gefördert und fand mit ihrer Berücksichtigung bei der Einführung von Bachelor- und Master-Curricula Eingang in die Rahmenbedingungen der Hochschullehre (Karsten 2011). Andererseits nahm die theoretische Auseinandersetzung mit „Gender“ auch jenseits der politischen Förderung von Gleichstellung an Fahrt auf. So entstanden nicht nur Monografien zum Thema Soziale Arbeit und Geschlecht (etwa: Böhnisch/Funk 2002), sondern auch ein umfängliches Wörterbuch zu diesem Gegenstand (Ehlert/Funk/Stecklina 2011). Ungeachtet der Forderung, die Kategorie Geschlecht bzw. Gender-Theorien in Theorien Sozialer Arbeit systematisch zu berücksichtigen, bleibt dieser Anspruch trotz vorliegender Versuche uneingelöst.[21] Es ist zu konstatieren, dass bislang kein überzeugendes Konzept der Verbindung von Gender-Theorien und Theorien Sozialer Arbeit vorgelegt werden konnte, und es muss als offen gelten, wie denn eine solche Verbindung systematisch gestaltet werden könnte. Gender erweist sich mit Blick auf die Lebenslagen der AdressatInnen und die Arbeitsbedingungen der Fachkräfte als eine wichtige, jedoch theoretisch nicht konstitutive Kategorie. Mit anderen Worten: Die Relevanz dieser Dimension kann kaum überschätzt werden;

20 An dieser Stelle ist nur vom neuen Genderdiskurs die Rede; dass vordem die Frage nach Frauen in der Sozialen Arbeit in den Fachdiskussionen eine Rolle spielte, ist damit nicht dementiert. Erinnert werden kann hier an die Konzeption Sozialer Arbeit als „geistige Mütterlichkeit“ durch Vertreterinnen der ersten Frauenbewegung im 19. Jahrhundert und ebenso an die feministische Kritik geschlechtshierarchischer Arbeitsteilung im Allgemeinen wie in der Sozialen Arbeit im Besonderen ausgehend von der zweiten Frauenbewegung in den 1970er Jahren.

21 Das gilt etwa für die Beiträge in einem Sammelband von Sabla/Plößer mit dem Titel „Gendertheorien und Theorien Sozialer Arbeit“ aus dem Jahre 2013. Die AutorInnen präsentieren dort Gender-Theorien, die aber hier mit Theorien der Sozialen Arbeit nicht verbunden werden. Der Gegenstand „Theorie(n) Sozialer Arbeit“ taucht dabei nicht auf, stattdessen drehen sich die Ausführungen um die Bedeutung der Genderdimension für die AdressatInnen und/oder für die Professionellen der Sozialen Arbeit.

Gender-Theorien sind wichtige Theorien *für* die Soziale Arbeit, jedoch nicht geeignet als Gegenstandsbestimmung bzw. als Theorien *der* Sozialen Arbeit.

Folgt man Dollinger (2013), dann lassen sich in diesem Jahrzehnt – wie schon seit den Ursprüngen der Sozialpädagogik – die zeitdiagnostischen Grundannahmen der Theoretisierungen der Sozialpädagogik idealtypisch unterscheiden in solche, die a) von einem Subjekt ausgehen, das durch seine Freiheit überfordert werde, und solche, die b) das Subjekt als seiner Freiheit beraubt, als „überkontrolliert" betrachten (ebd., S. 182 ff.). Die zuletzt genannten, für die „weniger das freigesetzte Subjekt das Problem der Gesellschaft ist, sondern die Gesellschaft das Problem für das Freiheitspotenzial des Subjekts" (ebd., S. 183), sieht Dollinger in einer „Randposition" (ebd.). Unter anderem Letzteres charakterisiert die 2000er Jahre; auch deswegen können die Auseinandersetzungen über die Rolle Sozialer Arbeit in der sog. Sicherheitsgesellschaft sowie die punitive (Neu-)Ausrichtung der Sozialen Arbeit zu den wichtigen theoretischen Debatten der 2000er gezählt werden (vgl. etwa: Dollinger 2010; Dollinger/Schmidt-Semisch 2011a, 2011b; Lutz 2010, 2011; Kessl 2011).

Die Theoriediskussionen der Sozialen Arbeit wurden nach dem Erscheinen bzw. schon während des Drucks der ersten Auflage des vorliegenden Buches weitergeführt, ja sogar intensiviert.[22] Dies fand auch publizistischen Niederschlag. Neben überarbeiteten Neuauflagen von bereits vorhandenen Überblicksdarstellungen (Engelke et al. 2018; Lambers 2020) erschien eine neue Überblicksdarstellung (Sandermann/Neumann 2018). Eine Vertiefung der Theoriediskussion lässt sich besonders bezüglich der Nutzertheorie Sozialer Arbeit von Schaarschuch und Oelerich feststellen. Neben einer inhaltlichen Fortentwicklung und Vertiefung durch die TheoretikerInnen selbst (Oelerich et al. 2019; Schaarschuch 2019; Oelerich/Schaarschuch 2020) diente die Nutzertheorie einer Reihe von Forschungsprojekten, meistenteils Dissertationen, als Grundlage, um einerseits spezifische Praxisfelder der Sozialen Arbeit empirisch zu untersuchen und um andererseits den Begriffsapparat dieser Theorie weiterzuentwickeln.[23] Böhnischs Theorie der Lebensbewältigung verhelfen Stecklina und Wienforth (2020) in anderer Form zu einer vertieften Betrachtung und

---

22 Ähnlich auch Engelke et al. (2018, S. 8), anderslautende Einschätzungen dagegen bei: Dollinger/Lütke-Hartmann (2019, S. 227) und Neumann/Sandermann (2019, S. 237).

23 Einen knappen Überblick über die meist jüngst erst abgeschlossenen Forschungsprojekte gibt der HerausgeberInnenband von van Rießen und Jepkens (2020) mit den Beiträgen von Schaarschuch/Oelerich sowie von: Afhamieri mit einer Studie über sozialpädagogische Angebote an Schulen; van Rießen mit einer Studie über theaterpädagogische Angebote in der Jugendberufshilfe; Jepkens mit einer Untersuchung der außerbetrieblichen Berufsausbildung; Bakobens Arbeit über die Nutzung von Bildungsangeboten durch afrikanische Geflüchtete; Scholten et al. mit einem Projekt über die Integration junger Geflüchteter; Streck mit einer Analyse von Nutzungsstrategien in der offenen Drogenarbeit; Herzog mit ihrer Studie über die (Nicht-)Nutzung der Schuldnerberatung.

Darstellung: In ihrem umfangreichen Handbuch leuchten 95 AutorInnen in 75 Beiträgen die unterschiedlichen Praxisfelder, AdressatInnen und eine Reihe weiterer Aspekte der Sozialen Arbeit in der Perspektive der Bewältigungstheorie aus, womit zugleich auch die Bewältigungstheorie selbst widergespiegelt wird.

Ein weiteres Element des vitalisierten Theorie-Diskurses ist die jüngst zunehmende Auseinandersetzung mit erkenntnis-, wissenschafts- und metatheoretischen Fragen der Theorien Sozialer Arbeit, wie etwa in den Sammelbänden von Walburga Hoff et al. (2019) und Spatscheck und Borrmann (2021) oder in dem von Bernd Dollinger und Martina Lütke-Harmann verantworteten Schwerpunktheft der Zeitschrift für Sozialpädagogik (Heft 3/2019) und in einer weiteren Monografie von Dollinger (2020a). Daneben finden sich eine Reihe von Einzelbeiträgen zu denselben Gegenständen (Dollinger 2018, 2019, 2020b; Hoff 2020; Hünersdorf 2020; May 2021, Kraus 2019, 2020; Sandermann/Neumann 2018b; Schönig 2018; Ziegler 2018). Und für Sommer 2021 kündigt der Beltz Juventa-Verlag das Erscheinen des ersten Bandes (von Markus Hundeck und Eric Mührel) einer auf nicht weniger als zwölf Bände angelegten Reihe mit dem Titel „Erkenntnistheorie der Sozialen Arbeit“ an.

Die HerausgeberInnen der Zeitschrift Soziale Passagen erklärten, dass es angesichts offener Artikulation von „national rechten […] völkisch grundierten, xenophobischen und antisemitischen Denk- und Weltdeutungsmustern“ (Böllert et al. 2018, S. 2) notwendig sei, sich auch wertend zu positionieren. Das war dann auch (wie vordem) in der Sozialen Arbeit der Fall. Und für die hier zu formulierende Fortschreibung des weiteren Theoriediskurses ab 2017 lässt sich feststellen, dass die Beschäftigung mit der normativen Dimension von Theorien der Sozialen Arbeit gewissermaßen das Schwerpunktthema war. So erschienen einige Einzelarbeiten in monografischer Form, wie etwa der philosophisch angelegte Entwurf einer Professionsethik für die Soziale Arbeit von Carmen Kaminsky (2018) oder die breiter angelegte Arbeit von Thomas Schumacher (2018), der einer ausformulierten Theorie Sozialer Arbeit schon recht nahe kommt. Die Theoriediskussion über normative Orientierungen spiegelt sich aber vor allem in Sammelbänden wider, wie etwa in den Bänden von Borrmann et al. (2016) sowie Spatscheck und Steckelberg (2018) mit Beiträgen, die sich vornehmlich um den Begriff der Menschenrechte (bzw. Soziale Arbeit als Menschenrechtsprofession) drehen und die konzeptionell angelegt sind, oder in einem von Krieger und Kraus (2018) herausgegebenen Band, in dem die AutorInnen (solche) normativen Ausrichtungen kritisch hinterfragen und letztlich verwerfen. May und Schäfer (2018 a) betonen im selben Jahr, nicht nur auf die Frage nach dem Normativen in Theorien der Sozialen Arbeit bezogen, dass der Theoriepluralismus in der Sozialen Arbeit vorteilhaft sein könne, wenn die verschiedenen Ansätze in einen kritischen Diskurs miteinander kämen. „Allerdings ist in der Vergangenheit eher ein Nebeneinander der Theoriebildung in der Sozialen Arbeit zu beobachten gewesen. Es ließe sich fast von Ignoranz sprechen, mit der sie in einzelnen ‚Schulen' betrieben wurde und wird" (May/Schäfer 2018 b, S. 199). Dem kann zumindest bzgl. der Vergangenheit kaum widersprochen werden, gleichwohl gibt es Anzeichen dafür, dass sich dies allmählich ändert. Das zeigt etwa der von May und Schäfer (2018a) selbst herausgegebene Band sowie auch die beiden schon angeführten Bücher von Spatscheck und Steckelberg (2018) sowie Krieger und Kraus (2018), in denen sich wechselseitige Bezüge und Auseinandersetzungen in Form von Kritik und Gegenkritik finden; und dies auch „schulen-" und „lagerübergreifend". Mit Einschränkungen gilt das auch für den Sammelband von Birgmeier et al. (2020).

Im Vorstehenden war von neuen Impulsen der Theoriediskussion der Sozialen Arbeit die Rede. Das darf aber nicht den falschen Eindruck hervorrufen, dass sich die Theoriediskussionen in den letzten zehn, 15 Jahren auf diese Impulse konzentriert oder gar beschränkt hätten. Auch in diesem Zeitraum spielten eine Reihe schon früher konzipierter Theorien Sozialer Arbeit eine zentrale Rolle für das (Selbst-)Verständnis der Disziplin und Profession vom Gegenstand Soziale Arbeit. Ein einheitlicher Diskursort[24] existiert für Theorien Sozialer Arbeit genauso wenig wie ein einheitliches Wissenschafts- und Theorieverständnis. Das erschwert es enorm, die Gemengelage „Theoriediskussion Sozialer Arbeit" zu überschauen und besonders eine „Diskursrelevanz" bzw. Diskursgrenzen zwischen verschiedenen Anhängerschaften zu identifizieren. Wenn nun im nachstehenden Kapitel zeitgenössische Theorien im Einzelnen vorgestellt werden, dann folgt diese Darstellung einzig dem im ersten Kapitel erläuterten Kriterium, dass diese Theorien als Erklärung einer Sache – hier der Sozialen Arbeit – dienen können. Ob sie diskursrelevant sind oder nicht, beliebt oder unbeliebt, spielt dabei keine Rolle. Weniger diskursrelevant oder unbeliebt mögen Theorien sein, die durch strikte Analysen unangenehme Wahrheiten ans Licht bringen; unrichtig und unwichtig sind sie damit aber nicht. In der Sozialen Arbeit besteht kein Mangel an (positiven) normativen Orientierungen, an nüchternen Analysen schon.

24 Wissenschaftliche Fachvereinigungen sowie Berufs- und Fachverbände, teilweise auch Fachzeitschriften bilden in der Sozialen Arbeit verschiedene Diskursarenen mit entsprechend unterschiedlichen WortführerInnen, Anhängerschaften und Abgrenzungen; über eine eindeutige und unangefochtene Deutungshoheit verfügt keine der Arenen.

3 Zeitgenössische Theorien der Sozialen Arbeit

3.1 Soziale Arbeit als Theorie der Jugendhilfe

Definition und Gegenstandsbestimmung

Die Bestimmung von Sozialpädagogik[25] als „Theorie der Jugendhilfe" vertrat in der Bundesrepublik insbesondere Klaus Mollenhauer. In seiner 1959 erschienenen Dissertation verortet er schon im Titel „die Ursprünge der Sozialpädagogik" in der „industriellen Gesellschaft". Mit der „Sozialen Frage" des 19. Jahrhunderts seien „soziale Notstände" ebenso in den Fokus der gesellschaftlichen Aufmerksamkeit geraten wie die „sozialen Tugenden" und somit die sozialen Aspekte des Erziehungsgeschehens. In einer sich rasch verändernden Gesellschaft musste sich Erziehung neuen Aufgaben stellen und zunehmend außerhalb von Familie und Schule stattfinden. In der Folge waren neben Familie, Schule und Berufsbildung „eine Reihe von neuen Institutionen entstanden, die den Sozialisierungsprozeß der heranwachsenden Generation sichern und fördern sollen" (Mollenhauer 1966/1998, S. 312). Deren Oberbegriff Jugendwohlfahrt/Jugendhilfe kennzeichnet in Mollenhauers Theorie zugleich den Gegenstandsbereich von Sozialpädagogik. Das Gemeinsame der durchaus heterogenen Arbeitsbereiche und Institutionen Sozialer Arbeit sei eine vergleichbare pädagogische Struktur, was eine gemeinsame Theorie möglich mache: „Diejenigen Praktiken der Sozialarbeit, die kaum noch als pädagogische Phänomene interpretiert werden" könnten, seien „verschwindend gering" (ebd., S. 317).

Als Schlüsseldokument verwenden wir den oben zitierten Aufsatz (Mollenhauer 1966/1998). Zur Vertiefung in die Argumentation bietet sich Mollenhauers Dissertation aus dem Jahr 1959 an, in der die Grundgedanken entwickelt wurden, auf denen seine spätere Theoretisierung basiert.

Vertreter

Klaus Mollenhauer wurde 1928 in Berlin geboren. 1948 nahm er ein Studium an der Pädagogischen Hochschule Göttingen auf und war von 1950 bis 1952 als

25 Mollenhauer bezieht seine Theorie explizit auf „Sozialpädagogik", denn aus seiner Sicht fehlt es an Kriterien der Abgrenzung zwischen Sozialpädagogik und Sozialarbeit, zudem stehe in allen Feldern der Erziehungsaspekt im Vordergrund.

Volksschullehrer in Bremen tätig. Ab 1952 studierte er Pädagogik, Psychologie, Geschichte, Literaturwissenschaft und Soziologie in Hamburg und Göttingen. Während seiner Hamburger Studienzeit war er zusätzlich als Fürsorger im „Heim der offenen Tür" engagiert. Er promovierte 1958 bei Erich Weniger und war dann Wenigers, später Heinrich Roths Assistent. 1962 wechselte er an die Freie Universität Berlin auf die Stelle eines akademischen Rates am erziehungswissenschaftlichen Institut. Von 1965 bis 1966 war er als außerplanmäßiger Professor an der Pädagogischen Hochschule Berlin tätig, bevor er 1966 eine ordentliche Professur für Pädagogik an der Universität Kiel antrat. Von 1969 bis 1972 bekleidete Mollenhauer die Professur für Pädagogik an der Universität Frankfurt. 1972 wurde er auf die Professur für Pädagogik und Sozialpädagogik der Universität Göttingen berufen, die er bis zu seiner Emeritierung im Jahr 1996 innehatte. Mollenhauer starb 1998 in Göttingen.

Kernaussagen

Grundannahmen/Ausgangspunkt

Am Beginn des hier zu Grunde gelegten Schlüsseldokuments, das der Frage „Was heißt Sozialpädagogik" nachgeht, konstatiert Mollenhauer: *„Die Vieldeutigkeit des Ausdrucks ‚Sozialpädagogik' ist alles andere als fruchtbar; sie ist in hohem Maße lästig und verwirrend, sie fördert nicht eine sinnvolle Diskussion, sondern verhindert sie. Unter solchen Umständen wäre es wünschenswert, daß das Wort verschwände und nicht mehr über dies, sondern nur noch über die Sache geredet werden müßte"* (Mollenhauer 1966/1998, S. 307). Das „unerfreuliche Bild" (ebd., S. 308) ordnend identifiziert er vier unterschiedliche Vorstellungen, die sich mit dem Wort „Sozialpädagogik" verbinden: Sozialpädagogik a) als Lehre von besonderen Erziehungszielen, b) als Anwendungslehre einer bestimmten Sozialethik, c) als System einer Wissenschaft und d) als spezieller Aspekt des Erziehungsgeschehens (ebd., S. 308 f.). Keine dieser Bestimmungen sei befriedigend, im Gegenteil, hier sei ein „unglückliches Bedürfnis nach Theorie am Werk" (ebd., S. 311), das seinen Gegenstand verfehle, indem der Versuch unternommen wird, das „Wesen" der Sozialpädagogik aus den Bestandteilen des Wortes herzuleiten.[26] Er konstatiert: „Die entscheidende Schwierigkeit macht dabei das Wort ‚sozial'" (ebd.). Man verbinde damit, dass es in der sozialen Arbeit und Sozialpädagogik

26 Mit dieser Kritik an der Frage nach dem „Wesen" hat Mollenhauer die dominierende geisteswissenschaftliche Perspektive der (Sozial-)Pädagogik im Nachkriegsdeutschland kritisiert. Seine Argumentation orientiert sich an den Strukturen, womit er den Diskurs um einen sozialwissenschaftlichen, insbesondere historisch-empirischen Blick erweitert.

insbesondere um Beziehungen zwischen Menschen ginge, doch das gelte ja für alle Erziehung.

Nicht im Schlüsseldokument, aber in der ihm zugrundeliegenden Dissertation von 1959 erörtert Mollenhauer neben den „Vorstellungen", die sich mit dem Wort verbinden, zwei weitere Zugänge zur Erfassung dessen, was Sozialpädagogik ist: zum einen die Versuche, dies über die Aufgaben, und zum anderen die vorliegenden Versuche, dies über Bezüge zu den Begriffen von Not und Hilfe zu bewerkstelligen. Die vorliegenden Bestimmungen der Sozialpädagogik über ihre Aufgaben, so Mollenhauer (1959, S. 11 ff.), lassen sich in drei Gruppen einteilen: (1) Sozialpädagogik als Begriff für den formalen Sachverhalt einer Erziehung zur oder durch die Gemeinschaft, (2) als Terminus für ein inhaltlich bestimmtes Bildungsideal und (3) als der Inbegriff einer Gruppe von neuen pädagogischen Maßnahmen und Einrichtungen als Antwort auf typische Probleme der modernen Gesellschaft. Die erste Bestimmung über die Erziehungsaufgaben trage „höchstens zur Verunklärung der pädagogischen Sachverhalte bei", denn die ausdrückliche Einbeziehung des Sozialen sei seit je in jeder Erziehung zentral. Mithin sei zwar verständlich, dass man den Erziehungsvorgang nach einer Seite hin zu akzentuieren versuche; jedoch würde damit der dialektische Charakter jeder Erziehung verdeckt, der Begriff zur Tautologie oder entstellt (ebd., S. 16).[27] Auch die zweite Bestimmung über Aufgaben, orientiert an einem „Bildungsideal", sei zurückzuweisen, weil dabei ein geschichtliches Anliegen zur Allgemeingültigkeit erhoben werde (ebd., S. 17). Nur die dritte Bestimmung der Sozialpädagogik über Aufgaben, die von einer Gruppe neuer pädagogischer Maßnahmen und Einrichtungen übernommen werden, bilde einen geeigneten Ausgangspunkt, weil „mit ihm tatsächlich ein neuer pädagogischer Sachverhalt genannt ist, der erst in einem bestimmten geschichtlichen Zeitpunkt in der Erziehungswirklichkeit aufgetaucht war" (ebd.). Dabei sei aber der theoretische Bezug auf Not und Hilfe – der dritte vorgefundene Zugang neben dem über Aufgabenbestimmungen und den am Wort orientierten Vorstellungen – untauglich für die neuen sozialpädagogischen Einrichtungen, weil sie „ihre theoretische Begründung und Einheit nur in der positiven, neu gestellten Erziehungsaufgabe erfahren" können (ebd., S. 130). Hier ginge es nicht um die Behebung von Missständen, sondern

27 Schleiermacher, nach dem „die Erziehung […] den Menschen abliefern [soll] als ihr Werk an das Gesamtleben im Staat, in der Kirche, im allgemeinen geselligen freien Verkehr und im Erkennen und Wissen" (zit. nach Mollenhauer 1959, S. 138, Fußnote 63), könne man deshalb nicht als Sozialpädagogen bezeichnen (ebd., S. 138). Implizit liefert Mollenhauer damit auch die Erklärung dafür, dass Pestalozzi bei ihm nur knapp erwähnt wird und andere einflussreiche TheoretikerInnen wie Wichern, Bernfeld und Salomon unberücksichtigt bleiben.

um „einen neuen Komplex der Gesamtaufgabe gesellschaftlicher Eingliederung" (ebd.).[28]

Im Kontext wachsender Anforderungen an soziale Hilfeleistungen beanspruchten psychologische und soziologische Intentionen „legitimerweise" größeren Raum, es würde dabei jedoch der „ursprünglich und eigentümlich pädagogische Kern des als Sozialpädagogik zu bezeichnenden Arbeitsfeldes" aus dem Blick geraten (ebd., S. 18). Vor dem realen Hintergrund des Bedeutungsgewinns psychologischer und soziologischer Intentionen werde von der Fürsorgewissenschaft ein sozialwissenschaftlicher Bezug als Theoriegrundlage vorgeschlagen. Dieser sei jedoch dem Erziehungsauftrag sozialer Arbeit nicht gemäß und zudem unnötig, denn er verkenne die „besondere Struktur sozialpädagogischen Denkens", in der laut Mollenhauer „mit der Hilfe für das notleidende Individuum [...] immer auch das Nachdenken über die Reform der Voraussetzungen der Gesellschaft verbunden" war (ebd., S. 132). Stattdessen habe eine Theoretisierung des Feldes die Unterscheidung des „spezifisch erzieherischen Ansatzes des sozialpädagogischen Handelns von den benachbarten Maßnahmen der Fürsorge, der Sozialpolitik, der psychologischen Erziehungshilfe" und damit einhergehend den Nachweis der „Einheitlichkeit aller Sozialen Arbeit" (ebd., S. 18) zu leisten.

Argumentation

Mollenhauers Versuch, die „terminologische Sackgasse" der geisteswissenschaftlichen Sozialpädagogik zu überwinden, indem er sich den konkreten Sachverhalten der Erziehungswirklichkeit zuwendete, führt ihn in die Geschichte. Hier, im realhistorischen Prozess, identifizierte er die „Ursprünge der Sozialpädagogik"

---

28 Mollenhauer geht es bei der Zurückweisung des theoretischen Bezugs auf Not nicht darum, die realhistorische Bedeutung von Not für die Entstehung der Sozialen Arbeit zu dementieren, sondern vielmehr um ein positives Selbstverständnis der Sozialen Arbeit. Dementsprechend formuliert er: *„Zweifellos ist das Entstehen eines institutionellen Komplexes wie die soziale Arbeit von dem Vorhandensein realer Notstände im Dasein des Einzelnen oder von Gruppen gar nicht zu trennen"*, aber es *„bleiben der Ansatz und besonders eine Theorie der Not und Nothilfe als Grundlage der sozialen Arbeit doch immer dadurch charakterisiert, daß sie sich an dem Vorgang einer Reparatur orientieren, daß sie sich beziehen auf eine eingetretene Schädigung des jeweiligen Lebensraumes. Es erhebt sich die Frage, ob ein dieserart negativer theoretischer Ansatz für das Selbstverständnis der sozialen Arbeit zuträglich, ob er überhaupt notwendig ist"* (Mollenhauer 1959, S. 129 f.). Mollenhauer ergänzt, dass „ein bestimmtes Verhältnis zur eigenen Gegenwart, eine bestimmte Interpretation der gegenwärtigen sozialen Zustände" – Kulturkritik, sozialreformerische Ideen und Bewegungen, also die „spezifisch ideologischen Voraussetzungen der erziehenden Generation" – nicht zu einer systematischen Bestimmung des Sinns von Sozialpädagogik führen können – und dürfen, denn die sozialpädagogische Aufgabe sei stets, nicht auf die „Minderwertigkeit", sondern auf die „Andersartigkeit" der neuen Gesellschaft zu reagieren (ebd., S. 124).

und damit seinen Ausgangspunkt für die Erklärung, also Theoretisierung der Sozialen Arbeit. Mit der Entstehung der „industriellen Gesellschaft" gingen „soziale Nöte", die „Soziale Frage" einher (1966/1998, S. 311). Die Veränderungen der sozialen Wirklichkeit erfolgten im 19. Jahrhundert insbesondere in „Handwerk und Fabrikwesen" sowie in den „überlieferten Gemeinschaftsformen". Als in diesem historischen Kontext „Sozialpädagogik" als neuer Begriff auftauchte (laut Mollenhauer zuerst 1850 bei Diesterweg, systematischer und mit größerer Wirkung auf die Diskussion ab 1898 bei Natorp), hätte der gemeinsame Bezug diverser Autoren auf die ökonomischen und sozialen Umbrüche die Vielzahl unterschiedlicher Intentionen verdeckt (Mollenhauer 1959, S. 7). Die zeitgenössischen Deutungsversuche dieser Veränderungen seien ideologisch gewesen. Insbesondere die erste Hälfte des 19. Jahrhunderts, in der die ökonomischen und sozialen Veränderungen noch nicht „ihre volle Wucht entfaltet hatten", hätte umso mehr Raum für „ideologische und utopische Denkweisen" geboten, die die sozialpädagogische Theoriebildung wie auch die einschlägigen Praktiken und Methoden beeinflussten (ebd., S. 26 f.).[29] Zu den ideologischen Wurzeln der Sozialpädagogik gehört für Mollenhauer auch die Dynamik von Volks- und Nationalerziehung in spezifisch deutscher Ausprägung. In Zeiten des Verblassens der ständischen Ordnung, des beginnenden Frühkapitalismus und der spätestens jetzt ökonomisch notwendigen Nationenbildung wurde die Erziehung des „niederen Volkes" zu einem Problem, das von den erodierenden Ständen nicht zu bewältigen war, und zugleich zu einer Aufgabe, die mit „nationaler Erneuerung" bezeichnet wurde.[30]

29 Mollenhauer bezieht sich mit seinen Einschätzungen auf Deutschland. Noch ehe die soziale Frage hier zu einem dringenden Problem geworden sei, lange bevor sich die deutsche Arbeiterbewegung konstituierte, seien sozialistische und kommunistische Ideen zum „Schreckgespenst der Biedermeier-Zeit" geworden. Obwohl die französisch-frühsozialistischen Gedanken in Deutschland ihrer Zeit voraus waren, gehören sie für Mollenhauer zu den Impulsen einer Auseinandersetzung mit der sozialen Problematik. Sehr viel mehr Einfluss erlangten allerdings die Ideen der deutschen Romantik, die breite Schnittmengen mit christlichen Deutungen sozialer Entwicklungen aufwiesen. In der Folge fanden gerade diese an der ständischen Gesellschaft, der patriarchalen Familie und christlichen Volksgemeinschaft orientierten – somit konservativen bis reaktionären (d. Verf.) – Positionen Eingang in die sozialpädagogische Praxis. Modernes liberales Gedankengut hätte nicht einmal im Bereich der Berufserziehung Fuß fassen können, weil die tragende Schicht der neuen Gewerbetreibenden keine tradierte Verantwortungsethik als Gegengewicht bieten konnte (Mollenhauer 1959, S. 26 f.).

30 Dabei hätten sich die Verfasser sozialpädagogischer Schriften vielfach weniger an wirtschaftlichen Intentionen der Volks- und Nationalerziehung orientiert – m. a. W. an der „bürgerlichen Brauchbarkeit des Untertans" (Mollenhauer 1959, S. 36) –, sondern an christlich-missionarischen Motiven. Die Verbindung von patriotischen Ideen und Orientierung am christlichen Gemeindeleben konnte dabei an Vorstellungen von Pestalozzi anknüpfen, nach denen durch die erzieherische Hinwendung zur Jugend der sozial benachteiligten Schichten eine umfassende Volkserneuerung möglich sei (ebd., S. 37).

Mollenhauer argumentiert, dass die seinerzeit zunächst gegebene und „vorgefundene" Erziehung grundsätzlich unzulänglich gewesen sei; sie habe die Diskrepanz zwischen Gesellschaft und Individuum nicht (hinreichend) minimieren können. Weder Familien noch Schulen allein seien in der Lage gewesen, den komplexen Sozialisationsanforderungen der industriellen Gesellschaft gerecht zu werden. Die Diskrepanz zwischen Gesellschaft und Individuum sei das „sozialpädagogische Problem" gewesen, dem mit einer Reihe neuer – sozialpädagogischer – Institutionen begegnet wurde; sie widmeten sich dem „sozialpädagogischen Grundproblem" und leisteten die Erziehung des Einzelnen zur Gemeinschaft. Weil die Anforderungen an die Soziabilität der Menschen gestiegen seien, mussten diese Institutionen leistungsfähiger und differenzierter werden. Die Praxis und Felder der Jugendwohlfahrt differenzierten sich dabei immer weiter aus. Schließlich habe sich ein „Erziehungssystem" herausgebildet, das sich in Familie, Schule, Berufsausbildung und Jugendwohlfahrt/Jugendhilfe gliedere.[31] In der Folge habe sich auch die allgemeine Pädagogik ausdifferenziert. Weil die Jugendhilfe „den Schattenseiten" der gesellschaftlichen Veränderungen näher gewesen sei und sie die sozialen Probleme aller Erziehung deutlicher gesehen hätte, habe sie den Ausdruck Sozialpädagogik für sich verwendet (1966/1998, S. 312). Das sei ein glücklicher Umstand, denn dieser Umstand gestatte es, den Ausdruck Sozialpädagogik (als Kunstwort) „zur Bezeichnung eines bestimmten definierbaren institutionellen Zusammenhangs innerhalb unseres Erziehungssystems" zu verwenden.[32] So ließen sich die Einrichtungen der Jugendhilfe beschreiben und damit sei es „*müßig, nach dem ‚Wesen' der ‚Sozialpädagogik' zu fragen*". „Der Ausdruck ‚Sozialpädagogik' wäre demnach gleichbedeutend mit dem Ausdruck ‚Theorie der Jugendhilfe'. Der Wortbestandteil ‚sozial'" sei nur geschichtlich begründet (ebd.; vgl. Mollenhauer 1988, S. 13).

„*Indessen bleibt doch ein entscheidendes Problem noch zu klären*", fährt Mollenhauer (1966/1998, S. 312 f.) an dieser Stelle seiner Argumentation fort: „*Sind die in der Sozialpädagogik zusammengefaßten Einrichtungen und Maßnahmen wirklich derart zusammenhängend, daß eine zusammenfassende Theorie*

31 Damit knüpft Mollenhauer an die klassischen Theorien von Herman Nohl und Gertrud Bäumer an. Letztere hatte im Zuge der Beratungen zum Reichsjugendwohlfahrtsgesetz explizit darauf hingewiesen, dass sich das Erziehungswesen um einen neuen institutionellen Bereich (Bäumer 1929/1998) mit neuen gesellschaftlichen Anforderungen erweitert hatte. Ihre inzwischen klassische Definition lautet: „*Sozialpädagogik ist alles was Erziehung, aber nicht Schule und nicht Familie ist*" (ebd., S. 149). Herman Nohl, Carl Mennicke und Ernst Weniger waren aus Mollenhauers Sicht diejenigen, die als Erste nicht nur den Bereich, sondern auch die Aufgaben als sozialpädagogische beschrieben hatten.

32 An anderer Stelle führt Mollenhauer (1988, S. 14) diesen Aspekt erläuternd aus, „daß die Praxis der Jugendhilfe sich in den Jahren ihrer entscheidenden Reformen und Differenzierung nach dem ersten Weltkrieg selbst als ‚Sozialpädagogische Bewegung' verstand", weshalb die „Entscheidung für diese terminologische Festsetzung" [d. h. die Verwendung des Wortes „Sozialpädagogik"; d. Verf.] „keine Willkür des Theoretikers" sei.

auch sinnvoll bleibt, und welcher Art ist dieser Zusammenhang?" Schließlich scheinen „etwa die Arbeit der Jugendverbände, die Familienberatung, die Bewährungshilfe und die Altenhilfe sehr weit voneinander entfernt zu sein" (ebd.). Mollenhauer beantwortet seine Frage mit ja, weil aller Jugendhilfe eine gleiche pädagogische Struktur zugrunde zu liegen scheine, die es noch zu analysieren und zu beschreiben gelte. Da eine solche Theorie „noch nicht so weit ist" (ebd., S. 313), beschränkt er sich „auf Andeutungen". Das „Charakteristische aller von der Sozialpädagogik ins Auge gefassten Erziehungsfelder" liege darin, dass hier: *„(1) nicht eine gesellschaftliche objektive Leistungsanforderung, sondern ein Konflikt den Anlass aller Maßnahmen darstellt, (2) nicht ein kanonisierbares Wissen, sondern die subjektive Erfahrungs- und Schicksalslage den Gegenstand der Erziehungstätigkeit bilden, und (3) das Erziehungsgeschehen nicht die Struktur der kollektiven Lehre hat, sondern aus der Struktur der Beratung sich entwickelnd jede beliebige Form annehmen kann, ja gerade durch die Vielfalt und den methodisch eingesetzten Kombinationsreichtum ausgezeichnet ist"* (ebd., S. 314).

Ein Problem jedoch bleibe nach dieser (bereichs- und nun auch sachlogischen; d. Verf.) Charakterisierung immer noch bestehen: Der Bedeutungsumfang des Wortes „Sozialpädagogik" sei immer noch umfangreicher als eine „Theorie der Jugendhilfe", denn das JWG (Jugendwohlfahrtsgesetz) liste nicht jene Gegenstände auf, die als „Soziale Arbeit" bezeichnet werden und die Fürsprecher dieses Begriffs legten Wert darauf, dass darin zwar auch Erziehung stattfinde, Soziale Arbeit aber nicht mit Erziehung gleichzusetzen sei. Das „Mißtrauen dem Wort Erziehung gegenüber", so Mollenhauer (ebd., S. 315) gründe darin, dass es Unmündige seien, die erzogen werden, und dies in personaler Abhängigkeit vom Erzieher. Dies aber sei nur der „Alltagssprachgebrauch nicht-professioneller Erzieher" und von Sozialarbeitern, die die veränderte gesellschaftliche Praxis begrifflich noch nicht nachvollzogen hätten. Die Vorgänge im System sozial integrierender Institutionen hätten sich jedoch so stark gewandelt, dass man nicht mehr in dem Sinne, wie es im 18./19. Jahrhundert der Fall war, von Erziehung sprechen könne (ebd., S. 315). Die Alltagsbedeutung des Wortes Erziehung reiche nicht mehr aus, „um den Umkreis dessen, auf das sich die von ihm ausgegangene Theorie bezieht, zu umschreiben" (ebd., S. 316). An anderer Stelle erläutert Mollenhauer (1964, S. 18–23) das damit Gemeinte: „Die geläufige Bedeutung des Wortes Erziehung – ein absichtliches, planvolles Handeln des Erwachsenen am Kinde oder Jugendlichen, in einem persönlichen Bezug, als ein sittliches Willensverhältnis" (ebd., S. 18 f.) habe sich in einer Gesellschaft gebildet, in der die erzieherische Verantwortung auf die Bereiche Erziehung und Schule beschränkt war. Zwischenzeitlich, seit inzwischen 150 Jahren industrieller Gesellschaft, habe sich aber die Sozialpädagogik entwickelt. Andere Momente müssten damit in den Erziehungsbegriff aufgenommen werden: „Mit der ‚Pädagogisierung' der Gesellschaft hat sich der Umfang der erzieherisch bedeutsamen Fakten […] enorm erweitert" (ebd., S. 21). Und weiter: „Alles, was die

Veränderung der Person bewirken kann und der Planung zugänglich ist, gehört zur Erziehungswirklichkeit." Und schließlich: „Ein großer Teil dessen, was wir heute Sozialarbeit nennen, besteht aus Verfahrensweisen dieser Art. Sie sind pädagogisch, weil sie als zweckentsprechende gar nicht gedacht werden können ohne Hinblick auf die Veränderung der Personen, für die sie arrangiert werden." (ebd., S. 22 f.)

Das Verhältnis von Sozialpädagogik und Sozialer Arbeit will Mollenhauer in seinem Text ausdrücklich nicht bestimmen, lediglich „Probleme sollen formuliert werden, die die Frage ihrer Beantwortung näherbringen können" (ebd.).[33] Weder Altersgrenzen noch die unterschiedliche Geschichte der beiden Bereiche kann Mollenhauer als Abgrenzungskriterien anerkennen, da er – wie eben dargelegt – die strukturellen und qualitativen Veränderungen der Sozialisationsinstitutionen für nivellierend hält. Zudem seien die Praktiken der Sozialarbeit, die „kaum noch als pädagogische Phänomene interpretiert werden können, verschwindend gering" und würden sich beide Bereiche auch in der wissenschaftlichen Grundlegung derselben Disziplinen und Forschungseinrichtungen bedienen (ebd., S. 317).

Schlussfolgerungen/Summarisches

Den gesellschaftlichen Strukturwandel *und* das soziale Bewusstsein in der Zeit der Industrialisierung identifiziert Mollenhauer als die Bedingungen für die Entstehung der Sozialpädagogik. Der letzte Aspekt, das „soziale Bewusstsein der Zeit", bleibt im herangezogenen knappen Schlüsseldokument unterbestimmt. Deutlich wird dies aber in seiner Dissertation und dort besonders, wo er den Veränderungen der sozialen Wirklichkeit folgend dem Phänomen der Verwahrlosung nachgeht. Seine entsprechenden Ausführungen sollen deshalb im Folgenden summarisch referiert werden.

Nicht als neue soziale Tatsache, aber als „neues begriffliches Phänomen" (Mollenhauer 1959, S. 37) tauchte „Verwahrlosung" während der Industrialisierung auf. Mangels statistischer Daten fehlten selbstverständlich empirische Belege für die Annahme, dass mit der industriellen Entwicklung die Verwahrlosung im Vergleich zur ständischen Gesellschaft und im Zeitverlauf zugenommen habe. Gleichwohl brachten die historischen Umbrüche eine Diskursfigur mit entscheidender Bedeutung für das sozialpädagogische Denken hervor: Mollenhauer konstatiert, dass Verwahrlosung von nun an nicht länger nur als Frage der gesellschaftlichen Organisation und christlichen Liebestätigkeit, sondern als Frage der Erziehung

33 Immerhin verweist er auf diese Problematik. Möglicherweise lag ihm eine Auseinandersetzung mit der Vielfalt der Felder und AdressatInnen Sozialer Arbeit näher als anderen SozialpädagogInnen, denn Mollenhauers Vater war der Fürsorger Wilhelm Mollenhauer, der 1925 zu den Gründern der „Gilde Soziale Arbeit" gehörte (detaillierter: Niemeyer 2002, S. 131).

galt. Die Deutungen des Phänomens wandelten sich und erfuhren eine Ausdifferenzierung. In der ersten Hälfte des 19. Jahrhunderts bewegte sich der Diskurs Mollenhauer zufolge zwischen zwei Polen: Einer stellte die Abhängigkeit des Einzelnen von der sozialen Ordnung, einer die sittliche und/oder psychische Verfassung des Subjekts in den Vordergrund. Mit der Jahrhundertwende setzte sich eine psychologische Fassung von Verwahrlosung als personaler Fehlentwicklung immer stärker durch, die das Versagen sowohl auf das Versagen der „verwahrenden Ordnung" als auch bei den Verwahrlosten selbst verortete. In dieser Verknüpfung sieht Mollenhauer trotz der Rede von der „eigenen Schuld" und dem „angeborenen Verderbnis" Ansätze einer „echt verstehenden Betrachtungsweise" (ebd., S. 40f.) und würdigt insbesondere die daraus abzuleitende „pädagogisch-methodische Begründung einer eigenen Verwahrlostenerziehung und deren grundsätzliche Trennung von den Maßnahmen der bloßen Versorgung" (ebd., S. 42). Indem unterschieden wurde zwischen den Ursachen und Folgen, zwischen dem Mangel an verwahrender Ordnung und dessen subjektiver Entsprechung, sei zugleich die mögliche Harmonie zwischen objektiven Anforderungen und subjektiven Entsprechungen vorausgesetzt worden.

Verwahrlosung galt nunmehr als hilfebedürftiger Zustand, dem insbesondere durch pädagogische Maßnahmen beizukommen sei. Mollenhauer konstatiert, dass es für „den Erzieher" näherlag, sich auf die Bedeutung von Familie und Gemeinde zu konzentrieren als auf die gesellschaftlichen Ursachen. Debatten über die Auflockerung der Familienbande, der ständischen und insbesondere der kirchlichen Bindungen waren charakteristisch für die anschließende Theoriedebatte (und sind es in praktisch institutioneller Hinsicht bis heute, man denke an den ungebrochenen Einfluss der konfessionellen Wohlfahrtspflege; d. Verf.).[34]

In den von Mollenhauer herangezogenen Schriften der beginnenden sozialpädagogischen Theoriebildung kam Armut jedoch allenfalls mittelbar, als Ursache mangelnder Erziehung, in den Blick. Gleichwohl hält Mollenhauer als „Charakteristikum der Struktur sozialpädagogischen Denkens" fest: „die Beunruhigung durch konkrete Notstände des Einzelnen, der Rückgriff auf gesellschaftliche Ursachenkomplexe, die Besinnung auf deren Veränderung und die Prävalenz sozialer Verhaltensweisen und Institutionen gegenüber den inhaltlichen Fragen der Bildung" (ebd., S. 53).

34 Parallel zu den Debatten über die gesellschaftlichen und (im weitesten Sinn) familiären Ursachen und Folgen der Verwahrlosung wurde – in ideologischer, anti-aufklärerischer Manier (d. Verf.) – eine „kollektive" Verwahrlosung diskutiert, die sich weniger aus der konkreten Diskrepanz traditioneller Ordnungs- und Wertvorstellungen und gesellschaftlicher Modernisierung speiste als vielmehr aus Leitvorstellungen (der erziehenden Generation) von einem ehemals oder zukünftig besseren menschlichen Zusammenleben.

Mollenhauers Theorie, die Sozialpädagogik bzw. Soziale Arbeit als „Theorie der Jugendhilfe“ bestimmt, war ein Versuch, die seinerzeit in Westdeutschland übliche geisteswissenschaftliche Beschränkung der universitären Sozialpädagogik – wie der Pädagogik insgesamt – zu überwinden. Gleichwohl bleibt seine Theoriebildung im Grundsatz der geisteswissenschaftlichen Pädagogik verpflichtet.

Indem er in seiner Dissertation die Ursprünge der Sozialpädagogik in der industriellen Gesellschaft verortet, öffnet er sich disziplinär – jedoch mit deutlichen Beschränkungen. Einerseits argumentiert er sozialgeschichtlich, sodass in Ansätzen die Wechselbeziehungen zwischen sozioökonomischen und geistesgeschichtlichen Entwicklungen deutlich werden. Die Verwissenschaftlichung des Begriffs, so etwa die Kennzeichnung verschiedener Aspekte des Phänomens wie „Ungläubigkeit“ als Symptom statt als Ursache, sieht Mollenhauer als ersten Schritt zur Entideologisierung (1959, S. 43 ff.). Andererseits ist seine Argumentation darauf gerichtet, eine „Versozialwissenschaftlichung“ der Pädagogik zurückzuweisen und die Sozialpädagogik – und mit ihr auch gleich die Soziale Arbeit, resp. Fürsorge – im Kontext der Erziehungswissenschaft zu verorten.[35]

Niemeyer (1998) würdigt Mollenhauers Dissertation, die seines Erachtens die Disziplin für sozialwissenschaftliche Forschungsbefunde öffnete und somit zu einem Konzept von Sozialpädagogik beitrug, das „der Hoffnung auf ‚pädagogische Autonomie‘ endgültig entsagte“ (ebd., S. 193). Jedoch, so Niemeyer, enthalte Mollenhauers Argumentation selbst auferlegte Beschränkungen, die für die angestrebte Theorieentwicklung problematisch seien. Insbesondere seine vernichtende Kritik an Auffassungen, nach denen die „vorbewusste Erziehung durch und die bewusste Erziehung für die sozialen Gebilde“ (Mollenhauer 1959, S. 16) Gegenstand der Sozialpädagogik ist, werde dem eigenen Anspruch, bei der Theorieentwicklung die sozial-weltanschaulichen Leitideen „herauszusondern“ und sich auf den sachlichen Gehalt zu konzentrieren (ebd., S. 17), nicht gerecht. Die Begründung, dass es sich um eine Tautologie handele, weil dieses Element seit jeher in der Erziehung eine Rolle spielte (ebd., S. 16), ignoriert unseres Erachtens

35 In der Retrospektive räumte Mollenhauer das auch selbst ein. So heißt es etwa im Nachtrag von 1998 zu seinem hier als Schlüsseldokument herangezogenen Aufsatz, dass sich bestimmte für die Soziale Arbeit relevante Sachverhalte nicht dadurch klären könnten, dass man „die pädagogische Fragestellung in den Mittelpunkt“ stellt (Mollenhauer 1966/1998, S. 319), und weiter, dass mit der Sozialpädagogik/Sozialarbeit, „die Probleme, auf die sie reagieren möchte oder sollte, nicht mehr allein mit dem theoretischen Instrumentarium der Pädagogik befriedigend bearbeitet werden“ könnten (ebd.). An anderer Stelle und dort unter Bezug auf seine Dissertation formulierte Mollenhauer (1999, S. 14): „*In gleichsam entschlossener Naivität hielt ich indessen am Primat der pädagogischen Fragestellung fest, an einem normativen Begriff ‚richtiger‘ Erziehung.*“ Und allgemeiner: „die ‚realistische Wende‘ hatte die Sozialpädagogik noch nicht so recht erfaßt“ (ebd., S. 17).

den einschlägigen Diskurs zu großen Teilen[36] und fällt folgerichtig schwach aus (vgl. auch Niemeyer 1998, S. 195).

Widersprüchlich scheint Mollenhauers Argumentation zudem, wenn sie einerseits Gertrud Bäumers bereichslogische Begriffsbestimmung nicht nur hinsichtlich ihres fehlenden Gegenstands, sondern auch deswegen kritisiert, dass sie „das Selbstverständnis der sozialpädagogischen Bewegung" nicht berücksichtige (Mollenhauer 1959, S. 138). Niemeyer (1998) vertritt die Auffassung, dass Mollenhauer wohl durchaus auch Familie und Schule als sozialpädagogische Handlungsfelder sah (ebd., S. 196). Diese Interpretation liegt insofern nahe, als Mollenhauer selbst von der „Abdrängung der Pädagogik in die eng umgrenzten Aufgaben der Jugendfürsorge und Jugendpflege" spricht (Mollenhauer 1959, S. 125). Wie auch immer, die eigene begriffliche Beschränkung auf eine „Theorie der Jugendhilfe" wirkt vor diesem Hintergrund paradox. Dies umso mehr, als Mollenhauer selbst einräumt, dass „der Bedeutungsumfang des Wortes ‚Sozialpädagogik' größer ist als der des Ausdrucks ‚Theorie der Jugendhilfe'" (Mollenhauer 1998, S. 314).[37]

Eine Suchbewegung lässt sich erkennen, wo sich Mollenhauer mit dem Begriff der „sozialen Hilfen" auseinandersetzt, deren „unreflektierte Okkupation" er nicht mehr für möglich hält (Mollenhauer 1959, S. 125). Jedoch diskreditiert er die fürsorgerischen Aspekte sozialer Hilfen sogleich – inhaltlich wie auch in ihrem theoretischen Potenzial: Soziale Arbeit „kann weder […] ihren ‚Nothilfe-Charakter' verleugnen, noch darf sie ihre systematische Begründung aus solchen situationsbedingten Handlungsimpulsen ableiten" (ebd., S. 131). Eine systematische Grundlegung könne „nur von dem Wesen sozialpädagogischer Institutionen und sozialpädagogischen Denkens ausgehen und von der Tatsache, dass in dem Phänomen ‚Soziale Arbeit' ein mit der Eigenart der industriellen Gesellschaft notwendig verbundenes System neuer Maßnahmen gesellschaftlicher Integration gegeben ist, das seine innere Einheit durch die pädagogische Sinngebung erfährt" (ebd., S. 132). Hier fällt er ganz augenscheinlich auch semantisch zurück in die von ihm selbst kritisierten geisteswissenschaftlichen Sprachspiele.

Mollenhauer hat zweifelsohne die sozialpädagogische Theoriebildung mit seinem sozialhistorischen Zugriff auf den Gegenstand aus der geisteswissenschaftlichen Sackgasse herausgeführt. Doch seine eigene Theoriebildung geht den sozialwissenschaftlichen Weg nicht konsequent bis zum Ende: Er geht davon

36 Pestalozzi wird von Mollenhauer nur knapp erwähnt und andere in der ersten Hälfte des 19. Jahrhunderts einflussreiche TheoretikerInnen wie Wichern, Bernfeld und Salomon bleiben unberücksichtigt. Vgl. dazu auch Fußnote 27.

37 In einem Nachtrag zum Schlüsseldokument (Mollenhauer 1966/1998, S. 318–320; vgl. auch Fußnote 36), in dem „Fehler und Mängel im Vergleich mit späteren Entwicklungen" (ebd., S. 318) seit den 1960er Jahren thematisiert werden, geht Mollenhauer auf diesen Widerspruch nicht ein.

aus, dass Erziehungsverhältnisse zuletzt in Inhalt und Form so vielfältigen und gravierenden Veränderungen unterlagen, dass der Erziehungsbegriff nicht mehr im früher üblichen Sinne verwendet werden könne. Diese Ansicht bleibt ohne empirischen Nachweis und – für eine Theorie besonders tragisch – ohne die theoretische Folge eines alternativen Begriffs von Erziehung. Niemeyer (1998, S. 200) urteilt, der Erziehungsbegriff würde bei Mollenhauer „zu einer in romantisierender Absicht gebrauchten Kategorie".

Zwar ist Mollenhauer zuzustimmen, dass es in sozialpädagogischen Einrichtungen „nicht primär um die Behebung von Mißständen, sondern [...] um einen neuen Komplex der Gesamtaufgabe gesellschaftlicher Eingliederung" (Mollenhauer 1959, S. 130) geht. Sein Beharren auf einem primär erziehungswissenschaftlichen Zugriff gepaart mit dem unbedingten Bemühen der Herstellung theoretischer Einheitlichkeit verstellt jedoch den Blick auf die Bedingungen und Grenzen sozialpädagogischen Handelns. So bleibt bei Mollenhauer unklar, wo der „Willen, den Einzelnen aus seiner Gebundenheit in solche Notstände [...] zu befreien, um ihm so erst die volle Teilhabe am kulturell-sozialen Leben zu ermöglichen" (ebd., S. 129) herkommen soll, wer ihn trägt, ihn umsetzt – und wo er endet. Die sozialpolitische Regulation der Sozialen Arbeit, ihre Verankerung im System der sozialen Sicherung, die Aufgaben der Exklusionsvermeidung und Inklusionsvermittlung, aber eben auch z. T. repressiver Exklusionsverwaltung bleiben unterbelichtet. Einer Idealisierung der Möglichkeiten und Ziele sozialpädagogischen Handelns wird damit Vorschub geleistet.

Die vorstehende Kritik bezieht sich ausdrücklich auf Mollenhauers Verständnis von Sozialpädagogik als Theorie der Jugendhilfe, das er vor dem skizzierten zeit- und disziplingeschichtlichen Hintergrund entwickelte und Anfang/Mitte der 1960er Jahre prominent vertrat. Dargestellt und kritisiert wurde hier also ein „Dokument des Übergangs", das für die Theoretisierung einer modernen Sozialen Arbeit trotz – und vielleicht gerade wegen – seiner Grenzen und der Fragen, die offen blieben, als wegweisend zu würdigen ist.

Literaturempfehlung

a) *Eine knappe Darstellung* („Schlüsseldokument"):
Mollenhauer, K. (1966/1998): Was heißt Sozialpädagogik? In: Thole, W./Galuske, M./ Gängler, H. (Hrsg.): KlassikerInnen der Sozialen Arbeit. Neuwied und Kriftel: Luchterhand, S. 307–322.

b) *Ausführlicher:*
Mollenhauer, K. (1959): Die Ursprünge der Sozialpädagogik in der industriellen Gesellschaft. Eine Untersuchung zur Struktur sozialpädagogischen Denkens und Handelns. Weinheim und Berlin: Beltz.

c) *Weitere Texte:*
Mollenhauer, K. (1964/1988): Einführung in die Sozialpädagogik. Probleme und Begriffe der Jugendhilfe. 8. erw. Auflage. Weinheim und Basel: Beltz.

d) *Orientierende Sekundärliteratur:*
Niemeyer, C. (2005): Klassiker der Sozialpädagogik. 2. Auflage. Weinheim und München: Juventa, S. 191–226.
Winkler, M. (2002): Klaus Mollenhauer. Ein pädagogisches Porträt. Weinheim und Basel: Beltz, insbes. S. 100–122.

„Steckbrief“

Kernbestimmung Sozialer Arbeit und Bezeichnung der Theorie	Soziale Arbeit erfüllt in der industriellen Gesellschaft Erziehungsaufgaben, die nicht von Schule und Familie erfüllt werden können. Sozialpädagogik ist die Theorie der (Praxis) Jugendhilfe. Jugendhilfe-Theorie
Kernbegriffe	Industrielle Gesellschaft, Soziale Frage, Erziehung, Jugendhilfe
Kernargumentation	Mit der industriellen Gesellschaft entstand die Soziale Frage, deren Begleiterscheinungen die Erziehungsfähigkeit von Familien und Schule einschränkten, während zugleich die Anforderungen an Kinder und Jugendliche zunahmen. In Reaktion darauf wurden neue Institutionen geschaffen, die die Sozialisation fördern sollten; die Jugendhilfe/Sozialpädagogik entstand. Sie erfüllt in der industriellen Gesellschaft Erziehungsaufgaben, die nicht von Familie und Schule erfüllt werden können.
AdressatInnen Sozialer Arbeit	Vor allem Kinder und Jugendliche
Vertreter Herkunftsdisziplin	Klaus Mollenhauer (zuvor: Gertrud Bäumer, Herman Nohl) Erziehungswissenschaft
(Weitere) disziplinäre und Theoriebezüge	Sozialgeschichte
Wissenschafts- und erkenntnistheoretische Position	Geisteswissenschaftlich und sozialwissenschaftlich
Aufgabenbestimmung der Theorie Sozialer Arbeit	Zurückweisung (später eher Abgrenzung) von sozial- und fürsorgewissenschaftlichen Bestimmungen, Herstellung von Einheitlichkeit in der Theoriebildung
Entstehungszeitpunkt und Hintergrund	Ende 1950er/Mitte1960er Jahre Anfänge einer Hinwendung der geisteswissenschaftlichen dt. Erziehungswissenschaften zur empirischen Forschung, d. h. die von Heinrich Roth geforderte „realistische Wende“

3.2 Soziale Arbeit als Instanz sozialer Kontrolle und Agentur sozialer Innovationen

Definition und Gegenstandsbestimmung

Die Bestimmung Sozialer Arbeit als Instanz sozialer Kontrolle und Agentur sozialer Innovationen geht auf Helge Peters zurück, der seine Theorie als Kritik an der seinerzeit vorliegenden Fürsorgeliteratur ab Mitte der 1960er Jahre entfaltete. Häufiger als „Sozialarbeit" verwendet er den Begriff der „(modernen) Fürsorge", um damit neben den AdressatInnen und den Berufskräften (FürsorgerInnen, SozialarbeiterInnen) auch das Handlungsfeld als Ganzes (Fürsorgesektor/Sozialarbeitssektor), einschließlich seiner Organisationen, ins Blickfeld zu rücken. Er geht davon aus, dass die Armenpflege („alte Fürsorge") zwar eine bedeutsame ökonomische und politische Funktion ausgeübt hat. Die Etablierung und Ausgestaltung des sozialen Sicherungssystems – insbesondere der Sozialversicherung – hätte jedoch zu einem Bedeutungs- und Funktionsverlust der (modernen) Fürsorge geführt. Zugleich resultierte für die am Selbsterhalt interessierten Fürsorgeorganisationen daraus ein Legitimationsdruck, dem sie durch Legitimationsaktivitäten (neben den Fürsorgeaktivitäten) Rechnung tragen mussten. Dies geschah durch die Formulierung und Propagierung gesellschaftlicher Probleme, die sich in Nöten und Defiziten von Menschen niederschlagen würden und die (nur) durch individualisierte Tätigkeiten der Sozialarbeit behoben/bearbeitet werden könnten. Die Soziale Arbeit fungiere hierbei als Instanz sozialer Kontrolle und auch als Agentur sozialer Innovationen. Als Schlüsseldokument legen wir hier eine Broschüre von Peters (1968) zugrunde, ergänzend verweisen wir auf einige Aufsätze desselben Autors.

Vertreter

Helge Peters (Jg. 1937), Studium der Soziologie, Wirtschaftswissenschaften und des öffentlichen Rechts an den Universitäten Hamburg, Kiel und Münster; 1964 bis 1967 Forschungsassistent an der Sozialforschungsstelle Dortmund; 1968 Promotion zum Dr. sc. pol.; 1968 bis 1971 wissenschaftlicher Assistent an den Universitäten Münster und Bielefeld; 1972 bis 1975 ordentlicher Professor für Soziologie an der Universität Frankfurt mit dem Schwerpunkt Soziologie der Sozialarbeit; 1975 bis 1993 Professor für Theorien abweichenden Verhaltens am Fachbereich Pädagogik der Universität Oldenburg; seit 1993 Professor am Institut für Soziologie mit dem Schwerpunkt Soziologie abweichenden Verhaltens und sozialer Kontrolle; seit 2008 Institut für Sozialwissenschaften am Fachbereich

Human- und Gesellschaftswissenschaften. Neben Peters fassten auch eine Reihe von weiteren Theoretikern, wie etwa Hans Haferkamp und Günter Meier (1972) oder Joachim Matthes (1975a), Soziale Arbeit als Instanz sozialer Kontrolle auf, ohne jedoch den von Peters gleichgewichtig angeführten Aspekt der sozialen Innovation anzuführen.

Kernaussagen

Grundannahmen/Ausgangspunkt

Die Auswertung der vorliegenden Fürsorgeliteratur zeigt, so Peters, ein typisches Argumentationsmuster: Fürsorgerisches Handeln werde hier als Antwort/Reaktion auf (gesellschaftliche) Herausforderungen/Anforderungen („Challenge-Response-Schema") präsentiert (Peters 1968, S. 10ff.). Dabei würden die Herausforderungen als objektiv gegeben unterstellt und zugleich recht allgemein, wenn nicht gar diffus („Struktur der modernen Gesellschaft"), beschrieben. Die vorliegende Literatur beschreibe die aus dem gesellschaftlichen Wandel resultierenden Nöte so, dass diese auf den Zustand oder das Verhalten der jeweiligen Personengruppe bezogen untersucht werden müssten, um die richtige fürsorgerische Antwort geben zu können. Die „*als reaktiv aufgefassten fürsorgerischen Handlungen*" dienten dem „*Zweck*", „*Zustände und Verhaltensformen von Personen, die von einer gewünschten Normalität abweichen, an eine gewünschte Normalität anzugleichen*" (ebd., S. 12). Dabei handele die Fürsorge, so die Unterstellung der herangezogenen Literatur, auch im Interesse der Handlungsadressaten. Problematisch seien solche Erklärungsversuche aber, so schlussfolgert Peters, weil sie nur den Zuständen, Verhaltensformen und Interessen der Adressaten fürsorgerische Handlungsrelevanz zukommen ließen. Zugleich klammerten sie von vornherein die mögliche Handlungsrelevanz eines Interesses der Organisationen und Personen an ihren fürsorgerischen Aktivitäten aus, das unabhängig vom Interesse und Zustand der Adressaten bestünde. Damit werde es unnötig, die beteiligten Organisationen (Behörden, Verbände) in die Analyse einzubeziehen. Die sich anschließende Frage nach dem Warum der Verbreitung solcher ausschließlich vom Adressaten ausgehenden Erklärungsversuche in der Fürsorgeliteratur, beantwortet Peters mit dem Verweis, dass die Reflexion fürsorgerischer Probleme organisationell weitgehend an Einrichtungen gebunden sei, die selbst an der Fürsorgetätigkeit beteiligt seien (ebd., S. 13).

Der Funktionswert, so Peters, der von den Adressaten ausgehenden Erklärungsversuche scheine weniger darin zu bestehen, die sozialen Hintergründe fürsorgerischen Handelns aufzuhellen, als darin, die Handlungsvoraussetzungen für die Organisationen zu stabilisieren. „*Zustände, die als Not* [...] *bezeichnet werden, unterstellen den von diesen Zuständen betroffenen Personen ein berechtigtes Bedürfnis nach Hilfe; dessen Befriedung erscheint als sozialkulturell akzeptiertes Ziel. Institutionen, deren Zweck es ist, solche Nöte zu bekämpfen, werden kaum mit nennenswerten Widerständen zu rechnen haben. Versuche, fürsorgerisches Handeln als Reaktion auf die Zustände und Interessen der Handlungsadressaten zu erklären, erscheinen daher als geeignet, die Handlungsziele von vornherein zu legitimieren*" (ebd., S. 14). Dies verdeutlicht aber auch, so Peters weiter, dass es für eine soziologische Theorie der Fürsorge nicht ratsam ist, von einem solchen Ansatz auszugehen. Im Zentrum müsse vielmehr eine Analyse der sozialen Bedingungen für die Einrichtungen der Fürsorge stehen, von dorther könne es eher möglich sein, Wandlungen und Struktur fürsorgerischen Handelns zu beschreiben und auch zu erklären (ebd., S. 14 f.).

Argumentation

Die organisierte Armenpflege (alte Fürsorge; d. Verf.) in Deutschland hatte Peters zufolge im letzten Drittel des 19. Jahrhunderts die Hauptaufgabe, den unentbehrlichen Lebensunterhalt, das Obdach, die Pflege in Krankheitsfällen und ein Begräbnis zu garantieren. Zudem befassten sich die armenpflegerischen Einrichtungen mit der Bekämpfung devianten Verhaltens, mit der Erziehung straffälliger Jugendlicher, mit Trinkern, „Vagabunden" und Obdachlosen. Mit der Entfaltung neuer sozialstaatlicher Leistungen (Sozialversicherung, Sozialversorgung) habe die Fürsorge Funktionseinbußen erfahren. Dies, so Peters, sei ein Faktor für die Entstehung der modernen Fürsorge gewesen. Ein weiterer Faktor finde sich in den Eigeninteressen der Fürsorgeorganisationen am Selbsterhalt, was zu einer Entwicklungsdynamik führte (ebd., S. 16 ff.). Die Fürsorgeorganisationen hätten sich um die Wende zum 20. Jahrhundert nicht mit der unveränderten Erfüllung der verbleibenden Restfunktionen begnügt, sondern wirkungsmächtig für die Ausweitung und Intensivierung der Fürsorge plädiert, die nunmehr vorbeugend Not bekämpfen sollte. Gleichzeitig erfolgte eine Professionalisierung der Fürsorgetätigkeit (ebd., S. 19). Dabei spielten sowohl die Frauenbewegung (ebd., S. 20 ff.) als auch Konflikte zwischen öffentlichen und privaten Fürsorgeorganisationen eine ursächliche Rolle (ebd., S. 23–27).

Die von der (bürgerlichen) Frauenbewegung angestrebte Mitwirkung am Armenwesen war Peters zufolge zunächst nur ein Mittel, das dem Ziel der Gleichstellung von Frauen dienen sollte. Mit der formalen politischen Gleichberechtigung der Frau nach dem Ersten Weltkrieg sei ein Zielwandel feststellbar. Nunmehr sei es darum gegangen, aus der *„Eigenart der Frauenkräfte heraus"* bestimmte wohlfahrtspflegerische Aufgaben für Frauen als Berufsfeld zu reklamieren (ebd., S. 22). Damit seien die Voraussetzungen gegeben gewesen, um die Fürsorge zu einem Feld für organisations- und berufspolitische Initiativen zu machen (ebd., S. 27). In dieselbe Richtung wirkte die nach dem Ersten Weltkrieg zunehmende Konkurrenz zwischen der öffentlichen und privaten Fürsorge, auf die die freien Träger mit organisatorischen Zusammenschlüssen (Wohlfahrtsverbände und Fachverbände) reagierten. Dies wurde zudem durch die staatliche Zuwendungspraxis forciert (ebd., S. 23–27).

Bei der Untersuchung von Aktivitäten der Fürsorgeorganisationen, fährt Peters fort, seien deshalb auch die Organisationsstrukturen zu berücksichtigen. Dabei zeigten sich zwei Gruppen von Adressaten: Die Personen, an die sich die Fürsorgeleistungen richteten (Leistungsadressaten), und die Personen, von deren Urteil die Existenz und der Ausbau der Organisationen abhänge (Werbeadressaten). Der Legitimitätsdruck (wegen der Verdrängungsgefahr der Fürsorge durch allgemeine sozialpolitische Maßnahmen) und das grundsätzliche Fehlen der Identität von Werbe- und Leistungsadressaten – die Klienten bezahlen Soziale Arbeit i. d. R. nicht – disponiere die Fürsorgeorganisationen zu einer umfangreichen Werbetätigkeit (ebd., S. 34 f.).

Die Werbetätigkeit diene der Legitimierung. Die Legitimation solle verhindern, dass aus der Kenntnis über die traditionellen fürsorgerischen Leistungen und die sozialpolitische Entwicklung (alternative materielle Sicherung jenseits der Fürsorge) der Schluss gezogen werde, die Fürsorge werde entbehrlich (ebd., S. 39). Die ursprüngliche Legitimation der Fürsorge sei deshalb umformuliert worden: Das Ziel der Fürsorge sei weniger die materielle Versorgung einzelner, so gibt Peters die zeitgenössischen Akteure wieder, sondern persönliche Hilfe (ebd., S. 40). Erforderlich seien persönliche Hilfen entweder (so die kulturpessimistische Legitimationsvariante), weil die – als unbeeinflussbar vorgestellten – fatalen gesellschaftlichen Verhältnisse und Entwicklungen immer komplizierter werden würden, wodurch einzelne überfordert seien und in Nöte gerieten, oder (so die zweite, neutralere Variante) weil der rasche gesellschaftliche Wandel es als angezeigt erscheinen lasse, das Entstehen von Nöten vorbeugend zu verhindern (ebd., S. 43 f.).

Um die Veränderungen fürsorgerischen Handelns zu erfassen, bildet Peters an dieser Stelle seiner Argumentation Handlungskategorien:

a) das „repressive“ (Herv. i. O.) fürsorgerische Handeln, das gegen den Willen des Handlungsadressaten ausgeübt wird und
b) das „restitutive“ Handeln, das mit Willen des Handlungsadressaten vollzogen wird.

Beiden gemeinsam sei, dass sie im Kontext von Zuständen und Verhaltensweisen gesehen werden, die für defizitär befunden werden. Die dritte Handlungskategorie beziehe sich im Gegensatz dazu auf Zustände und Verhalten, für die dies nicht gelte, weshalb sie von Peters

c) als „nicht-defizitär“ bezeichnet werden (ebd., S. 50–53).

Die alte Fürsorge war Peters zufolge defizitär ausgerichtet. *„Die Armenpflege“*, so zitiert Peters Georg Simmel zustimmend, *„geht in ihrem konkreten Wirken durchaus nur auf den Einzelnen und seinen Zustand. Und gerade dieser Einzelne wird für die modern-abstrakte Form der Armenpflege zwar zu ihrer Endstation, aber durchaus nicht zu ihrem Endzweck, der vielmehr nur in dem Schutz der Förderung des Gemeinwesens liegt“* (ebd., S. 53). Der Sinn der Armenpflege bestehe nach Simmel darin *„gewisse extreme Erscheinungen der sozialen Differenziertheit so weit abzumildern, dass jene Struktur (der Gesellschaft, wie sie nun einmal besteht; H. P.) weiter auf dieser ruhen kann“* (ebd., S. 54). Der Arme war also Simmel zufolge Handlungsadressat der Fürsorge, der Handlungszweck bestand dagegen in der Sicherung des Status quo in Staat und Gesellschaft gegenüber der Gefährdung durch die Armen (ebd., S. 58). Die (öffentliche) Fürsorge erfüllte diesen Zweck zunächst ohne handlungsrelevante Eigeninteressen. Das änderte sich erst mit der Entstehung und Ausweitung der Sozialversicherung, die nun auch die Funktion der sozialen Sicherung zwecks Gefahrenabwehr wahrnahm, die zuvor ausschließlich von der Fürsorge ausgeübt wurde. Die Fürsorgeorganisationen waren damit nicht mehr nur Agenten des Staates, sondern entwickelten auch ein Interesse am Erhalt ihres eigenen Status quo (ebd., S. 58). Ähnlich die privaten Organisationen, die dabei in Konkurrenz zur öffentlichen Fürsorge auf ihre eigenen „Totalitäten“ (Simmel) und Mitglieder bezogen waren. Damit bestimmte nicht mehr nur – wie von Simmel analysiert – die von den Fürsorgeempfängern ausgehende Gefahr für die gesellschaftliche Totalität, sondern auch die Gefahr für die jeweils eigene Totalität, die von anderen Totalitäten (Sozialversicherung, öffentliche Fürsorge, private Fürsorge) ausging, das fürsorgerische Handeln. Der Gefährder sei damit nicht mehr grundsätzlich identisch mit dem Adressaten fürsorgerischen Handelns (ebd., S. 59).

Eine Konsequenz der neuen Beziehungen im Fürsorgesektor sei die Relevanz von Legitimierungsaktivitäten. In diesem Kontext müssten auch die Versuche der Fürsorgeorganisationen gesehen werden, unbekannte „Felder der Not zu entdecken“ (ebd., S. 59). Die Fürsorgevertreter bezeichneten soziale Sachverhalte als „soziale Probleme“, die eine gesellschaftliche Herausforderung („challenges“) darstellten, auf die die Fürsorge reagieren müsse („responses“). Dabei richteten sich die Aktivitäten der Fürsorgeorganisationen vor allem auf eine Ausweitung des Kreises der Handlungsadressaten, dem sie sich mit nicht-finanziellen restitutiven fürsorgerischen Handlungen widmen (ebd., S. 61 f.). Die Ziele für diese fürsorgerische Handlungskategorie seien „flexibler“ als die der repressiven, denn es sei möglich, ständig die Grenzen zu verschieben, unterhalb derer Missstände, Nöte usw. begännen (ebd., S. 66). Gleichzeitig habe sich die Handlungspraxis im Bereich der repressiven und restitutiven Fürsorge verändert. Das Ziel, Verhalten oder Zustände von Personen an eine gewünschte Normalität anzugleichen, sei geblieben, aber es werde versucht, dabei intentionale Diskriminierung der Adressaten abzubauen. Die Fürsorge versuche, ihre Adressaten aus ihren individuellen Bedingungen heraus „zu verstehen“, einen persönlichen Kontakt herzustellen und eine Zustimmung zu den Maßnahmen zu erreichen, die der Fürsorger für erforderlich hält (ebd., S. 68).

Für diesen Wandel der Fürsorge spielten wirtschaftliche und sozialstrukturelle Entwicklungen ebenso eine Rolle wie die Bestrebungen, die aus der Frauenbewegung und der mit der Jugendbewegung verbundenen Sozialpädagogik kamen. Mit der zunehmenden Produktivität sei eine Voraussetzung für die Diskriminierung von Fürsorgeleistungsempfängern entfallen (ebd., S. 83) und mit der sozialen Nivellierung, so Peters an Schelskys Rede von der Bundesrepublik als „nivellierte Mittelstandsgesellschaft“ anknüpfend, seien die strukturellen Voraussetzungen für die Diskriminierung unterer Schichten in Westdeutschland nicht mehr gegeben (ebd., S. 89). Vertreterinnen der Frauenbewegung, wie Alice Salomon, hätten versucht, in ihrem Bemühen um Professionalisierung der Sozialen Arbeit durch die Übernahme von medizinischen Begriffen an das Prestige der Ärzte anzuknüpfen. Mit der Rede von „Diagnose“ und „Therapie“ vergäbe man sich aber die Möglichkeit, von Schuld zu sprechen und strafen zu wollen (ebd., S. 91 f.). Ebenfalls in Richtung Abbau von Diskriminierung wirkten seit den 1920er Jahren die Aktivitäten der Sozialpädagogik. Ihre Vertreter versuchten, ihre eigenen Erfahrungen aus der Jugendbewegung pädagogisch zu konzeptionalisieren und in die Praxis der Jugendhilfe einzubringen. Die Adressaten wurden dabei nicht mehr als „Verbrecher“ o. ä. gesehen, sondern als „Kameraden“, die Hilfe benötigten (ebd., S. 92–98).

Insoweit, so Peters Zwischenfazit, lassen sich die Veränderungen der Fürsorge, aus den sozialen Bedingungen und den beteiligten Gruppen – ohne Berücksichtigung der sozialen Situationen der Handlungsadressaten – erklären. *„Die Bedeutung der gesellschaftlichen Wandlungen und der mit diesen sich verändernden personalen Situationen für das fürsorgerische Handeln läßt sich erst erkennen, wenn man den Charakter der organisierten Fürsorge als einer* agierenden (Herv. i. Original; d. Verf.) *Instanz festhält, deren wesentliches Ziel es ist, die gewünschte Normalität von Verhalten und Zuständen von Personen zu erhalten, und wenn man danach fragt, wie sich dieses Ziel unter gewandelten gesellschaftlichen und personalen Bedingungen realisieren läßt“* (ebd., S. 108).

Will man das Verhalten einer Person beeinflussen, so fährt Peters fort, kann man ihr mitteilen, welches Verhalten man erwartet und mit Strafen drohen. Eine Alternative bestünde darin, Personen durch Überzeugung oder Konversion entsprechend zu beeinflussen. Die erste Methode erfordert ein lückenloses Kontrollsystem. Seit Beginn des sozialen Differenzierungs- und Segmentierungsprozesses seien die Möglichkeiten einer direkten Kontrolle stark eingeschränkt (ebd., S. 108 f.). Die damit bestehende Kontrolllücke ließe sich durch eigene Organisationen schließen, etwa durch einen ausgebauten Polizeiapparat. Mit der Fürsorge bestünde aber eine zweite soziale Kontrollorganisation. Der beschriebene

Wandel fürsorgerischen Handelns – der Abbau von Diskriminierung und das Entstehen der „psycho- und soziologischen Attitüde" – ließe sich als Versuch deuten, die Kontrolle in die Person zu legen, was der zweiten Methode der Verhaltensbeeinflussung entspräche. Es geht hier um den Versuch, die Bedürfnisdisposition des Einzelnen so zu konditionieren, dass dessen Verhalten dem entspricht, was von ihm erwartet wird (Sozialisation) (ebd., S. 111 ff.).

Schlussfolgerungen/Summarisches

Charakterisiert man die organisierte Fürsorge als eine Instanz sozialer Verhaltenskontrolle, schlussfolgert Peters, dann stelle sich die Frage nach der gesamtgesellschaftlichen Funktion dieser Instanz. Es ließe sich vermuten, dass die Fürsorge den gesellschaftlichen Status quo konserviere. Das gelte wohl, so Peters weiter, für die Wirkung des repressiven fürsorgerischen Handelns. Der Wandel des fürsorgerischen Eingriffs und die „Vorverlagerungstendenz", die sich darauf richte, die Wahrscheinlichkeit des Entstehens devianten Verhaltens zu verringern und für normales Verhalten attraktive Realisierungschancen zu bieten, trügen aber die Chance zu sozialen Innovationen in sich (ebd., S. 116 ff.). Gesehen werden müsse das *„Eigengewicht der fürsorgerischen Organisationen […], die angesichts des wirtschaftlichen Wohlstandes und wohl auch der sozialen Stabilität ganz andere Interessen haben, als nur diese Stabilität zu erhalten. Diese Organisationen sind geradezu freigesetzt aus der die Armenpflege ursprünglich kennzeichnenden politischen Intentionalität*[38]*, und die damit verbundenen Funktionseinbußen disponieren sie dazu, nach neuen Handlungschancen zu suchen*" (ebd., S. 119). Es sei gerechtfertigt, so Peters abschließend, die Fürsorge der 1960er Jahre in der BRD als eine „Agentur der sozialen Innovation" zu bezeichnen, die sich zutiefst von der von Simmel untersuchten Armenpflege des vergangenen Jahrhunderts unterscheide (ebd.).[39]

Zur Kontrollfunktion der Sozialen Arbeit führt Peters später an anderer Stelle aus, dass diese sich von anderen Instanzen sozialer Kontrolle dadurch unterscheide, dass sie auf eine Schuldfeststellung verzichte, mit einem anderen

---

38 Diesen Gedanken führte Peters später an anderer Stelle weiter aus: Hatte die alte Fürsorge in dem von Simmel beschriebenen Sinne eine wichtige politische Funktion, ihr Zweck war Gefahrenabwehr und Erhalt des gesellschaftlichen Status quo, so sei, nachdem die vorgelagerten sozialen Sicherungssysteme diese Funktion übernommen hätten, die heutige Sozialarbeit politisch funktionslos. Sie sei weitgehend freigesetzt aus dem Ziel-Mittel-Verhältnis sozialer Sicherheitspolitik. Aus diesem Funktionsverlust resultiere einerseits der geschilderte Legitimationsdruck, anderseits ginge damit aber auch eine größere Gestaltungsfreiheit für die Fürsorge einher (Peters 1975, insbes. S. 154).

39 Gleichwohl betonte Peters an anderer Stelle in derselben Schrift (1968, S. 59), dass Simmels Analyse, nach der der Endzweck der Fürsorge in der Erhaltung einer jeweils zu bestimmenden Totalität liegt, durch die neuere Entwicklung nicht widerlegt wird.

beruflichen Selbstverständnis operiere und mit anderen Methoden arbeite (Peters/Cremer-Schäfer 1975, S. V, 1, 16 f.).[40] Sozialarbeiter verstünden sich als Helfer ihrer Klienten, böten ihnen andere (gesellschaftskonforme; d. Verf.) Interpretationen der sozialen Wirklichkeit an („Selektivitätssteuerung") und übten dabei Macht ohne Zwang aus (ebd., S. 72 f.). „*Die Abneigung der Sozialarbeiter, ihre Adressaten als deviant zu etikettieren, ist kein Ausdruck der Duldung oder gar Billigung des Verhaltens der Adressaten. Sie ist Konsequenz einer bestimmten Kontrollmethode, die den Kontrollzweck besonders wirksam verfolgt*" (ebd., S. 73 f.). Gleichzeitig hält Peters fest: „*Das Desinteresse an der Schuldfeststellung könnte [...] die Kollaboration mit den anderen Instanzen sozialer Kontrolle, die auf Schuldfeststellung dringen, behindern, könnte schließlich deren Produktion stören*" (ebd., S. V).

Grenzen und offene Fragen

Peters historische Ausführungen zeigen deutliche Grenzen, die jedoch ganz überwiegend dem seinerzeitigen unzureichenden Kenntnisstand über die Geschichte der Fürsorge geschuldet sind. Sie können hier außer Betracht bleiben, weil und insofern sie nicht den Kern seiner Gedankenführungen berühren. Ein auch nach damaligem Kenntnisstand vermeidbarer Fehler ist indes seine Behauptung einer Umdefinition der Zielbestimmung beim Übergang von der alten zur neuen Fürsorge. Nachdem er zunächst die Aufgaben der alten Fürsorge als finanzielle Mindestsicherung, Bekämpfung devianten Verhaltens und Erziehung bestimmt hat, charakterisiert er später Aussagen, denen zufolge es in der Fürsorge nicht mehr wesentlich (aber eben auch; d. Verf.) um materielle Versorgung, sondern vorrangig um persönliche Hilfe geht, als Zielwandel. Peters unterstellt, dass sich die Fürsorgeorganisationen, nachdem ihre Aufgabe von anderen Organisationen übernommen worden sei, aus Gründen des Selbsterhalts ein neues Ziel und eine neue Legitimation verschafft hätten. Hier irrt sich Peters jedoch. Vielmehr muss von einer Schwerpunktverlagerung der Fürsorge ausgegangen werden: Der Bedeutungsverlust der materiellen/finanziellen Sicherungsfunktion ging mit einem Bedeutungszuwachs der – von Anfang an vorhandenen – erzieherischen, sozialdisziplinierenden Funktion einher.

Dass Organisationen ein Interesse am Selbsterhalt hegen und dass dies auch für Fürsorgeorganisationen gelte, wie Peters betont, ist auf einer allgemeinen, abstrakten Ebene sicher plausibel. Doch das allein zeitigt keine praktischen Folgen,

40 Das ist das zentrale Ergebnis der theoriegeleiteten empirischen Erhebung sozialarbeiterischen Handelns von Peters/Cremer-Schäfer (1975), mit der sie der Frage nachgingen, ob Sozialarbeiter zur Etikettierung ihrer Klienten als deviant beitragen (Etikettierungsthese). Nach Auswertung von 112 protokollierten Klientengesprächen weisen Peters und Cremer-Schäfer die Etikettierungsthese zurück (ebd., S. 24 f.).

denn ein solches Ansinnen kann auch scheitern. Soll es gelingen, dann muss eine Organisation die erforderlichen Ressourcen mobilisieren, was für gewöhnlich nur in Konkurrenz zu anderen Akteuren und Interessen möglich ist. Das ist auch Peters geläufig, der darin den Grund für die Entfaltung von Legitimationsaktivitäten der Fürsorgeorganisationen sieht. Wie aus der inzwischen vorliegenden Geschichte der deutschen Fürsorge bekannt ist, erfolgte eine Ausweitung der Fürsorge über die gesetzlich vorgeschriebene Mindestsicherung hinaus schon Mitte des 19. Jahrhundert und setzte sich in den folgenden Jahrzehnten mit zunehmend „Angebotscharakter" tragenden, beratenden Einrichtungen und Diensten fort (z.B. Säuglingsfürsorge, TBC-Beratungsstellen). Die Sozialversicherung wurde aber erst in den 1880er Jahren eingeführt und eine umfassende Sicherungsfunktion konnte sie erst Jahrzehnte später entfalten. Die von Peters unterstellte Konkurrenz der Sozialversicherung kann damit nicht der Grund für die Ausweitung der Fürsorge gewesen sein; das „Eigengewicht" der öffentlichen Fürsorgeorganisationen zunächst auch nicht, zumal diese in ihren Anfängen bis zur Jahrhundertwende überwiegend mit ehrenamtlich engagierten Bürgern zu arbeiten hatten. Ursache war vielmehr das Eigeninteresse des sozialreformerisch gesinnten Bürgertums, das – in Konkurrenz zum dominierenden Adel – in seinem Wirkungsbereich der kommunalen Selbstverwaltung den eigenen Ordnungs- und Normalitätsvorstellungen gegenüber „unterbürgerlichen" Schichten Anerkennung verschaffen wollte. Und weil das städtische Bürgertum mit eigenen Steuern und Abgaben die kommunale Armenpflege zu finanzieren hatte, existierte auch zunächst kein „externer" Adressat für Legitimationsaktivitäten. Die vom Bürgertum definierten sozialen Probleme und ihre Bearbeitung mit eigenen Finanzen entsprachen ihrer Weltsicht; es handelte sich nicht um Legitimationsaktivitäten zwecks Selbsterhalt der Fürsorgeorganisationen. Die politische Funktion dieser Anstrengungen erschöpfte sich nicht in der Gefahrenabwehr im Sinne der Vermeidung von Hungeraufständen; sie reichten für das Bürgertum weit darüber hinaus: Es reklamierte damit gegenüber dem Adel einen gesamtgesellschaftlichen Gestaltungsanspruch, der ihm bis zur Überwindung der Monarchie verwehrt wurde.

Peters Analyse der alten und der modernen (neuen) Fürsorge bleibt doppelt einseitig, und das weniger infolge unzureichender Historiographie, sondern vielmehr aufgrund eines Perspektivwechsels seiner Analyse. Setzt er bei seiner Untersuchung der alten Fürsorge und ihres Übergangs zur modernen Fürsorge die Fürsorge als abhängige Variable, also als ein Phänomen, das es (als Effekt gesellschaftlicher Verhältnisse) zu erklären gilt, so setzt er bei seiner Untersuchung der modernen Fürsorge, die Fürsorge als unabhängige Variable, also als erklärenden Faktor. Dabei bleiben einerseits das Agieren und die Wirkungen der alten Fürsorge außer Betracht und andererseits konstruiert Peters damit die moderne Fürsorge als ein von „äußeren" gesellschaftlichen Bestimmungen entkoppeltes, autonomes System, das lediglich Legitimationsaktivitäten an das

Äußere zu adressieren hätte. Eine ergänzende Analyse, in der die moderne Fürsorge als abhängige Variable gesetzt worden wäre, hätte dagegen zu dem Ergebnis kommen können, dass die Fürsorge auch heute gesellschaftlichen Bestimmungen und sozialpolitischen Anforderungen zu entsprechen hat, um die – zum Selbsterhalt – erforderlichen Ressourcen zu erlangen.

Literaturempfehlung

a) *Eine knappe Darstellung* („Schlüsseldokument"):

Peters, H. (1968): Moderne Fürsorge und ihre Legitimation. Eine soziologische Analyse der Sozialarbeit. Köln und Opladen: Westdeutscher Verlag.

b) *Weitere Texte:*

Peters, H. (1965): Das Verhältnis von Wertsystem und Sozialwissenschaften innerhalb der beruflichen Sozialarbeit. In: Soziale Welt 16, H. 3, S. 246–259.

Peters, H. (1969): Sozialwissenschaftliche Kritik an den „Theorien" der Sozialarbeit. In: Moderne Sozialarbeit 2, S. 12–27.

Peters, H. (1970): Die misslungene Professionalisierung der Sozialarbeit. In: Kölner Zeitschrift für Soziologie und Sozialpsychologie 22, S. 335–355.

Peters, H. (1975): Die politische Funktionslosigkeit der Sozialarbeit und die „pathologische Definition ihrer Adressaten. In: Schneider, S./Otto, H.-U. (Hrsg.): Gesellschaftliche Perspektiven der Sozialarbeit. Neuwied: Luchterhand, S. 151–164.

Peters, H./Cremer-Schäfer, H. (1975): Die sanften Kontrolleure. Wie Sozialarbeiter mit Devianten umgehen. Stuttgart: Enke.

„Steckbrief“

Kernbestimmung Sozialer Arbeit und Bezeichnung der Theorie	Soziale Arbeit ist Instanz sozialer Kontrolle und Agentur sozialer Innovationen. Fürsorgetheorie
Kernbegriffe	Alte/neue Fürsorge, Legitimationsverlust/-aktivitäten, soziale Kontrolle, Innovationen
Kernargumentation	Die alte Fürsorge legitimierte sich durch ihre Funktion, materielle Armut und abweichendes Verhalten zu bearbeiten. Mit steigendem Wohlstand erlitt sie einen Funktions- und damit Legitimationsverlust. Die Fürsorgeorganisationen reagierten darauf mit Legitimationsaktivitäten sowie der Vorverlagerung von Interventionen (Prophylaxe) und der Suche nach neuen Nöten. Damit wurde sie zur neuen Fürsorge, die soziale Innovationen schuf und zugleich soziale Kontrolle verstärkte. Ihr Agieren gibt sie als Reagieren aus.
AdressatInnen Sozialer Arbeit	Die jeweils als defizitär konstruierten Gruppen, die durch diese Konstruktion zu HandlungsadressatInnen werden, sowie zunehmend Gruppen, die als nicht-defizitär gesehen werden, für die jedoch prophylaktisch Maßnahmen ergriffen werden, um normabweichende Entwicklungen zu verhindern.
Vertreter Herkunftsdisziplin	Helge Peters Soziologie
(Weitere) disziplinäre und Theoriebezüge	Sozialkonstruktivismus Georg Simmels Soziologie der Armut
Wissenschafts- und erkenntnistheoretische Position	Sozialkonstruktivismus
Aufgabenbestimmung der Theorie Sozialer Arbeit	Soziologische Durchdringung (Erklärung) der (modernen) Fürsorge/Sozialarbeit
Entstehungszeitpunkt und Hintergrund	Mitte der 1960er Jahre, beginnendes Interesse der Sozialwissenschaften an der expandierenden Sozialen Arbeit

3.3 Soziale Arbeit als tertiäre Erziehung

Definition und Gegenstandsbestimmung

Die Theoretisierung Sozialer Arbeit als tertiäre Erziehung oder auch Dissozialisationstheorie geht auf Lutz Rössner zurück, der hierzu der Fachöffentlichkeit 1971 zunächst Entwürfe, dann 1973 eine umfassende Darstellung unter dem Titel „Theorie der Sozialarbeit" präsentierte. Seine Theorie der Sozialarbeit versteht er zugleich als Theorie der Sozialpädagogik und als Theorie der Jugendhilfe. Er präferiert aber das Wort „Sozialarbeit", weil ihm das Wort „Sozialpädagogik" „zu vage und zu belastet erscheint" und die Bezeichnung „Jugendhilfe" als zu eng (Rössner 1975a, S. 6). *„Die Theorie der Sozialarbeit (Sozialarbeitswissenschaft)"*, so Rössner, *„ist ein rein informatives System, das heißt, sie enthält beschreibende, erklärende und prognostische Aussagen über die Wert- und Normvorstellungen, die zu prophylaktischen und korrigierenden Maßnahmen durch Menschen und Gruppen veranlassen, über die Bedingungen, unter denen Asymmetrie-, Dissozialität- und Asozialitäts-Diagnosen auftreten, über die Bedingungen, unter denen Prophylaxe- und Korrektur-Wünsche geäußert werden, über die Bedingungen und Instrumente, mit denen diese Maßnahmen durchgesetzt werden können (technologische Aussagen)"* (Rössner 1971a, S. 212). Sein Theorie- und Wissenschaftsverständnis basiert auf dem Kritischen Rationalismus; erziehungswissenschaftlich fundiert wird seine Theorie der Sozialarbeit durch Wolfgang Brezinkas Werk „Von der Pädagogik zur Erziehungswissenschaft" aus dem Jahr 1971 (Rössner 1975a, S. 7, 20f.). Als Schlüsseldokument legen wir den komprimierten Entwurf seiner Theorie (Rösner 1971a) zugrunde.

Vertreter

Lutz Rössner (1932–1995), ab 1966 Professor für Erziehungswissenschaften an der TU Braunschweig, war ein sozialwissenschaftlich orientierter Erziehungswissenschaftler, der im Kritischen Rationalismus die angemessene wissenschaftstheoretische Grundlage der Sozialwissenschaften und damit auch der Erziehungswissenschaft sowie der von ihm so genannten „Sozialarbeitswissenschaft" sah. Dasselbe gilt für seine SchülerInnen und MitarbeiterInnen, in erster Linie *Lutz-Michael Alisch* (Jg. 1947), der seit Anfang der 1990er Jahre an der TU Dresden eine Professur für Erziehungswissenschaft mit dem Schwerpunkt Methoden erziehungswissenschaftlicher Forschung innehat.

Kernaussagen

Grundannahmen/Ausgangspunkt

Rössner konstatiert im vorgestellten Schlüsseldokument einleitend, dass es keine hinreichende Theorie Sozialer Arbeit gebe. Die vorherrschenden krypto-emotiven und krypto-normativen Leerformeln stellten Barrieren dar, die der Formulierung einer Theorie Sozialer Arbeit entgegenstünden. Mit den Bezeichnungen „krypto-emotive" und „krypto-normative" Leerformeln meint Rössner, dass die von ihm kritisierten Theorien oder Theorieversuche „kryptisch", also unklar, uneindeutig, unverständlich emotional gefärbt und normativ seien. Dies begründet Rössner an anderer Stelle damit, dass die vorliegenden Ansätze zur Theoriebildung gleichzeitig praktische Ziele anstrebten (Rössner 1971b, S. 65). Weil die Praxis aber notwendigerweise ziel- und normenorientiert sei, wirkten „emotionale und soziale Motive bis in die Kategorienbildung" der Theorie hinein, so zitiert Rössner Ernst Topitisch zustimmend (ebd.). Dies verhindere aber, nun explizit auf die Theorie der Sozialarbeit bezogen, den Aufbau eines deskriptiven theoretischen Systems. Speziell für die Sozialarbeitswissenschaft gelte auch das, was Brezinka für die Erziehungswissenschaften konstatierte, nämlich, dass sie zur Orientierung der Praxis am meisten dadurch beitragen könne, wenn sie ihren Gegenstand rein theoretisch erforsche. Gerade die kritische Distanz gegenüber der Praxis ermögliche Erkenntnisse, durch die auf weite Sicht Sozialarbeitern mehr geholfen werden könne als durch „metawissenschaftlich engagierte direkte Einflussnahme" (ebd., S. 66; 1975a, S. 49 f.).

Die bisherigen Ansätze berücksichtigten nicht oder kaum „die Erkenntnisse der modernen Wissenschaftslehre" (Rössner 1971a, S. 196 f.), weshalb die Sozialarbeitspraxis über kein relevantes Aussagesystem verfüge. Weil „die Sozialarbeit ein gesellschaftspolitisch hoch relevantes Problem darstell(e)", sei aber eine wissenschaftliche, theoretische Fundierung nötig. Die Theorie eines Objektbereichs, so zitiert Rössner Hans Albert, einen Vertreter des Kritischen Rationalismus, sei *„die Gesamtheit der logisch miteinander verbundenen nomologischen Hypothesen, die zur Erklärung und Voraussage des Verhaltens der Phänomene in diesem Bereich herangezogen werden"* müssten (ebd., S. 197; 1975a, S. 26 f.). Als Vorarbeit dazu gelte es, zunächst ein Begriffs- und Satzsystem zu entwickeln, um dann – gestützt auf diese begrifflichen Festlegungen – für die Sozialarbeit empirisch relevante Erklärungen und Prognosen abzuleiten (Rössner 1971a, S. 26 f.). Als allgemeine Voraussetzung seiner Theorie betrachtet Rössner die Zuordnung der Sozialarbeit zur Erziehungswissenschaft und diese wiederum zur Sozialwissenschaft. Die sozialwissenschaftliche oder soziologische Theorie habe die sozialen Beziehungen zwischen Menschen, die Interaktion von Individuen als Objektbereich. Die Erziehungswissenschaft als Subdisziplin bzw. als partielle Soziologie habe zum Gegenstand einen Teil dieses Objektbereichs, nämlich den Teil der sozialen Beziehungen, der sich auf Erziehung richte (Rössner 1971a, S. 198). Die Sozialarbeitswissenschaft wiederum richte sich auf einen Teil der Erziehung, nämlich prophylaktische oder korrigierende Maßnahmen, was sie zu einer Subdisziplin der Erziehungswissenschaft mache (ebd., S. 199, S. 203; 1975, S. 28 ff.).

Argumentation

Lutz Rössner beginnt nach ausführlichen Vorbemerkungen (Rössner 1971a, S. 196–200; 1975a, S. 15–56) seine Argumentation mit begrifflichen Bestimmungen (Definitionen), Sätzen und Folgerungen. Anschließend formuliert er Axiome (Grundsätze), aus denen er dann Theoreme entwickelt, was den Hauptteil seiner Darlegungen ausmacht.[41] Die ersten vier Definitionen lauten: *„1. Es gibt Menschen. 2. Es gibt Verhalten. 3. Es gibt menschliches Verhalten. 3.1 Es gibt verschiedenes menschliches Verhalten."* Nach einer Reihe weiterer Definitionen (u. a. Normen, Sozialisation, Erziehung), die er als Basis eines Aussagesystems für den „speziellen Objektbereich Sozialarbeit" als Teilbereich der „Sozialisationswissenschaft" betrachtet, kommt er durch Ableitungen zur Formulierung von Theoremen für diesen Bereich, d. h. zur Theorie der Sozialarbeit (Rössner 1971a, S. 203; 1975a, S. 28 ff.).

„Ein Verhalten wird von einer Gruppe als sozialisiertes diagnostiziert", so eröffnet Rössner sein basales Aussagesystem für die Sozialarbeit, *„wenn dieses den Normen […] dieser Gruppe entspricht"* (ebd., S. 204). Unter Sozialisation versteht Rössner dabei den Teilprozess der Persönlichkeitsentwicklung, bei dem die Werte und Normen einer umgebenden Gruppe gelernt werden. Eine „symmetrische Sozialisation", verstanden als vollständige Übereinstimmung zwischen den jeweiligen Normen einer Gruppe und dem Verhalten eines Menschen (oder einer Gruppe), gebe es nicht – eine Aussage, die er dann aber revidiert[42] –, sondern

41 Sie umfassen im vorgestellten Schüsseldokument inkl. Erläuterungen 20 von 28 Seiten, in seinem Hauptwerk (1975a) beanspruchen diese Definitionen nahezu 220 Seiten.

42 Schon in einem Nachtrag zum Schüsseldokument (Rössner 1971a, S. 221 ff.) räumt Rössner ein, dass eine besondere Form „auffälligen" Verhaltens denkbar sei, das von der „Normalität" der Abweichung (Asymmetrie) abweiche. Das sei die „symmetrische Sozialisation". Zudem müsse von der Möglichkeit einer sehr auffälligen Überanpassung ausgegangen werden, die er mit der Bezeichnung „Übersozialisation" belegt. In seinem Hauptwerk hält er (Rössner 1975a, S. 85 f.) gleichwohl abermals grundsätzlich fest, dass es keine symmetrisch sozialisierten Menschen gebe (Satz 16.2) und damit keine symmetrische Sozialisation, sondern nur asymmetrische (Sätze 16.2.1 u. 16.2.2, vgl. auch Satz 18). Dennoch bestimmt er im weiteren Verlauf seiner Theorie, dass sich prophylaktische (Satz 48.3) und korrigierende Maßnahmen (Satz 48.3.1) nicht nur auf dissoziales, sondern auch auf Übersozialität bzw. übersozialisiertes Verhalten bezögen (ebd., S. 177 f.). Seine weiteren Ausführungen zur Übersozialität (als Asymmetriemangel) formuliert er dann analog („quasi spiegelbildlich") zur Dissozialität (ebd., S. 179–183).

nur „asymmetrische Sozialisation". Jede Gruppe produziere Asymmetriegrenzen, die als Bezugspunkte für die Einstufung oder Diagnose von Verhalten dienten. Als „dissozial" wird ein Verhalten (= „Persönlichkeitszustand") von einer Gruppe diagnostiziert, das außerhalb der Toleranzgrenzen liege. Der Prozess der Überschreitung heißt „Dissozialisation", das Ergebnis „Dissozialität". Ein Verhalten heißt „sozialisiert", wenn es erwartungsgemäß ist und sich damit innerhalb der Toleranz bewegt – es ist „unauffällig". „Auffällig" dagegen ist ein Verhalten, wenn es nicht erwartet, aber toleriert wird, und „asozial", wenn es die Asymmetrie-Toleranzgrenzen aller Gruppen einer Gesellschaft überschritten hat.[43] Asozialität ist damit immer gesellschaftsbezogen, Dissozialität gruppenbezogen (ebd., S. 205 f.). Die Normen und Asymmetrietoleranzen einzelner Gruppen innerhalb einer Gesellschaft unterscheiden sich, woraus folgt, dass dasselbe Verhalten in einer Gruppe als tolerabel, in einer anderen als dissozial diagnostiziert werden kann und dass auch ganze Gruppen als dissozial eingestuft werden können (ebd., S. 207 f.; 1977, S. 120).

An dieser Stelle der Argumentation, so Rössner weiter, könne der Objektbereich der Sozialarbeitswissenschaft bestimmt werden. Dies seien *„die prophylaktischen und korrigierenden Maßnahmen, die von Gruppen einer Gesellschaft oder der Gesellschaft in Bezug auf Dissozialisation und Asozialisation getroffen werden"* (Rössner 1971a, S. 208 f.).[44] Der zentrale Begriff sei daher der der „Dissozialisation", deshalb könne man (s-)eine Theorie der Sozialarbeit/Sozialarbeitswissenschaft auch „Theorie der Dissozialisation" nennen (ebd., S. 219; vgl. auch ders. 1971b). Die ebenfalls wichtigen Begriffe „Asozialisation" und „Asymmetrie-Prophylaxe" ließen sich dem Zentralbegriff „Dissozialisation" zuordnen, denn Asozialisation lasse sich als Steigerungsform der Dissozialisation verstehen und Asymmetrie-Prophylaxe sei im weiteren Sinne eine Dissozialisation-Prophylaxe. Eine Aufgabe der Sozialarbeitswissenschaft sei es – im Wissen um die anerkannten Werte und Normen einer Gesellschaft und die Machtverhältnisse und Durchsetzungsfähigkeiten –, empirisch festzustellen, unter welchen

43 Ausgehend von den vier Grundtypen von Individuen – normal, auffällig, gefährdet, dissozial – entwickelt Rössner dann in seinem Hauptwerk (1975a, S. 137 f.) unter Berücksichtigung dieser vier Ausgangspunkte und aller von dort aus denkbaren Entwicklungsmöglichkeiten eine 20er-Typologie, die auch „übersozialisierte" und „asozialisierte" Individuen umfasst.

44 Bezogen auf die in der vorstehenden Fußnote angeführte 20er-Typologie konstatiert Rössner, dass bei sechs dieser Typen keine Sozialarbeitsmaßnahmen erwogen würden, bei den übrigen 14 schon, weshalb sie zum Objektbereich der Sozialarbeit gehörten. Damit sei der Bezugsrahmen für die Theorie der Sozialarbeit gewonnen (Rössner 1975a, S. 138, vgl. auch S. 119–139 u. S. 183 f.). Erwähnenswert (weil erhellend) ist, dass Rössner (1971b) zunächst mit dem Begriff „Resozialisation" operierte, den er dann aber wegen dessen Vieldeutigkeit verwarf und ihn durch die Rede von „Dissozialitäts- bzw. Asozialitäts-Korrektur(-Maßnahmen)" (Rössner 1971a, S. 209) ersetzte. Ausführlicher zu den begriffslogischen Problemen der Bezeichnung „Resozialisation": Rössner 1973; 1975 a, S. 217 ff.; 1977, S. 120–131.

Bedingungen welche Maßnahmen den erwünschten Erfolg erzielen könnten (Rössner 1971a, S. 211). Die Theorie der Sozialarbeit, so Rössner, hat hier als „Technologie der Sozialarbeits-Maßnahmen" Wenn-Dann-Aussagen zu liefern und ggf. „Alternativprognosen" zu erstellen (Rössner 1971a; 1975a, S. 39 f.). Erläuternd heißt es bei Rössner: Die Sozialarbeits-Technologie habe die Aufgabe zu untersuchen, welche Bedingungen, Mittel und Verfahren geeignet sind, ein Individuum oder eine Gruppe aus einem nicht erwünschten Zustand in den erwünschten (normalisierten) Zustand zu überführen (1975a, S. 278). Selbst Normen (wünschbare Zustände) zu formulieren, stehe ihr nicht zu (Rössner 1971a; 1975a, S. 39 f.), weil solche wissenschaftlich nicht ableitbar seien. Ein technisches Aussagesystem (beschreibende, erklärende und prognostische Aussagen), so stimmt Rössner Hans Albert zu, habe nur einen rein informativen Charakter, und nur ein solches System sei wissenschaftlich (Rössner 1971a, S. 211 f.). *„Eine erfahrungswissenschaftliche Theorie der Sozialarbeit hat auf die Führung der Praktiker zu verzichten"* (Rössner 1971b, S. 66).

Prophylaxe- und Korrektur-Maßnahmen seien schon durch die Verhaltensregeln in Gruppen gegeben, insofern stelle jede Gruppe eine Institution der Sozialarbeit dar. Im Zuge der Arbeitsteiligkeit habe sich aber eine besondere Institution der Sozialarbeit herausgebildet. Obliege die primäre Sozialisation gewöhnlich der Familie (Rössner 1971a, S. 214), so werde diese in arbeitsteiligen Gesellschaften durch Institutionen der sekundären Sozialisation (z. B. Kindergarten, Schule) ergänzt (ebd., S. 215). Die Institutionen der Sozialarbeit gehörten selbst in den Bereich der sekundären Sozialisation. Soweit sich die Prophylaxe- und Korrektur-Maßnahmen im Rahmen der sekundären Sozialisation auf Dissozialitäts-Prophylaxe sowie Dissozialitäts- und Asozialitäts-Korrektur beziehen, gehörten Institutionen und Maßnahmen zum Bereich der tertiären Sozialisation (ebd., S. 216).[45] Später heißt es dann bei Rössner verallgemeinernd: Da *„jeder Mensch eine primäre und sekundäre Sozialisation bzw. Dissozialisation […] durchläuft, kann man den durch korrigierende Maßnahmen eingeleiteten (Lern-)Prozeß (von „richtigen" Normen) auch als tertiäre Sozialisation bezeichnen"* (1975a, S. 219; 1977, S. 130 ff.). Ziel der Sozialisation sei es generell, dass sich Individuen im Rahmen des Asymmetriespielraums bewegten und dabei auch den Asymmetrieerwartungen (der jeweiligen diagnostizierenden Instanz) entsprächen. Das gelte auch für die Sozialarbeit, deren Erfolg deshalb daran zu messen sei, ob ihre prophylaktischen und korrigierenden Maßnahmen (tertiäre Erziehung) zum erwünschten Zustand der „Normalität" führten (Rössner 1975a, S. 129, 278; 1977, S. 131). Die „Normalisierung" eines Individuums könne durch eine transitive, aber auch durch eine intransitive Korrektur erfolgen. Erstere erfolge, wenn ein Individuum die Normen der diagnostizierenden Instanz übernehme, letztere, wenn die diagnostizierende

45 Später bestimmt Rössner Sozialarbeit expliziter als „tertiäre Erziehung" (1977, insbes. S. 146 ff., S. 152 f.), womit sie allgemein der tertiären Sozialisation zuzuordnen ist.

Instanz die Normen des (früher auffälligen) Individuums übernehme oder sich die Asymmetrietoleranz erhöhe (Rössner 1975a, S. 236ff., S. 274f.). Mit der Änderung von Normen oder der Asymmetrietoleranz und -erwartung kann es geschehen, dass Individuen, die zuvor als „normalisiert" diagnostisiert wurden, nunmehr trotz desselben Verhaltens als „auffällig" gelten, etwa in Form von Asymmetriemangel, der als Übersozialisation definiert wird (ebd., S. 275f.).

Rössner ergänzt seine Deduktionen mit dem Hinweis, dass im Mittelpunkt der wissenschaftlichen wie praktischen Überlegungen zur Sozialarbeit jedoch die Überlegungen zur Normalisierung von sich dissozialisiert verhaltenden Menschen stünden (ebd., S. 278). Zu den seinerzeitigen Kontroversen über die Dissozialität der Gesellschaft, die ihrerseits Dissozialität produziere und deshalb zu verändern oder abzuschaffen wäre, vermerkt Rössner, dass es auch hierbei entscheidend sei, exakt zu wissen, von welcher Gesellschaft, welchen Zielen und Normen man spreche. Erst dann und darauf bezogen könnten Dissozialität bestimmt und Verfahren zu deren Vorbeugung und Abbau entwickelt werden (ebd., S. 279–282).

Aus der Bestimmung der Sozialarbeit als tertiäre Erziehung folge nicht, dass ausschließlich Sozialarbeiter diese leisten würden; die berufliche Rollenbündelung zeige, dass auch andere Berufsgruppen wie beispielsweise Lehrer, Erzieher und Therapeuten tertiäre Erziehung leisten. Der „institutionalisierte Sozialarbeiter" scheine also nicht zuständig für die Details der tertiären Erziehung, sondern für deren Gesamtbereich (Rössner 1977, S. 157ff.). Der *„Sozialarbeiter"* sei zu definieren als *„Sozialdiagnostiker im Hinblick auf befürchtete oder festgestellte Dissozialität, tertiärer Berater sowie Planer und Koordinator (weiteren) tertiären Erziehens mit dem Ziel des Abbauens von Dissozialität und des Aufbauens einer sozialisierten Persönlichkeit"* (ebd., S. 162).

Schlussfolgerungen/Summarisches

„Unter der Verwendung des in dieser Theorie ermittelten und erörterten Rasters", so Rössner, *„kann der Sozialarbeiter (so meinen wir) Richtung und Stärke des jeweiligen Sozialisations- bzw. Normalisationsdruckes in einer ‚sozialen Bedingungskonstellation' ermitteln; dazu bedarf es aber insonderheit [sic; d. Verf.] der Ermittlung der jeweiligen Normativitätsvorstellungen bei den beteiligten erziehungs- und korrekturmächtigen diagnostizierenden Instanzen im sozialen Bedingungsfeld des Klienten"* (Rössner 1975a, S. 289). Die Werte und Normen einer Gesellschaft, einer Gruppe bzw. einer diagnostizierenden Instanz des sozialen Feldes des Klienten seien für die Sozialarbeitswissenschaft bzw. die Sozialarbeit, so betont Rössner (ebd.), als unabhängige Variable vorgegeben.

Das bedeute nicht, dass die Wert- und Normvorstellungen für den Sozialarbeiter auch unabänderlich seien, dass er sie hinzunehmen und jeweils nur Anpassungshilfe zu leisten habe. Das gelte bezüglich der Bedingungsfelder, deren Normen sich asymmetrisch zu denen der Sozialarbeitsinstitutionen verhielten, sowie insbesondere hinsichtlich von Normen bzw. Erziehungszielen, die sich als unrealistisch erwiesen (ebd., S. 290). Darüberhinausgehend könne sich der Sozialarbeiter an Diskussionen über Werte und Normen beteiligen – als Sozialphilosoph oder als Sozial- und Gesellschaftspolitiker. Die Theorie müsse aber notwendigerweise die Werte und Normen als unabhängige Variable berücksichtigen (ebd., S. 292).

Abgrenzungen

Rössners hier vorgestellte Grundlegung einer Theorie der Sozialen Arbeit ist deutlich abzugrenzen von Ferdinand Buers (1976) Theorieentwurf, auch wenn dieser ebenfalls den Begriff der „Dissozialisation" als Gegenstandsbestimmung Sozialer Arbeit (neben den Begriffen „Resozialisation" und „Krise") ins Zentrum seiner Überlegungen stellt. Die wissenschaftstheoretischen wie politischen Ausgangspunkte und Intentionen beider Autoren widersprechen sich aber weitgehend. Buer geht es um eine „marxistische Theorie der Sozialarbeit" als „Teiltheorie der marxistischen Theorie der kapitalistischen Gesellschaftsformation" (Buer 1976, S. 149) und in diesem Kontext um einen „Ansatzpunkt für eine Intervention antikapitalistischer Sozialarbeit"; auch wenn er Letzteres nicht ausformuliert, sondern lediglich als Anliegen propagiert (ebd., S. 145). Ausgehend von den grundlegenden Überlegungen Joachim Matthes'[46] und Studienmodulen der Sozialarbeitsausbildung (ebd., S. 21 f.) bestimmt Buer als Oberbegriffe von Sachverhalten, mit denen es Soziale Arbeit zu tun hat, „Dissozialisation" und „Resozialisation" und in einem weiteren Schritt „Krise". Dafür setzt er sich zunächst mit bürgerlichen Theoretikern (Scherpner, Mollenhauer und Rössner) und marxistischen Theorieansätzen (AKS, Autorenkollektiv, Dohle, Zander, Hollstein, Khella) auseinander. Daran anknüpfend geht Buer von der Hypothese aus, dass Resozialisation als Reaktion auf Dissozialisation zu begreifen sei (ebd., S. 23). Im Verlauf seiner weiteren Untersuchung gelangt er dann zu dem Ergebnis, „*daß eine umfassende Analyse der Dissozialisierungsprozesse ohne eine Analyse der Resozialisierungsprozesse nicht auskommen wird, da die Institutionen der Resozialisation auch an der Dissozialisation mitwirken*" (ebd., S. 143). Diese Überzeugung resultiert aus einer Analyse und Differenzierung von fünf (A bis E) unterschiedenen Dissozialisierungsprozessen, die jeweils unterschiedliche Ausgangspunkte haben. Dabei gilt Buer der Prozess A, der aus der „antagonistischen Grundstruktur des Kapitalismus" herzuleiten sei, als dominant, weil er auch die anderen Dissozialisierungsprozesse überforme, etwa die, die vom sozialen Umfeld der Individuen, von bestimmten Staatsapparaten, aber eben auch von den Institutionen der Sozialen Arbeit

46 „Die eigentliche Aufgabe einer Theorie der Fürsorge", so Buer, Matthes (1962) zitierend, sei „die theoretische Strukturierung von Situationen der sozialen Not und die Motivationen und Formen des sich als Hilfe darstellenden und verstehenden Handelns" (Buer 1976, S. 21). Soziale Not und fürsorgerisches Handeln, so folgerte Buer, seien damit die beiden Gegenstandbereiche einer Theorie der Sozialarbeit (ebd.).

ausgehen würden (ebd., S. 97–103). Die unter A bis E aufgeführten Prozesse bewirkten nach Buer nicht schon für sich Dissozialisation, sondern nur, wenn sie zu „Krisensituationen" für Individuen oder Gruppen führten. Damit avanciert „Krise" neben „Dissozialisation" und „Resozialisation" zum dritten Zentralbegriff in Buers Theorie. Krisenhaft sei eine Situation dann, wenn sie widersprüchliche Verhaltensanforderungen formuliere (ebd., S. 104). Das jedoch betreffe nicht nur die Angehörigen des Proletariats, sondern alle Individuen, womit sich ebenfalls erklären lasse, dass auch Angehörige der Mittelklassen oder gar der Bourgeoisie Sozialarbeit in Anspruch nähmen (ebd., S. 105).

Grenzen und offene Fragen

Die Grenzen und auch die schon in den 1970er Jahren erhobenen Einwände gegen Rössners Theorie der Sozialarbeit ergeben sich aus seinem wissenschaftstheoretischen Ausgangspunkt. Die wichtigsten Einwände lassen sich mit den Schlagworten „Sozialtechnologie", „Missbrauchsmöglichkeiten", „Wertfreiheitspostulat" und „Wissenschaftsverständnis" bezeichnen und sollen abschließend kurz ausgeführt werden.

Das skizzierte Theorie-Praxis-Verständnis führte zum Vorwurf, Rössners Theorie sei als Sozialtechnologie angelegt. Rössner selbst qualifizierte diese Kritik als „Diffamierungsversuch", betonte aber zugleich, dass er sie „als Anerkennung der Rationalität des eigenen Konzeptes" bewerte (Rössner 1975b, S. 93). Technologische Systeme seien Aussagesysteme, deren einzelne Aussagen Zweck-Mittel-Relationen angeben. Diese ergäben sich aufgrund wissenschaftlicher Aussagen, die wiederum angeben würden, unter welchen Bedingungen bestimmte Ereignisse eintreten bzw. nicht eintreten. Damit würden technologische Systeme über Handlungsmöglichkeiten informieren, die der Praktiker (Sozialarbeiter) benötige, um zweckrational handeln zu können. Eine Sozialarbeit-Technologie sei demzufolge notwendig (ebd., S. 93 f.).

Im engen Sachzusammenhang mit dem Technologievorwurf sah sich Rössners Theorie auch mit dem Einwand konfrontiert, sie ermögliche den Missbrauch von Theorie und Praxis der Sozialen Arbeit, weil sie die jeweiligen Werte und Normen als unabhängige Variable setze und akzeptiere. Rössner hielt dem entgegen, dass alles, was gebraucht, auch missbraucht werden könne. Ein Postulieren eigener Normen sei nicht geeignet, dies zu verhindern. Die Wissenschaft sei ohnehin nicht für die Anwendung ihrer Erkenntnisse verantwortlich zu machen, und schließlich sei die Entscheidung darüber, was Gebrauch und was Missbrauch ist, selbst eine normative Frage, die sich eben nicht wissenschaftlich beantworten ließe; Wissenschaft habe wertfrei zu sein (Rössner 1971a, S. 211 f.).

Das von Rössner und seinen MitarbeiterInnen verfochtene Wertfreiheitspostulat stellt selbst eine normative Vorfestlegung dar und erscheint uns insofern schon – immanent betrachtet – wenig überzeugend (vgl. Adorno 1975; Habermas 1975). Besonders problematisch ist eine solche Forderung unserer Auffassung nach für die Soziale Arbeit. Rössners Zugeständnis, die (Sozialarbeits-)Wissenschaftler könnten sich als „Bürger", die Sozialarbeiter als „Sozialphilosophen" und „Sozialpolitiker" an gesellschaftlichen Diskussionen und Aushandlungsprozessen über Werte und Normen beteiligen, ändert daran nichts. Unterstellt wird damit nämlich, dass die in Rede stehenden Werte und Normen etwas Außerfachliches für die Soziale Arbeit seien. Dabei hat gerade die von Rössner und seinen MitarbeiterInnen formulierte Theorie Sozialer Arbeit in bis dato unerreichter Klarheit die Zentralität von Werten und Normen für die Soziale Arbeit herausgearbeitet. Sozialarbeit ist nach Rössner, wie dargelegt, tertiäre Erziehung, die auf die Aufrechterhaltung von Werten und Normen zielt (Dissozialisationsprophylaxe und -korrektur), indem sie als diagnostizierende Instanz Normabweichungen registriert und Maßnahmen zur Aufrechterhaltung der Normen konzipiert, realisiert und evaluiert (Rössner 1977, S. 147 u. passim). Normen machen mithin – das ergibt sich aus Rössners Theorie – den Kern Sozialer Arbeit und ihrer Fachlichkeit aus. Normative Enthaltsamkeit hieße also, dass die Disziplin und Profession Sozialer Arbeit zu ihren Kernaufgaben keine eigenen Positionen entwickeln dürften. Eingedenk dessen wirken auch die zunächst an sich schlüssigen Erwiderungen Rössners gegen die Missbrauchsgefahr letztlich nicht mehr überzeugend.

Die Aspekte der vorgestellten Theorie, die diese drei angeführten Einwände evozierten, ergeben sich aus der zugrunde gelegten wissenschaftstheoretischen Perspektive, dem Kritischen Rationalismus, aus dessen Imperativen Rössner stringent deduziert. Dem Kritischen Rationalismus liegt ein nomologisches, Gesetze formulierendes Wissenschaftsideal zugrunde, das sich an den Naturwissenschaften orientiert. Gemessen daran haftet sozialwissenschaftlichen Theorien immer etwas Unzulängliches an. In Anbetracht dessen formuliert Rössner für die Soziale Arbeit, dass *„aufgrund der Komplexität und der ihr innewohnenden Dynamik dieses Objektbereichs […] lediglich Quasi-Hypothesen und Quasi-Theorien"* erwartet werden können (1971a, S. 219 f.). Bezugnehmend auf Albert führt Rössner an, dass Quasi-Theorien eine essentielle Beziehung auf ein bestimmtes Raum-Zeit-Gebiet enthalten. Anders formuliert, der Objektbereich der Sozialwissenschaften existiert nicht (unverändert) raum- und zeitübergreifend, weshalb sozialwissenschaftliche Theorien und Aussagesysteme räumlich und zeitlich eingegrenzt werden müssten. Als Makel wird hier gekennzeichnet, was in einer anderen Theorieperspektive als Gegenstandadäquatheit gewürdigt wird. Das zeitigt Folgen für Rössners Theorie, denn er versucht, Aussagen zu treffen, die möglichst weite Räume und Zeiten umfassen und die möglichst nahe an Gesetzesaussagen heranreichen. Beides führt zu einer Abstraktheit, die seine Anstrengungen um Exaktheit untergraben. So gelingt es ihm nicht, die Entstehung der Sozialen Arbeit und ihrer Institutionen historisch konkret zu rekonstruieren. Der Hinweis, dass jede Gruppe schon eine Institution der Sozialarbeit sei und sich dann mit der Arbeitsteiligkeit und der Distribution von Wissen Institutionen der Sozialisation über die primäre Sozialisation hinaus herausgebildet hätten (ebd., S. 214f.), kann den Gegenstand nicht konkret erfassen und blockiert bspw. auch alternative Perspektiven auf die Verortung Sozialer Arbeit (etwa im Kontext von Sozialpolitik). Sein Bemühen um möglichst gesetzesnahe Wenn-Dann-Aussagen im Hinblick auf sozialarbeiterische Interventionen schlägt ebenfalls fehl. Geht es in der Sozialarbeit, wie Rössner meint, um die erzieherische Beeinflussung von Menschen zwecks Verhaltensänderung, dann haben wir es mit Selbstproduktionsprozessen der AdressatInnen als eigenwillige Individuen zu tun, die die Professionellen der Sozialen Arbeit fördern, aber nicht herstellen bzw. erzwingen können. Lassen sich auch Wahrscheinlichkeitsaussagen über die Wirkungen von solchen Interventionen erstellen, so sind damit noch keine zwingenden Aussagen für den jeweiligen individuellen Einzelfall getroffen – und mit denen hat es die Soziale Arbeit zu tun.

Literaturempfehlung

a) *Eine knappe Darstellung* („Schlüsseldokument"):

Rössner, L. (1971a): Entwurf einer Theorie der Sozialarbeit. In: Archiv für Wissenschaft und Praxis der sozialen Arbeit 2, S. 196–223.

b) *Ausführlicher:*

Rössner, L. (1975a) [1973]: Theorie der Sozialarbeit. 2. Auflage. München und Basel: Ernst Reinhardt.

Rössner, L. (1977): Erziehungs- und Sozialarbeitswissenschaft. München und Basel: Ernst Reinhardt.

c) *Weitere Texte:*

Buer, F. (1976): Krise und Sozialarbeit. Zur Konstitution des Gegenstandsbereichs einer marxistischen Theorie der Sozialarbeit. Kronberg: Scriptor.

Rössner, L. (1971b): Der Begriff der Dissozialisation als Ausgangspunkt für die Konstruktion einer Theorie der Sozialarbeit. In: Pädagogik und Schule in Ost und West 19, S. 65–72.

Rössner, L. (1973): „Resozialisation" und „tertiäre Sozialisation". Ein begriffsanalytischer Beitrag zu einer Theorie der Sozialarbeit. In: Archiv für Wissenschaft und Praxis der sozialen Arbeit 4, S. 71–98.

Rössner, L. (1975b): Rationalistische Pädagogik. Stuttgart, Berlin, Köln, Mainz: Kohlhammer.

Alisch, L.-M. (1975): Verwendung und Verwendungsmöglichkeit des Begriffs „Soziale Kontrolle" in der Erziehungswissenschaft. Ein Beispiel zur Theorie der Sozialen Diagnose. In: Archiv für Wissenschaft und Praxis der sozialen Arbeit. H. 6, S. 205–237.

Alisch, L.-M./Haisch, F./Rössner, L. (1975): Entwurf einer Theorie des Diagnostizierens. Vorstudie zum Problem der Sozialen Diagnose im Rahmen einer Theorie der Sozialarbeit. In: Archiv für Wissenschaft und Praxis der sozialen Arbeit. H. 6, S. 93–120.

Alisch, L.-M./Rössner, L. (1990) [1980]: Grundlagen der Sozialarbeitswissenschaft und sozialarbeitswissenschaftlicher Forschung. 2. erw. Auflage. Braunschweig: Technische Universität.

d) *Orientierende Sekundärliteratur:*

Engelke, E. (2002): Theorien der Sozialen Arbeit. Eine Einführung. 3. Auflage. Freiburg: Lambertus, S. 298–310.

Marburger, H. (1979): Entwicklung und Konzepte der Sozialpädagogik. München: Juventa, S. 113–129.

„Steckbrief“

Kernbestimmung Sozialer Arbeit und Bezeichnung der Theorie	Soziale Arbeit leistet tertiäre Erziehung Theorie tertiärer Erziehung (Dissozialisation-Theorie)
Kernbegriffe	Dissoziales Verhalten, tertiäre Erziehung, Normalisierung
Kernargumentation	Sozialarbeit ist tertiäre Erziehung. Sie ergreift prophylak-tische, korrigierende und kompensierende Maßnahmen zur Beseitigung dissozialen Verhaltens, womit sie einzelne und Gruppen „normalisiert“.
AdressatInnen Sozialer Arbeit	Dissozialisierte Menschen
Vertreter Herkunftsdisziplin	Lutz Rössner, Lutz-Michael Alisch, (Ferdinand Buer) Erziehungswissenschaft
(Weitere) disziplinäre und Theoriebezüge	Sozialwissenschaften
Wissenschafts- und erkenntnistheoretische Position	Kritischer Rationalismus (Positivismus) Soziale Arbeit wird als Teil der Erziehungswissenschaft und diese wiederum als Teil der Sozialwissenschaften verstanden.
Aufgabenbestimmung der Theorie Sozialer Arbeit	Aufgabe der Theorie (Sozialarbeitswissenschaft) ist, zunächst die grundlegenden Begriffe zu bestimmen, Axiome und anschließend (überprüfbare) Thesen und Hypothesen zu formulieren. Objektbereich sind dann die einer sozialen Diagnose folgenden prophylaktischen, korrigierenden und kompensierenden Maßnahmen. Hier gilt es, Verfahren zu entwickeln und zu überprüfen, die Dissozialität vorbeugen bzw. abbauen.
Entstehungszeitpunkt und Hintergrund	Anfang der 1970er Jahre vor dem Hintergrund der von der Studentenbewegung ausgehenden gesellschaftlichen Aufbruchsstimmung, der Akademisierung der Sozialen Arbeit, der sozialwissenschaftlichen Wende und stark normativer, auf (radikale) Gesellschaftskritik, Politisierung und Gesellschaftsveränderung ausgerichteter Theorien und Teilpraxen der Sozialen Arbeit.

3.4 Soziale Arbeit als Herrschaftssicherung

Definition und Gegenstandsbestimmung

Die Bestimmung der Sozialen Arbeit als Instrument der Herrschaftssicherung in der kapitalistischen Klassengesellschaft erfolgte Ende der 1960er/ Anfang der 1970er Jahre mehrfach. Ein aus der Studentenbewegung hervorgegangener gesellschaftskritischer Impetus mit theoretischen Anleihen aus dem (bzw. mit Bezügen zum) vordem tabuisierten Marxismus kam auch bei jenen zum Tragen, die sich dann im beruflichen Kontext der Sozialen Arbeit zuwandten und dabei das hier dominante traditionelle Selbstverständnis von Sozialer Arbeit als Hilfe (für die KlientInnen) radikal in Frage stellten. Die gesellschaftliche Funktion der sozialarbeiterischen Hilfe wurde als Hilfe für das Kapital dechiffriert. Soziale Arbeit entpuppt sich in dieser Lesart als Instanz der Sozialdisziplinierung, der Zurichtung und Unterdrückung der Lohnarbeiterklasse sowie gesellschaftlicher Randgruppen. Ein prominenter Vertreter dieser Position war Walter Hollstein. Er entfaltete seine Theorie in einem Sammelbandbeitrag, den wir hier als Schlüsseldokument (im Folgenden als: Hollstein 1980a angeführt) zugrunde legen. Für eine ausführliche Darstellung dieser Position verweisen wir auf den Sammelband als Ganzen, der von Walter Hollstein gemeinsam mit Marianne Meinhold herausgegeben wurde und der 1980 seine fünfte Auflage erlebte (Hollstein/ Meinhold 1973).

VertreterInnen

Walter Hollstein (Jg. 1939) war zum Zeitpunkt der Formulierung seiner Theorie Sozialer Arbeit (1973) ein junger und kurz zuvor berufener Hochschullehrer (WS 1971/72) für politische Soziologie an der Evangelischen Fachhochschule für Sozialwesen in Berlin-Dahlem. An derselben Hochschule bekleidete die Mitherausgeberin des Grundlagenwerkes der hier vorgestellten Theorie, *Marianne Meinhold* (Jg. 1941), eine Professur für Psychologie.

Kernaussagen

Grundannahmen/Ausgangspunkt

Walter Hollstein wählt als Ausgangspunkt seiner Darstellung das vorherrschende Verständnis und Selbstverständnis von Sozialer Arbeit als Hilfe – Hilfe mit Individualcharakter und vorwiegend beratender und erziehender Natur (Hollstein 1980a, S. 167). Hilfe wird dabei, so Hollstein – Hans Scherpner als prominenten Vertreter der Theorie Sozialer Arbeit zitierend –, zur „Urkategorie des menschlichen Handelns" erklärt; sozialarbeiterische Hilfe im Kern als „Freundesdienst" oder „Liebesdienst" verstanden, der in humanistischen oder religiösen Werten gründe (Hollstein 1980a, S. 167f.). Nicht nur in den vorliegenden zeitgenössischen Theorien Sozialer Arbeit, sondern auch in den Rechtsgrundlagen der Sozialen Arbeit, insbesondere im Bundessozialhilfegesetz und dem Jugendwohlfahrtsgesetz, aber auch in der Fachliteratur Sozialer Arbeit, dominiere die Vorstellung und Bezeichnung von Sozialarbeit als Hilfe. Empirische Untersuchungen zum Berufsbild und zum Selbstverständnis der Sozialarbeiter zeigten zudem, dass diese sich auch selbst als altruistische und fachlich Helfende verstünden (ebd., S. 168f.).

Die Charakterisierung der Sozialen Arbeit als Hilfe impliziere, so Hollsteins weitere Gedankenführung, dass ihre Klienten aufgrund eigenen Versagens gegenüber der Ordnung der Gemeinschaft hilfsbedürftig seien. Damit sei zugleich der institutionelle Hilfeakt gerechtfertigt. Darüber hinaus liege dem ein Gesellschaftsbild einer harmonischen Gemeinschaft zugrunde. Führt die „helfende Hand der Sozialarbeit" den „abweichenden" oder „versagenden Klienten" wieder in die Gemeinschaft zurück, dann erscheinen in diesem Bild die Sozialarbeit und die Gesellschaft als gut, der Klient als defizitär [bzw. schlecht; d. Verf.]. Negiert würden damit Fragen nach Konflikten, Interessen, Werten und Normen; undenkbar wäre zugleich, dass Sozialarbeit kontrollieren, stigmatisieren und bestrafen könne, und die Frage, welche Ansicht die Klientel etwa bezüglich der unterstellten Hilfebedürftigkeit vertrete, würde sich erst gar nicht stellen (ebd., 169f.). Ob jedoch die Hilfeleistung die einzige und entscheidende Funktion der Sozialarbeit sei, könne *„nur geklärt werden, wenn der Auftrag des fürsorgerischen Bemühens nicht aus dessen Selbstverständnis isoliert, sondern aus den gesellschaftlichen Tatsächlichkeiten vermittelt abgeleitet"* werde. Denn eine Funktion erhalte nur Sinn und Zweck durch die ihr zugrundeliegende Struktur, die sie zu reproduzieren helfe (ebd., S. 170f.). Damit ist Hollstein an dem Punkt angelangt, von dem aus er seine eigene Theorie der Sozialen Arbeit konstruieren will, nämlich ausgehend von einer Gesellschaftsanalyse.

Argumentation

Hollstein bestimmt die Bundesrepublik Deutschland unter Rekurs auf Karl Marx als kapitalistische Klassengesellschaft, die durch den Grundwiderspruch zwischen Lohnarbeit und Kapital gekennzeichnet ist (ebd., S. 171f.). Unter Verweis auf empirische Daten führt Hollstein zur Entwicklung in der Nachkriegszeit aus, dass sich die Macht des Kapitals verstärkt habe und dass von dem wachsenden gesellschaftlichen Reichtum vornehmlich die Besitzenden profitierten, während die Lohnarbeiter relative Einkommenspositionsverluste hätten hinnehmen müssen (ebd., S. 172–175). Die Lohnarbeiter akzeptierten dies, weil sie die Werte der kapitalistischen Gesellschaft verinnerlicht, weil sich die im Erziehungsprozess erzwungenen systemkonformen Verhaltensweisen und Einstellungen zu einem entsprechenden Sozialcharakter geformt und gefestigt hätten (ebd., S. 177 f.). Die erfolgten Lohnanstiege hätten das Elend zwar eingeschränkt, könnten aber die Unsicherheit der Lohnarbeiterexistenz nicht aufheben (ebd., S. 182), denn die Möglichkeit der Deklassierung sei systemimmanent. „*Die grundsätzliche Unsicherheit seiner Lage als Lohnabhängiger verstärkt sich zur desolaten Situation, wenn Arbeitsschwierigkeiten, Entlassung, Krankheit, Schulden oder Verteuerung der Wohnungsmiete auftreten, die […] durch Ersparnisse nicht kompensiert werden können*" (ebd., S. 184). Wachsende Anspannung im Arbeitsprozess führe, so Hollstein unter Bezug auf empirische Erhebungen, zu steigenden Unfall- und Krankenraten sowie generell zum Raubbau an der Arbeitskraft, auch mit der Gefahr von Frühinvalidität. Degradierung und Elend im massenhaften Ausmaß jedoch würden das System politisch-legitimatorisch und ökonomisch (Arbeitskräftemangel) gefährden, weshalb staatlicherseits gegengesteuert werde. Gleichzeitig sei eine kontrollierte Zahl an Arbeitslosen gleichwohl funktional, weil diese als industrielle Reservearmee zum Drücken der Löhne verwendet werde (ebd., S. 185).

Die potentiell Arbeitsfähigen (industrielle Reservearmee) bildeten eine Schicht in der Sphäre der Armut, daneben (oder darunter) befänden sich Invalide sowie „*das Lumpenproletariat der Bettler, Kleinkriminellen und Prostituierten*". Hier eröffne sich „*ein entscheidendes Tätigkeitsfeld der Sozialarbeit*". „*Generell*", konkretisiert Hollstein, „*lasse sich bemerken,*

- *daß Sozialarbeit sich um jene Lohnarbeiter kümmere, die aufgrund des sozio-psychischen Drucks, der alltäglich auf sie ausgeübt wird, in Problemsituationen geraten sind, welche sie aufgrund ihres reduzierten ökonomischen Status nicht selbstständig lösen können,*
- *daß Sozialarbeit die ‚industrielle Reservearmee' pflegt, damit einzelne ihrer Mitglieder bei Bedarf in den Arbeitsprozeß reintegriert werden können, und*
- *daß Sozialarbeit diejenigen Bürger materiell unterstützt, die endgültig aus dem Produktionsprozeß der Gesellschaft eliminiert wurden*" (ebd., S. 186).

Hollstein findet seine Bestimmung der Klientel der Sozialen Arbeit durch Statistiken über die soziale Herkunft von Fürsorgezöglingen und Sozialhilfeempfängern sowie durch entsprechende Ausführungen in der Fachliteratur bestätigt (ebd., S. 186 ff.).

Der Tatbestand, folgert Hollstein, dass die Lebensrechte und Entfaltungsmöglichkeiten einer großen Zahl von Menschen als Klasse in der gegenwärtigen Gesellschaft durch die objektiven sozio-ökonomischen Bedingungen einschränkt seien, bedinge eine institutionalisierte und kodifizierte Hilfeleistung des Staates, die durch Sozialpolitik und Sozialarbeit ausgeführt würde (ebd., S. 188). Die ökonomische Funktion dieser Hilfeleistung bestehe darin, die Reproduktion der Arbeitskraft im kapital-adäquaten Maßstab zu gewährleisten. Die soziale Funktion sei es, die bestehenden Klassenunterschiede zu mildern. Die politische Funktion sei es, die gegebenen Machtverhältnisse durch Herstellung „sozialen Friedens" mittels Berücksichtigung von Bedürfnissen der Armen zu stabilisieren. Diese drei Funktionen tendierten auf Herrschaftssicherung (ebd., S. 189), die Hollstein dementsprechend als die zentrale Funktion der Sozialen Arbeit versteht.

Sozialarbeit, das zeige auch eine historische Betrachtung, ziele darauf ab, die Anstrengungen der Arbeiterschaft in Stoßrichtung auf das bestehende System, also den Klassenkampf, abzuschwächen und ihr die besonders manifesten Angriffspunkte zu nehmen, die sich im Prozess der kollektiven „Verelendung" [Anführungszeichen im Original; d. Verf.] bieten könnten. Sozialarbeit trage in diesem gesellschaftspolitischen Zusammenhang zur *Integration* [Hervorhebung im Original; d. Verf.] der Arbeiterklasse in die bestehende Gesellschaft bei (ebd., S. 189), womit sie sich als Instrument des Staates erweise, zwischen den Klassen zu vermitteln (ebd., S. 190).

Die Ideologie des Sozialstaates erweise sich als Legitimationsgrundlage des Systems und gebe die Gesellschaftsordnung als gerecht aus. Die Sanktionierung abweichenden Verhaltens von den Normen dieser gerechten Ordnung erscheine damit ebenfalls als legitim und sogar geboten. Die darauf bezogenen Funktionen sozialer Kontrolle, so Hollstein, würden durch die Machtinstrumente Polizei, Strafbehörden, aber auch Sozialarbeit erfüllt (ebd.). Die Sozialarbeit zeichne sich im Unterschied zu Polizei und Justiz durch ein Mixtum von Assistenz und Repression aus (ebd., S. 191). Um Individuen an die rechtlichen wie gesellschaftlichen Normen anzupassen, verzichte die Sozialarbeit auf die groben Mittel physischen Zwangs; sie nutze vielmehr subtilere, manipulative Mittel wie Überredung, Überzeugung und Bekehrung (ebd., S. 193 f.). Dennoch trage die Hilfe bisweilen Strafcharakter, wie beispielsweise gegenüber Obdachlosen und Bewohnern von Obdachlosensiedlungen (ebd., S. 198 f.), deren Wohnsituation bewusst so gestaltet werde, dass – aus erzieherischen Gründen – Leidensdruck entstehe. Das Bundessozialhilfegesetz umfasse Regelungen, bei denen Abschreckung und Strafe gegenüber einem Verständnis von Assistenz dominiere (ebd., S. 200).

Schlussfolgerungen/Summarisches

Soziale Arbeit sei durchaus Hilfe, schlussfolgert Walter Hollstein, aber eben Hilfe für die bestehende Herrschaft. Der „Freundschaftsdienst" der Sozialarbeit möge zwar für den einzelnen Sozialarbeiter subjektiv eine Realität sein; objektiv zeige er sich aber als Ideologie, die als humanitäres Deckmäntelchen für ihre herrschaftsstabilisierende Funktion fungiere (ebd., S. 204). Sozialarbeit diene im Einzelnen als: (1) Reproduktionsagentur, indem sie zur Erhaltung des Arbeitskraftpotenzials beitrage; (2) Sozialisationsagentur, indem sie die gültigen Normen reproduziere und einzuhalten helfe sowie Wohlverhalten fördere; (3) Kompensationsagentur, indem sie individuell Mängel, Widersprüche und Ungerechtigkeiten ausgleiche und damit verdecke; (4) Oppressionsagentur, indem sie die Gesellschaft vor den Folgen abweichenden Verhaltens schütze, dieses kontrolliere und disziplinere; (5) Disziplinierungsagentur, indem sie u. a. die Klienten an die bestehenden Gesellschaftsstrukturen anpasse, abweichendes Verhalten als schlechtes Verhalten behandle und Abweichende in Heimen oder Arbeitshäusern kaserniere (ebd., S. 205 ff.). Sozialarbeit, meint Hollstein an anderer Stelle (1980b, S. 42 f.), könne angesichts ihres Auftrags nicht als „systemsprengende Kraft“ konzipiert werden. Die Impulse zum Wandel könnten also nicht von der institutionalisierten Sozialarbeit ausgehen, sondern müssten vielmehr von den Opfern des kapitalistischen Systems kommen.

Grenzen und offene Fragen

Die Grenzen von Hollsteins Theorie der Sozialarbeit, auf die teilweise schon in der seinerzeitigen Fachdiskussion kurz nach der Veröffentlichung hingewiesen wurde (Böhnisch; Jahrbuch-Autoren), ergeben sich aus seiner ableitungstheoretischen und funktionalistischen Herangehensweise. Er leitet aus den abstrakten Imperativen der kapitalistischen Produktionsweise das Funktionieren einer konkreten „ökonomischen Gesellschaftsformation“ (der bundesdeutschen in den 1970er Jahren) und die Ausgestaltung des Wirtschafts- und Gesellschaftsprozesses einschließlich des staatlichen Handelns ab. Dabei setzt Hollstein nicht nur (unterstelltes) staatliches Wollen und Tun gleich, sondern darüber hinaus schließt er auch auf die konkrete Umsetzung. Interessensdivergenzen, Widersprüche, Disfunktionalitäten oder auch Implementationsprobleme werden dabei systematisch ausgeblendet. Kollektive und individuelle Akteure vom Staat bis zu einzelnen SozialarbeiterInnen tauchen dabei im eigentlichen Sinne nicht als Akteure, sondern bloß als Charaktermasken auf, die lediglich Funktionen erfüllen, wenn nicht gar quasi-subjektlos prozessieren. Die Dialektik von Struktur und Handlung oder von Verhältnissen und Verhalten ist in Hollsteins Argumentation suspendiert, an ihre Stelle tritt Determination. Versteht Karl Marx, auf den sich Hollstein grundsätzlich beruft, den Staat als „ideellen Gesamtkapitalisten“, so gerät der Staat in Hollsteins Lesart zum „reellen Gesamtkapitalisten“. Wirkt der Klassenkampf, den auch Hollstein anführt, nach Marx auch auf politische Prozesse und staatliches Handeln ein – was es jeweils konkret zu analysieren gilt –, so begnügt sich Hollstein mit der angeführten abstrakten Ableitung und verzichtet auf konkrete Untersuchungen. In den Worten zeitgenössischer Kritiker: „*Dadurch, dass Hollstein […] nicht die Form staatlicher*

Tätigkeit untersucht, kann ihm die zunehmende Vergesellschaftung der Sozialarbeit in Form der Verstaatlichung nicht zum Problem werden" (Barabas et al. 1975, S. 418).

Auch die empirischen Daten, etwa bezüglich der Bestimmung der Klienten der Sozialen Arbeit, auf die sich Hollstein beruft, bebildern und untermauern nur das, was sich aus seinen Ableitungen ergibt oder zu ergeben scheint. Zum Bereich der Jugendwohlfahrt (JWG) führt er lediglich die Fürsorgeerziehung an, womit die deutliche Ausweitung der jugendpflegerischen Aktivitäten und Angebote seit Ende der 1960er Jahre nicht in den Blick geraten. Ähnlich verfährt er beim Sozialhilferecht (BSHG), wo er nur auf die materielle Mindestsicherung, der Hilfe zum Lebensunterhalt (HLU), verweist, während er die mit dem BSHG 1961 neu geschaffene Kategorie der Hilfe in besonderen Lebenslagen (HbL) ausblendet, die aber den Adressatenkreis der traditionellen Fürsorge deutlich erweiterte. Im Ergebnis führt das dazu, dass Hollstein den Adressatenkreis enger fasst als er seinerzeit war. So kann er nur die traditionellen (Rand-)Gruppen Sozialer Arbeit sehen, die immer größer werdenden neuen AdressatInnengruppen entgehen ihm.

Schließlich führt Hollsteins Verzicht auf eine empirische Rekonstruktion konkreter sozialarbeiterischer Arbeit und Realität in Verbindung mit seiner funktionalistischen Herangehensweise auch dazu, dass er Soziale Arbeit nur als Hilfe zur Herrschaftssicherung sehen kann. Andersgeartete Handlungspraxen oder Effekte scheinen ihm undenkbar, so dass sich auch ein Ausloten von Möglichkeiten erübrigt.[47]

Literaturempfehlung

a) *Eine knappe Darstellung* („Schlüsseldokument"):
Hollstein, W. (1980a): Hilfe und Kapital. Zur Funktionsbestimmung der Sozialarbeit. In: Hollstein, W./Meinhold, M. (Hrsg.) (1980 [1973]): Sozialarbeit unter kapitalistischen Produktionsbedingungen. 5. Auflage. Bielefeld: AJZ, S. 167–207.

b) *Ausführlicher:*
Hollstein, W./Meinhold, M. (Hrsg.) (1980 [1973]): Sozialarbeit unter kapitalistischen Produktionsbedingungen. 5. Auflage. Bielefeld: AJZ.

---

47 Diese Aussage gilt nur für das hier herangezogene Schlüsseldokument und das Grundlagenwerk. Wenig später gaben Hollstein und Meinhold (1977) einen Sammelband heraus, in dem sie sich einleitend selbstkritisch mit den bis dahin vorgebrachten Einwänden auseinandersetzten. Dort versuchten sie, die Möglichkeiten der Arbeit im sozialen Bereich auszuloten. Der Untertitel ihres Buches „Möglichkeiten der Arbeit im sozialen Bereich" war Programm.

c) *Weitere Texte:*
Hollstein, W. (1980b [1973]): Sozialarbeit im Kapitalismus. Themen und Probleme. In: Hollstein, W./Meinhold M. (Hrsg.): Sozialarbeit unter kapitalistischen Produktionsbedingungen. 5. Auflage. Bielefeld. AJZ, S. 9–43.
Meinhold, M. (1980): Zum Selbstverständnis und zur Funktion von Sozialarbeitern. In: Hollstein, W./Meinhold, M. (Hrsg.) (1980 [1973]): Sozialarbeit unter kapitalistischen Produktionsbedingungen. Bielefeld: AJZ, S. 208–225.

d) *Orientierende Sekundärliteratur:*
Marburger, H. (1979): Entwicklung und Konzepte der Sozialpädagogik. München: Juventa, S. 150–161.

„Steckbrief“

Kernbestimmung Sozialer Arbeit und Bezeichnung der Theorie	Sozialarbeit dient als Instrument der Herrschaftssicherung. Theorie der Herrschaftssicherung
Kernbegriffe	Kapitalismus, Klassengesellschaft, Reproduktions- und Legitimationsprobleme, soziale Kontrolle, Herrschaftssicherung
Kernargumentation	In der kapitalistischen Klassengesellschaft hat die Sozialarbeit die Funktion, soziale Kontrolle auszuüben und die bestehenden Herrschaftsverhältnisse aufrechtzuerhalten. Sie fungiert dabei als Reproduktions-, Sozialisations-, Kompensations-, Oppressions- und Disziplinierungsagentur und bearbeitet damit die Reproduktions- und Legitimationsprobleme des Kapitalismus.
AdressatInnen Sozialer Arbeit	Reguläre LohnarbeiterInnen, industrielle Reservearmee und „Lumpenproletariat“
VertreterInnen Herkunftsdisziplin	Walter Hollstein, Marianne Meinhold Soziologie/Sozialwissenschaften
(Weitere) disziplinäre und Theoriebezüge	Marxismus
Wissenschafts- und erkenntnistheoretische Position	Marxistische Grundannahmen
Aufgabenbestimmung der Theorie Sozialer Arbeit	Bestimmung der objektiven Funktion Sozialer Arbeit im Kapitalismus jenseits der ideologischen Verklärungen ihrer PraktikerInnen und TheoretikerInnen
Entstehungszeitpunkt und -hintergrund	Mitte der 1970er Jahre, vor dem Hintergrund der von der Studentenbewegung ausgehenden gesellschaftlichen Aufbruchsstimmung und der Akademisierung der Sozialen Arbeit

3.5 Soziale Arbeit als revolutionäre Praxis

Definition und Gegenstandsbestimmung

Eine Konzeption Sozialer Arbeit als „revolutionäre Praxis“ entwarfen nach und infolge der Außerparlamentarischen Opposition (APO) und der Studentenbewegung von 1968 eine Reihe von AutorInnen und Gruppen, z. B. in Teilen der Arbeitskreis „Kritische Sozialarbeit“ – Zeitschrift „Sozialpädagogische Korrespondenz“ 1969–1973 (vgl. Baron et al. 1978), das Vorbereitungskomitee und dann mehrheitlich die TeilnehmerInnen der „Randgruppenkonferenz“ von 1970, das Umfeld der Zeitschrift „Erziehung und Klassenkampf“ 1971–1975, oder das Autorenkollektiv 1978. Die Wortwahl der AutorInnen variierte: So war z. B. auch von „antikapitalistischer Sozialarbeit“, „Sozialarbeit von unten“ oder bereichsspezifisch von „antikapitalistischer Jugendarbeit“ (z. B. Lessing/Liebel 1974) die Rede. Gemeint war aber stets, dass die Soziale Arbeit einen revolutionären Beitrag zur Überwindung der bestehenden kapitalistischen Verhältnisse leisten solle.

Die umfassendste Ausformulierung und Theoretisierung dessen nahm zweifelsohne Karam Khella vor, der hierzu Mitte der 1970er bis Anfang der 1980er Jahre eine Reihe größerer und kleinerer Publikationen (mit einer verwirrenden Editionsgeschichte) der Fachöffentlichkeit vorlegte. Allerdings bevorzugte Khella die Bezeichnungen „fortschrittliche Sozialarbeit“ oder „Sozialarbeit von unten“.[48] Er konfrontierte die überkommene normative Grundausrichtung Sozialer Arbeit, die er als „Sozialarbeit von oben“ charakterisierte, mit einem radikalen, ebenfalls normativen Gegenentwurf: der „Sozialarbeit von unten“. Sie sollte gemeinsam mit ihren Klienten die bürgerlich-kapitalistischen Verhältnisse mit ihren Ausbeutungs- und Unterdrückungsstrukturen bekämpfen und letztlich überwinden helfen. Den gesellschaftstheoretischen Bezugspunkt bildete dabei der in der Bundesrepublik neu entdeckte Marxismus. Unserer Darstellung dieser Theorie legen wir als Schlüsseldokument die ersten und die letzten beiden knappen Kapitel seiner Einführung in die „Theorie und Praxis der Sozialarbeit und Sozialpädagogik“ (1. Teil) aus dem Jahre 1974 zugrunde. Ergänzend verweisen wir auf weitere Schriften Khellas wie auch anderer AutorInnen.

48 Neben „Sozialarbeit“ verwendete Khella auch häufig das Wort „Sozialpädagogik“ oder die Doppelbezeichnung „Sozialarbeit und Sozialpädagogik“. An anderer Stelle verweist Khella (1978, S. 15 f.) auf die Vieldeutigkeit bei der Verwendung beider Begriffe, die er – wie den Streit darüber – auf die inhaltliche Desorientierung der Autoren zurückführt. Er selbst hält die Trennung für überkommen, differenziert aber gleichwohl zwischen beiden. „Sozialarbeit“ benutzt er dabei als Oberbegriff, von „Sozialpädagogik“ spricht er nur, wenn er sich auf pädagogische und therapeutische Angebote für Kinder und Jugendliche bezieht.

Vertreter

Karam Khella (Jg. 1934) war im Zeitraum, in dem er die hier angeführten Schriften verfasste, Dozent für das Sozialpädagogische Zusatzstudium der Universität Hamburg (1971–1982). Khella hatte in seinem Heimatland Ägypten zunächst Betriebswirtschaft, dann Theologie und Sprachwissenschaften studiert. Seit 1958 lebte er in Westdeutschland. Er war zunächst im Rahmen eines Dozentenaustauschprogramms tätig, dann arbeitete er eine Zeitlang als Studentenpfarrer (1966–1969) und war anschließend an verschiedenen Universitäten beschäftigt.

Kernaussagen

Grundannahmen/Ausgangspunkt

Die Notwendigkeit der Sozialarbeit werde, so Karam Khella (1974, S. 1) einleitend, klassisch mit dem Auseinanderfallen zwischen persönlichen und gesellschaftlichen Interessen erklärt. Was nicht im Einklang mit den zur Aufrechterhaltung der Gesellschaftsordnung festgelegten Normen stehe, werde als „abweichendes Verhalten“ und „defizitär“ klassifiziert. Sozialarbeit habe die Aufgabe, diese Zustände zu beheben. Die Erfahrung lehre jedoch, dass diese Zielbestimmung nicht im Sinne der Auftraggeber Sozialer Arbeit, des Staates und der freien Träger, erfüllbar sei; die so genannten Missstände bestünden fort (ebd.); die Zahl der Randständigen werde trotz Sozialarbeit nicht kleiner, sondern steige (ebd., S. 3). Soziale Probleme, so schlussfolgert Khella, seien eben keine punktuellen Zufallserscheinungen, die punktuell behoben werden könnten. Notwendig sei es deshalb, der Sozialarbeit zuerst eine wissenschaftliche Grundlage zu schaffen, die das Augenmerk von den Symptomen auf die Wurzeln, von den Einzelerscheinungen auf die Zusammenhänge richte, um den Ursachen und gesellschaftlichen Bedingungen für soziales Elend (Armut, Deklassierung, abweichendes Verhalten usw.) auf den Grund gehen zu können. Die theoretische Erfassung der Ursachen der Zustände, die Sozialarbeit zum Gegenstand habe, ermögliche in einem weiteren Schritt die Ableitung und Anleitung sozialarbeiterischen Handelns (ebd., S. 1).

Karam Khella geht es, so begründet, um die Entwicklung einer handlungsorientierten Theorie Sozialer Arbeit, die wegen der Einbettung der Sozialarbeit in die gesamtgesellschaftliche Praxis und ihrer Bezogenheit auf soziale Probleme eine Gesellschaftsanalyse zum Ausgangpunkt nehmen muss (ebd., S. 1, 19).

Argumentation

In seiner Gesellschaftsanalyse bezieht sich Khella auf Marx'sche Theoreme. Er bestimmt die bundesdeutsche Gesellschaft als kapitalistische Klassengesellschaft, die durch den Grundwiderspruch zwischen Lohnarbeit und Kapital gekennzeichnet ist. Die Stellung zu den Produktionsmitteln, die Verfügungsgewalt darüber oder eben die Nicht-Verfügung darüber, also die Produktionsverhältnisse, konstruieren die Hauptklassen der kapitalistischen Gesellschaft, die Kapitalisten- und die Arbeiterklasse. Der Widerspruch zwischen gesellschaftlicher Produktion und privater Aneignung bringe Reichtum, gleichzeitig aber auch Armut hervor. Armut, Elend und die Gefahr der Deklassierung der Angehörigen der Arbeiterklasse, also Probleme, die Sozialarbeit symptomatisch bearbeite, seien deshalb keine zufälligen, von den betroffenen Individuen selbst verursachten Mängel, sondern vielmehr systemimmanent und unter den gegebenen Verhältnissen letztlich unaufhebbar. Im Anschluss an diese grundsätzlichen Überlegungen, die Khella jeweils mit empirischen Daten über die Sozialstruktur, die Armut, die Lage der Arbeiter, der industriellen Reservearmee usw. untermauert, hält er am Ende seiner Darlegung in zehn Punkten seine Ergebnisse fest. Hierzu gehört – soweit noch nicht in den vorstehenden Ausführungen benannt – die Feststellung, dass das Elend, das bzw. dessen Folgeerscheinungen die Sozialarbeit bearbeitet, nur durch politische, umfassende, gesellschaftliche Praxis überwunden werden könne (Ergebnis 5, ebd., S. 146; ähnlich: Autorenkollektiv 1978). Da soziale Probleme i. d. R. klassenspezifischen Charakter trügen, setzten die Handlungsstrategien der Sozialarbeit, die sich auch an den Zielen der Arbeiterbewegung orientieren sollten, ein Studium der Lage der arbeitenden Klassen voraus. Sozialarbeit solle die Aufgabe haben, die Rückgliederung des Klienten in den Klassenzusammenhang zu fördern. Deklassierung gehe mit Individualisierung und Atomisierung des Klienten einher. Die Wiederherstellung der Klassensolidarität, d. h. die Wiedereingliederung des Klienten in den ökonomischen, sozialen, gewerkschaftlichen, politischen und kulturellen Klassenzusammenhang, sei das, was die fortschrittliche Sozialarbeit optimal (im Sinne: von bestenfalls; d. Verf.) leisten könne. Den eigentlichen Kampf gegen soziales Elend führe die Arbeiterbewegung. Ein Teil dieses Kampfes bestünde in der Überwindung der Widersprüche zwischen der aktiven Arbeiterschaft und der industriellen Reservearmee (welche das Durchgangsstadium zum deklassierten Proletariat sei) (Ergebnis 9, ebd., S. 146 f.; ähnlich: Autorenkollektiv 1978, S. 300 f.).

Schlussfolgerungen/Summarisches

Seinem programmatischen Anspruch entsprechend leitet Khella am Ende seiner Theorie Schlussfolgerungen für „eine fortschrittliche Perspektive in der Berufspraxis der Sozialarbeiter und Sozialpädagogen" (ebd., S. 149–158) oder „fortschrittliche Sozialarbeit" ab, die er später auch als „Sozialarbeit von unten" bezeichnet. Einleitend betont er, dass die Sozialarbeiter keinen „isolierten sozialpädagogischen Kampf führen" sollten. Sie hätten vielmehr zusammen mit anderen Berufsgruppen, mit denen sie eng kooperieren, das zu tun, was grundsätzlich der Intelligenz zustünde, nämlich den Emanzipationskampf zu unterstützen, nicht aber zu führen (ebd., S. 151). Wichtig sei dabei auch die Massenlinie: Fortschrittliche Sozialarbeit werde als Bestandteil von Massenkämpfen geführt, das hieße auch, dass sie in Massenorganisationen mitwirke und dafür mobilisiere. Das gelte auch für den Kampf gegen soziales Elend, der ebenfalls nicht von der Sozialarbeit allein bestritten werden könne (ebd.). Erforderlich sei eine organisierte Praxis. Sozialarbeit müsse hierbei darauf abzielen, Klienten in den ökonomischen, sozialen, gewerkschaftlichen, politischen und kulturellen Zusammenhang ihrer Klasse (wieder) einzugliedern. Auch die Sozialarbeiter selbst hätten sich gewerkschaftlich zu organisieren. Auch wenn eine substantielle Verbesserung der Lebensbedingungen im Kapitalismus nicht erreicht werden könne, so sei prinzipielle Reformfeindlichkeit nicht fortschrittlich. Fortschrittliche Sozialarbeit sei möglich, wirkliche Verbesserungen müssten aber erkämpft werden. Die Fortschrittlichkeit der Sozialarbeit bestehe dabei nicht primär in ihrer Tätigkeit, für die es systemimmanente Grenzen gebe, sondern in einer politischen Praxis, die weit über die engen Fesseln des sozialpädagogischen Bereichs hinausreiche. Informations- und Überzeugungsarbeit sei dafür erforderlich (ebd., S. 152 ff.; ähnlich: Autorenkollektiv 1978, S. 300 ff.). In der beruflichen Praxis selbst sei es wichtig, keine Methoden anzuwenden, die zur Entmündigung und Unterdrückung der Menschen und zur Verinnerlichung menschenfeindlicher Normen führen (ebd., S. 155). Khella schließt: „*Sozialarbeit* [ist] *in dem Maß fortschrittlich, wie sie den Kampf gegen das System, das soziale Elend produziert, den Kapitalismus, unterstützt*" (ebd., S. 158).

Grenzen und offene Fragen

Khellas Analyse der und Kritik an der „institutionalisierten Sozialpädagogik" oder „Sozialarbeit von oben" fällt wenig differenziert aus, und einzelne Ausführungen dazu setzen je nach Darstellungszusammenhang unterschiedliche Akzente, die dann in der Summe Ungereimtheiten, zumindest aber offene Fragen hinterlassen. Ähnliches lässt sich zu seinem Gegenentwurf, der „Sozialarbeit von unten", sagen.[49] Und so sehr er die „fortschrittliche Sozialarbeit" von

49 Ausführlicher dann: Khella 1982b. Doch auch in dieser knapp einhundertseitigen Schrift und im dortigen, zentralen 3. Kapitel, das unter derselben Überschrift („Sozialarbeit von unten") die Methode dieses Ansatzes in einem Zehn-Phasen-Modell erläutert, bleiben die

der herkömmlichen, bürgerlichen abgrenzt, stellt sich doch die Frage, worin sich jenseits des revolutionären Bewusstseins und des außerberuflichen politischen Engagements der fortschrittlichen SozialarbeiterInnen deren praktische Sozialarbeit von der herkömmlichen, bürgerlichen unterscheidet. Einige Hinweise sollen diese Einwände belegen und plausibilisieren: Khella konstatiert einleitend das Scheitern der bürgerlichen Sozialarbeit an den staatlichen Zielen, was er empirisch (steigende Klientenzahlen) und theoretisch (die Unmöglichkeit, im Kapitalismus Armut, Elend, Ausbeutung usw. und ihre Folgeerscheinungen zu überwinden) begründet. Das empirische Argument ist nicht zwingend, weil die Individuen, die KlientInnen der Sozialen Arbeit sind, ja nicht immer dieselben sind, und die Zunahme der Gesamtzahl könnte einerseits auf eine Zunahme der quantitativen Problemdimensionen, auf die Soziale Arbeit zu reagieren hat, oder andererseits auf eine Aufgabenausweitung zurückzuführen sein. Zwingend ist dagegen – immanent gedacht – Khellas theoretisches Argument. Geht man damit vom notwendigen Scheitern der herkömmlichen Sozialen Arbeit aus, dann stellt sich die Frage, warum es sie überhaupt im Kapitalismus gibt. Die Antwort darauf gibt Khella selbst an anderer Stelle seines Textes: „*Sozialarbeit kuriert an Symptomen, um die zerschlagene Arbeitskraft zu reparieren, die gesellschaftlichen Widersprüche zwischen Kapital und Lohnarbeit zu verdrängen und die Ursachen des sozialen Elends zu verschleiern*“ (Khella 1974, S. 145). Stimmt das, dann ist Khellas Eingangsdiagnose des Scheiterns der „Sozialarbeit von oben“ falsch, weil Khellas Zielbestimmung (Überwindung von abweichendem Verhalten, Armut, Elend usw.) unzutreffend war.

Das theoretische Argument, wonach Soziale Arbeit im Kapitalismus nicht das Ziel der Überwindung von Armut, Elend usw. erreichen könne, gilt, wenn es gilt, nicht nur für die „Sozialarbeit von oben“, sondern auch für die „Sozialarbeit von unten“, was Khella auch einräumt. An dieser Stelle der Argumentation sind zwei gedankliche Fortführungen möglich, die sich vergleichsweise stringent und widerspruchsarm entfalten lassen und die in der seinerzeitigen Diskussion auch formuliert wurden. Doch von beiden grenzt sich Khella (gleichfalls: Autorenkollektiv 1978, S. 292 ff., 300 ff.) ebenso entschieden ab wie von der „Sozialarbeit von oben“. Mit der ersten Position, die in verschiedenen Varianten formulierten revolutionären Randgruppenstrategien, teilt Khella das auf praktische Veränderung ausgerichtete Grundanliegen. Doch teilt Khella nicht deren Gesellschaftsanalyse und Schlussfolgerungen. Die hier geläufige Vorstellung, dass gesellschaftliche Randgruppen Träger revolutionärer Veränderungen seien – etwa, weil sie am meisten verelendet seien und unter den gegebenen Zuständen am stärksten litten –, während die Arbeiterklasse – etwa, weil sie zu saturiert, zu

Ausführungen rezeptbuchartig und abstrakt. Die weiteren Ausführungen im Haupttext gelten mithin auch für diesen späteren Text.

träge oder gar „bestochen“ sei – ihr gesellschaftsumwälzendes Potenzial verloren habe, weist Khella implizit (das Autorenkollektiv 1978, S. 292 u. passim explizit) in seiner eher orthodox-marxistischen Argumentation ebenso zurück wie die Annahme, dass die Sozialarbeit selbst Träger oder zumindest Speerspitze einer revolutionären Bewegung sein könnte.[50] Mit der zweiten Position, der von Walter Hollstein und Marianne Meinhold (→ Kap. 3.4), teilt Khella die Gesellschaftsanalyse und die daraus abgeleitete Funktionsbestimmung Sozialer Arbeit im Kapitalismus. Er widerspricht jedoch deren Schlussfolgerung, dass Soziale Arbeit nur als Herrschaftssicherung zu denken, zu praktizieren und damit auch abzulehnen sei. Hollsteins „Antisozialpädagogik“, so Khellas Erwiderung, entmotiviere die Mitarbeiter im sozialen Bereich und ignoriere die „Bedürfnisse der Bevölkerung an unmittelbarer Versorgung hier und heute“, einer Versorgung, die hart erkämpft worden sei. Ein Vertagen der Bearbeitung akuter Probleme auf einen Zeitpunkt nach einer völligen Veränderung gesellschaftlicher Strukturen zeuge von Gleichgültigkeit. Notwendig sei dagegen ein Eintreten für den Erhalt und Ausbau der sozialen Versorgung und dafür, dass sie an den Interessen der Bevölkerung ausgerichtet werde. Die Verbesserung der sozialen und pädagogischen Versorgung stärke die Kampfkraft der Arbeiterklasse (Khella 1982b, S. 21–27, insbes. S. 25 f.; im Kern ähnlich, wenn auch politisch sehr viel zurückhaltender formuliert: Danckwerts 1978, 1980; Buer 1985).

Wenn aber Khella – auch gegen Hollstein und Meinhold gerichtet – für den Erhalt und Ausbau sozialer, einschließlich sozialarbeiterischer Versorgung plädiert und gleichzeitig – gegen Randgruppenstrategien gerichtet – betont, dass Sozialarbeit in ihrer Berufspraxis wegen ihres staatlichen Handlungsauftrags und wegen der gesellschaftlichen Strukturen die substantielle Verbesserung der

50 „Sozialarbeitsrelevant“ war diese Position, wenn überhaupt, dann nur in der kurzen Zeit zwischen 1968 und Anfang 1970. Die ca. 230 TeilnehmerInnen aus 40 Gruppen und 20 Städten der „Randgruppenkonferenz“ vom Februar 1970, vorwiegend SozialarbeiterInnen und Studierende, die bis dahin vor allem mit Obdachlosen, Heimkindern bzw. -jugendlichen und teilweise auch mit RockerInnen und Strafgefangenen gearbeitet hatten, mussten – laut Darstellung der „Rote Presse Korrespondenz“ (2. Jg. 1970, Nr. 54) – eingestehen, dass ihre Versuche „revolutionärer Praxis mit deklassierten Proletariern“ eher von Erfolglosigkeit geprägt waren (ebd., S. 1). Übereinstimmend sei festgestellt worden, dass jede Deklassierung die Herausbildung von Klassenbewusstsein erschwere. Erst eine proletarische Organisation werde in der Lage sein, Deklassierungsprozesse in bedeutenden Größenordnungen aufzuhalten. Die Frage nach einer „antikapitalistischen Berufsperspektive“ wurde, so die Darstellung des Konferenzergebnisses, vom überwiegenden Teil der Gruppen in einer strategischen Schwerpunktsetzung in der Stadtteilarbeit (inkl. proletarischer Erziehungsarbeit), in der Betriebsarbeit und in den Anstrengungen zum Aufbau einer proletarischen Organisation gesehen (ebd., S. 2). Noch expliziter wurde dies im – selbstkritischen – Bericht „Zur sozialistischen Randgruppenstrategie“ des „Vorbereitungskomitees der Randgruppenkonferenz“ formuliert (ebd., S. 2–7). Damit gelangten die an der Randgruppenkonferenz teilnehmenden Gruppen letztlich zu einer Position, die der im Haupttext wiedergegebenen Khellas sehr nahe kam (vgl. Kunstreich 2001, S. 95 und passim).

Lebensbedingungen nicht leisten könne, dann bleibt offen, wie sich die Praxis fortschrittlicher Sozialarbeit jenseits von Wortwahl, Theoretisierung und des revolutionären Bewusstseins der Sozialarbeiter, mit dem sie außerhalb ihrer Berufstätigkeit politisch aktiv sind, von der herkömmlichen Sozialen Arbeit unterscheidet. Khellas Forderung, in der Berufspraxis keine Methoden anzuwenden, die zur Entmündigung und Unterdrückung der Menschen und zur Verinnerlichung menschenfeindlicher Normen führen, lässt sich zumindest heutzutage durchaus auch bürgerlich-liberal begründet formulieren und praktizieren. Theorieimmanent betrachtet kann auch Khellas „Sozialarbeit von unten" nur als Reparaturbetrieb des Kapitalismus fungieren.

Literaturempfehlung

a) *Eine knappe Darstellung* („Schlüsseldokument"):

Khella, K. (1974): Theorie und Praxis der Sozialarbeit und Sozialpädagogik. 1. Teil. Einführung. Hamburg: Theorie-und-Praxis-Verlag.

b) *Ausführlicher:*

Khella, K. (1978): Theorie und Praxis der Sozialarbeit und Sozialpädagogik. 2. Teil. [Zugleich: 2. Bd. Handbuch der Sozialarbeit und Sozialpädagogik] Hamburg: Theorie-und-Praxis-Verlag.

Khella, K. (1982a): Handbuch der Sozialarbeit und Sozialpädagogik. 1. Band. Einführung in Sozialarbeit und Sozialpädagogik, 1. Teil Gesellschaftliche Grundlagen. Hamburg: Theorie-und-Praxis-Verlag.

Khella, K. (1982b): Sozialarbeit von unten. [Zugleich: 2. Teil, des 1. Bd. Handbuch der Sozialarbeit und Sozialpädagogik] Hamburg: Theorie-und-Praxis-Verlag.

c) *Weitere Texte:*

Arbeitskreis kritische Sozialarbeit (1971): Geschichte und Funktion der Sozialarbeit. Frankfurt: Arbeitskreis kritische Sozialarbeit.

Autorenkollektiv (1978): Gefesselte Jugend. Fürsorgeerziehung im Kapitalismus. 5. Auflage [Erstauflage 1971]. Frankfurt: Suhrkamp.

Baron, R./Dyckerhoff, K./Landwehr, R./Nootbaar, H. (Hrsg.) (1978): Sozialarbeit zwischen Bürokratie und Klient. Dokumente der Sozialarbeiterbewegung. Sozialpädagogische Korrespondenz 1969–1973. Offenbach: Verlag 2000.

Buer, F. (1985): Form und Funktion des Sozialarbeitssektors. In: Buer, F./Cramer, A./ Dittrich, E./ Reichwein, R./Thien, H.-G. (Hrsg.): Zur Gesellschaftsstruktur der BRD. Beiträge zur Einführung in ihre Kritik. 2. überarbeitete Auflage. Münster: Westfälisches Dampfboot, S. 378–434.

Randgruppenkonferenz in Berlin (1970): Berichte und Materialien. Themenheft der Zeitschrift „Rote Presse Korrespondenz", 2. Jg., Nr. 54.

Zander, H. (1975): Sozialarbeit und Armut – Der Begriff der Armut in seiner Bedeutung für eine marxistische Theorie der Sozialarbeit. In: Schneider, S./Otto, H.-U. (Hrsg.): Gesellschaftliche Perspektiven der Sozialarbeit. Neuwied: Luchterhand, S. 233–266.

d) *Orientierende Sekundärliteratur:*

Danckwerts, D. (1981): Zur Theorie der Sozialarbeit und Sozialpädagogik. In: Kerkhoff, E. (Hrsg.): Handbuch Praxis der Sozialarbeit und Sozialpädagogik. Band 1. Düsseldorf: Pädagogischer Verlag Schwann, S. 33–60.

Engelke, E. (2002): Theorien der Sozialen Arbeit. Eine Einführung. 3. Auflage. Freiburg: Lambertus, S. 311–323.

Marburger, H. (1979): Entwicklung und Konzepte der Sozialpädagogik. München: Juventa, S. 150–161.

„Steckbrief“

Kernbestimmung Sozialer Arbeit und Bezeichnung der Theorie	Sozialarbeit ist in dem Maß fortschrittlich, wie sie den Kampf gegen das kapitalistische System, das soziales Elend produziert, unterstützt (revolutionäre Praxis). Theorie revolutionärer Sozialarbeit
Kernbegriffe	Kapitalismus, Soziale Arbeit von Oben/von Unten, revolutionäre Praxis
Kernargumentation	Die herkömmliche Sozialarbeit (Sozialarbeit von oben) fungiert als Reparaturbetrieb des Kapitalismus, sie orientiert sich symptombehandelnd an Defiziten von Randgruppen. Fortschrittliche Sozialarbeit erkennt im Kapitalismus die Ursache des sozialen Elends und entfaltet eine revolutionäre Praxis, die auf Überwindung dieser Ursache abzielt.
AdressatInnen Sozialer Arbeit	Reguläre LohnarbeiterInnen, industrielle Reservearmee und Deklassierte
Vertreter Herkunftsdisziplin	Karam Khella Sozialwissenschaften
(Weitere) disziplinäre und Theoriebezüge	Marxismus
Wissenschafts- und erkenntnistheoretische Position	Marxistische Grundannahmen, Materialismus
Aufgabenbestimmung der Theorie Sozialer Arbeit	Erklärung von Ursachen und Zusammenhängen, um damit Praxis anleiten zu können
Entstehungszeitpunkt und Hintergrund	Mitte der 1970er Jahre, vor dem Hintergrund der von der Studentenbewegung ausgehenden gesellschaftlichen Aufbruchsstimmung und der Akademisierung der Sozialen Arbeit

3.6 Soziale Arbeit als vergesellschaftete Sozialisationsarbeit

Definition und Gegenstandsbestimmung

Die Bestimmung der Sozialen Arbeit als „vergesellschaftete Sozialisationsarbeit“, die im sozialpolitischen Kontext geleistet wird, um Individuen die Teilnahme an der gesellschaftlichen Reproduktion mittels Tauschakten – und damit nicht zuletzt auch als LohnarbeiterInnen – zu ermöglichen, geht auf die so genannten „Jahrbuch-Autoren“, namentlich Friedrich Barabas, Thomas Blanke, Christoph Sachße und Ulrich Stascheit, zurück. Im ersten „Jahrbuch der Sozialarbeit 1976“ von 1975 setzten sich die Verfasser mit den Marx'schen Überlegungen zur gesellschaftlichen Reproduktion in der bürgerlichen Gesellschaft auseinander, die sie dann auf die aktuelle Sozialarbeit und Sozialpolitik bezogen. In zwei weiteren Schritten betrachteten sie die seinerzeit aktuellen theoretischen Positionen und die Geschichte der Sozialen Arbeit (Barabas et al. 1975, insbes. S. 374–442). Auf dieser Grundlage entwickelten die Jahrbuch-Autoren schließlich eine verdichtete Theorie der Sozialarbeit, die sie unter Berücksichtigung der bis dato formulierten Kritik an ihren Überlegungen zwei Jahre später im „Jahrbuch Sozialarbeit 1978“ (1977, S. 490–535) veröffentlichten. Eine gestraffte Fassung dieser Theorie publizierten Blanke und Sachße ein Jahr später (1978). Als Schlüsseldokument legen wir hier eine zwei Jahrzehnte danach von Blanke und Sachße gekürzte und überarbeitete Fassung der letztgenannten Publikation zugrunde (Blanke/Sachße 1998).

Vertreter

Friedrich Barabas (Jg. 1943), *Thomas Blanke* (Jg. 1944), *Christoph Sachße* (Jg. 1944) und *Ulrich Stascheit* (Jg. 1940) waren zum Zeitpunkt der Formulierung ihrer hier interessierenden Theorie der Sozialen Arbeit (Mitte der 1970er Jahre) junge und soeben erst als Hochschullehrer – Barabas, Sachße und Stascheit an Fachbereichen für Sozialwesen – berufene Juristen. Christoph Sachße hatte im Unterschied zu den übrigen Jahrbuch-Autoren keinen juristischen Lehrstuhl inne, sondern einen für Gemeinwesenarbeit, später für Geschichte und Theorie der Sozialarbeit.

Kernaussagen

Grundannahmen/Ausgangspunkt

Thomas Blanke und Christoph Sachße gehen in ihrer Theorie der Sozialarbeit argumentativ vom traditionellen Selbstverständnis der Sozialarbeit aus, das sich um den Begriff „Hilfe“ zentriert. Sozialarbeit werde als Hilfe und „Liebesdienst“ für den notleidenden Nächsten verstanden. Dieses Verständnis, das auch in (aktuellen) Theorien der Sozialarbeit (z. B. bei Hans Scherpner 1962) vorherrschte, sei ein „privatisiertes Verständnis“, das keine theoretische Vorstellung von der gesellschaftlichen Bedeutung der Sozialarbeit entwickeln könne. Gleichwohl verweise der Hilfebegriff auf eine spezifische Gesellschaftsauffassung, nämlich eine „*Gesellschaft, in der die Reproduktion der Individuen grundsätzlich durch private Tauschakte gewährleistet ist, in der Störungen der Reproduktion als privates Versagen der Betroffenen interpretiert werden und die Abhilfe in individuellen Notlagen konsequent dem ebenfalls privaten Liebesdienst*“ überlassen bleibe (Blanke/Sachße 1998, S. 415; vgl. Barabas et al. 1975, S. 409 f.). In diesem, in liberalen Rechtsstaatstheorien des 19. Jahrhunderts zum Ausdruck gebrachten Selbstverständnis der bürgerlichen Gesellschaft, sei kein Platz für staatliche Fürsorgemaßnahmen gewesen, weil von einer Selbstregulation der Gesellschaft mittels freier Konkurrenz ausgegangen wurde. Die Staatstätigkeit sollte sich auf die Gewährleistung der Rahmenbedingungen der freien Konkurrenz beschränken (Blanke/Sachße 1998, S. 415).

Der realhistorische Prozess der Herausbildung und Entwicklung der bürgerlichen Gesellschaft in Deutschland entsprach aber nie den liberal-rechtsstaatlichen Theorien (ebd.). Der Staat sah sich vielmehr zu Eingriffen zwecks Absicherung der minimalen Lebensbedürfnisse im Fall des Fehlschlagens der privaten Reproduktion in Form staatlicher Armenfürsorge veranlasst. Ebenso griff der Staat in das Austauschverhältnis von Lohnarbeit und Kapital ein, etwa durch Beschränkung der Kinderarbeit oder durch die Einrichtung der Sozialversicherung. Blanke und Sachße folgern aus dem historischen Prozess, dass

a) die Reproduktion der Arbeitskraft in der bürgerlichen Gesellschaft planmäßiger öffentlicher (staatlicher) Vorkehrungen bedürfe,
b) die Adressaten staatlicher Fürsorgemaßnahmen die Angehörigen der Klasse der Lohnabhängigen seien und
c) immer weitere Lohnarbeiterrisiken vergesellschaftet und das staatliche Instrumentarium zur Problembearbeitung ausdifferenzierter würden.

Die Armenfürsorge als ursprüngliches Sicherungssystem erfüllte mit der Entstehung anderer sozialpolitischer Sicherungssysteme und Maßnahmen und deren Ausweitung nur noch eine Lückenbüßerfunktion mit geringer gesellschaftlicher Relevanz (Blanke/Sachße 1998, S. 416). Der Bedeutungsverlust der Fürsorge, in der Sozialarbeit traditionell zu verorten ist, sei aber nicht mit dem Bedeutungsverlust (und der Lückenbüßerfunktion) der Sozialarbeit gleichzusetzen; dies würde den pädagogischen Aspekt, den die Sozialarbeit in der bürgerlichen Gesellschaft stets hatte, d. h. ihre Funktion im Zusammenhang zunehmender

Vergesellschaftung von Erziehung verkennen. Erst diese Funktion erkläre den faktischen Bedeutungs*zuwachs* der Sozialarbeit (Blanke/Sachße 1998, S. 417).

Auch Erziehung wurde wie die materielle Reproduktion im klassisch bürgerlichen Sinne als Privatsache verstanden. Die bürgerliche Kleinfamilie konnte jedoch bestimmte Bildungsaufgaben nicht hinreichend selbst tragen. Diese wurden dann von öffentlichen Einrichtungen, den Schulen, übernommen und später mit der Einführung der Schulpflicht den Familien entzogen. Für die über die Schulbildung hinausgehenden Erziehungsaufgaben erklärte sich der Staat mit dem Reichsjugendwohlfahrtsgesetz (RJWG) von 1922 verantwortlich. Die vorrangige Verantwortlichkeit der Familie blieb zwar erhalten, aber öffentliche Erziehung sollte als Ausfallbürge bei Familienversagen zur Verfügung stehen. Betraf dies praktisch auch nur die Erziehung „für Randgruppen", so bedeutete das RJWG dennoch die Anerkennung von Erziehung als gesellschaftliche Aufgabe. Eine weit über die Ausfallfunktion hinausreichende Ausweitung der öffentlichen Erziehung konstatieren Blanke/Sachße für ihre damalige Gegenwart (die 1970er Jahre) und als Entwicklungstendenz, die sich auch in den Planungen für ein neues Jugendhilfegesetz und weiteren familienpolitischen Vorhaben abzeichnete. Die Grenzen zwischen Bildungsinstitutionen und Sozialarbeit, zwischen Qualifikation und Sozialisation würden verwischt, öffentliche Erziehung werde mehr und mehr zur „Durchschnittserziehung". Feststellbar seien eine „Vergesellschaftung der Sozialisation" und eine Tendenz zur „umfassenden Pädagogisierung der Gesellschaft" (Blanke/Sachße 1998, 419).

Argumentation

Die „Vergesellschaftung der Sozialisation" durch Ausweitung der öffentlichen Erziehung (Kindertagesstätten und präventive Jugendhilfeangebote), die dazu tendiere, zur „Durchschnittserziehung" zu werden, erkläre den Bedeutungszuwachs der Sozialarbeit – trotz des Bedeutungsverlustes der materiellen Fürsorge. Denn Sozialarbeit sei „vergesellschaftete Sozialisationsarbeit" (Barabas et al. 1975, S. 435; Sachße 1984, S. 283). Dies verdeutliche das, so Blanke/Sachße (1998, S. 420, 437; vgl. Barabas et al. 1975, S. 408 f.), was schon immer die Funktion der Sozialarbeit im Kontext staatlicher Sozialpolitik war, nämlich *„der bewusste gesellschaftliche Zugriff auf die Sozialisationsprozesse, durch die die Individuen zur Teilnahme am gesellschaftlichen Reproduktionsprozess befähigt werden sollten. Kernstück dieses Reproduktionsprozesses in kapitalistischen Gesellschaften ist der Austausch von Lohnarbeit und Kapital, durch den vermittelt sich ebenso die Reproduktion der Gesellschaft als kapitalistische wie auch die individuell-private des vereinzelten Lohnarbeiters beständig erhält"* (Blanke/Sachße 1998, S. 420,). Anders formuliert: Aufgabe der Sozialarbeit ist die Regulierung von Sozialisationsprozessen zur Herstellung und Sicherung der Lohnarbeitsexistenz

(„produktionsadäquate Persönlichkeitsstruktur" (Barabas et al. 1977, S. 524)).[51] Die Aufgabe einer Theorie der Sozialarbeit sehen die Autoren darin, *„die Veränderungen der Formen und Mechanismen der öffentlichen Interventionen in die Sozialisationsprozesse der Individuen zu untersuchen und aus gewandelten Erfordernissen der gesamtgesellschaftlichen Reproduktion zu erklären"* (Blanke/Sachße 1998, S. 420 f.). Hierfür sei zwischen der staatstheoretischen und einer sozialisations- bzw. interaktionstheoretischen Ebene zu unterscheiden.

Zur staatstheoretischen Problemdimension erklären die Autoren, dass aus der Entkopplung von Produktion und Sozialisation – und das heißt angesichts der Verstaatlichung der Sozialisation auch: aus der Entkoppelung von ökonomischen Imperativen der Kapitalverwertung und den (staatlichen) Systemimperativen (Barabas et al. 1977, S. 500 f.) – Widersprüche und Dilemmata entstünden.[52] Die staatlichen Reformen im Bereich der Familienpolitik und des Familienrechts und die Bereitstellung sozialer Einrichtungen für Kinderbetreuung dienten (wenn auch nicht ausschließlich) der Freistellung von Frauen und Müttern als Lohnarbeiterinnen – als solche sind sie systemfunktional. Damit erfolge aber zugleich eine Vergesellschaftung der privaten Reproduktion, die damit aber nicht mehr gänzlich „privat" sei. Die Herstellung der möglichst ungehinderten Austauschbarkeit von Arbeitskraft und Kapital gelinge also nur um den Preis der Einbindung der Arbeitskraft in ein öffentliches System sozialer Sicherung, Sozialisation und Qualifikation. Mit dieser „Entprivatisierung der Voraussetzungen und Risiken der privaten Reproduktion" ginge auch der Abbau der Illusion von Autonomie, Subjektivität und Freiheit durch Äquivalententausch einher. Zudem entwickelten sich die Individuen von privatautonomen Rechtssubjekten zu Empfangsberechtigten staatlicher Leistungen, womit sich auch die Sozialisationsinhalte veränderten. Die Sozialisation, verstanden als Herstellung von individuellen Dispositionen, die das Bewegen in bestimmten gesellschaftlichen Verkehrsformen ermöglichen, richtet sich eben (auch) an diesen sozialstaatlichen Formen aus und nicht mehr ausschließlich nur an den

51 Zur Aufzählung der wichtigsten Arbeitsbereiche und Praxisfelder der Sozialen Arbeit, in denen dies „offensichtlich im Zentrum der Tätigkeit" stehe, siehe: Barabas et al. 1975, S. 405 ff. Tätigkeiten im Rahmen des Bundessozialhilfegesetzes, bei denen die materielle Versorgung im Vordergrund stehe und der Sozialisationsaspekt zurückzutreten scheine, erfüllten – insoweit sie abschreckend ausgestaltet seien – ebenfalls eine primäre Sozialisationsfunktion. Lohnarbeit sollte gegenüber Fürsorgeleistungen attraktiver sein und erscheinen. Überwiegend Versorgungsaufgaben nähmen Sozialarbeiter nur in den Bereichen wahr, in denen die Betroffenen absehbar endgültig aus dem Produktionsprozess ausgeschieden seien: in der Altenhilfe und bzgl. Personen mit schweren psychischen Krankheiten und älteren körperbehinderten Menschen, für die sich eine Rehabilitation finanziell nicht lohne (ebd., S. 408).

52 Zur Zurückweisung der („interessenreduktionistischen") Kritik an dieser im ersten Jahrbuch (1975, S. 435–441) formulierten Entkopplungsthese siehe: Barabas et al. 1977, S. 500–505.

tauschbezogenen. Ziel und Zweck staatlicher Sozialpolitik – die Herstellung und Freisetzung von Lohnarbeitern für den Austausch zwischen Lohnarbeit und Kapital – würden durch die Mittel und Formen – Vergesellschaftung von Sozialisation bei gleichzeitiger Veränderung der Sozialisationsinhalte, die nicht ausschließlich auf private Austauschbeziehungen ausgerichtet sind und sein können – zumindest teilweise infrage gestellt[53] (Blanke/Sachße 1998, S. 421–423, 427–430).

Die damit zugleich benannte sozialisationstheoretische Problemdimension sei für die bürgerliche Gesellschaft nicht grundsätzlich neu, sie erfahre aber durch die vergesellschaftete Reproduktion eine Ausweitung und Zuspitzung.[54] Auch die private Reproduktion an sich erfordert für die unterschiedlichen Sphären (Zirkulation, Produktion, Konsumtion), in denen sie sich vollzieht, unterschiedliche, sich auch widersprechende Verhaltensmuster (ebd., S. 424; Barabas et al. 1975, S. 510 f.). Diese herauszubilden und trotz ihrer Widersprüchlichkeit in ein einheitliches Bewusstsein, eine Ich-Identität zu integrieren, sei Aufgabe und Ziel der Sozialisation. Generell erfordere die bürgerliche Gesellschaft von den Individuen die Fähigkeit zur Selbstbeherrschung und Triebunterdrückung, zum rationalen und langfristigen Denken und Handeln und zur Selbstkontrolle, also auch die Internalisierung gesellschaftlicher Zwänge (Blanke/Sachße 1998, S. 424 f.). Eine Sozialisation, die diesen hohen Anforderungen gerecht werde, erfolge nicht automatisch, sondern erfordere die Herausbildung besonderer sozialer Institutionen (ebd., S. 425 f.). Erziehungseinrichtungen und die Fürsorge/Sozialarbeit waren und sind solche Institutionen. Die konstatierte Ausweitung der Sozialarbeit auch über die traditionellen Berufsfelder hinaus, erklären Blanke und Sachße als: *„notwendige gesellschaftliche Reaktion auf die immer komplizierter und widersprüchlicher werdenden Verhaltensanforderungen unterschiedlicher gesellschaftlicher Bereiche an die Individuen und die tendenzielle Auflösung der traditionellen naturwüchsigen Sozialisationsinstanzen der bürgerlichen Gesellschaft, insbesondere der Familie“* (1998, S. 429).

Aus der Organisation von Erziehung (und Sozialisation, d. Verf.) in eigens und ausschließlich dafür zuständigen Institutionen, so Blanke/Sachße weiter, folgen zwei Probleme. Die Trennung der Erziehung von der gesellschaftlichen Produktion und Reproduktion bedeute eine Ghettoisierung der Erziehung, die zur Eindrucksarmut bei den zu Erziehenden führe (Barabas et al. 1977,

53 Barabas et al. (1977, S. 524) haben dies ursprünglich entschiedener formuliert, indem sie von einer „tendenziellen Unvereinbarkeit“ sprachen und davon, dass damit die Herstellung der Ich-Identität „systematisch in Frage gestellt“ sei. Später, nämlich im Jahr 1987, nahmen sie dann eine erhebliche Relativierung vor, indem sie stattdessen zwischen „strategischen“ und „bürokratischen“ Verkehrsformen unterschieden (Blanke/Sachße 1987, S. 268).

54 Diese These entwickelten die Jahrbuchautoren unter Rückgriff auf bildungssoziologische Untersuchungen von Preuß (1975) und Offe (1975), historische Studien zur Ich-Identität von R. W. Müller (1977), Elias' Zivilisationstheorie (Elias 1977) und Arbeiten von Foucault (1976, 1977) (siehe Barabas et al. 1977, S. 506–522).

S. 525–528). Zudem erfordere sie Berufskräfte, die als Lohnerzieher primär am Lohn und am Erhalt ihrer Arbeitskraft interessiert sein müssten, nicht dagegen am optimalen Gelingen der Erziehungsprozesse (Blanke/Sachße 1998, S. 429 f.). Zum letztgenannten Problem, das seinerzeit unter dem Stichwort „Lohnarbeitergleichgültigkeit" in Fachkreisen diskutiert wurde, erklären Blanke/Sachße nach einer Gegenüberstellung von Sozialarbeit und Industriearbeit, dass einer solchen Gleichgültigkeit in der Sozialarbeit eher eine geringere Bedeutung zukomme (Blanke/Sachße 1998, S. 432 ff.). Auch stünden die Interessen der Sozialarbeiter/Lohnerzieher als Lohnarbeiter nicht in einem notwendigen Widerspruch zu den Klienteninteressen. Bessere Arbeitsbedingungen, etwa durch kürzere Arbeitszeiten oder geringere Fallzahlen, wirkten sich auch auf den pädagogischen Prozess positiv aus und lägen daher immer auch im Interesse der Klienten. *„Die staatlich angestellten Lohnarbeiter thematisieren daher im Kampf um verbesserte Arbeitsbedingungen nicht nur ihr eigenes Interesse am Erhalt ihrer Arbeitskraft, sondern auch die Interessen ihrer Klienten am Gebrauchswert staatlicher Politik und zugleich das gesamtgesellschaftliche Interesse am Gelingen der ihnen anvertrauten Sozialisationsprozesse"* (ebd., S. 435).

Das Gelingen staatlich organisierter Sozialisationsprozesse erscheine daher weniger von der „Lohnarbeitergleichgültigkeit", als vielmehr von den Ökonomisierungszwängen der öffentlichen Hand und von politischen Widerständen gegen Reklamierung des Gebrauchswerts staatlicher Sozialpolitik durch die Klienten und/oder die Sozialarbeiter/Lohnerzieher gefährdet (ebd.).

Schlussfolgerungen/Summarisches

Mit der seit einigen Jahren [vom Jahr 1977 aus betrachtet; d. Verf.] beobachtbaren Orientierung der Sozialarbeit an den konkreten Bedürfnislagen der Betroffenen und der Sozialarbeiter selbst, so schließen Blanke/Sachße ihre Ausführungen, seien die Strukturprobleme vergesellschafteter Sozialisation nicht schon gelöst. Der resignative Zirkel vom Anspruch auf radikale Gesellschaftsveränderung und der im Berufsalltag als unverändert erfahrenen gesellschaftlichen Realität aber könne durchbrochen werden (Barabas et al. 1977, S. 492–496, 535; Blanke/Sachße 1998, S. 436). Einen Ansatzpunkt für gesellschaftliche Emanzipation sehen sie unter Verweis auf bildungssoziologische Arbeiten von U. K. Preuß (Barabas et al. 1977, S. 506 ff.) in dem angeführten Widerspruch zwischen den tauschförmigen und sozialstaatlichen Verkehrsformen. Letztere böten eine Basis für solidarisches Handeln und kollektive Interessenwahrnehmung,[55] wenngleich

55 Gemeint ist damit Folgendes: Bei tauschförmigen Verkehrsformen versucht jedes Individuum seine Ziele durch egoistisches Handeln – jeder ist (gegen den anderen) auf seinen eigenen Vorteil bedacht – zu erreichen. Erfolgreiches Agieren im (sozial-)staatlichen Bereich setzt dagegen ein anderes Handeln voraus. Hier gilt es – auch wenn dem durchaus egoistische Interessen zugrunde liegen – sich mit anderen zusammenzuschließen, also

solche Formen gesellschaftlichen Handelns keineswegs automatisch als Resultat neuer Vergesellschaftungsformen einträten; hier läge die politische Bedeutung und Verantwortung professioneller Sozialarbeit (Blanke/Sachße 1998, S. 429).

Grenzen und offene Fragen

Offene Fragen bleiben bei der vorgestellten Theoretisierung der Sozialen Arbeit insbesondere bezüglich des Theorie- und Wissenschaftsverständnisses sowie bezüglich der Bestimmung und Eingrenzungen des Sozialarbeitssektors. Zunächst zur Theorie: Eine direkte und explizite Aussage zum eigenen Theorieverständnis geben die Jahrbuch-Autoren nicht. Einer solchen Aussage am nächsten kommt die Formulierung, dass sie sich „in der Tradition materialistischer Gesellschaftstheorie" (Barabas et al. 1977, S. 497) sehen. Dieser Hinweis ist jedoch unzureichend. Der damit implizit vorgenommene Verweis auf Marx beantwortet die interessierende Frage nicht, weil Marx selbst keine explizierte Wissenschaftstheorie formuliert hat und die Jahrbuch-Autoren keine weiteren eigenen Bestimmungen vornehmen. Hinzu kommt, dass sich Blanke und Sachße ein Jahr später in ihrer zusammenfassenden Darstellung ihrer Theorie zumindest vorsichtig von der o.g. Festlegung distanzieren, indem sie schreiben, dass die „Theorietradition des historischen Materialismus" ein „eindimensionales Verhältnis von gesellschaftlicher Objektivität und individueller Subjektivität" nahelege (1978, S. 31). An anderer Stelle desselben Textes (S. 44) verweisen sie auf Kritik an der Widerspieglungstheorie, der Vorstellung, dass Erkenntnisse/Wissen die objektive und vorgängige Wirklichkeit lediglich (mehr oder weniger passiv) wie ein Spiegel wiedergeben. Ob sie diese Kritik auf den „historischen Materialismus" (Marxismus) bezogen wissen wollen, etwa als dessen Erkenntnistheorie, was einer seinerzeit verbreiteten Vorstellung entspräche, lassen Blanke/Sachße offen. Ebenso wird die an derselben Stelle angedeutete Hinwendung zu einer sozialkonstruktivistischen Position nicht grundsätzlich geklärt. Dezidiert und eindeutig positionieren sich die Jahrbuch-Autoren dort, wo sie sich von anderen Autoren abgrenzen. Das sind vor allem solche, die ableitungstheoretisch argumentieren, die also von den „objektiven wirtschaftlichen Anforderungen" im Kapitalismus staatliches und individuelles Handeln ableiten wollen. Barabas et al. weisen ein solches Vorgehen als „interessenreduktionistisch" zurück und betonen demgegenüber eine relative Autonomie, Eigengesetzlichkeit und Eigenlogik öffentlichen, staatlichen Handelns (z.B. 1975, S. 420, 435–441; 1977,

---

zumindest partiell kollektiv und solidarisch zu handeln. Etwa dadurch, dass Menschen sich zu sozialen Bewegungen formieren oder Interessensorganisationen bilden, um zusammen und damit erst potentiell wirkungsmächtig, gemeinsame Anliegen vorzutragen und einzufordern, bspw. die Forderung nach neuen Sozialleistungen.

S. 498 ff.). Ihre Kritik an solchen Ableitungen feit sie gleichwohl nicht davor, selbst in dieses Argumentationsmuster zu verfallen. Das geschieht beispielsweise, wenn sie den Pädagogisierungsprozess der Sozialarbeit als „Ausdruck ihrer realen gesellschaftlichen Funktion" (1977, S. 499) bestimmen oder wenn sie die „Veränderungen der beruflichen Praxis von Sozialarbeitern, die zu einem neuen Verständnis ihrer selbst und ihrer Berufsrollen führen", im „Zusammenhang sozialer Wandlungsprozesse" interpretieren, „die ihnen objektiv veränderte gesellschaftliche Funktionen zuweisen" (ebd., S. 497). Mit den Worten „Ausdruck" und „Zusammenhang" bleibt genau genommen die Kausalität un(ter)bestimmt, womit sich die Jahrbuch-Autoren auch gegen Kritik immunisieren können. Gleichwohl geraten dann im weiteren Argumentationsverlauf die „Ausdruckbeziehungen" und „Zusammenhänge" unter der Hand zu Kausalitätsannahmen, womit sie letztlich auch in deterministische Begründungsmuster verfallen. Ähnliches zeigt sich auch bei ihrer Aufgabenbestimmung einer Theorie der Sozialarbeit (s. o.) oder dort, wo die Autoren von „säkularen" Entwicklungen oder von einer „gattungsgeschichtlichen Entwicklungslogik" (1975, S. 436) sprechen. Gesellschaftliche Entwicklungen, die sich in der Retrospektive als einem Muster folgend rekonstruieren lassen, werden dann unter Verweis auf säkulare Trends „erklärt". Ersetzt ein solches Argumentationsmuster die Rekonstruktion kausaler Wirkfaktoren im realhistorischen Prozess, dann liegt aber entweder keine Erklärung oder aber eine geschichtsphilosophische vor.

Offene Fragen hinterlassen die Jahrbuch-Autoren bei ihrer Bestimmung und Eingrenzungen des Sozialarbeitssektors. Sie halten fest: „*Auch soweit sozialpolitische Funktionen staatlich organisiert sind, handelt es sich dabei keineswegs ausschließlich um Tätigkeitsbereiche von Sozialarbeit im engeren Sinne. Man denke etwa an Qualifikationsprozesse, die in Schule und sonstigen Ausbildungsinstitutionen organisiert sind, an die Krankenhausbehandlung, die in Einrichtungen des öffentlichen Gesundheitswesens erfolgt, oder die Sozialversicherung, für die besondere Verwaltungsbehörden eingerichtet sind*" (Barabas 1975 et al., S. 381). Eine solche weite Fassung entspricht einer begrifflichen Erfassung der Sozialarbeit, die als „vergesellschaftete Sozialisationsarbeit" charakterisiert ist. Damit wird aber „Sozialarbeit" zum Oberbegriff, unter den auch alle Berufe des Gesundheitswesens, alle Lehr(er)tätigkeiten und Verwaltungstätigkeiten fallen, sofern sie im sozialstaatlichen Bereich ausgeübt werden. Das reicht über die Spannbreite von „sozialen Berufen" hinaus. An anderer Stelle im selben Text dagegen bemühen sich die Autoren um eine „präzisere Lokalisation der Sozialarbeit" (S. 405) und zählen dafür in üblicher, begriffsloser Manier eine Fülle von Praxisfeldern auf (S. 405–408), ohne dass das Verhältnis zwischen der weiten und der engen Fassung des Sozialarbeitsbereichs näher bestimmt wird. Der mehrfache Hinweis, dass sich die Grenzen zwischen Sozialarbeit – worunter sie auch die Sozialpädagogik subsumieren, weil mit der Pädagogisierung der Sozialarbeit die Unterscheidung zwischen beiden obsolet geworden sei – und

Bildungsinstitutionen verwischen (z. B. Blanke/Sachße 1998, 419), ist ebenfalls ungeeignet, eine hinreichende Bestimmung des Objektbereichs vorzunehmen.

Summarisch lässt sich festhalten, dass die Theorie der Jahrbuch-Autoren einen ausgeprägten analytischen Charakter trägt und umfassende Deskriptionen enthält. Normative Aussagen mit Sollensforderungen an die sozialarbeiterische Praxis finden sich in ihren Ausführungen nur wenige, und diese sind dann sehr zurückhaltend formuliert. So scheinen sie, zumindest implizit, die „pragmatische Wende" der Sozialarbeit zu begrüßen, die sie in der Hinwendung zu den konkreten Bedürfnissen der Klientel sehen. Und indirekt lässt sich aus ihrer Betonung der politischen Bedeutung und Verantwortung der professionellen Sozialarbeit bezüglich der Widersprüche zwischen den tauschförmigen und sozialstaatlichen Verkehrsformen, die eine Basis für solidarisches Handeln und kollektive Interessenwahrnehmung böten, schließen, dass sie darauf bezogene Aktivitäten der Sozialarbeit als wünschenswert betrachten.

Literaturempfehlung

a) *Eine knappe Darstellung* („Schlüsseldokument"):
Blanke, T./Sachße, C. (1998): Theorie der Sozialen Arbeit. In: Thole, W./Galuske, M./ Gängler, H. (Hrsg.) (1998): KlassikerInnen der Sozialen Arbeit. Neuwied und Kriftel: Luchterhand, S. 415–441.

b) *Ausführlicher:*
Barabas, F./Blanke, T./Sachße, C./Stascheit, U. (1975): Jahrbuch der Sozialarbeit 1976. Reinbek: Rowohlt.
Barabas, F./Blanke, T./Sachße, C./Stascheit, U. (1977): Zur Theorie der Sozialarbeit. Sozialisation als gesellschaftliche Praxis. In: dies. (Hrsg.): Jahrbuch der Sozialarbeit 1978. Reinbek: Rowohlt, S. 490–535.

c) *Weitere Texte:*
Blanke, T./Sachße, C. (1978): Theorie der Sozialen Arbeit. In: Gaertner, A./Sachße, C. (Hrsg.): Politische Produktivität der Sozialarbeit. Frankfurt am Main und New York: Campus, S. 15–56.
Blanke, T./Sachße, C. (1987): Wertewandel in der Sozialarbeit – Verfassungstheoretische Überlegungen zur Kritik des Sozialisationsstaates. In: Olk, T./Otto, H.-U. (Hrsg.): Soziale Dienste im Wandel. Band 1. Helfen im Sozialstaat. Neuwied und Darmstadt: Luchterhand, S. 251–285.
Sachße, C. (1984): Die Pädagogisierung der Gesellschaft und die Professionalisierung der Sozialarbeit. In: Müller, S./Otto, H.-U./Peter, H./Sünker, H. (Hrsg.): Handlungskompetenz in der Sozialarbeit/Sozialpädagogik. 2. Band. Bielefeld: AJZ, S. 283–295.

„Steckbrief“

Kernbestimmung Sozialer Arbeit und Bezeichnung der Theorie	Soziale Arbeit ist vergesellschaftete Sozialisationsarbeit. Sozialisationstheorie
Kernbegriffe	Bürgerliche Gesellschaft, private Reproduktion durch Tauschakte, Sozialpolitik, Fürsorge/Sozialarbeit, vergesellschaftete Sozialisation
Kernargumentation	Soziale Arbeit ist Teil von Sozialpolitik. Sie zielt auf die Befähigung der Individuen zur individuellen Reproduktion mittels Tauschakten, die in der bürgerlichen Gesellschaft die „Normalität“ ist. Sie leistet vergesellschaftete Sozialisationsarbeit, die (zunehmend) erforderlich ist, weil die Selbstregulation der bürgerlichen Gesellschaft dies nicht ohne staatliche Eingriffe mittels Sozialarbeit erreicht.
AdressatInnen Sozialer Arbeit	Anfangs Fürsorgeempfänger, soziale Randgruppen, dann immer größere Teile von Angehörigen der Lohnarbeiter-klasse, inzwischen immer weitere Bevölkerungsgruppen
Vertreter Herkunftsdisziplin	Friedrich Barabas, Thomas Blanke, Christoph Sachße, Ulrich Stascheit Rechtswissenschaften
(Weitere) disziplinäre und Theoriebezüge	Sozialwissenschaften Liberale Staatsrechtslehre, Marxismus
Wissenschafts- und erkenntnistheoretische Position	Wird nicht expliziert
Aufgabenbestimmung der Theorie Sozialer Arbeit	Untersuchung der Veränderungen der Formen und Mechanismen der öffentlichen Interventionen in die Sozialisationsprozesse der Individuen und Erklärung dieser Veränderungen aus den gewandelten Erfordernissen der gesamtgesellschaftlichen Reproduktion heraus
Entstehungszeitpunkt und Hintergrund	Mitte der 1970er Jahre vor dem Hintergrund der von der Studentenbewegung ausgehenden gesellschaftlichen Aufbruchstimmung und der Akademisierung der Sozialen Arbeit

3.7 Soziale Arbeit als freundliche Kolonialisierung

Definition und Gegenstandsbestimmung

Die Charakterisierung der Sozialen Arbeit als „Kolonialisierung“ nahmen Mitte der 1980er Jahre mehrere Autoren vor (z. B. Dießenbacher 1984/1986). Die umfassendste Ausformulierung stammt aus der Feder von Horst Bossong. Ihm zufolge leistet die Soziale Arbeit eine – möglichst „freundlich“ auszugestaltende – Kolonialisierung der Lebenswelt ihrer AdressatInnen. Die Lebenswelt als die sozio-kulturelle Umwelt der Gesellschaft wird, so Bossong Jürgen Habermas referierend, in einem evolutionären Prozess der Herausbildung des kapitalistischen Marktes und des sozialen Rechtsstaates Prozessen einer (inneren) Kolonialisierung ausgesetzt. Dies geschehe durch das Eindringen der kommunikationsersetzenden Steuerungsmedien Geld und Recht in Bereiche der symbolischen Reproduktion der Lebenswelt. Eine Anpassung der Menschen an die Systemimperative gelinge aber nicht bei allen Individuen alleine durch Geld und Recht, insbesondere nicht bei denen am Rande der Gesellschaft. Deren Assimilationsprobleme (bei der Anpassung an die Systemimperative) würden durch die ergänzende Interventionsform „Kommunikation“ bearbeitet, wofür die Soziale Arbeit zuständig sei. Die Sozialarbeit könne mit Hilfe von intervenierender Kommunikation KlientInnen anpassen und kompetent machen, in den jeweils bestehenden Verhältnissen zurecht zu kommen. Durch ihre kommunikativen Konzepte könne sie die Kolonialisierung für jene, die in besonderer Weise Assimilationsprobleme hätten, erträglicher machen; sie wirke dann als „freundliche Kolonialisierung“. Soziale Arbeit leiste damit einen Beitrag zur Kolonialisierung der Lebenswelt/Alltagswelten durch das System, dem sie selbst angehöre, auch wenn sie als Vermittlerin zwischen System- und Lebenswelt auftrete (Bossong 1987, S. 238 ff.).

Bossong entfaltete seine Theorie der Sozialen Arbeit als „freundliche Kolonialisierung“ im Rahmen seiner Dissertation. Eine knappe, zusammenfassende Darstellung etwa in Form eines Zeitschriftenartikels, die wir als „Schlüsseldokument“ verwenden könnten, liegt nicht vor. Behelfsweise ließe sich das zusammenfassende Schlusskapitel als „Schlüsseldokument“ zu Grunde legen. Im Folgenden rekurrieren wir jedoch auf den gesamten Band.

Vertreter

Horst Bossong (Jg. 1951) studierte Sozialwissenschaften und Sozialarbeit an der Universität Bremen, wo er 1985 auch promovierte. Von 1989 bis 1999 war er Drogenbeauftragter des Senats der Freien und Hansestadt Hamburg. Seitdem ist er Professor an der Universität Duisburg-Essen mit dem Lehr- und

Forschungsschwerpunkt Verwaltungswissenschaften, insbesondere Sozialverwaltung und Drogen- sowie Drogenhilfepolitik.

Kernaussagen

Grundannahmen/Ausgangspunkt

Bossong benennt als Ausgangspunkt seiner Theoretisierung den kritischen Sozialarbeitsdiskurs seit Anfang der 1970er Jahre, in dem diskutiert worden sei, „*ob und wenn ja wie Sozialarbeit etwas anderes sein könne als eine Instanz sozialer Kontrolle, die vornehmlich mit dem Instrument des staatlichen Zwangsrechts ihren Klientels überwiegend unerwünschte und wenig hilfreiche Maßnahmen oktroyiere*" (ebd., S. I; vgl. auch Kap. 2.3 i. d. B.). Damit stelle sich die Frage nach einer theoretischen Begründung und praktischen Umsetzung einer alternativen sozialarbeiterischen Praxis. Also eine Praxis, „*die soziale Notstände nicht beschwichtige, sondern aufdecke, die nicht am einzelnen – mehr oder weniger erfolglos – kuriere, was gesamtgesellschaftlich im argen liege, die nicht die Anpassung der ‚Opfer des Systems' erzwinge, sondern ihre ‚Selbstbefreiung' in die Wege leite*" (ebd.). Die Diskussion um das Selbstverständnis, die gesellschaftliche Funktion und die Möglichkeiten einer alternativen, emanzipatorischen Handlungsperspektive, so fährt Bossong fort, habe die Profession seitdem nicht in Ruhe gelassen. Von zwei Seiten habe diese Diskussion in jüngster Zeit neue Impulse erhalten: von Micha Brumlik (1980) und Jürgen Habermas (1981, Bd. II.). Brumlik (1980, S. 317) forderte, in der Sozialen Arbeit solle selbstkritisch „über die Grenzen der Sozialpädagogik und ihrer Theorieentwicklung" nachgedacht werden, statt über ihre Expansion. Es gelte, „*das Sozial- und Beratungswesen personell überhaupt nicht weiter aus-, sondern eher abzubauen und anstatt dessen gesetzliche und vor allem finanzielle Kompensationen für Notleidende einzuführen bzw. politisch zu erkämpfen versuchen*" (ebd.; vgl. Kap. 2.3 i. d. B.). Nicht die Erforschung „von Bewußtsein und Lebenswelt", sondern die „Wirkungsweise von Kontrollinstitutionen" müsse vorangetrieben werden (ebd., S. 318; Bossong 1987, S. II).

Der zweite Impuls sei von Jürgen Habermas' 1981 vorgelegter Theorie des kommunikativen Handelns ausgegangen, genauer, dem dort eingebetteten Theorem der „inneren Kolonialisierung der Lebenswelt". Die Frage, ob Soziale Arbeit die Lebenswelt vor Kolonialisierungsprozessen schützen könne oder ob sie umgekehrt die Kolonialisierung der Lebenswelt vorantreibe, war Themenschwerpunkt der Tagung der Kommission Sozialpädagogik der DGfE im Juni 1983. Doch in diesem Kontext, so kritisiert Bossong im Anschluss an Marzahn (ebd.; Marzahn 1986, S. 129f.; vgl. auch: Brunkhorst 1984/1986; Richter 1984/1986), sei das Kolonialisierungstheorem eher metaphorisch verwendet und nur „bruchstückhaft" verhandelt worden. Das Manko liege darin, dass eine „systematische und en détail" durchzuführende Erörterung mit der „von Habermas in den wissenschaftlichen Diskurs eingebrachten Problematik" nicht erfolgt sei. Dieses Manko zu überwinden, war Bossongs Anliegen (Bossong 1987, S. III), womit zugleich der theoriesystematische Ausgangspunkt seiner Theorie der Sozialen Arbeit benannt ist.

Argumentation

Die Rede von der „Lebensweltorientierung" sei in der Sozialarbeit[56] „neuerlich in Mode gekommen", wobei der Eindruck entstehe, dabei handle es sich um eine Neuentdeckung, so Bossong (1987, S. 2). „Tatsächlich aber" sei „der Lebensweltbezug der Fürsorge zu ihren Handlungsadressaten historisch gesehen jedenfalls insoweit immer ein äußerst bedeutsames Merkmal gewesen, als die Fürsorge, nachdem sie im Zuge ihrer Professionalisierung erst einmal Distanz zur Lebens- und Alltagwelt ihrer Handlungsadressaten genommen hat, sich als eine *vermittelnde* [Herv. i. O.] Instanz zwischen herrschender Kultur und Subkultur, sowie zwischen System und Lebenswelt verstand. Ihre Wirksamkeit hing und hängt ja in entscheidendem Maße von Grad ihrer Orientierung an der Lebenswelt und den Alltagswelten ihrer verschiedenen Zielpublika ab" (ebd., S. 2 f.).

Freilich sage der Begriff des Lebenswelt- und Alltagsweltbezugs noch nichts über das Motiv, den Zweck und die Zielrichtung einer derartigen Bezugnahme aus. Handelt es sich dabei um ein „taktvolles Verstehen" oder stattdessen um einen bevormundenden, gar kolonialisierenden Eingriff in die alltagsweltliche Fremde im eigenen Land? (ebd., S. 3). Genau an dieser Frage, so Bossong im Anschluss an Marzahn, könne sich die sozialpädagogische Fachdiskussion nicht „leichtfüßig vorbeimogeln", sondern müsse sie ernstlich aufgreifen (ebd., S. 3).

Als ersten und wichtigsten Ausgangspunkt zu einer solchen ernstlichen Beantwortung der Frage, ob Soziale Arbeit als „Grenzgängerin" zwischen System und Lebenswelt, zwischen herrschender und Subkultur die Lebenswelt ihrer

56 Bossong verwendet das Wort Sozialpädagogik nur, wenn er Positionen Dritter zitiert oder referiert, ansonsten spricht er nur von Sozialarbeit (und Sozialarbeitern). In einer Anmerkung (Nr. 1, S. 244) stellt er infrage, dass die Unterscheidung zwischen Sozialarbeit und Sozialpädagogik noch zeitgemäß sei.

AdressatInnen kolonialisiere, wählt Bossong das Habermas'sche Theorem der „inneren Kolonialisierung der Lebenswelt".[57]

> „Nach Habermas' Auffassung verselbständigen sich in entfalteten kapitalistischen Gesellschaften die über die kommunikationsersetzenden Medien Geld und Recht rsp. Macht gesteuerten Subsysteme Wirtschaft und Staat gegenüber der Lebenswelt. Die Subsysteme und die Lebenswelt differenzieren sich aus und treten in einen wechselseitigen Austausch. Dabei greifen die ‚systemische(n) Zwänge der materiellen Reproduktion unauffällig in die Formen der sozialen Integration selbst ein [...] und (mediatisieren) dadurch die Lebenswelt' (Habermas 1981, II., S. 279). Während auf diese Weise die Lebenswelt insgesamt historisch gesehen mediatisiert wird, läßt sich von Kolonialisierungsprozessen jedoch allein dann sprechen, wenn die entsprechenden Steuerungsmedien in zentrale Bereiche der symbolischen Reproduktion der Lebenswelt eingreifen und hier kommunikative Verständigungsprozesse ersetzen. Gerade dieser Bereich umfasst nämlich jene Handlungsbereiche, die auf ‚kulturelle Überlieferung, soziale Integration und Erziehung spezialisiert sind und auf Verständigung als Mechanismus der Handlungskoordinierung angewiesen bleiben [...] (und sich deshalb) der Umstellung auf die Medien Geld und Recht widersetzen'" (ebd., S. 26). Und weiter: „Allein wenn Bereiche der symbolischen Reproduktion Verrechtlichungsprozessen unterworfen werden und sich die Lebenswelt aus den betroffenen Bereichen und Funktionen nicht problem- und schmerzlos zurückzieht, sondern Widerstand leistet und gravierende pathologische Nebenfolgen aufweist, nur dann läßt sich von Kolonialisierungsprozessen sprechen" (ebd., S. 32)

Zur Verortung der Sozialen Arbeit in diesem Prozess hält Bossong zwischenresümierend fest: *„Da die Sozialarbeit ihrem Wesen nach auf Kommunikation mit ihren Klientels verwiesen ist und ihre Handlungspraxis nie völlig auf entsprachlichte Medien umstellen, sondern allenfalls bis zu einem gewissen Grad von lebensweltlicher Komplexität abstrahieren kann, indem sie als Profession auf das Medium – rsp. die ‚generalisierte Form der Kommunikation' (Habermas, a. a. O., S. 408) – Einfluß rekurriert, vermag sie selbst nicht (Herv. i. O.) direkt kolonialisierend*

57 Bossong ging es also darum, das Habermas'sche Theorem zur Analyse der Sozialen Arbeit zu nutzen, nicht etwa darum, die Tragfähigkeit des Theorems im Lichte sozialarbeiterischer/sozialpädagogischer Praxis zu prüfen. Deshalb unterstellte er, „daß die These von der ‚inneren Kolonialisierung der Lebenswelt' analytisch und explanativ richtig, sowie deskriptiv angemessen ist", wohlwissend, dass diese Annahme nicht unproblematisch ist (ebd., S. 25).

zu wirken. Sie verhält sich vielmehr in dieser oder jener Weise – forcierend oder schützend – zu Prozessen der Lebensweltkolonialisierung" (Bossong 1987, S. 33).[58]

Den zweiten, neben Habermas wichtigen Bezugspunkt für Bossongs Theoretisierung der Sozialen Arbeit stellen die Überlegungen von Hartmut Dießenbacher (1984/1986) dar. Dießenbacher entfaltet seine These, dass Soziale Arbeit eine „innere Kolonialisierung fremder Lebenswelten" bewirke, anhand seiner Aufarbeitung der Geschichte der Armenfürsorge des 19. Jahrhunderts in Deutschland und England. Bürgerliche und christliche Kreise erkundeten und vermaßen – vergleichbar den Kolonialisten in eroberten Ländern – die proletarischen Lebenswelten, die ihnen fremd und bedrohlich erschienen, um sie alsdann umzuerziehen (1986, S. 153). Die Armenpfleger und Stadtmissionare intendierten dabei eine Erweiterung der äußeren Kontrolle um eine „innere Verhaltenskontrolle" (ebd., S. 156): Die Adressaten sollten bürgerliche und christliche Werte übernehmen und verinnerlichen – deshalb „innere Kolonialisierung" –, also ihre Identität verändern (ebd., S. 153, 156). Ermöglicht wurden die Umerziehungsbemühungen der Armenpfleger durch die Verknüpfung von materiellen Unterstützungsleistungen mit pädagogischer Einflussnahme (ebd., S. 160).

Diese Überlegungen und Definitionen von Habermas und Dießenbacher modifizierend nimmt Bossong eigene Begriffsbestimmungen vor. Demnach definiert Bossong das, was Habermas als „innere Kolonialisierung der Lebenswelt" versteht – das Eindringen der Steuerungsmedien Geld und Recht in Bereiche der symbolischen Reproduktion der Lebenswelt – als „äußere Kolonialisierung". Von „innerer Kolonialisierung", die die äußere Kolonialisierung ergänze, sei dagegen zu sprechen, wenn sich identitätsverändernde, *um*erziehende [Herv. i. O.] Einwirkungen vollzögen. Sie komme dort zum Tragen, wo die äußere Kolonialisation allein nicht hinreichend sei, um die intendierte Assimilation zu erreichen (ebd., S. 163).

Bossong baut auf diese Überlegungen und Definitionen auf und analysiert den aktuellen Bezug von Sozialarbeit und Lebenswelt, also die Position der Sozialen Arbeit zwischen System und Lebenswelt. Er stützt sich dabei auf sozialarbeiterische/sozialpädagogische und sozialwissenschaftliche Fachliteratur und untersucht: (1) „die Problematik der Verrechtlichung mit Bezug zur sozialarbeiterischen Praxis", anschließend (2) die „Rolle der Sozialarbeit im Zusammenhang der Monetarisierung und Ökonomisierung gesellschaftlicher Konflikt- und

---

58 An dieser Stelle seiner Ausführungen entsteht der Eindruck, als habe Bossong eine Aussage über die Soziale Arbeit getroffen – Soziale Arbeit kann nicht direkt kolonialisierend auf die Lebenswelt ihrer AdressatInnen wirken. Dem ist aber bei näherer Betrachtung nicht so; vgl. dazu die Ausführungen im Kapitel „Grenzen und offene Fragen" weiter unten im Haupttext.

individueller Notlagenbehebung", und (3) „wie die organisierte Sozialarbeit die Beziehungen zu ihren Adressaten institutionalisiert" (ebd., S. 34).

zu 1) Im Ergebnis zeige sich, „daß sich die Sozialarbeit seit der Nach-Elberfelder Ära in wachsendem Maß um die Vermittlung ‚zwischen Lebenswelt und System' bemüht.[59] Einerseits sucht sie über kommunikative Verständigungsprozesse pädagogischen Einfluß auf ihre Klientel auszuüben, Leistungsrecht und monetäre Zuwendungen mit pädagogischer Einwirkung zu verknüpfen, sowie diese Rechte und Zuwendungen ihren Adressaten verständlich zu machen, also sie wieder zu versprachlichen und auf die jeweils konkreten Alltagswelten der Adressaten zu beziehen, andererseits aber ist sie als Teil des politisch-administrativen Systems gehalten, Rechtsvorschriften einesteils selbst einzuhalten, anderenteils bei ihren Adressaten durchzusetzen" (ebd., S. 144). Bei der Nutzung des Rechts verfügten die Sozialarbeitenden über drei mögliche, teilweise komplementäre Strategien: a) Sie könnten die rechtlich vorgesehenen Maßnahmen am Klienten vollziehen, ohne hierfür je und je neu das Einverständnis der Betroffenen einzuholen, was aber zu geringer Akzeptanz beim Klienten oder Resistenz führen könne. b) Sie könnten die konkreten Bedürfnisse und sozialen Situationen der Adressaten an die systemangemessene Interpretations-, Verhaltens- und Kommunikationsmodi anpassen, was eine weitere Destruierung lebens- und alltagsweltlicher Eigen-(hilfe-)kompetenzen bewirke. c) Sie setzen auf jeweils situations- und bedürfnisbezogene Prozesse des kommunikativen Aushandelns mit Klienten, was von Sozialarbeit Offenheit und Sensibilität und von dem Klientel ein hohes Maß an kommunikativer Kompetenz und Durchsetzungsfähigkeit voraussetze; zudem erfordere dies einen hohen Zeitaufwand, gehe mit geringer Planbarkeit einher und führe zu innerorganisatorischen Koordinations- und Kontrollproblemen (ebd., S. 236)

zu 2) „Gegenüber Tendenzen der Monetarisierung" bleibt Sozialarbeit „hingegen seit der Ausdifferenzierung der Armenpflege in die pädagogische Fürsorge einerseits und die wirtschaftliche Sozialhilfe andererseits weitgehend einflußlos. Zwar kann sie im Einzelfall Geldleistungen befürworten, sie kann sie jedoch nicht selbst gewähren. Andererseits aber trägt sie – mit welchem Erfolg auch immer – zur Implantation systemkonformer Handlungsorientierungen auf Seiten ihrer Adressaten bei" (ebd., S. 145).

zu 3) Damit beendet Bossong seine Analyse der Position der Sozialen Arbeit zwischen System und Lebenswelt (Kap. II. 1) und wendet sich der Untersuchung der Handlungsorientierungen der Sozialarbeit sowie dem Verhältnis zwischen SozialarbeiterInnen und ihren KlientInnen zu (Kap. II. 2). Was passiert „in

59 Um einem möglichen Missverständnis vorzubeugen: Soziale Arbeit vermittelt nur „teils" zwischen der Lebenswelt ihrer AdressatInnen und dem politisch-administrativen System, teils tritt sie aber auch als „Vollzugsorgan sozialstaatlicher Instanzen an die Lebenswelt" (Bossong 1987, S. 151) ihrer AdressatInnen heran.

dieser konkreten kommunikativen Beziehung zwischen Angehörigen zweier [der Sozialen Arbeit und der AdressatInnen; d. Verf.] unterschiedlicher sozialer Alltagswelten? Wie wirkt sich die Interaktionsbeziehung auf den Klienten der Sozialarbeit aus; verändert sich sein Denken, Urteilen und Handeln, kurz: seine Welt?" (Bossong 1987, S. 148). Gestützt auf empirische Erhebungen über das Selbstverständnis und Selbstbild der Sozialarbeitenden, Berichte und andere Selbstzeugnisse und die Auswertungen der einschlägigen Fachliteratur, insbesondere über Handlungsmethoden der Sozialen Arbeit, gelangt Bossong zu folgenden Befunden und Antworten: Sozialarbeitende beschreiben demnach ihre Tätigkeit als „helfen", „beraten" und „erziehen", aber auch als „anwaltschaftliche Interessenvertretung" ihrer Klientel. Als Motiv dominiert „helfen wollen" (ebd., S. 166 ff.). Ihren Berufsalltag indes sehen sie als von diesem Selbstbild und eigenen Motiven abweichend (ebd., S. 170). Die ausgeübten Verwaltungsaufgaben und Kontrollfunktionen ließen sich nicht mit der [stattdessen gewünschten; d. Verf.] pädagogischen Einwirkung auf die Klienten verknüpfen. Dafür fehle in der Alltagsroutine nicht nur die Zeit, sondern auch die erforderliche kommunikative Einstellung (ebd., S. 173). Die Kommunikaktion mit den Adressaten sei vielfach nicht offen und verständigungsbereit, sondern erfolgsorientiert[60] (ebd., S. 174). Kontinuierliche Überwachung, Verwaltung und Kontrolle seien unverzichtbarer Teil der Kolonialisierung (ebd., S. 176), aber in solchen Fällen könne nicht von „innerer Kolonialisierung" die Rede sein (ebd., S. 174). Sozialarbeiter sind „dann mit ihrer Situation in hohem Maße unzufrieden, wenn sie großenteils verwaltende und kontrollierende Arbeiten verrichten müssen und in starkem Maße in bürokratische Zwänge eingebunden sind." Sie sind „weitgehend zufrieden ..., wenn sie ‚im Feld' aktiv pädagogisch tätig sein können" (ebd., S. 181). D. h., dass Sozialarbeiter die Tätigkeit bevorzugen, die Dießenbacher als „innere Kolonialisierung" bezeichnet (ebd.).[61]

---

60 Bossong bezieht sich hier auf Habermas' Handlungstypologie. Habermas unterscheidet zwei Handlungsorientierungen, die erfolgs- und die verständigungsorientierte, und zwei Handlungssituationen, eine nicht-soziale und eine soziale. In ein Vier-Felder-Schema gebracht ergeben sich damit i. d. R. vier Typen. Weil jedoch eine nicht-soziale verständigungsorientierte Handlung sachlogisch undenkbar ist, bleiben drei Handlungstypen: a) ein (erfolgsorientiertes, nicht-soziales) instrumentelles Handeln, b) ein (erfolgsorientiertes, soziales) strategisches Handeln und c) ein (verständigungsorientiertes, soziales) kommunikatives Handeln (ebd., S. 148 f., vgl. Habermas 1981/2019, I., S. 384 ff.). Damit schließen sich verständigungsorientiertes und erfolgsorientiertes Handeln aus.

61 Dabei unterscheidet Bossong zwei Typen von Sozialarbeitern: (1) den von seiner „erzieherischen Mission überzeugten, den sich selbst Bejahenden und die Subkultur seiner Adressaten Verneinenden, für den die (Um-)Erziehung seiner Klienten eine unabdingbar notwendige [...] Aufgabe ist"; (2) den kritischen, seine staatlichen Ordnungs- und Kontrollfunktionen negierenden Sozialarbeiter, der die Selbsthilfe und Emanzipation durch dazu befähigende pädagogische Unterstützung fördern will (ebd., S. 194 f.). „Daß er dieses Anliegen in seinem oftmals von Verwaltungs- und Kontrollaufgaben beherrschten Alltag nur

In der konkreten Interaktion mit den Klienten stehe der Sozialarbeiter unter „dem doppelten Zwang der Verständigung *und* [Herv. i. O.] des Erfolgs" (ebd., S. 222). *„Der Sozialarbeiter begegnet seinem Klienten in der Absicht, diesen in seiner Individualität zu verstehen zum Zweck einer erfolgversprechenden pädagogischen Einwirkung auf ihn. Verstehen zielt hier auf die einseitige Veränderungen dessen, der verstanden werden soll: der Klient und educandus. Dies Verändern- und Erziehen-Wollen ist [...] das Ziel und der Endzweck der Verstehensbemühungen des Sozialarbeiters" (ebd., S. 203). „[D]er Sozialarbeiter sucht in instrumentell-kognitiver Absicht sein Gegenüber zu verstehen und soweit als möglich verstehend auszuleuchten und auszudeuten [...] Dabei legt er im Umgang mit den Klientels seine eigenen [...] Wertestandards zugrunde und sucht diese seinem Gegenüber sanft und freundlich, mit einfühlsamer, warmer Anteilnahme zu oktroyieren, weiß sich aber der ‚Kommunikationsreserve' des staatlichen Zwangsrechts sicher"* (ebd., S. 226). Die Schwierigkeit liege dabei darin, „daß sich verständigungsorientiertes und erfolgsorientiertes-strategisches Verhalten in der Kommunikation nicht gleichzeitig vereinbaren lassen. [...] er muß sich für eines entscheiden – gleiches gilt für sein Gegenüber" (ebd., S. 223). *„Für die Sozialarbeit und ihre Klienten ergibt sich hieraus aufs Ganze gesehen folgendes Bild: Indem sie Prozesse der äußeren Kolonialisierung durch erziehenden Zugriff auf ihre Klientels und Eingriffe in deren Lebenswelten abzustützen und zu kompensieren sucht, forciert sie – nolens volens – die Zerstörung traditionaler Lebensgewohnheiten und macht die Klientels von sich abhängig"* (ebd., S. 234).

Schlussfolgerungen/Summarisches

Historisch wie aktuell sei Soziale Arbeit, so Bossong, in starkem Maße in den Prozess der inneren Kolonialisierung der Lebenswelt involviert und ziele darauf ab, Assimilationsprobleme insbesondere an den Rändern der Gesellschaft aufzufangen und die Anpassung der Lebenswelt an die Imperative von Markt und Staat zu unterstützen – selbst dort, wo sie über kommunikative Prozesse abstraktes Recht wieder zu versprachlichen suche. Deshalb vermöge „die Sozialarbeit die Lebenswelt prinzipiell nicht gegen Kolonialisierungsprozesse zu schützen" (Bossong 1987, IV). Sie könne nur durch eine radikalisierte Beratungsausrichtung den Klienten Orientierungshilfe im Umgang mit den Subsystemen von Markt und Staat anbieten und damit dazu beitragen, die Ohnmacht des Bürgers gegenüber Prozessen der Durchstaatlichung

---

sehr unzureichend verwirklichen kann, schmerzt ihn und wird von ihm heftig kritisiert" (ebd., S. 195). Das Gemeinsame dieser beiden Typen, so kann Bossong hier ergänzt werden, besteht darin, dass beide mit einem pädagogischen Anliegen an die AdressatInnen herantreten.

und Durchkapitalisierung der Gesellschaft zu mildern und Eigenkompetenzen der Betroffenen zu (re-)aktivieren. Damit könne sie den Klienten zu einem selbstbewussten Umgang mit Staat und Markt verhelfen; Sozialarbeit wäre dann die freundliche Kolonialisierung (ebd., S. 241 f.). Demgegenüber sei die Vorstellung einer emanzipatorischen Sozialarbeit, so schlussfolgert Bossong, *„nichts als eine höchst zweifelhafte Fiktion"*. Sozialarbeit könne ihr Klientel nicht *„befreien"* (ebd., S. V).

Grenzen und offene Fragen

Offene Fragen ergeben sich bei der vorgestellten Theorie daraus, dass der Autor zentrale Theoriebegriffe nicht hinreichend eindeutig, stellenweise sogar offensichtlich inkonsistent verwendet. Wenn Bossong, wie in seinem oben schon angeführten Zwischenfazit, festhält, dass Soziale Arbeit es *„nicht"* vermag, selbst „direkt kolonialisierend zu wirken", dann erzeugt er damit den Eindruck, als sei damit eine Aussage über die Soziale Arbeit getroffen, nämlich: Soziale Arbeit kann nicht direkt kolonialisierend auf die Lebenswelt ihrer AdressatInnen wirken. Dem ist aber, ungeachtet weiterer Inkonsistenzen, bei näherer Betrachtung nicht so. Zunächst entsteht der Eindruck, Bossong stütze sich auf den Habermas'schen Begriff der Lebenswelt als soziokulturelle Umwelt, die über einen versprachlichten Vorrat an kulturell Überliefertem verfüge. Die Annahme, dass eine so verstandene Lebenswelt nicht von der Sozialen Arbeit beeinflusst oder auch kolonialisiert werden könne, erscheint wenig überzeugend. Wie erst in späteren Ausführungen Bossongs deutlich wird (1987, S. 146) teilt der Autor offenbar Brumliks Kritik (1984/1986, S. 61–65), an der Rede von der „Kolonialisierung der Lebenswelt" der AdressatInnen der Sozialen Arbeit durch deren Fachkräfte. Dabei handele es sich Brumlik zufolge um einen gedanklichen Kategorienfehler, denn die Lebenswelt als „quasi-transzendentaler" Rahmen (womit Brumlik auf Edmund Husserl rekurriert) könne nicht kolonialisiert werden, weil diese „allgemeinen Strukturen" trotz aller kulturbedingten Unterschiede „kulturinvariant" seien (ebd., S. 59). So gesehen ist die Feststellung des Zwischenfazits keine über Soziale Arbeit, weil dann nichts und niemand die „allgemeinen Strukturen" der Lebenswelt ändern kann. Es kann sich nur um eine Aussage über Bossongs – an dieser Stelle nicht offengelegtes – Begriffsverständnis handeln. Inkonsistent, zumindest stellenweise uneindeutig, bleibt Bossongs Begriffswendung gleichwohl. Eindeutiger wäre es gewesen, wenn er in dem angeführten Satz lediglich geschrieben hätte, dass Soziale Arbeit „nicht" kolonialisierend wirken kann, anstelle von „nicht direkt" kolonialisierend. Und der folgende Satz, wonach sich Soziale Arbeit forcierend oder schützend zu „Prozessen der Lebensweltkolonialisierung" verhalten könne, ist widersinnig, wenn die Lebenswelt als invariant definiert wird. Im Anschluss an Brumliks Kritik, die an Dießenbach adressiert war, formuliert Bossong seine Frage um: „Kolonialisiert die Sozialarbeit die *Alltagswelten* ihrer Klienten?" (Herv. i. O.) (Bossong 1987, S. 147). Gleichwohl bleibt Bossongs weitere Wortwahl uneinheitlich. So ist bei ihm von Lebenswelt, Alltagswelt und Subkultur, gelegentlich auch von „sozialen Milieus" die Rede; nicht selten in genau dieser Aufzählung, manchmal verwendet er allerdings nur einen den Begriffe. Und immer wieder schreibt der Autor nur von „Kolonialisierung", ohne zu benennen, worauf sich das bezieht – Lebenswelt, Alltagswelt, Subkultur, soziale Milieus?

Literaturempfehlung

a) *Eine knappe Darstellung* („Schlüsseldokument"):
Bossong, H. (1987): Zusammenfassung: Sozialarbeit als freundliche Kolonialisierung, S. 236–243 [Teil von: siehe b)].

b) *Ausführlicher:*
Bossong, H. (1987): Die freundliche Kolonialisierung. Sozialarbeit zwischen System und Lebenswelt. Bielefeld: B. Kleine.

c) *Weitere Texte:*
Brunkhorst, H. (1984/1986): „Kolonialisieren" verstehen. Anmerkungen zur pädagogischen Kritik der Verdinglichungs-Kolonialisierungsthese. In: Müller, S./Otto, H.-U. (Hrsg.): Verstehen oder Kolonialisieren?, S. 161–168.
Dießenbacher, H. (1984/1986): Zur äußeren und inneren Kolonialisierung fremder Lebenswelten. In: Müller, S./Otto, H.-U. (Hrsg.): Verstehen oder Kolonialisieren?, S. 207–226.
Gängler, H./Rauschenbach, T. (1984/1986): Sozialpädagogik in der Moderne. Vom Hilfe-Herrschafts-Problem zum Kolonialisierungstheorem. In: Müller, S./Otto, H.-U. (Hrsg.): Verstehen oder Kolonialisieren?, S. 169–203.
Marzahn, C. (1984/1986): Nichts als eine modische Metapher? Eine Anmerkung zur Kolonialisierungsdiskussion. In: Müller, S./Otto, H.-U. (Hrsg.): Verstehen oder Kolonialisieren?, S. 129–132.
Müller, S./Otto, H.-U. (Hrsg.) (1984/1986): Verstehen oder Kolonialisieren? Grundprobleme sozialpädagogischen Handelns und Forschens. 2. erw. Auflage. Bielefeld: AJZ.
Rauschenbach, T./ Treptow, R. (1984): Sozialpädagogische Reflexivität und gesellschaftliche Rationalität. In: Müller, S. (Hrsg.): Handlungskompetenz in der Sozialarbeit, Sozialpädagogik – Teil 2; Theoretische Konzepte und gesellschaftliche Strukturen. Bielefeld: AJZ, S. 21–71.
Richter, H. (1984/1986): Verstehen oder Kolonialisieren? Eine falsche Alternative. In: Müller, S./Otto, H.-U. (Hrsg.): Verstehen oder Kolonialisieren?, S. 151–160.

d) *Orientierende Sekundärliteratur:*
Habermas, J. (1981/2019): Theorie des kommunikativen Handelns. 2 Bde. 11. Auflage. Frankfurt: Suhrkamp.

„Steckbrief“

Kernbestimmung Sozialer Arbeit und Bezeichnung der Theorie	Soziale Arbeit ist „freundliche Kolonialisierung“ der Lebenswelten ihrer AdressatInnen. Kolonialisierungstheorie
Kernbegriffe	System und Lebenswelt, Anpassung, Kolonialisierung
Kernargumentation	Soziale Arbeit vermittelt als Teil des Systems zwischen dem System und der Lebenswelt/Alltagswelt ihrer AdressatInnen, um diesen die Anpassung an die Systemimperative zu ermöglichen/erleichtern.
AdressatInnen Sozialer Arbeit	Menschen, die sich nicht alleine durch Geld und Recht zu den geforderten Anpassungsleistungen an die Systemimperative bringen lassen; das sind insbes. jene „an den Rändern der Gesellschaft“
Vertreter Herkunftsdisziplin	Horst Bossong Sozialwissenschaften und Soziale Arbeit
(Weitere) disziplinäre und Theoriebezüge	Habermas‘ Theorie des kommunikativen Handelns, insbes. die darin enthaltene Kolonialisierungsthese; Dießenbachers Sozialarbeitsverständnis als Kolonialisierung
Wissenschafts- und erkenntnistheoretische Position	Wird nicht expliziert
Aufgabenbestimmung der Theorie Sozialer Arbeit	Indirekt: „Als Analyse der Sozialarbeit und ihrer Verortung zwischen Lebenswelt, Alltagswelten und System kann diese Arbeit keine praktischen Anweisungen für die zukünftige Handlungspraxis der Sozialarbeit bieten.“
Entstehungszeitpunkt und Hintergrund	Mitte der 1980er Jahre vor dem Hintergrund der in der universitären Sozialpädagogik diskutierten Frage nach Fruchtbarkeit der Habermas’schen These von der „Kolonialisierung der Lebenswelt“ für das Verständnis Sozialer Arbeit

3.8 Soziale Arbeit als Hilfe zur Lebensbewältigung

Definition und Gegenstandsbestimmung

Als erste analysierten Lothar Böhnisch und Werner Schefold die Soziale Arbeit als „Hilfe zur Lebensbewältigung“ (Böhnisch/Schefold 1985). Dabei sei Soziale Arbeit als institutionelles Ergebnis der Moderne und als „Reaktion auf die Bewältigungstatsache“ zu rekonstruieren, womit sich der Gegenstand sozialpolitisch und zugleich auch sozialpsychologisch begreifen lasse.[62] „Lebensbewältigung“ im Sinne dieser Theorie ist das Streben nach subjektiver Handlungsfähigkeit in kritischen Lebenssituationen, in denen das psychosoziale Gleichgewicht gefährdet ist, weil die bislang verfügbaren persönlichen und sozialen Ressourcen nicht ausreichen. Diese Problematik entstehe im industriellen, arbeitsteiligen Kapitalismus permanent durch die Freisetzung des Individuums aus traditionellen Bezügen in Arbeitsformen, die sich gegenüber psychosozialen Bedürfnissen gleichgültig verhalten. Der „sozialpädagogisch-sozialarbeiterische Interventionsmodus“ gilt als das „strukturlogische Mittel“ der sozialen Bearbeitung dieses grundlegenden, ökonomisch-technisch bedingten Strukturproblems. Den psychosozialen Folgeproblemen wird ein „sozialpädagogischer Aufforderungscharakter“ zugeschrieben. Es gehe darum, sich auf die „sozial beschädigte Individualität des Menschen“ (Böhnisch 2002, S. 199) zu beziehen, auf ihren Eigensinn und ihre sozialen Bezüge einzugehen.

Als Schlüsseldokument zur Darstellung der Theorie Sozialer Arbeit als Hilfe zur Lebensbewältigung legen wir einen Handbuchbeitrag von Lothar Böhnisch (2002) zugrunde. Zur Vertiefung und als ausführliche Fassung verweisen wir auf das Buch von Böhnisch und Schefold von 1985 und ergänzend auf die spätere Ausdifferenzierung und Spezifizierung hin zur „Sozialpädagogik der Lebensalter“ (Böhnisch 1997).

Vertreter

Lothar Böhnisch (Jg. 1944) studierte Volkswirtschaftslehre, Geschichte und Soziologie in Würzburg und München. Im Jahr 1977 promovierte und 1982 habilitierte sich Böhnisch an der Universität Tübingen. Von 1971 bis 1985 war er Mitarbeiter am Deutschen Jugendinstitut. Seit 1991 lehrte er als Professor für Sozialpädagogik und Sozialisation der Lebensalter an der Technischen Universität Dresden. Seit 2009 ist Böhnisch Emeritus der TU Dresden.

62 Semantisch und inhaltlich knüpft diese Bestimmung an Bernfeld an, der Erziehung als „Reaktion auf die Entwicklungstatsache“ definierte (1925/1973, S. 49 ff.).

Werner Schefold (Jg. 1943) studierte Soziologie, Volkswirtschaft, Psychologie und Pädagogik an der Universität München. Von 1972 bis 1992 war er wissenschaftlicher Mitarbeiter am Deutschen Jugendinstitut München. Auch seine Habilitation erfolgte an der Universität Tübingen. Von 1995 bis 2008 war er als Professor für Sozialpädagogik an der Universität der Bundeswehr München tätig.
Wolfgang Schröer (Jg. 1967) studierte Erziehungswissenschaften an der FU Berlin. Von 1993 bis 1998 promovierte er, anschließend war er als wissenschaftlicher Assistent bzw. Juniorprofessor für Sozialpädagogik an der TU Dresden tätig. Seit 2004 ist er Inhaber einer Professur für Sozialpädagogik am Institut für Sozial- und Organisationspädagogik der Stiftung Universität Hildesheim.

Kernaussagen

Grundannahmen/Ausgangspunkt

Ausgangspunkte der von Böhnisch ausgearbeiteten Theoretisierung sind zum einen die sozialen Desintegrationsprozesse der arbeitsteiligen Industriegesellschaften, die er als „industrielle Moderne" bezeichnet (Böhnisch 2002, S. 199), und zum anderen die Annahme, dass der Sozial- und Wohlfahrtsstaat als historisches „Gesellschaftsprinzip" zu verstehen ist. Mithin sei diese Staatsform nicht nur als Leistungs- und Versorgungssystem, Verfassungsgebot und gesellschaftliches Ordnungsmuster, sondern auch als „eine Epoche der kulturellen Hegemonie von Ideen, an denen entlang sich eine typische Vorstellung von Sozialintegration, vom Verhältnis von einzelnem und Gesellschaft herausgebildet hat" (Böhnisch/Schefold 1985, S. 8), zu begreifen. Aktuell (also in den 1980er Jahren; d. Verf.) stießen das System und die hegemonialen Ideen von Sozialintegration wie auch die daraus abgeleiteten Lebensentwürfe an ihre Grenzen. Sie verlören gegenüber den 1970er Jahren an Selbstverständlichkeit (vgl. ebd., S. 10 ff.). Damit werden die Lebenslagen diverser Gesellschaftsschichten explizit in einer Epoche fokussiert, in der der Grundwiderspruch zwischen Arbeit und Kapital und die Lohnarbeit in historisch spezifischer Form erscheinen und bearbeitet werden.[63]

Argumentation

Böhnisch beginnt seine Argumentation im Schlüsseldokument mit Siegfried Bernfeld (1925/1973), der Erziehung als die „Summe der Reaktionen auf die

63 Dieser historische Fokus macht plausibel, dass dort, wo Böhnisch zur weiteren Fundierung der Theorie auf das Lebenslagenkonzept zurückgreift, Weisser (1978) und Nahnsen (1956) herangezogen werden, die das Konzept auf den Sozial- und Wohlfahrtsstaat in der zweiten Hälfte des 20. Jahrhunderts anwenden, nicht aber Engels (1845/1972).

Entwicklungstatsache" beschrieben hatte.[64] Analog dazu könne man Sozialarbeit/ Sozialpädagogik als „gesellschaftliche Reaktion auf die Bewältigungstatsache" fassen (Böhnisch 2002, S. 199). Um diese „Bewältigungstatsache" zu beschreiben, argumentiert Böhnisch mit Durkheim und seinen Thesen zur „sozialen Arbeitsteilung" (1893/1988).[65] Eingedenk sichtbar pathologischer Erscheinungsformen von Desintegration (Anomien), die mit der beschleunigten Arbeitsteilung einhergingen, forderte Durkheim Regeln und Verfahren, die geeignet sind, kollektiver Regellosigkeit entgegen zu wirken. Diese Forderung, so Böhnisch (2002, S. 201), ziele im Grunde auf eine moderne Sozialstaatlichkeit. Böhnisch sieht im Anschluss an diese Klassiker der Soziologie und Sozialpädagogik die modernen Industriegesellschaften in einer „latenten sozialstrukturellen Dauerkrise" (ebd., S. 199), die sich aus dem Spannungsverhältnis notwendiger Arbeitsteilung und der daraus folgenden Desintegration und der gleichzeitigen Notwendigkeit, die Arbeitsteilung zugleich reproduzieren, aber auch ausbalancieren zu müssen, ergebe. Der sozialpädagogisch-sozialarbeiterische Interventionsmodus sei das „strukturlogische Mittel" zur Herstellung dieser Balance: „Da die Dauerkrise aufgrund ihrer strukturellen Bedingtheit gesellschaftlich nicht aufhebbar ist, muss sie in ihren Folgen für den und am Einzelnen behandelt, also pädagogisch transformiert werden" (ebd.).

Anschlussfähig an die soziologische Diagnose einer sozialstrukturellen Dauerkrise sei schon der deutsche sozialpädagogische Diskurs des ausgehenden 19. Jahrhunderts. Dieser von Paul Natorp angeführte Diskurs habe an die sozialpolitische Debatte zur „sozialen Frage" angeknüpft und „die Probleme arbeitsteilig bedingter Desintegration sowie die Erosion und Spaltung menschlicher

64 Bernfeld (1925/1973) verknüpfte in seiner Schrift zur Pädagogik unter dem Titel „Sisyphos oder die Grenzen der Erziehung" individuelle und gesellschaftliche Perspektiven auf Erziehung.

65 Durkheim war einer der ersten empirisch arbeitenden Soziologen. Er verglich „segmentäre" Gesellschaften mit einer überschaubaren Arbeitsteilung mit komplexen industriellen Gesellschaften. In den vormodernen Gesellschaften sei eine „mechanische Solidarität" zwischen den Gesellschaftsmitgliedern möglich und ein repressives Rechtssystem funktional gewesen. Am Übergang zu den modernen Gesellschaften entstehe ein Paradoxon: Die Individuen würden zugleich autonomer und abhängiger von der Gesellschaft. Es werde deutlich, dass der gesellschaftliche Zusammenhalt anders organisiert werden müsse, nämlich über Kontrakte. Um den Wegfall der „mechanischen Solidarität" zu kompensieren, müsse eine „kollektive Moral" entwickelt und „organische Solidarität" bewusst organisiert werden. Durkheim fordert damit eine Alternative zu ordnungsstaatlicher Repression und einem repressiv ausgestalteten Sozialwesen, wie es für den Ausgang des 19. Jahrhunderts noch charakteristisch war, das mit der zunehmenden Komplexität der industriegesellschaftlichen Integrationsprobleme und der Demokratisierung der Gesellschaft im 20. Jahrhundert jedoch dysfunktional wurde. Noch heute, so Böhnisch (2002, S. 199), sei diese historisch zu erklärende Spannung zwischen dem Repressiven und dem Pädagogischen in der für die Sozialpädagogik/Sozialarbeit typischen Ambivalenz von Hilfe und Kontrolle virulent.

Lebenswelten als strukturelles Problem erkannt“ (ebd., S. 200). Carl Mennicke habe „diese Bezüge dann sozialpädagogisch transformiert“ (ebd.). Da die (potentiellen) Folgen der Desintegration sich beim Einzelnen zeigten, entstünden individuelle psychosoziale Folgeprobleme, die einen „sozialpädagogischen Aufforderungscharakter“ tragen. Mennicke (1926) habe dies als erster beschrieben – mit der Formel von der „sozialpädagogischen Verlegenheit der Moderne“, die sich systemisch aus der Freisetzung der Einzelnen aus traditionellen Bezügen ergebe und lebensweltlich als „Bewältigungslast“ wirksam werde.[66]

Böhnisch rekurriert zudem auf soziologische Zeitdiagnosen. Insbesondere verweist er auf Parallelen der Beschreibung Mennickes zum Bild der „Risikogesellschaft“, das Ulrich Beck in den 1980er Jahren zeichnete. Becks soziologische Beschreibung deute auf die unveränderte Grundkonstellation „janusköpfiger Sozialisation“ hin: Offenheit und Verfügbarkeit werden von Menschen (aller sozialen Schichten) gleichermaßen gefordert, wie strukturell vorausgesetzt wird, dass sie eine stabile Individualität und sozialemotionalen Rückhalt finden. Zwei sozialpädagogische Grundprobleme – identitär und biografisch riskante Brüche in den Lebensbereichen sowie die sozial riskante Individualisierung – generierten die „neuen sozialen Risiken“. Für deren Bearbeitung sei ein repressives Sozialwesen, wie es vor den Demokratisierungsprozessen des 20. Jahrhunderts üblich war, nicht geeignet. Für die komplexen Anforderungen industrieller Gesellschaften würden stattdessen immer stärker spezialisierte personenbezogene soziale Dienste der Sozialpädagogik/Sozialarbeit benötigt (Böhnisch 2002, S. 201).

Zum anderen argumentiert Böhnisch im Anschluss an Robert Castel (2000)[67] und zugleich in Abgrenzung zu anderen soziologischen Analysen, dass es Kern eines modernen, auf dem Bewältigungsparadigma basierenden Interventionsverständnisses sei, „die Prozesse aufzuklären, die den Übergang von der einen in die andere [Zone; d. Verf.] bewirken, etwa des Hinüberwechselns von der Zone der Integration in die Zone der Verwundbarkeit oder den Absturz aus dieser in die gesellschaftliche Zone der Nichtexistenz“ (ebd., S. 202). „Entbettung und

66 Böhnisch bezeichnet Mennicke als den „‚Stammvater‘ der modernen Sozialpädagogik/Sozialarbeit“ (Böhnisch 2002, S. 200). Diese Würdigung begründet er damit, dass Mennicke (1926) die Notwendigkeit einer – gegenüber der Sozialpolitik – eigenständigen Sozialpädagogik begründete.

67 Castel (2000) setzt sich unter dem Titel „Die Metamorphosen der sozialen Frage. Eine Chronik der Lohnarbeit“ empirisch mit den Bedingungen des modernen Erwerbslebens auseinander und findet drei Zonen der objektiven und subjektiven Verortung: die Zone der „Normalität“, die der „Verwundbarkeit“ und die der „Entkopplung“ jeweils sowohl auf der objektiven als auch auf der subjektiven Ebene. Verwundbarkeit impliziert ein prekäres Verhältnis zur Arbeit kombiniert mit einer fragilen Unterstützung durch die nächste Umgebung, der Begriff der Entkopplung spricht für sich (für die Situation in der BRD vgl. bspw. Dörre et al. 2004).

Biografisierung" seien nicht mehr mit herkömmlichen Identitätskonzepten zu erfassen, so Böhnischs sozialpsychologische Erweiterung (ebd.).

Übergänge dieser Art stellten für die Individuen kritische Lebensereignisse dar, sobald ihre verfügbaren personalen und sozialen Ressourcen nicht (mehr) ausreichten. Menschen würden in diesen Situationen auch und gerade zur Wiederherstellung des gefährdeten psychosozialen Gleichgewichts um jeden Preis nach Handlungsfähigkeit streben (ebd., S. 202 f.). Dieses Streben hält Böhnisch für ebenso emotional und triebdynamisch strukturiert wie kognitiv-rational motiviert. Böhnisch versteht Trieb dabei – im Gegensatz zu Bernfeld – weniger psychoanalytisch als sozialpsychologisch „im Sinne sozial gerichteter Triebansprüche, die – beginnend in der frühen Kindheit – im Prozess der Sozialisation ihre psychosoziale Formung erfahren" (ebd., S. 203). Er knüpft damit sowohl an das Coping-Konzept der Stressforschung wie auch an Kohlis Kritik daran an. Böhnisch folgt Kohlis Argumentation[68] und erweitert den beschränkten physiologisch-psychologischen Zugriff mit dem Ziel, einen „Bezugsrahmen" zu entwickeln, der psychosoziale und sozialstrukturelle Faktoren zusammenführt und ermöglicht, die „Bewältigungsproblematik" in ihrer Komplexität aufzuschließen. Vier „Grunddimensionen" ließen sich dabei identifizieren: (1) die „tiefenpsychologisch eingelagerte Erfahrung des Selbstwertverlustes", (2) „die Erfahrung sozialer Orientierungslosigkeit" und (3) „fehlenden sozialen Rückhalts" sowie (4) „die handlungsorientierte Suche nach Formen sozialer Integration, in die das Bewältigungshandeln eingebettet und in diesem Sinne normalisiert werden kann" (ebd.). Die Vorteile dieses „Mehrebenen-Modells" bestünden in seiner (interdisziplinären) Anschlussfähigkeit an weitere sozial- und verhaltenswissenschaftliche Konzepte – darunter das Lebenslagen-Konzept – und seiner Anwendungsmöglichkeit für sozialpädagogische Diagnosen und Interventionen (ebd., S. 204).[69]

Unter Beibehaltung des theoretischen Kerns – Soziale Arbeit ist Hilfe zur Lebensbewältigung – entwickelte und differenzierte Böhnisch im Laufe der

---

68 Kohli (1986) kritisierte das stresspsychologische Coping-Konzept, nach dem es somatisch aktivierte Antriebe sind, die Menschen nach Homöostase streben lassen. In diesem Konzept werde das Individuum zum Organismus mit Reparaturaktivitäten und auftretende Probleme zu nicht erklärten Einbrüchen in den Gleichgewichtszustand, die episodisch reguliert würden. Ein angemessenes Modell hingegen müsse handlungstheoretisch und diachron, mithin biografisch, ansetzen und die Regularitäten auch in der sozialen Ordnung suchen.

69 Im Kontext von Diagnosen und Interventionen ermögliche die konzeptionelle Verbindung von gesellschaftsbezogenem Sozialverhalten und dem Selbst als triebbewegter psychischer Instanz das „Verstehen" der Klienten. Zugleich ermögliche die analytische Trennung von Person und Verhalten, dass „dem Selbst Räume und vertrauensstiftende Beziehungen angeboten werden, indem es sich öffnen und eine auf sich einlassende Resonanz finden kann" (ebd., S. 204).

Zeit eine Reihe von Aspekten und Dimensionen seiner Theorie weiter (aus). So thematisiert er im hier zugrunde gelegten Schlüsseldokument den Bildungsaspekt: Bildung und Bewältigung gingen „zunehmend ineinander" (ebd.) über, womit sozialpädagogische Leistungen sich nicht nur auf Bewältigungsprobleme in kritischen Lebenssituationen beschränkten, sondern auch Angebote der Jugend- und Erwachsenenbildung umfassten (ebd.). Spätere Arbeiten fokussieren soziologische (Böhnisch/Funk 2013), sozialpolitische (Böhnisch/Schröer 2012), sozialisationstheoretische (Böhnisch/Lenz/Schröer 2009) und diskursgeschichtliche (Böhnisch 2015) Fragen. Die wohl wichtigste Weiterentwicklung stellt seine „Sozialpädagogik der Lebensalter" (1997) dar. Blieb in der ursprünglichen Theoretisierung die Rede von Bewältigungsproblemen noch vergleichsweise abstrakt, so differenziert und konkretisiert Böhnisch in seiner Sozialpädagogik der Lebensalter die jeweiligen alterstypischen Anforderungen und damit möglichen Bewältigungsprobleme. Schon vor der Ausformulierung der „Sozialpädagogik der Lebensalter" widmeten Böhnisch und Schefold in ihrem grundlegenden Werk (Böhnisch/Schefold 1985) der Gruppe der Kinder und Jugendlichen besondere Aufmerksamkeit. Sie kritisierten, dass der Lebenslagenansatz, auf den sie sich ansonsten positiv bezogen, Kinder und Jugendliche nicht speziell im Blick habe, weil diese in der Sozialpolitik einen „Sekundärstatus" hätten. Obwohl ein Entwicklungsmodell von Kindheit und Jugend, nach dem Kindern und Jugendlichen durch die Erziehungs- und Bildungsinstitutionen die sozialen Probleme „vom Leib gehalten" würden, „historisch nicht (mehr) stimmig" (ebd., S. 91) sei, kämen ihre „eigenständigen" Lebensprobleme nicht vor, womit „Kindsein und Jungsein" nach diesem Verständnis keine eigenständigen Lebenslagen, sondern Entwicklungs- und Übergangsphasen seien.[70]

Böhnischs Bewältigungstheorie erfasst die Soziale Arbeit insgesamt. Sozialpädagogik und Sozialarbeit sind aus dieser Perspektive „historisch unterschiedlich gewordene, aber gleichermaßen gesellschaftlich institutionalisierte

70 Mit „Alter" (und später „Geschlecht") verweist Böhnisch auf Kategorien, die zur Erweiterung des Katalogs von Lebenslagendimensionen, wie ihn Weisser und Nahnsen aufstellten, geeignet sind, ohne aber diese Kategorien konsequent als Dimensionen im Rahmen dieses Konzepts weiterzuentwickeln. Möglicherweise wurzelt darin eine spätere Begriffsverwirrung: Immer wieder ist in sozialpädagogischen Publikationen, die dieser Theorie folgen, von der „Lebenslage Jugend" die Rede. In einem frühen Werk unterschied Böhnisch im Anschluss an Weisser und Nahnsen zunächst klar zwischen Lebenslagen und Dimensionen von Lebenslagen (vgl. Böhnisch 1982, S. 77–86), um dann aber von „Jugend und Familie als Lebenslagen" (S. 86), und „Lebenslage Jugend im Sozialstaat" (S. 87) zu sprechen und im weiteren Verlauf seiner Darstellung die verkürzte Rede von „Lebenslage Jugend" (S. 88) zu verwenden, womit er wohl Missverständnissen bei denjenigen Vorschub leistete, die mit dem Lebenslagenansatz weniger vertraut sind.

Reaktionen auf typische psychosoziale Bewältigungsprobleme in der Folge gesellschaftlich bedingter sozialer Desintegration" (Böhnisch 2002, S. 199). Auch wenn sich im Zuge der Entwicklung von Sozialpolitik die professionelle Sozialarbeit und die Sozialpädagogik zunächst als zwei Bereiche herausgebildet hätten, haben sie sich seiner Auffassung nach „herausentwickelt" aus ihren traditionellen Handlungsbezügen: Die Sozialarbeit habe ihren fürsorgerischen Horizont in dem Maße überschritten, in dem die Desintegrationsprobleme in der Mitte der Gesellschaft ankamen. Die Sozialpädagogik rückte nach Auffassung Böhnischs nur in ihren Anfängen die Freisetzung der Jugend stärker in den Vordergrund als die gesellschaftlichen Bedingungen dafür. Mithin seien Sozialpädagogik/Sozialarbeit nicht Ableger der Pädagogik oder der Fürsorge. Böhnisch attestiert ihnen eine „moderne Eigenständigkeit", zumal es in der Sozialen Arbeit im Gegensatz zur Sozialpolitik nicht um sozialtechnologisches Handeln gehe (ebd., S. 200).

Schlussfolgerungen/Summarisches

Zusammenfassend lässt sich konstatieren, dass die Theorie Sozialer Arbeit als Hilfe zur Lebensbewältigung eine interdisziplinäre Gegenstandsbestimmung darstellt. Die historisch soziologisch-sozialpolitische, zeitdiagnostisch ergänzte Beschreibung der industriellen Gesellschaft und ihrer immanenten sozialstrukturellen Probleme, die ein Desintegrationspotenzial und regelmäßig individuelle sozialpsychologische Folgen haben, wird zum einen verknüpft mit der Frage nach den Handlungsantrieben, Möglichkeiten und Grenzen der Betroffenen, zum anderen mit der Frage nach der Definition von Sozialer Arbeit. Die Antwort dieser Theorie ist, dass die Individuen einer Bewältigungstatsache ausgesetzt sind, die, sobald sich die privaten Ressourcen als unzureichend erweisen zu Bewältigungsproblemen werden, die einer sozialstaatlich organisierten professionellen Unterstützung bedürften.

Dabei geht die Theoretisierung davon aus, dass die „konventionelle Idee der subjektiven Balance", einer „prinzipiellen Vermittelbarkeit von äußerer und innerer Realität", gespeist wurde aus der Hoffnung auf eine Auflösung gesellschaftlicher Widersprüche, d.h. aus dem „Fortschrittspathos" der modernistischen Wohlfahrtsgesellschaft, die auf Kosten der Bewohner anderer Regionen lebt; sowie von der These, dass diese Idee angesichts der existenzbedrohenden Krisen des Kapitalismus mittlerweile selbst für privilegierte Personengruppen infrage gestellt ist (Böhnisch/Schefold 1985, S. 77 f.). Die Hilfe zur Lebensbewältigung durch sozialpädagogische Interventionen müsse vor diesem Hintergrund darauf zielen, „Szenen" zu normalisieren, in denen sich bestimmte Gruppen „eigene Reproduktionszusammenhänge aufgebaut haben", sie sozialpolitisch abzusichern, sie als „Lebenszusammenhänge in Richtung Durchschnittsgesellschaft offenzuhalten", kurz: zur „‚Normalisierung' von pluralen Lebenszusammenhängen" beizutragen (ebd., S. 74). Soziale Arbeit wird damit sehr deutlich als notwendige Instanz zur Reproduktion des modernen Kapitalismus positioniert und dies für alle Gesellschaftsschichten, Lebensphasen und Geschlechter.

Daraus resultiert eine grundlegende Ambivalenz. Eine ihrer Erscheinungsformen ist das sog. doppelte Mandat der Sozialen Arbeit. Böhnisch/Lösch (1973/1998) skizzierten den in den 1970er Jahren gängigen Diskurs zu diesem Thema: In der Organisationsforschung wie auch in der Professionalisierungsdebatte der Sozialen Arbeit stehe das Spannungsverhältnis von Fachlichkeit und kontrollierenden bürokratischen Organisationen im Vordergrund, das vielfach als intrapersonaler Rollenkonflikt mit der Folge von Loyalitätskonflikten und Identitätskrisen verhandelt würde. Damit sei das strukturelle Problem „zum Schweigen gebracht". Sie schlagen deshalb eine Erweiterung der Perspektive auf den politisch-sozialen Hintergrund Sozialer Arbeit vor und konstatieren, dass auch und gerade in den Arbeitsbereichen, die sich weg von einer traditionellen Ordnungs- und Vollzugsverwaltung hin zu einer modernen Leistungsverwaltung gewandelt haben, das Spannungsfeld erhalten bleibt oder sich durch effektivere Steuerung, zum Teil unter Beteiligung privilegierter Interessengruppen, sogar verstärkt (ebd., S. 367 ff.). Als (überindividuelle) Wege, mit dem Dilemma umzugehen – ohne es auflösen zu können – skizzieren Böhnisch/Lösch die Schaffung repressionsfreier Mechanismen der Konfliktaustragung innerhalb der Institutionen, Koalitionsbildungen über die Grenzen der Institutionen hinweg und die Entwicklung eines aufklärerischen und mobilisierenden Bezugs zur Öffentlichkeit (ebd., S. 376). Der Aus- und Fortbildung käme die Aufgabe zu, „dem Sozialarbeiter Probleme seiner institutionellen Determination kritisch zu vermitteln" (ebd., S. 379). Gleichwohl sei und bleibe Soziale Arbeit für die Klienten strukturell immer Hilfe und Kontrolle gleichzeitig.

Grenzen und offene Fragen

Zwei grundsätzliche Dilemmata sind der Theorie der Sozialen Arbeit als Hilfe zur Lebensbewältigung immanent. Beide ließen sich auch mit Bernfeld (1925) als Aspekte des Sisyphoscharakters bzw. der Grenzen der Sozialen Arbeit bezeichnen: Unbestimmt bleiben zum einen die Grenzen ihres Gegenstandsbereichs, zum anderen die Grenzen der Hilfe im Einzelfall, wie im Folgenden erläutert werden soll.

Mit der Positionierung Sozialer Arbeit als notwendige Instanz zur Reproduktion des modernen Kapitalismus bzw. als das strukturlogische Mittel der Bearbeitung von kritischen Lebensereignissen, die sich „an praktischen Grenzen des wohlfahrtsstaatlichen Ordnungsmodells andeuten" (Böhnisch/

Schefold 1985, S. 8; Böhnisch 2002, S. 200), ist diese unmittelbar eingebunden in ein Ordnungsmodell, dessen negative Folgen sie helfend minimieren soll. Dabei ist Soziale Arbeit selbst abhängig vom System und den jeweiligen hegemonialen Vorstellungen davon, was Integration bzw. Desintegration bedeutet und welches individuelle und gesellschaftliche Ausmaß davon als akzeptabel bzw. inakzeptabel gilt. Zugespitzt formuliert: Wenn die Sozialstaatsidee an kultureller Hegemonie verliert, gerät die Soziale Arbeit nicht nur unter verschärften äußeren Rechtfertigungsdruck, sondern handelt sich auch ein ureigenes Legitimations- und Definitionsproblem ein.

Zwar stellten Böhnisch/Schefold schon 1985 fest, dass der Sozial- und Wohlfahrtsstaat nicht nur als sozialpolitisches Leistungs- und Versorgungssystem Grenzen aufweist, sondern auch als kulturelles Ordnungsmuster an Selbstverständlichkeit verliert (ebd., S. 8), doch thematisieren sie wie die meisten Autoren, die dem Bewältigungsparadigma folgen, dieses Dilemma weniger grundsätzlich. Nicht diskutiert wird das Legitimationsproblem, ob und inwieweit Soziale Arbeit überhaupt als sozialstaatliches Angebot sozialstaatlich legitimiert ist, also auch mit angemessenen finanziellen Mitteln, Ausbildungsstätten etc. rechnen kann, und von Menschen in kritischen Lebenssituationen als Unterstützung ihrer Suche nach Handlungsfähigkeit akzeptiert wird.

Das Definitionsproblem ergibt sich, wenn Lebensbewältigung in der historischen Situation der „Übergangsgesellschaft" definiert wird als ein „über die Runden kommen", wobei Richtung und Form der sozialen Integration offen blieben, weil „nicht mehr alle Individuen einfach in ein Modell gesellschaftlicher und subjektiver Entwicklung eingeordnet werden wollen (sic!, d. Verf.), dessen Zielgrößen an den Prozess des gesellschaftlichen Fortschritts gebunden sind" (Böhnisch/Schefold 1985, S. 76) und „die Gesellschaft […] nicht weiter verallgemeinerte Entwicklungshorizonte für alle verbindlich machen [kann]" (ebd., S. 77). Wenn weiter postuliert wird, dass sich „immer mehr Gruppen von diesem – wenn auch imaginären – Ganzen der Gesellschaft abkoppeln" (ebd.), steht dies zudem im Widerspruch zur Kontinuität sozialer Ungleichheit und damit einhergehenden klassen- und schichtspezifischer Entwicklungsmöglichkeiten und -zielen. Wenn zudem formuliert wird, dass wir heute „eher neugierig sind, wie die Herausbildung und Verwertung subjektiver Kompetenzen […] von Fall zu Fall, von Situation zu Situation zur Entstehung neuer Lebensentwürfe und Integrationsmuster führen kann", wirkt dies aus einer gesellschaftskritischen Perspektive fast naiv. Das gilt auch für die für die Theorie wesentliche Annahme, dass sich die Orientierung der Individuen, insbesondere solcher mit gestörter Sozialintegration, angesichts des „Versagens sozialintegrativer Muster" (Böhnisch/Schefold 1985, S. 78) von den nicht mehr sinnstiftenden Institutionen zu den Beziehungen hin verlagere: „dann wird die personen- und lebensweltzentrierte Perspektive ‚Lebensbewältigung' lebensbestimmend" (ebd., S. 80). Ob und ggf. inwieweit dieser Blick auf die AdressatInnen trägt, bleibt offen.

Ursache für diesen Eindruck dürfte das zweite theorieimmanente Dilemma sein, die Unbestimmtheit der Grenzen der Hilfe im Einzelfall. Böhnisch leitet den Bewältigungsbegriff aus der Sozialpsychologie her. Dabei betrachtet er Trieb im Gegensatz zu Bernfeld weniger psychoanalytisch als sozialpsychologisch „im Sinne sozial gerichteter Triebansprüche" (Böhnisch 2002, S. 203) und bezieht sich dabei auf Kohli, der das psychologische Coping-Konzept um biografische und sozialstrukturelle Aspekte erweiterte. Böhnisch geht davon aus, dass Individuen um jeden Preis nach Handlungsfähigkeit streben, um ein gefährdetes psychosoziales Gleichgewicht wiederherzustellen. Bernfeld hatte – basierend auf psychoanalytischen und marxistischen Überlegungen – institutionelle Erziehungsarrangements vorgeschlagen, die notwendig sind, solange Kinder nicht in idealen, an Gleichheit orientierten Gesellschaften aufwachsen, und zugleich die trieb- wie (noch) gesellschaftlich bedingten Grenzen von Erziehung deutlich gekennzeichnet. Wenn Böhnisch hingegen angelehnt an das Coping-Konzept davon ausgeht, dass Menschen triebbedingt um jeden Preis nach psychosozialem Gleichgewicht und Integration streben (vgl. Böhnisch 2002, S. 203), lässt sich eine entscheidende und in der beruflichen Praxis hoch relevante Grenze von Erziehung und Bildung, aller (professionellen) Hilfen zur Lebensbewältigung schlechthin nicht erklären: der ggf. fehlende Wille von AdressatInnen. Mit anderen Worten: Dann gibt es keine systematischen Grenzen der Hilfe zur Lebensbewältigung.

Abschließend sei noch auf offene Fragen hinsichtlich einer Intention von Böhnisch/Schefold (1985) verwiesen: Ihren Bezug auf das Lebenslagenkonzept stellen Böhnisch/Schefold her, um Lebensbewältigung nicht mehr „lediglich als erkenntnisleitendes Paradigma" zu gebrauchen, sondern „in diese Perspektive *Lebensbewältigung* [Herv. i. O.] eine kategoriale Struktur zu bringen, um sie somit als Bezugsrahmen empirischer Sozialforschung tauglich zu machen" (ebd., S. 86). Begründet wird diese Verbindung mit Erkenntnissen der sozialpsychiatrischen Forschung, nach denen dieselben belastenden Lebensereignisse je nach sozialer Lage, also je nach vorhandenem Handlungsspielraum unterschiedlich bewältigt werden. Als Beispiele werden schicht-, geschlechts- und regional- bzw. kulturspezifische Bewältigungsmöglichkeiten und -formen benannt (ebd., S. 86 ff.). Im Anschluss an Weisser und Nahnsen werden Lebenslagen verstanden als mehrdimensionale Handlungsspielräume, die subjektiv wahrgenommen werden. Was als wegweisend für die Theoretisierung der Sozialen Arbeit und ihrer Handlungsmöglichkeiten resp. Grenzen gelten muss, wäre aus Sicht der empirischen Sozialforschung noch zu ergänzen. Böhnisch/Schefold (1985) verstehen Lebenslagen etwas ungenau als „ein Set von sozialökonomischen und soziokulturellen Bewältigungsmustern" (ebd., S. 93, vgl. auch Fn. 66) und Böhnisch geht insgesamt wie auch im hier zitierten Schlüsseltext (Böhnisch 2002) nicht auf solche notwendigen Ergänzungen des

Lebenslagenkonzepts ein.[71] Gleichwohl: Mit dem Lebenslagenkonzept haben Böhnisch/Schefold ein sozialpolitisch-soziologisches Konzept in die sozialpädagogische Theorieentwicklung eingeführt, das mit der Unterscheidung zwischen objektivierbaren Handlungsspielräumen und ihrer subjektiven Wahrnehmung einen geeigneten Analyserahmen für (sozial-)pädagogische Fragen nach den Möglichkeiten und Restriktionen für das Handeln der AdressatInnen und der Fachkräfte bietet und paradigmatisch individualisierenden Verantwortungszuschreibungen entgegenwirkt.

Seit der Einführung der Theorie von Sozialpädagogik als Hilfe zur Lebensbewältigung durch Böhnisch/Schefold in den disziplinären Diskurs und die Weiterentwicklungen durch Böhnisch beziehen sich zahlreiche FachvertreterInnen mehr oder weniger explizit und umfassend darauf. Besonders erwähnenswert sind hier die gemeinsamen Arbeiten von Böhnisch mit Heide Funk, Karl Lenz und Wolfgang Schröer.

Literaturempfehlung

a) *Eine knappe Darstellung* („Schlüsseldokument"):
Böhnisch, L. (2002): Lebensbewältigung. Ein sozialpolitisch inspiriertes Paradigma für die Soziale Arbeit. In: Thole, W. (Hrsg.): Grundriß Soziale Arbeit. Wiesbaden: VS, S. 199–213.

b) *Ausführlicher:*
Böhnisch, L./Schefold, W. (1985): Lebensbewältigung. Soziale und pädagogische Perspektiven an den Grenzen der Wohlfahrtsgesellschaft. Weinheim und München: Juventa.
Böhnisch, Lothar (1997/2001): Sozialpädagogik der Lebensalter, Weinheim und München: Juventa.

c) *Weitere Texte:*
Böhnisch, L./Lösch, H. (1973/1998): Das Handlungsverständnis des Sozialarbeiters und seine institutionelle Determination. In: Thole, W./Galuske, M./Gängler, H. (Hrsg.) (1998): KlassikerInnen der Sozialpädagogik. Neuwied und Kriftel: Luchterhand, S. 367–383.
Böhnisch, L. (1982): Der Sozialstaat und seine Pädagogik. Neuwied und Darmstadt: Luchterhand.
Böhnisch, L./Lenz, K./Schröer, W. (2009): Sozialisation und Bewältigung. Weinheim und München: Juventa.
Böhnisch, L./Lenz, K./Schröer, W. (2012): Sozialpolitik und Soziale Arbeit. Weinheim und Basel: Beltz Juventa.
Böhnisch, L./Funk, H. (2013): Soziologie – Eine Einführung für die Soziale Arbeit. Weinheim und Basel: Beltz Juventa.
Böhnisch, L. (2015): Bleibende Entwürfe. Impulse aus der Geschichte des sozialpädagogischen Denkens. Weinheim und Basel: Beltz Juventa.

---

71 Differenzierte Analysen zu Chancen und Grenzen des Konzepts im Kontext sozialpolitischer Grundlagenforschung folgten, insbesondere von Voges et al. (2003). Die handelnde Wahrnehmung, den „Link" zwischen Struktur und Subjekt, analysierte insbesondere Bourdieu mit dem Konzept des Habitus (ausführlich dazu und zur methodischen Erfassung des Handelns vgl. Aner 2005).

Lenz, K./Schefold, W./Schröer, W. (2004): Entgrenzte Lebensbewältigung. Weinheim und München: Juventa.
Stecklina, G./ Wienforth, J. (Hrsg.) (2019): Soziale Arbeit und Lebensbewältigung. Grundlagen, Praxis, Kontroversen. Weinheim und Basel: Beltz Juventa.

„Steckbrief"

Kernbestimmung Sozialer Arbeit und Bezeichnung der Theorie	Soziale Arbeit ist „Hilfe zur Lebensbewältigung". Bewältigungstheorie
Kernbegriffe	Lebensbewältigung, Bewältigungstatsache, Bewältigungsproblem, psycho-soziales Gleichgewicht, soziale Desintegration
Kernargumentation	Soziale Arbeit ist die gesellschaftliche Reaktion auf die Bewältigungstatsache. Lebensbewältigung bezeichnet das Streben nach subjektiver Handlungsfähigkeit (auch) in kritischen Lebenssituationen. Kritisch sind sie, wenn die bislang verfügbaren Ressourcen nicht ausreichen, womit ein Bewältigungsproblem entsteht, auf das die Soziale Arbeit als Hilfe zur Lebensbewältigung reagiert. Bewältigungsanforderungen und -probleme sind Folge der arbeitsteiligen Industriegesellschaft, die mit einer latenten sozialstrukturellen Dauerkrise einhergeht und eine Spannung zwischen Integration und Desintegration erzeugt. Soziale Arbeit behandelt die Folgen der nicht aufzuhebenden gesellschaftlichen Strukturprobleme am Individuum, womit sie Strukturprobleme in pädagogische transformiert.
AdressatInnen Sozialer Arbeit	Menschen aller Schichten und Lebensalter in riskanten Lebenslagen und an biografischen Übergängen, deren individuelle Ressourcen zur Bewältigung nicht ausreichen
Vertreter Herkunftsdisziplin	Lothar Böhnisch, Werner Schefold, Wolfgang Schröer Soziologie bzw. Erziehungswissenschaften
(Weitere) disziplinäre und Theoriebezüge	Sozialpolitik, Sozialpsychologie, Erziehungswissenschaft
Wissenschafts- und erkenntnistheoretische Position	Wird nicht expliziert
Aufgabenbestimmung der Theorie Sozialer Arbeit	Analyserahmen und Interventionsparadigma
Entstehungszeitpunkt und Hintergrund	1980er Jahre, in denen eine Abkehr der Fachdiskussion von radikaler Gesellschaftskritik und eine Hinwendung zu Fragen nach den AdressatInnen, den Individuen in ihrer Alltagswelt und ihren (psychologischen) Problemen, sowie zu darauf zu beziehenden Handlungsmethoden der Profession erfolgten.

3.9 Soziale Arbeit als Ermöglichung von Subjektivität

Definition und Gegenstandsbestimmung

Die Bestimmung von Sozialpädagogik als Ermöglichung von Subjektivität geht auf Michael Winkler zurück. Sozialpädagogik etabliere sich in der Moderne, also in der bürgerlichen-kapitalistischen Gesellschaft. Diese Gesellschaft erfordere die Lebensform autonomer Subjektivität, stelle aber nicht allen, insbesondere nicht den Armen, die hierfür erforderlichen Ressourcen hinreichend zur Verfügung. Damit fehlten diesen schon im Aufwachsen die Bedingungen für gelingende Sozialisation und Bildung als Basis für die erforderliche autonome Subjektivität. Insofern werde Armut zu einem pädagogischen Problem. Sozialpädagogik ermögliche durch Erziehung und die Vermittlung von Kompetenzen Bildung und damit letztlich die Ermöglichung von Subjektivität, so dass sich die Subjekte in den gesellschaftlichen Verkehrsformen bewegen könnten und dies auch in kritischen Lebenslagen (Winkler 2003, S. 14 u. passim).

Als grundlegende Publikation eignet sich insbesondere Winklers Buch „Eine Theorie der Sozialpädagogik" aus dem Jahr 1988. Als Schlüsseldokument legen wir zwei Texte aus den Jahren 2003 und 2006 zugrunde. Der erste fasst Winklers Kerngedanken von 1988 zusammen, der zweite konkretisiert (und revidiert teilweise) und erweitert die Grundüberlegungen um zeitdiagnostische Ausführungen.

Vertreter

Michael Winkler, geboren 1953 in Wien, studierte Pädagogik, Germanistik, Neuere Geschichte und Philosophie an der Universität Erlangen-Nürnberg. Er promovierte 1979 an der Universität Erlangen, wo er sich 1986 auch habilitierte. Er nahm Vertretungsprofessuren an der Hochschule der Künste in Berlin und der Universität Kiel sowie Gastprofessuren, u. a. an der Universität Graz, wahr. 1992 erfolgte seine Berufung zum Professor für Allgemeine Pädagogik und Theorie der Sozialpädagogik der Universität in Jena.

Kernaussagen

Grundannahmen/Ausgangspunkt

„Subjekt" ist die „semantische Figur, mit der in der neuzeitlichen Gesellschaft die Realität des Menschen gefasst und zugleich auch als ein Ideal verbürgt wird" (Winkler 1988, S. 98). Individualität bilde in dieser Gesellschaft „den notwendigen

und in ihr möglichen Sozialtypus" (ebd., S. 123). Die Vergesellschaftung des Individuums in der bürgerlich -kapitalistischen Gesellschaft, der Moderne, erfolge, *„indem es sich selbst mit Hilfe eines abstrakten und zugleich revisionsfähigen, also zeitlich variablen Systems von Verhaltensvorstellungen reflektiert und diszipliniert"* (ebd., S. 129). Der Begriff des Subjekts mache den in der Moderne gegebenen „Zwiespalt zwischen Individualisierung und Disziplinierung [...] einer Interpretation zugänglich" (ebd., S. 139) und codiere zugleich die Wahrnehmung des pädagogischen Problems: Dieses wird nämlich nun „als Problem des Subjekts und seiner Subjektivität denkbar" (ebd.). Man müsse „die Theorie des Subjekts betreiben", zumal mit diesem Begriff nicht nur die Zerrissenheit der menschlichen Existenz und des Sozialen „denk- und problematisierbar" werde, sondern auch eine „Projektion für das menschliche Handeln" entworfen würde (ebd., S. 140). Die Semantik von Subjekt und Subjektivität überschreite „die mechanische Determination durch das Soziale", das Subjekt bilde die „Grenze zur Welt" (ebd.), denn, so Winkler weiter, Subjektivität sei ein dynamischer „Modus der Auseinandersetzung mit der Umwelt, in welchem sich ein Wandel des Subjekts selbst vollzieht" (ebd., S. 147).

Argumentation

Die moderne Gesellschaft erlaube nicht nur erst Subjektivität, sie fordere sie auch von allen Gesellschaftsmitgliedern ein. Ein Zwang zur Lebensform autonomer Subjektivität bestehe für alle Individuen der modernen Gesellschaft, aber nicht allen stünden die erforderlichen Ressourcen zur Verfügung. Ohne hinreichende Ressourcen fehlten die Bedingungen für gelingende Sozialisation und Bildung und damit für die Basis einer autonomen Subjektivität. Insofern sei Armut ein pädagogisches Problem, weil Armut einen Verlust von Bildungschancen bedeute. Führe eine gelingende Aneignung zu einem „Subjektmodus" und münde in einem „Modus der Identität", so resultiere aus einer misslingenden Aneignung der Modus der Differenz. Somit erlaube der Subjektbegriff, „das sozialpädagogische Problem als Gefährdung des Subjekts und seiner Subjektivität zu sehen" (ebd., S. 152).

Neben „Subjekt" ist der „Ort" als „Grundbestimmung sozialpädagogischen Handelns" ein weiterer Zentralbegriff von Winklers Theoretisierung (ebd., S. 263 ff.). Sein Ausgangspunkt hierfür ist eine Topologie der sozialpädagogischen Praxis (ebd., S. 183 ff.). In der empirischen Realität erscheine das sozialpädagogische Feld als „sozialer Sektor", den die moderne Gesellschaft hervorbringt. In diesem Feld könne eine sozialpädagogische Praxis stattfinden (ebd., S. 183 f.). Das sozialpädagogische Handeln setze aber nicht schon mit der Wahrnehmung der konkreten Bedingungen, in denen das Individuum lebt, sondern erst damit ein, dass „ein – wie auch immer gearteter – Lebensort dem Subjekt zur

Verfügung gestellt wird" (ebd., S. 260). Sozialpädagogisches Denken beginne mit der Überlegung, „wie ein Ort beschaffen sein muß, damit ein Subjekt als Subjekt an ihm leben und sich entwickeln kann, damit er auch als Lebensbedingung vom Subjekt kontrolliert wird" (ebd., 278 f.). Das auf den Ort gerichtete sozialpädagogische Handeln schaffe einen Raum „frei von gesellschaftlicher Determination" (ebd., S. 279). Orientiert an den Möglichkeiten des Subjekts löse es „die schon verfügten, das Subjekt beherrschenden und in den Modus der Differenz drängenden Zusammenhänge auf" oder es konstituiere „ein neues, vorher nicht gegebenes Lebensfeld" (ebd.). Mit der konkreten Herstellung eines sozialpädagogischen Ortes, der Aneignungsmöglichkeiten für das Subjekt bereithält, konstituiere sozialpädagogisches Handeln zugleich seine eigenen Rahmenbedingungen (ebd.). Sozialpädagogik ermögliche durch die Schaffung von sozialpädagogischen Orten, in den sich Individuen bilden und entwickeln, zu Subjekten wachsen können, Subjektivität. Sozialpädagogik ist mithin das Ermöglichen von Subjektivität. Diese erlaubte es den Subjekten, sich in den gesellschaftlichen Verkehrsformen zu bewegen und dies auch in kritischen Lebenslagen (Winkler 2003, S. 14 f.).

Mit dieser Theoretisierung von Sozialpädagogik als Ermöglichung von Subjektivität ist noch nichts über die Realisierung unter bestimmten Bedingungen gesagt. Die Bedingungen, die ökonomischen, politischen und kulturellen Verhältnisse, unterlägen einem permanenten Wandel (Winkler 2003, S. 16 f.), weshalb sich Sozialpädagogik die Frage nach sich selbst regelmäßig neu stellen müsse. Damit sei ihre eigene Theorie weniger als „großer Wurf" denn als ein Projekt zu begreifen (Winkler 2006, S. 55).

Viele Beiträge von Winkler, die er nach seiner Grundlegung von 1988, seinem „großen Wurf", in dem er Kerngedanken seiner Theorie umfassend entwickelt hatte, veröffentlichte, lassen sich als Beiträge zum „Projekt Sozialpädagogik" lesen. Eine dieser Publikationen, die eingangs angeführte von 2006, soll im Folgenden skizziert werden. Winkler zufolge war seinerzeit eine erneute Selbstvergewisserung besonders notwendig, weil *„die Sozialpädagogik vor einer dramatischen Umwälzung steht, in der ihr gesellschaftlicher Ort, ihre Aufgaben und Leistungen, vor allem ihre Theorie neu bedacht werden müssen"* (Winkler 2006, S. 56).

Aktuell sei die Sozialpädagogik „mit der Brutalität eines Kapitalismus konfrontiert, den sie schon lange vergessen hat" (ebd., S. 59). In den Gesellschaften der „zweiten Moderne" ließen sich fünf *„Grundtendenzen"* (ebd.). ausmachen:

(1) *Entstaatlichung und Unmittelbarkeit von Gesellschaft*: Die Gesellschaften der Gegenwart sieht Winkler gekennzeichnet von einem globalen Kapitalismus mit starken antistaatlichen Tendenzen. Gleichwohl gäbe es noch „staatlich geregelte Sicherheiten", jedoch nur für das Kapital, „kaum für die Beschäftigten,

schon gar nicht für jene, die nutzlos sind" (ebd., S. 60). Für die Sozialpädagogik und ihr Selbstverständnis, so Winkler, liege die „entscheidende Konsequenz in der Aufkündigung ihres Paktes mit dem Sozialstaat", sie verliere ihren bisherigen „sozial- und wohlfahrtsstaatlichen Zusammenhang" und werde „strukturell sowohl im Hinblick auf die ihr zur Bearbeitung aufgegebenen Probleme wie die dafür nötigen Pragmatiken auf Gesellschaft verwiesen", müsse „ihren Ort in einem gesellschaftlichen Zusammenhang neu organisieren" (ebd.). Doch nicht nur die Probleme der Sozialpädagogik würden unmittelbarer. Mit der schwindenden Wirksamkeit der intermediären Instanzen schlügen die „Realitäten der Klassengesellschaften" auch auf die Lebenslagen der Betroffenen „gleichsam ungebremst" durch. Der Wiederherstellung einer manifesten Klassengesellschaft korrespondiere „ein neuer Disziplinierungsdiskurs gegenüber den nun wieder als verwahrlost Geltenden" (ebd., S. 60 f.). Entstaatlichung verlange *„gegenüber den nunmehr unvermittelten gesellschaftlichen Prozessen neue Aneignungsformen"* und *„Sozialpädagogik gehorcht so den Bedingungen einer Moderne, die den Beteiligten gesellschaftlich Autonomie gibt, aber die dafür nötigen institutionellen Sicherheiten ebenso verweigert wie die Rahmenbedingungen, welche erforderlich wären, um sich in dieser Situation erfolgreich bewegen zu können"* (ebd., S. 61).

(2) *Flüssige Moderne*: Die Veränderungsdynamik bei gleichzeitig zunehmender Komplexität moderner Gesellschaften führt, so Winkler weiter, zu einer „kaum mehr Strukturen aufweisenden Situation", in der „die Verflüssigung bis tief in die Lebens- und Alltagswelt hineinreiche (ebd., S. 61 f.). *„Zur Existenz gehört, weder zu wissen, was Zukunft bescheren mag, noch auf Zusammenhänge zurückgreifen zu können, die solche Unsicherheit kompensieren oder wenigstens flankieren"* (ebd., S. 62). Damit werden die Verhaltenskontrolle und die einfachen Muster der Beherrschung „schwächer, prekärer, weil sie an die Entscheidung und Rationalität der Subjekte gebunden sind" (ebd.). Diese Offenheit erfasse jeden und alle Lebensphasen. Da die spätmodernen Gesellschaften „nur noch eine Sozialform kennen, nämlich die des Individuums, möglichst in der Form seiner Subjektivität", das auf sich allein gestellt, um so der Gesellschaft ausgeliefert zu sein, fordern von der Sozialpädagogik etwas Neues: *„Man muss Gesellschaftlichkeit und Kultur den Individuen geradezu didaktisch präsentieren, damit diese sich eine Gesellschaft aneignen können, um sich dieser erwehren zu können und substanziell Autonomie für sich gewinnen, die ihnen formal schon angetan wurde"* (ebd., S. 62 f.).

(3) *Verhärtung, Kontrolle, Disziplin*: Manifeste und subtile Formen der Kontrolle und Disziplinierung seien zu finden. Gouvernementalität als neue Herrschaftsform schaffe „einen Raum des Sozialen, in welchem die Einzelnen sich selbst steuern in bewusstem Gehorsam gegenüber den Prinzipien, die ihnen vorgelegt werden" (ebd., S. 64). Dieses „Geschäft" betreibe die Sozialpädagogik

mit, insbesondere, wo sie mitwirkt an Formen der sanften Kontrolle, an Risikominimierung und Prävention (ebd.).

(4) *Spaltungen der Gesellschaft*: Die Gesellschaft spalte sich in drei Gruppen: a) Die kleine Gruppe der Vermögenden, an deren Seite die Ideologen, Politiker und Wissenschaftler treten, „welche diesem System ihren Segen geben", b) die größere Gruppe der prekär Integrierten, welche „in den Fahrstühlen der modernen Gesellschaft unterwegs" sind, dabei erfolgreich sein, aber auch abstürzen können, und c) die dritte, wachsende Gruppe derer, denen „schon der Fahrstuhl verwehrt und nur noch der Zugang zu engen und dunklen Treppenhäusern mit rutschigen Stufen" erlaubt ist (ebd., S. 64 f.). Die zweite Gruppe ist interessiert an der Stabilisierung ihrer Situation, für sie entstehe eine „ganze Industrie der Stabilisierung", zu der auch eine „saubere Soziale Arbeit gehört, die mit *Klienten* (Herv. i. O.) zu tun hat, welchen sie Dienstleistungen erbringt" (ebd., S. 65). Die dritte Gruppe würde zum „*Adressaten* (Herv. i. O.) einer schmuddeligen, selbst schon elenden Sozialen Arbeit", die es mit Armut und Elend in fast schon vergessenem Ausmaß zu tun hat (ebd.).

(5) *Ausgrenzung*: Winkler konstatiert, dass trotz des doppelten Mandats von Hilfe und Kontrolle, die Funktion von Sozialpädagogik historisch doch immer darin bestanden habe, zum Zusammenhang des Ganzen beizutragen. „Die sozialstaatlich gestützte Annahme lautete, Integration sei sozial und kulturell möglich und wahrscheinlich" (ebd.). Die sozialpädagogische Theorie habe sich wohl deshalb „einer soziologischen Denkweise verschrieben und Ansätze hinter sich gelassen, die mit Individuen oder gar Subjekten rechnete", es habe die „Ratio" der Sozialpädagogik ausgemacht, dass sie „das Individuum als gesellschaftliches sehen" konnte (ebd., S. 65 f.). Die Wirklichkeit widerlege nun diese Grundannahmen, es gebe „Desintegration und Exklusion, die keine gesellschaftliche Funktion mehr erfüllen, geschweige denn in Zusammenhänge zurückführen, die als soziales Leben erfahren werden können" (ebd., S. 66). Dieses „Elend der Welt" greife in einem neuen Ausmaß weit in die Gesellschaft hinein. Da es die Sozialpädagogik aufgrund dessen „mit einer neuen, reputierlichen Klientel zu tun hat", bestehe die Gefahr, dass „das alte Elend aus dem Blick gerät" (ebd.). Zugleich reichten die Problemlagen tiefer als bisher und verlangten den Subjekten mehr Kompetenzen ab als jemals zuvor: *„Hier werden materielle und psychische, auch kognitive Mittel wie Lernprozesse nötig, die sich auf das Gesamt einer Welt- und Selbstbewältigung beziehen"* (ebd.).

In dieser – mit den fünf Grundtendenzen skizzierten – neuen strukturellen Ordnung spalte sich die Sozialpädagogik (auch international) „in drei Dimensionen bzw. Entwicklungen, die sich den Verwerfungen der Gesellschaft nachbilden, ohne mit diesen übereinzustimmen" (ebd., S. 69).

Winkler bezeichnet die erste dieser drei Entwicklungen (a) als „Normalität einer kapitalisierten Sozialpolitik": Sozialpädagogik werde normal, bekomme einen infrastrukturellen Zug und lasse (in dieser Dimension, d. Verf.) das doppelte Mandat hinter sich. Pragmatisch und fachlich entgrenzt, ubiquitär und fachlich diffuser biete sie Leistungen für die prekär Integrierten, die sich dies leisten können. Diese Kapitalisierung gehe mit deutlichen Reputationsgewinnen einher, hier entstehe eine „teure Soziale Arbeit, die sich als psychosoziales und kulturelles Netz, zwischen Therapie und Unterstützung von Bildungsaufgaben definiert" (ebd.). Dieser Prozess werde von den Kommunen mit der Forderung nach bedarfsgerechten Angeboten vorangetrieben. (b) Zum zweiten entstehe eine ebenfalls noch marktförmige Sozialpädagogik der „Programme, Philanthropie und Solidarität", die prekär und kontingent, weil abhängig von spektakulären Ereignissen und politischen Inszenierungen, sind. Gleichwohl entstünden hier von kommunitärem Denken geprägte Modelle der Kooperation, „Bündnisse zwischen unterschiedlichen Professionen, aufgabenbezogene Zusammenarbeit zwischen Professionellen und Laien wie vor allem über die Generationengrenzen". Dieser Entwicklung bescheinigt Winkler eine „spannende Zukunft" (ebd., S. 70). (c) Zum dritten bilde sich die „elende Sozialpädagogik" im „‚Restbereich' der Gesellschaft", dort, „wo es um Kontrolle und Disziplinierung geht, wo entscheidend wird, mit den Ausgegrenzten zu arbeiten" (ebd., S. 71). Diese „elende Sozialpädagogik" bleibe zwar in staatlicher Zuordnung, dies jedoch nicht als konstante Ordnungsmacht. Sie verfalle „der Willkür und dem Zufall", werde medial und politisch gesteuert, in „Ausgrenzungsgebieten" zuweilen ganz aufgegeben (ebd.).

Schlussfolgerungen/Summarisches

Winkler schlussfolgert aus seinen zeit- bzw. gegenwartsdiagnostischen Beschreibungen und Analysen, dass ein neuer Zwang zur Selbstverständigung der Sozialpädagogik bestehe, gleichzeitig aber noch offen sei, worin die Sozialpädagogik „Ankerpunkte" für ihre Theorie finde. Er schlägt vor, dass die Theorie der Sozialpädagogik in der späten Moderne zwei alte Fragen wieder aufgreift: a) die nach den Subjekten und b) die nach der Pädagogik (ebd., S. 74).[72]

Gegenüber eher soziologischen Denkmustern (anderer Theorien der Sozialpädagogik; d. Verf.) hätten die elaborierten Professionstheorien und Vorstellungen von Partizipation in der Sozialpädagogik das Subjekt bereits aufgewertet. So die Professionstheorien mit ihrem Fokus auf das „Fallverstehen" und die Vorstellung von „Partizipation als einer organisatorischen Grundfigur fachlichen Handelns". Andere Begründungszusammenhänge argumentierten

72 Insbesondere darin besteht seine Revision, die er mit dem Titel „Kleine Skizze einer revidierten Theorie der Sozialpädagogik" anmahnt.

demgegenüber eher subjektkritisch, wie systemtheoretische Ansätze sowie postmoderne Überlegungen zum „Tod des Subjekts" (ebd., S. 74 f.). Das Subjekt, so Winkler aktualisierend, sei doppelsinnig geworden, „ambivalent, nämlich beherrscht und autonom, aber darin auf eine dramatische Weise auf sich verwiesen", daher entkomme man der „*Kategorie* Subjekt und dem *Begriff* der Subjektivität" nicht (ebd., S. 75; Herv. i. O.). Zum Anknüpfungspunkt solle nun aber nicht mehr nur das Subjekt in seiner prekären Situation, sondern das „elende Subjekt" werden (ebd., S. 75 f.): „Ein sozial erzeugter Autismus bildet den Bezugspunkt und den konkreten Subjektivitätsmodus, der unabhängig vom ökonomischen Status eintreten kann" (ebd., S. 76). In seiner „reputierlichen Form" rufe er die kapitalisierte Sozialpädagogik auf den Plan, Dramatik gewinne er, „wo gesellschaftliche und kulturelle Netze aufgelöst sind", wo Sozialpädagogik nur noch „Subjekte in – gesellschaftlich erzeugter – bloßer, sozial radikalisierter und durch Ausgrenzung schon vernichteter Subjektivität" antreffe (ebd.). „Ausgangspunkt der Sozialpädagogik kann das Subjekt außerhalb gesellschaftlicher und kultureller Zusammenhänge werden, Handlungsfokus wird, dem Subjekt in seiner Fragilität zu sich zu helfen unter Anknüpfung an die elementare Selbstsorge" (ebd.).

Winklers zweite Forderung zielt auf eine erneute Beschäftigung mit dem „Pädagogischen an der Sozialpädagogik". Ob sich die „kapitalisierte Sozialpädagogik" dem sozial erzeugten Autismus in seiner reputierlichen Form zuwende oder die „elende Sozialpädagogik" auf „radikale Weise" denjenigen, denen „alle Anerkennung entzogen worden ist", den „Subjekten, die eben nichts außer sich in ihrer wertlosen und daher unwürdigen Existenz haben" (ebd.), immer ginge es dabei um Lernprozesse, denn die eigene Selbstsorge als Bezugspunkt zu be- und zu ergreifen, geschehe nur in Lernprozessen. Vor diesen Hintergrund (und fehlender eigener Theorie) rekurriere Sozialpädagogik auf Bildung. Geleistet werde aber nicht Bildung, sondern „*etwas Anderes, das wohl besser mit Erziehung beschrieben wäre: Eine Erziehung, die auf die Voraussetzungen von Bildung zielt, […], die begreift, dass und wie das Subjekt befähigt werden muss, seine Sorge um sich selbst ernst nehmen und seine Existenz realisieren zu können, auch wenn sie verloren erscheint. Das meint dann Sozialpädagogik – auch und ganz besonders unter den Bedingungen einer radikalisierten Moderne*" (ebd.).

Summarisch nachzutragen ist noch, dass Winklers Theorie der Sozialpädagogik diskurstheoretisch angelegt ist. Der Begriff des Diskurses bezeichnet bei Winkler das Phänomen, dass „*die sinnhafte Einheit von Sozialpädagogik nur in einem Sprachzusammenhang identifiziert werden kann, der aus tradierten und konventionalisierten ‚Theorieelementen' sowie aus Erfahrungs- und Alltagswissen konstituiert und von den Sprachhandelnden je aktualisiert wird*" (Winkler 1988, S. 24). Als „Sprachspiel" zeige er „ein bestimmtes Verständigungssystem" an, fungiere als „Chiffre“ für diejenigen, die daran teilnehmen. In den Diskurs gingen Kriterien ein, die mehr oder weniger bewusst allgemein geteilt und doch zugleich ständiger Bearbeitung unterliegen würden (ebd., S. 25). Diese Form einer „an selbstentwickelten Standards orientierten Eigenidentifizierung“ sei ein typischer Denkmodus für Professionen, in denen Handlungen in ungewissen Situationen vollzogen werden müssen, die „nicht routinisiert bearbeitet werden können, sondern einer reflexiven Rückbindung an den Diskurs bedürfen“ (ebd., S. 26).[73] Dabei bleibe der Diskurs nicht auf Sprache beschränkt, sondern habe „lebenspraktische Bedeutung“, weil er „eine pragmatisch relevante Wirklichkeitskonstruktion zur Verfügung stellt“ (ebd., S. 30). Als „Reflexion im Erziehungssystem“ schwanke der sozialpädagogische Diskurs naturgemäß „zwischen Novellierung und Traditionalität“. Die „in ihm gebundenen Begriffe und Konzeptionen“ bezeichneten „präzise die Wirklichkeit, welche die Sozialpädagogik für die Beteiligten hat“ (ebd., S. 31). *„Der Diskurs als Ganzer lässt sich als die Theorie der Sozialpädagogik bezeichnen, von der sich die Sozialpädagogen in ihrem Sein und Handeln bestimmen und leiten lassen“* (ebd., S. 31 f.). Er verfüge über eine „eigentümliche Selbständigkeit“ und als eine Art „ideologischer Überbau“ und „frei flottierende Idee“ könne er noch „die Gestalt der Kritik am Diskurs selbst annehmen“ (ebd., S. 35). Was als Sozialpädagogik realisiert wird, zum Gegenstandsbereich gehört oder auch nicht, wie sozialpädagogisches Handeln sich konkret vollzieht, folgt aus dem Diskurs: *„Welche Wirklichkeit Sozialpädagogik für die Beteiligten gewinnt, bricht in diskursiven Kämpfen hervor“* (Winkler 2006, S. 57).

Grenzen und offene Fragen

Sehr plausibel ist Winklers Annahme, dass Deutungen, mithin Diskurse, in Gesellschaften, die hochgradig komplex und dynamisch und zudem nach ihrem funktionalen Prinzip Informations- und Mediengesellschaften sind, an Bedeutung gewinnen (Winkler 2006, S. 57 f.). Ob aber in der Moderne die „sozialen Verhältnisse an Verbindlichkeit und Dinglichkeit verlieren“ (ebd., S. 57) und wenn ja, in welchem Ausmaß, wäre theoretisch und empirisch erst noch zu begründen. Widersprüchlich scheint z. B. das Postulat, soziale Gruppen ließen sich nicht mehr identifizieren, es gebe keine Milieus, auf deren sozialisierende Wirkung man sich verlassen könne (Winkler 2006, S. 67 f.), wenn Winkler

73 TeilnehmerInnen des Diskurses sind in Winklers Vorstellung nicht nur die sozialpädagogisch „einsozialisierten“ Fachkräfte, sondern alle, die sich an der Rede über Sozialpädagogik beteiligen, etwa Ehrenamtliche, aber auch WissenschaftlerInnen anderer Disziplinen, PolitikerInnen und JournalistInnen.

zugleich eine „neue Armut“ ausmacht, wo Klassen und soziale Schichten dazu verdammt seien, „aufgrund vorenthaltenen Wissens in eine dann auch geistige Notlage zu geraten“ (ebd., S. 61) und er die Spaltung der Gesellschaft in Gruppen beschreibt (ebd., S. 64 f.), die letztlich auch zu einer Dreiteilung der Klienten und der Sozialpädagogik selbst führt (ebd., S. 69 ff.).

Neben dieser Frage, ob nun in der radikalisierten Moderne sich die Klassengesellschaft wieder manifest (mit „Brutalität“, vgl. ebd., S. 59) zeigt oder die Moderne so „flüssig“ wird, dass sie „kaum mehr Strukturen aufweist“ und „Entbettung“ zu ihrem Kennzeichen wird (vgl. ebd., S. 61 f.), bleiben an der Schnittstelle zwischen Winklers Diskurstheorie und den sozialstrukturellen und (sozial-)politischen Rahmungen sozialpädagogischen Handelns Fragen offen, die ebenfalls theoretisch und empirisch zu klären wären. Eine mögliche Erklärung für diese Lücken liefert Winklers eigene Grenzziehung; über die „besondere sozialpädagogische Theorie“ schreibt er: *„Als eine historische Gesellschaftstheorie sucht sie strukturelle Determinanten der sozialen Praxis und die Möglichkeiten, die in dieser ruhen. Wie diese handelnd verwirklicht werden, wie das Handeln in Strukturen, eingebettet als ‚structuration‘ diese doch erst schafft, kann nicht mehr systematisch reflektiert werden, sondern fällt in das Gebiet der Geschichte“* (Winkler 1988, S. 123).[74] Knapp 20 Jahre später kommt er darauf zurück – mit seiner Forderung, dass die sozialpädagogische Theorie „machtvolle Diskurse in ein rechtes Verhältnis zu den objektiven, sozialstrukturellen Bedingungen“ zu setzen habe und der Feststellung, dass sie „auf eine Theorie der Gesellschaft angewiesen [sei, d. Verf.], die sie selbst aber noch erzeugen muss“ (Winkler 2006, S. 59). Mit den 2006 herausgearbeiteten fünf „Grundtendenzen“, die konstitutiv für die Gesellschaften der Zweiten Moderne und somit für die Sozialpädagogik Vorgabe und Gegenstand der Bearbeitung seien (ebd., S. 59 ff.), ist eine, wie er selbst formuliert, „kleine Skizze“ entworfen. Ein normativer Bezugspunkt ist gesetzt mit der Frage, „wieweit Sozialpädagogik selbst zum Täter geworden ist“ (ebd., S. 58) und dem Hinweis, dass die Sozialpädagogik, sobald sie nicht mehr kritisch ist, „eine verhängnisvolle Affäre mit der Macht“ eingehe (ebd., S. 59). Gleichwohl bleibt unbestimmt, ob, warum, ggf. wie und mit welchem übergeordneten gesellschaftlichen Ziel Sozialpädagogik die Rekonstruktion von Subjektivität betreiben kann und soll(-te).

---

74 Diese bewusst gesetzte Grenze der Zuständigkeit mag auch Teil der Erklärung dafür sein, dass sich Winkler mit seiner Theorie explizit auf die Sozialpädagogik bezieht. Er differenziert durchaus – auch historisch – zwischen Sozialpädagogik und sozialer Arbeit. Diese Differenzierung steht für ihn jedoch nicht im Fokus, weil die Rationalisierungsfunktion des Diskurses unabhängig von dieser Unterscheidung gegeben ist (vgl. dazu auch May 2008, S. 191).

Schließlich bleiben (neue) Fragen, die der gesellschaftlichen Entwicklung geschuldet sind. So muss aktuell wohl als offen gelten, ob die „infrastrukturelle", „reputierliche", kapitalisierte Sozialpädagogik für die prekär integrierte Klientel tatsächlich das „doppelte Mandat hinter sich" lässt (Winkler 2006, S. 69), ob sie Bestand hat und ggf. in welcher Form und mit welchen Implikationen sie zum Tragen kommt. Insbesondere die heutigen sozial- und arbeitsmarktpolitischen Rahmenbedingungen für die (elenden) „Adressaten" der Sozialpädagogik, denen Anpassung an die Verhältnisse um jeden Preis abverlangt wird, werfen erneut die Frage auf nach dem Begriff und der Bedeutung von „Autonomie", die für Winkler selbstverständliches Ziel der sozialpädagogischen Begleitung von Entwicklungsprozessen ist (vgl. ebd., S. 77). Unter den aktuellen Bedingungen der verschärften Disziplinierung, Ausgrenzung und Demütigung von EmpfängerInnen der Hilfen zur Arbeit und ihrer Familien ist dringend auch Winklers (normative) Einschätzung zu hinterfragen, es sei „kein Verstoß gegen Subjektivität, jemandem zu verdeutlichen, was er sinnvollerweise tut, wie er seinen Haushalt ordnet und führt, sich mit günstigen Einkäufen einen Alltag organisiert, der dann selbständig geregelt werden kann" (ebd., S. 78).

Die Aufforderung zu fortlaufenden Revisionen dieser Art ist ein Kern der von Winkler vorgelegten Theorie der Sozialpädagogik, wodurch diese diskurstheoretisch inspirierte Theorie in der Tat als eine kritische Instanz wirken kann.

Literaturempfehlung

a) *Eine knappe Darstellung* („Schlüsseldokument"):

Winkler, M. (2003): Theorie der Sozialpädagogik – eine Rekonstruktion. In: Zeitschrift für Sozialpädagogik 1, S. 6–24.

Winkler, M. (2006): Kleine Skizze einer revidierten Theorie der Sozialpädagogik. In: Badawia, T./Luckas, H./Müller, H. (Hrsg.): Das Soziale gestalten. Über Mögliches und Unmögliches der Sozialpädagogik. Wiesbaden: VS, S. 55–80.

b) *Ausführlicher:*

Winkler, M. (1988): Eine Theorie der Sozialpädagogik über Erziehung als Rekonstruktion der Subjektivität. Stuttgart: Klett-Cotta.

c) *Weitere Texte:*

Winkler, M. (1984): Pädagogische Denktradition und Handlungskompetenz – Längere Notiz im Blick auf eine mögliche Theorie der Sozialpädagogik. In: Müller, S. (Hrsg.): Handlungskompetenz in der Sozialarbeit, Sozialpädagogik. 2. Theoretische Konzepte und gesellschaftliche Strukturen. Bielefeld: AJZ, S. 215–230.

d) *Orientierende Sekundärliteratur:*

Hamburger, F. (2003): Einführung in die Sozialpädagogik. Stuttgart: Kohlhammer.

May, M. (2008): Aktuelle Theoriediskurse Sozialer Arbeit. Wiesbaden: VS.

„Steckbrief“

Kernbestimmung Sozialer Arbeit und Bezeichnung der Theorie	Ermöglichung von Subjektivität Subjektivitätstheorie
Kernbegriffe	Bürgerliche Gesellschaft, Subjektivität, Sozialisation, Bildung
Kernargumentation	Die bürgerlich-kapitalistische Gesellschaft erfordert die Lebensform autonomer Subjektivität; sie stellt aber nicht allen, insbesondere nicht den Armen, die für das Aufwachsen erforderlichen Ressourcen hinreichend zur Verfügung, womit ihnen die Bedingungen für gelingende Sozialisation und Bildung als Basis für autonome Subjektivität fehlen. Insofern wird Armut ein pädagogisches Problem. Soziale Arbeit ermöglicht durch Erziehung und die Vermittlung von Kompetenzen Bildung und damit letztlich die Entfaltung (Re-Konstruktion) von Subjektivität, so dass sich die Subjekte in den gesellschaftlichen Verkehrsformen bewegen können und dies auch in kritischen Lebenslagen.
AdressatInnen Sozialer Arbeit	„Prekär integrierte KlientInnen“ und „elende AdressatInnen“
Vertreter Herkunftsdisziplin	Michael Winkler Erziehungswissenschaft
(Weitere) disziplinäre und Theoriebezüge	Philosophie, Erziehungswissenschaft
Wissenschafts- und erkenntnistheoretische Position	Diskurstheorie
Aufgabenbestimmung der Theorie Sozialer Arbeit	Theorie hat für die von ihr angeregte Profession die Bedingungen des Handelns deutlich machen und zugleich als eine kritische Instanz zu wirken
Entstehungszeitpunkt und Hintergrund	(Zweite) Moderne, Mitte/Ende1980er Jahre, Abbau sozialstaatlicher Sicherheiten und Rahmungen der Sozialpädagogik (Entstaatlichung), „Unmittelbarkeit“ der Ökonomisierung für Profession und AdressatInnen

3.10 Soziale Arbeit als Menschenrechtsprofession

Definition und Gegenstandsbestimmung

Die Bestimmung Sozialer Arbeit als Menschenrechtsprofession erfolgte in den 1990er Jahren durch VertreterInnen der „Züricher Schule“ und hier besonders durch Silvia Staub-Bernasconi (1995, 1997, 1998a, b). Eingebettet ist dieses Verständnis in eine Theorie Sozialer Probleme,[75] die Staub-Bernasconi und Obrecht schon Anfang der 1980er Jahre skizzierten und dann beständig weiterentwickelten. Diese Problemtheorie ist ihrerseits eingebunden in eine spezifische Systemtheorie, die vor allem von Werner Obrecht niedergelegt wurde.[76] Die ArchitektInnen und AnhängerInnen der „Züricher Schule“ verstehen und benennen ihre Theorie als „systemtheoretisches Paradigma der Sozialen Arbeit“. Soziale Arbeit habe den Auftrag, soziale Probleme zu bearbeiten (Lösung, Milderung, Prävention), wobei sie aber nicht nur ihren AdressatInnen auf der einen und der Gesellschaft (Staat) auf der anderen Seite verpflichtet sei, sondern als Profession auch über ein eigenes Mandat verfüge. Professionen seien nicht nur durch komplexes, wissenschaftlich begründetes Handeln, sondern auch durch Bezug auf einen (jeweils spezifischen) Ethikkodex gekennzeichnet. Die Soziale Arbeit finde den ihr angemessenen Kodex in den Menschenrechten (und in diesem Kontext in Bezug auf Menschenwürde), weil diese als Teil einer international konsensualen Minimalethik betrachtet werden könnten. Dieses dritte, über das doppelte Mandat von Hilfe und Kontrolle (Böhnisch/Lösch) hinausreichende Mandat habe sich die Profession Soziale Arbeit selbst zu erteilen. Damit

---

75 Ihre spezifische Ausformulierung fand die Problemtheorie der Züricher Schule durch Obrecht. In Abgrenzung zur Wissenssoziologie wird hier die „Realität“ und „Objektivität“ sozialer Probleme postuliert. Soziale Probleme seien Prozesse, an deren Entstehung und Verlauf biologische, biopsychische und soziale Systeme beteiligt seien. Deshalb ist von „biopsychosozialer Problemtheorie“ die Rede. „*Faktische (reale) im Unterschied zu als kollektiv definierte soziale Probleme* [sic] *sind praktische Probleme von individuellen sozialen Akteuren in Bezug auf ihre Einbindung in die soziale Struktur ihrer gesellschaftlichen Umgebung. Sozial sind diese Probleme […] weil sie die Beziehung des Individuums zur Sozialstruktur betreffen*“ (Obrecht 2002, S. 53 f.; vgl. Staub-Bernasconi 2007, S. 180–198).

76 Obrecht (1998, 2000, 2001, 2002, 2005) konzentriert sich in seinen Arbeiten auf die philosophischen, soziologischen und metawissenschaftlichen Grundlagen der Sozialen Arbeit, während Kasper Geiser (2013) vor allem auf der handlungsrelevanten, methodischen Ebene Fragen der Problem- und Ressourcenanalyse nachgeht. Staub-Bernasconi deckt dagegen ein sehr breites Spektrum mit ihren Publikationen ab. Sie arbeitete zunächst vorrangig sowohl an den soziologischen wie auch handlungstheoretischen (allgemeine Handlungstheorie) Konzepten und Grundlagen der ontologischen Systemtheorie. Seit den 1990er Jahren wandte sie sich zunehmend auch professionalisierungstheoretischen und professionspolitischen Fragen (einschließlich Ausbildungsfragen) zu. Sozial- wie allgemeinpolitische Probleme spielten dann für sie eine zunehmende Rolle, wozu auch der hier gewählte Fokus, der zentrale Aspekt der Orientierung Sozialer Arbeit an den Menschenrechten, zählt.

sei es ihr möglich, im Fall von problematischen Leitbildern oder illegitimen Aufträgen seitens des Trägers oder der Klientel auch eigenbestimmt zu handeln.

Als Schlüsseldokumente legen wir einen eingängigen Grundsatzaufsatz sowie einen Lexikonartikel von Staub-Bernasconi (1994; 2000b) zugrunde. Als ausführliche Darstellung dieser Position verweisen wir auf eine umfangreiche Buchpublikation von Staub-Bernasconi aus dem Jahr 2007. Gleichwohl müssen wir vergleichsweise häufig auf weitere Veröffentlichungen verweisen, die Aspekte umfassen, die in den ausgewählten Dokumenten nicht hinreichend ausgeführt werden.[77]

VertreterInnen

Silvia Staub-Bernasconi (Jg. 1936) ist ausgebildete Sozialarbeiterin, sie studierte zunächst als UNO-Stipendiatin Social Work in den USA, später Soziologie, Pädagogik und Sozialethik an der Universität Zürich, und war ab 1967 als Dozentin an der Schule für Soziale Arbeit in Zürich, ab 1998 als Professorin an der TU Berlin tätig.

Werner Obrecht (Jg. 1942) ist Sozialwissenschaftler und Professor für Soziologie, Philosophie und Sozialarbeitswissenschaft an der Hochschule für Soziale Arbeit Zürich (HSSAZ).

Kernaussagen

Grundannahmen/Ausgangspunkt

Alles was besteht, so führt Staub-Bernasconi (1995, S. 127 f.) in Anlehnung an Obrechts systemische Ontologie aus, ist ein System oder eine Komponente eines Systems. Was existiert, ist Ergebnis räumlicher und zeitlicher Differenzierungsprozesse, wobei physikalische, chemische, biologische, psychische, soziale und kulturelle Systeme unterschieden werden können. Menschen sind einerseits Teil von Systemen und andererseits auch eigene „selbstwissensfähige Biosysteme“ mit

77 Trotz der beachtlichen publizistischen Aktivitäten der VertreterInnen der Züricher Schule – allein das Oeuvre von Staub-Bernasconi umfasst mehr als 200 Veröffentlichungen – findet sich kein Text, der hinreichend umfänglich alle zentralen Aspekte der in Rede stehenden Theorie darlegt. Stattdessen finden sich viele, sich häufig stark überschneidende Publikationen, die jeweils die einzelnen Zentralaspekte – ontologische Grundlagen, Systemtheorie, soziale Probleme, Bedürfnistheorie, Professionalisierung, allgemeine oder spezielle Handlungstheorie oder Menschenrechte – im Fokus haben. Bei den angeführten ausführlichen Darstellungen (Staub-Bernasconi 1995, 2007) handelt es sich nicht um Monografien, sondern vielmehr um Zusammenstellungen von (teilweise überarbeiteten und erweiterten) Aufsätzen.

biologischen, psychischen, sozialen und kulturellen Bedürfnissen (ebd., S. 128). Die Bedürfnisbefriedigung ist von der Verfügbarkeit entsprechender Güter und Situationen wie auch von der Fertigkeit des Individuums abhängig, die faktisch erreichbaren Möglichkeiten zu nutzen oder neue zu schaffen. Menschen haben zu lernen, ihre Bedürfnisse innerhalb (und vermittels) sozialer Systeme durch Kooperation und Konflikt mit anderen Menschen zu lösen (ebd., S. 130). Die dauerhafte Nicht-Erfüllung von (Grund-)Bedürfnissen[78] stellt Probleme dar, die als soziale zu bezeichnen sind, weil Menschen in sozialen Systemen leben und sich einander für die Befriedigung ihrer Bedürfnisse benötigen. Diese Grundannahmen bilden den Ausgangspunkt für die Theoretisierung Sozialer Arbeit.

Argumentation

Soziale Arbeit hat es mit Menschen zu tun, deren biologische, psychische, soziale und kulturelle Bedürfnisse ganz oder teilweise unerfüllt bleiben, weil ihnen die sozioökonomischen, psychischen, sozialen und kulturellen Ressourcen für die Bedürfnisbefriedigung fehlen bzw. weil sie sich diese nicht selbst erschließen können (ebd., S. 134f.).[79] Ihre Aufgabe ist es, „*Menschen zu befähigen, ihre Bedürfnisse wieder so weit wie möglich und soweit zumutbar aus eigener Kraft, d.h. dank unterstützten Lernprozessen zu befriedigen. Und es geht zum andern darum, darauf hinzuarbeiten, dass institutionalisierte, menschenverachtende soziale Regeln und Werte von sozialen Systemen in menschen- und bedürfnisgerechte Regeln und Werte – kurz, dass behindernde Machtstrukturen in begrenzende Machtstrukturen transformiert werden – so weit sie der Sozialen Arbeit zugänglich sind*“, womit Soziale Arbeit sowohl eine individuums- als auch eine gesellschaftsbezogene Funktion erfülle (Staub-Bernasconi 2012, S. 277). Voraussetzung dafür sei eine Problemanalyse, die jedoch nicht durch eine einzige (Leit-) Disziplin erfolgen könne, sondern – je nach Problem – durch eine oder mehrere der Grundlagendisziplinen Sozialer Arbeit (d.h. der Physik/Chemie, Biologie/ Psychobiologie, Sozialpsychologie/Soziologie inkl. Ökonomie, Politologie) und der Kulturtheorien zu leisten sei (ebd., S. 273).

78 Bedürfnisse, die unabhängig von einem kulturellen oder politischen Konsens erfüllt sein müssen, um menschliche Erhaltung und Entfaltung zu ermöglichen, nennt Staub-Bernasconi Grundbedürfnisse. (Darüber hinausgehende) Wünsche, die im Prinzip grenzenlos seien, seien dann legitim, wenn deren Erfüllung die Bedürfnisbefriedigung anderer Menschen nicht beeinträchtige. Erforderlich sei die Entwicklung von Kriterien zur Unterscheidung von legitimen und illegitimen Wünschen (ebd., S. 134).

79 In einer frühen Fassung hieß es: Soziale Arbeit sei enstanden als Beruf zur Bearbeitung der aus der Industrialisierung resultierenden Probleme wie Armut (ökonomische, bildungsmäßige, psychische und kulturelle), Beeinträchtigungen, Benachteiligungen, Verhaltensabweichungen, ungleiche Tauschverhältnisse. Ihre Klienten seien Personen und Gruppen, bei denen diese Probleme kumulativ, lang andauernd und besonders intensiv auftreten (Staub-Bernasconi 1986, S. 4).

Staub-Bernasconi unterscheidet vier Problemkategorien: (1) *Ausstattungsprobleme*, bei denen es um die unterschiedliche Teilhabe von Individuen an den gesundheitsbezogenen, medizinischen, psychischen, sozialen und kulturellen Ressourcen oder Errungenschaften einer Gesellschaft geht. Hier wird u.a. zwischen körperlicher, sozioökonomischer, sozialökologischer und symbolischer Ausstattung differenziert und zudem die Ausstattung mit Erkenntnis- und Handlungskompetenzen angeführt (Staub-Bernasconi 1998a, S. 14ff.).[80] (2) *Austauschprobleme*: Hier geht es um Probleme der Kooperation, der Verständigung, des symmetrischen wie asymmetrischen Austauschs (ebd., S. 20–23). (3) *Machtprobleme*: Hier sind Fragen der Besitznahme, der unfairen Arbeitsteilung und der Herrschaft in sozialen Systemen angesprochen (ebd., S. 24–35). (4) *Kriterienprobleme*, die sich um Werte- und Normfragen drehen.

Die Differenz zwischen Werten, erwünschten Soll-Zuständen, und der Realität als Ist-Zustand, wird als Problem erfahren. Neben individuellen existieren gemeinsame Vorstellungen vom Wünschbaren, die sich als Ergebnis gesellschaftlicher Aushandlungsprozesse herauskristallisieren und die mehr oder weniger verbindlich (etwa durch Recht) geregelt, kontrolliert und sanktioniert werden. Die Fülle aufzählbarer Werte ließe sich den drei erstgenannten Problemkategorien zuordnen (ebd., S. 35–41; vgl. Staub-Bernasconi 1994, S. 96).[81]

Das Theoriegebäude der Züricher Schule umfasste mit den skizzierten Problemkategorien explizit und mit der ihr zugrundeliegenden Bedürfnistheorie zumindest implizit schon eine starke normative Dimension. Anfang der 1990er Jahre erweiterte Staub-Bernasconi die Theorie mit dem Bezug auf Menschenrechte, genauer, auf die UN-Menschenrechte-Konvention.[82] Die Universalität der Bedürfnisse mache ihre Befriedigung zu einem Imperativ sozialer Gerechtigkeit. Damit, so Staub-Bernasconi, erhalte Soziale Arbeit die Chance, ein wichtiges Element von

80 Die Ausdifferenzierung wird dann noch weitergetrieben, indem auf die Unterschiede zwischen quantitativen und qualitativen Austauschproblemen sowie auf weitere Bezugseinheiten neben den Individuen (Familien, Gruppen, Organisationen, Nationen) verwiesen wird (ebd., S. 17–20).

81 So gehören bspw. zu den Werten in der Ausstattungsdimension: Gesundheit, Unversehrtheit, bedürfnis- und leistungsgerechte Teilhabe, Sorge um die Natur, Genuss/Echtheit, Sinn- und Zweckerfüllung, Handlungsfreiheit, soziale Integration. Bei der Austauschdimension seien Werte: Nächstenliebe, Solidarität, Vertragsfreiheit, erotisch-sexuelle Lust, Verständigung, Kooperation. Werte in der Machtdimension seien: Verteilungsgerechtigkeit, Emanzipation, Herrschaftsfreiheit, Gewaltlosigkeit (Staub-Bernasconi 1998a, S. 37f.).

82 Als Grund dafür ist wohl die gemeinsame Erklärung des Centre of Human Rights der UNO in Genf mit dem internationalen Berufsverband der SozialarbeiterInnen (International Federation of Social Workers, kurz: IFSW) mit dem Titel „Human Rights and Social Work" anzusehen. Dort heißt es: *„Die Menschenrechte sind untrennbarer Bestandteil der Theorie, der Wert- und Moralvorstellungen sowie der Praxis der Sozialen Arbeit. Rechtsansprüche, die mit den menschlichen Grundbedürfnissen korrespondieren, müssen geltend gemacht und gestärkt werden; sie bilden die Rechtfertigung und den Beweggrund für das Handeln im Bereich der Sozialen Arbeit"* (vgl. Staub-Bernasconi 2000b, S. 626).

Professionalität zu realisieren, nämlich „sich eigenbestimmte wissensbasierte Aufträge zu geben“ (2000b, S. 626f.). Die Menschenrechte hätten in ihrer Geschichte unterschiedliche Begründungen erfahren (Natur- und Vernunftrecht und biblische Vorstellungen). Ohne diese zu verwerfen, könne Soziale Arbeit eine weitere Begründungsbasis einbringen, nämlich den Verweis auf universelle menschliche Bedürfnisse (ebd., S. 627). Nach einer Abwägung zwischen Universalismus und Partikularismus/Kulturrelativismus betont Staub-Bernasconi die Universalität von Bedürfnissen und Menschenrechten und warnt vor Kulturrelativismus, der „die Menschenrechte zu ideologischen Waffen im imperialistischen Ringen konkurrierender Kulturen oder zu Bestandteilen mehr oder minder geschlossener, von außen unkritisierbarer Welten“ machen würde (ebd., S. 627f.). Gleichwohl seien Menschenrechte keine geschlossene Weltanschauung mit Anspruch auf Ewiggültigkeit. Menschen- und – so ergänzt sie dann – Sozialrechte seien Realutopien, die erreichbar und weiterzuentwickeln seien.

Darauf bezogen fordert Staub-Bernasconi für die bzw. von der Soziale/n Arbeit: (a) Die Verankerung von Menschen- und Sozialrechten in der Berufsausbildung, (b) dass SozialarbeiterInnen in ihrer Berufspraxis aktenkundig machen, welche Menschen- und Sozialrechte sowie Bedürfnisse verletzt worden seien, (c) dass SozialarbeiterInnen sich an einer sozialen Kontrolle bzgl. der Einhaltung von Menschenrechten „von unten nach oben“ im Rahmen eines Meldesystems beteiligen, (d) dass Soziale Arbeit Lobbyarbeit leistet und Allianzen mit NGOs bildet, (e) dass sie für diese Zwecke auch auf der UNO- und EU-Ebene Präsenz zeigen solle, und schließlich, (f.) dass sie, gemäß dem Berufskodex, die Loyalität gegenüber dem Dienst am Menschen höherstellen müsse als gegenüber der Organisation (ebd., S. 629ff.).

Die (Selbst-)Verpflichtung auf die Menschenrechte sieht Staub-Bernasconi als Ehrenkodex und als drittes Mandat (Tripel-Mandat) Sozialer Arbeit an. Das doppelte Mandat von Hilfe und Kontrolle (Böhnisch/Lösch)[83] bestehe zwar fort, werde aber durch das dritte Mandat relativiert: Im Fall von problematischen Leitbildern oder illegitimen Aufträgen seitens des Trägers oder der Klientel könne Soziale Arbeit einen selbstbestimmten Auftrag formulieren und eigenbestimmt handeln. Soziale Arbeit werde dadurch zu einer (vollwertigen) Profession, denn das Hauptmerkmal von Professionalität im systemischen Paradigma sei, sich auf professionsethischer Basis und wissenschaftlich begründet ein eigenes Bild von Problemsituationen zu machen (Staub-Bernasconi 2000b, S. 626f.; 2012, S. 276). Das Tripel-Mandat soll dabei nicht nur bei den oben aufgeführten „zusätzlichen“ Tätigkeiten der Sozialen Arbeit zum Tragen kommen, sondern auch in den professionellen Handlungsroutinen verankert sein. Es soll also einfließen in

83 Böhnisch und Lösch benennen mit „doppeltem Mandat“ ein von ihnen analysiertes Strukturproblem sozialarbeiterischen Handelns. Staub-Bernasconi interpretiert dies aber als normative Aussage, als eine Sollens-Forderung (explizit: Staub-Bernasconi 2007, S. 199). Nur in einer solchen Lesart scheinen die Mandate Hilfe, Kontrolle und Menschenrechte den gleichen Status behaupten zu können.

die Analyse verletzter Bedürfnisbefriedigung und sozialer Probleme sowie in die jeweils konkrete Bearbeitung (Lösung, Milderung, Prävention). Die Handlungstheorie des systemischen Paradigmas sieht hierfür die Beantwortung von fünf W-Fragen[84] mittels spezifischen Wissens vor: „Was ist los“ (Gegenstandswissen), „Warum ist das so?“ (Erklärungswissen), „Woraufhin soll verändert werden?“ (Werte- und Kriterienwissen), „Wie kann was verändert werden?“ (Verfahrenswissen) und „Was ist geschehen?“ (Evaluationswissen). Konkretisierungen erhalten diese allgemein gehaltenen Fragen durch die schon angeführte Systematik von sozialen Problemen (Ausstattungs-, Austausch-, Macht- oder Kriterienprobleme) sowie menschlichen Bedürfnissen (biologische, psychische, soziale und kulturelle). Je nach Problemsituation stehe dann Ressourcenerschließung, Bewusstseinsbildung, Modell-, Identitäts- und Kulturveränderung, Förderung von Handlungskompetenz und Teilnahme, Soziale Vernetzung und Ausgleich von Pflichten und Rechten, die Befähigung zum Umgang mit Machtquellen und -strukturen oder Kriterien- und Öffentlichkeitsarbeit auf der sozialarbeiterischen Agenda (ausführlich zum Methodischen: Staub-Bernasconi 1998a, S. 54–137).

Schlussfolgerungen/Summarisches

Summarisch lässt sich festhalten, dass die Schriften der TheoretikerInnen der Züricher Schule eine ausgeprägte Professionalisierungsintention aufweisen: Professionalisierung einerseits im berufspolitischen Sinne als Ringen um einen anerkannten Status der Sozialen Arbeit und anderseits gleichzeitig als Bemühungen um die Verbesserung von wissenschaftlich fundierter Fachlichkeit der Praxis Sozialer Arbeit. Zu Irritationen und Missverständnissen in den einschlägigen Fachkontroversen führt, dass sich der Gegenstand der/einer Theorie Sozialer Arbeit in der Argumentation der Züricher Schule verschiebt, was etwa in einem Aufsatz von Staub-Bernasconi von 1994 sehr deutlich wird. Staub-Bernasconi definiert hier im Kern Theorie als Erklärung einer Sache (ebd., S. 77 f.). Das Bemühen um eine Theorie Sozialer Arbeit hätte damit Soziale Arbeit zu erklären, doch die schon gegebene (vorläufige) Antwort (ebd., S. 78) – Soziale Arbeit bearbeitet Soziale Probleme – wird nicht weiterverfolgt, fundiert, differenziert usw. Stattdessen werden die Gegenstandsbestimmungen konkurrierender Theorien Sozialer Arbeit referiert und dann dieses Unterfangen als „Selbstbezüglichkeit“ kritisiert und alternativ ein „Adressatenbezug“ der Theorie gefordert (ebd., S. 90). Damit wird die eigene Gegenstandsbestimmung Sozialer Arbeit aufgegeben und der Gegenstand der Theorie Sozialer Arbeit

84 Anzahl und Bestimmung der W-Fragen variieren in den unterschiedlichen Publikationen. So finden sich etwa in einem späteren Text neun W-Fragen (Staub-Bernasconi 2007, S. 204 f.). Im Haupttext wurden die „klassischen“ fünf W-Fragen angeführt, weil sie mit den sog. fünf Wissensformen übereinstimmen und damit plausibler konstruiert wurden.

ist dann nicht mehr die Soziale Arbeit, sondern vielmehr die große Fülle von sozialen Problemen, mit denen AdressatInnen Sozialer Arbeit konfrontiert sind (vgl. Staub-Bernasconi 2007, S. 187 ff.). Wissen darüber zusammenzutragen, es konkret und abstrakt zu systematisieren (darum geht es in den angeführten bedürfnistheoretischen Überlegungen und den Problemkategorien) und anwendungsbezogen, methodisch handhabbar zu machen, gilt dann gleichermaßen als Beitrag zur Professionalisierung wie zur Theorieentwicklung Sozialer Arbeit.

Grenzen und offene Fragen

Das „systemtheoretische Paradigma" der Züricher Schule, in dessen Rahmen Soziale Arbeit als Menschenrechtsprofession definiert wird, ist mit seiner metawissenschaftlichen Ontologie, die nicht nur die Gesellschafts-, sondern auch die Naturwissenschaften zu integrieren versucht, überaus umfassend konzipiert. Dass dies erforderlich ist, um Soziale Arbeit zu erklären, wird nicht hinreichend plausibel. Gleichzeitig bleiben die jeweiligen Gesellschaften, die Länder und die jeweils dort verortete und praktizierte Soziale Arbeit vergleichsweise abstrakt und unterbestimmt, was als Folge des Versuchs, möglichst raum- und zeitumfassende Aussagen über menschliche Gesellschaften und Soziale Arbeiten zu formulieren, anzusehen ist.

Auch an die Kernbestimmung Sozialer Arbeit, nämlich als Menschenrechtsprofession, sind kritische Nachfragen zu stellen. Im „systemtheoretischen Paradigma" hat der Bezug auf die Menschenrechte zwei Funktionen: Einerseits soll damit der Status der Sozialen Arbeit als Profession hergestellt werden und andererseits wird darin eine allgemeingültige, verbindliche ethische Fundierung Sozialer Arbeit gesehen. Die Bezeichnung Sozialer Arbeit als Profession, die den Menschenrechten verpflichtet ist und diesbezüglich über ein eigenständiges Mandat verfüge, in einem UNO-Dokument ist in professionalisierungspolitischer Perspektive gewiss wünschenswert, doch praktische Auswirkungen auf die Soziale Arbeit in irgendeinem UNO-Mitgliedsstaat sind damit keineswegs gegeben. Dass sich die Soziale Arbeit, wie im selben Kontext festgehalten wird, selbst „eigenbestimmt Aufträge" erteilt, ist ebenso wenig vorauszusetzen. Zudem bleibt hier offen, wer empirisch konkret das Handlungssubjekt ist; wer erteilt sich selbst die Aufträge? Dafür, dass die Menschenrechte eine allgemeingültige, verbindliche ethische Fundierung Sozialer Arbeit bilden könnten, lassen sich plausible Gründe anführen – auch wenn der Einwand gilt, dass sie in der vorliegenden Form im Kern bürgerliches Recht sind –, ob sie es aber tatsächlich sind, ist eine Frage der Empirie, die allerdings empirisch unbeantwortet bleibt. Bemerkenswert ist schließlich, dass aus der Formel von der Menschenrechtsprofession (noch) nicht die an sich naheliegende Konsequenz gezogen worden ist, die Auseinandersetzung mit den sozialrechtlichen Konkretisierungen der übergeordneten Menschenrechtsidee voranzutreiben. Ohne dies erscheint der Menschenrechtsbezug als ethisch-theoretische, quasi über dem positiven (gesetzten) nationalen Recht schwebende Rahmung der Sozialen Arbeit.

Die Theoretisierung Sozialer Arbeit als Menschenrechtsprofession stellt im Kern eine vornehmlich normative Theorie dar. Weil Handlungswissenschaften normative Elemente benötigen, ist das allein kein Grund zur Kritik.[85] Problematisch erscheint dagegen ein gewisser Mangel – zumindest bislang – an empirischen Analysen zu den zentralen Gegenständen der Theorie, z. B. zur Praxis Sozialer Arbeit, zu sozialen Problemen oder zu Gesellschaft(-en), in denen soziale Probleme durch Soziale Arbeit bearbeitet werden. Selbst dort, wo sich feine, kleinteilige Ausdifferenzierungen in der Theorie finden, wie etwa bezüglich sozialer Probleme oder von Bedürfnissen, bleiben diese relativ abstrakt, weil sie lediglich deduziert wurden. Dementsprechend allgemein bleiben damit auch die Konkretisierungen von Zielen Sozialer Arbeit, etwa wenn „gerechter Austausch" oder „faire Bedingungen" gefordert werden.

Literaturempfehlung

a) *Eine knappe Darstellung* („Schlüsseldokument"):

Staub-Bernasconi, S. (1994): Soziale Arbeit als Gegenstand von Theorie und Wissenschaft. In: Wendt, W. R. (Hrsg.): Sozial und wissenschaftlich arbeiten. Status und Positionen der Sozialarbeitswissenschaft, Freiburg: Lambertus, S. 75–104.

Staub-Bernasconi, S. (2000b): Soziale Arbeit als Menschenrechtsprofession: In: Stimmer, F. (Hrsg.): Lexikon der Sozialpädagogik und der Sozialarbeit. 4. Auflage. München und Wien: Oldenbourg, S. 626–632.

b) *Ausführlicher:*

Staub-Bernasconi, S. (1998a): Soziale Probleme, Soziale Berufe, Soziale Praxis. In: Heiner, M./Meinhold, M./Spiegel, H. (Hrsg.): Methodisches Handeln in der Sozialen Arbeit. 4. Auflage. Freiburg: Lambertus, S. 11–137.

Staub-Bernasconi, S. (2007): Soziale Arbeit als Handlungswissenschaft. Bern, Stuttgart, Wien: Haupt.

c) *Weitere Texte:*

Staub-Bernasconi, S. (1986): Soziale Arbeit als eine besondere Art des Umgangs mit Menschen, Dingen und Ideen. Zur Entwicklung einer handlungstheoretischen Wissensbasis Sozialer Arbeit. In: Schweizerischer Berufsverband dipl. Sozialarbeiter und Erzieher (Hrsg.): Sozialarbeit 18, H. 10, S. 2–71.

Staub-Bernasconi, S. (2000a): Soziale Arbeit: In: Stimmer, F. (Hrsg.): Lexikon der Sozialpädagogik und der Sozialarbeit. 4. Auflage. München und Wien: Oldenbourg, S. 619–625.

Staub-Bernasconi, S. (2000c): Systemische Soziale Arbeit: In: Stimmer, F. (Hrsg.): Lexikon der Sozialpädagogik und der Sozialarbeit. 4. Auflage. München und Wien: Oldenbourg, S. 737–740.

d) *Orientierende Sekundärliteratur:*

Engelke, E. (2002): Theorien der Sozialen Arbeit. Eine Einführung. 3. Auflage. Freiburg: Lambertus, S. 363–377.

Sagebiel, J./Pankofer, S. (2015): Soziale Arbeit und Macht. Freiburg i. Br.: Lambertus, S. 110–120.

85 Gleichwohl ist Kriegers (2018, S. 19 f.) grundsätzlichem Einwand beizupflichten, dass aus dem Sachverhalt, dass die Praxis Sozialer Arbeit – wie jede Praxis – ein Handlungsziel und damit eine Norm benötigt, nicht geschlossen werden kann, dass eine Theorie Sozialer Arbeit ebenfalls Normen – für die Praxis – aufstellen müsse.

„Steckbrief“

Kernbestimmung Sozialer Arbeit und Bezeichnung der Theorie	Soziale Arbeit bearbeitet soziale Probleme, wobei sie sich an den Menschenrechten orientiert. Menschenrechtstheorie
Kernbegriffe	Soziale Probleme, Systeme, Bedürfnisse, Menschenrechte, Tripel-Mandat, Menschenrechtsprofession
Kernargumentation	Menschen haben biologische, psychische, soziale und kulturelle Bedürfnisse, die sie in den Systemen, in denen sie leben, befriedigen müssen. Die dauerhafte Nicht-Erfüllung von (Grund-)Bedürfnissen bedeutet Armut und stellt ein soziales Problem dar. Soziale Arbeit reagiert auf soziale Probleme, die besonders intensiv, meist von längerer Dauer und kumulativ sind, wobei sie versucht, die Menschen zu befähigen, soweit wie möglich ihre Bedürfnisse wieder selbst zu befriedigen. Soziale Arbeit ist eine Handlungswissenschaft, die soziale Probleme bearbeitet und sich dabei an den Menschenrechten orientiert. Die Menschenrechte stellen ihren Ethikkodex dar, womit das „doppelte Mandat“ von Hilfe und Kontrolle um ein drittes, eigenes Mandat (Tripelmandat) erweitert wird, was auch den Status Sozialer Arbeit als Profession verbürgt.
AdressatInnen Sozialer Arbeit	Menschen, deren Bedürfnisse mangels Ressourcen unerfüllt bleiben
VertreterInnen Herkunftsdisziplin	Silvia Staub-Bernasconi, Soziale Arbeit/Soziologie Werner Obrecht, Soziologie
(Weitere) disziplinäre und Theoriebezüge	Ilse Arlts Bedürfnistheorie Sozialer Arbeit, eine Fülle weiterer disziplinärer Bezüge einschließlich der Naturwissenschaften
Wissenschafts- und erkenntnistheoretische Position	Philosophie u. Wissenschaftstheorie von Mario Bunge
Aufgabenbestimmung der Theorie Sozialer Arbeit	Wissenschaft hat Gegenstands-, Erklärungs-, Werte-, Verfahrens- und Evaluationswissen für die Soziale Arbeit zu erarbeiten und zur Verfügung zu stellen.
Entstehungszeitpunkt und Hintergrund	1990er Jahre, in denen besonders an Fachhochschulen über die Konzeption einer Sozialarbeitswissenschaft als Handlungswissenschaft, die sich an der Praxis der Sozialen Arbeit orientieren sollte, diskutiert wurde

3.11 Soziale Arbeit als Inklusionsvermittlung

Definition und Gegenstandsbestimmung

Michael Bommes und Albert Scherr bestimmen Soziale Arbeit im Anschluss an die Luhmann'sche Systemtheorie der Gesellschaft als eine Form der Organisation von Hilfe in einer funktional differenzierten Gesellschaft. Sie leiste „*Inklusionsvermittlung, Exklusionsvermeidung bzw. Exklusionsverwaltung*" (Bommes/Scherr 2000a, S. 106), wobei sie innerhalb eigener Organisationen, aber auch in Organisationen diverser Funktionssysteme, an die sie angelagert sei, über die Adressierung und die Definition von Hilfe sowie die notwendige Hilfeleistung entscheide.

Während in vormodernen Gesellschaften die Positionierung durch Geburt und Stand die Inklusion ebendort vermittelte und absicherte, so die Autoren, bestehe der entscheidende Unterschied in der Moderne darin, dass eine Gesellschaft auf Basis bürgerlicher Freiheit keinen Inklusionsautomatismus mehr bereithalte. Das Individuum sei zunächst exkludiert. „*Exklusion wird [...] strukturtheoretisch zunächst als Voraussetzung funktionaler Differenzierung bestimmt und bezeichnet davon ausgehend erst ein Problem dieser Differenzierungsform, wenn Inklusionen in wachsendem Maße mißlingen und Exklusionen kumulieren, so daß die Lebenschancen von Individuen aufgrund ihrer reduzierten Teilhabemöglichkeiten an sozialen Systemen schwinden*" (Bommes/Scherr 2000b, S. 71). Und weiter: „*Wohlfahrtsstaaten zielen also nicht auf die Abschaffung von Ungleichheit, sondern setzen die Ungleichheit erzeugenden Strukturen der Ökonomie, des Erziehungssystems usw. voraus und greifen korrigierend ein*" (ebd., S. 73). Der Wohlfahrtsstaat sorge für die Loyalität seiner Bürger, in dem er für die Risiken der universellen Exklusion Vorkehrungen treffe. Wo eine Bearbeitung von Exklusionsrisiken durch standardisierte Leistungen in Form von (Kommunikationsmedien) Geld und Recht (z. B. auch in repressiver Form) nicht möglich sei, beginne die „sekundäre Ordnungsbildung" durch Soziale Arbeit. Da diese Ordnungsbildung aber keine eigene Leitdifferenz[86] hervorbringe, könne die Soziale Arbeit auch nicht als eigenes Funktionssystem bezeichnet werden, folglich auch keine Profession entwickeln.

Als Schlüsseldokument dient uns ein Aufsatz (Bommes/Scherr 2000b) und als weiterführendes Werk ein Buch, in dem Michael Bommes und Albert Scherr ihre Theorie ausführlich entwickelt haben (Bommes/Scherr 2000a).

86 Eine solche „Leitdifferenz" gilt in der Systemtheorie als konstitutiv für ein Funktionssystem. Als Leitdifferenz bezeichnen Bommes/Scherr (2000a, S. 102 f.) im Anschluss an Luhmann eine Unterscheidung, die exklusiv von einem Funktionssystem bearbeitet wird, wie z. B. Recht/Unrecht im Rechtssystem.

Vertreter

Michael Bommes (1954–2010), Studium der Soziologie, Promotion 1990, Habilitation 1998, beides an der Universität Osnabrück, war zuletzt Professor für Soziologie/Methodologie interkultureller und interdisziplinärer Migrationsforschung an der Universität Osnabrück.
Albert Scherr (Jg. 1958), Studium der Soziologie, Promotion 1985 an der Universität Frankfurt, Habilitation 1998 an der Universität Karlsruhe, nach praktischen Tätigkeiten in der Jugendhilfe u. a. Professor für Soziologie und Jugendarbeit an der Fachhochschule Darmstadt, seit 2001 Professor an der Pädagogischen Hochschule Freiburg.
Roland Merten (Jg. 1960), Erziehungswissenschaftler, Diplom-Sozialpädagoge, Promotion 1996 an der Universität Bielefeld, Habilitation 2003 an der Universität Halle-Wittenberg, seit 2004 Professor für Sozialpädagogik und außerschulische Bildung an der Universität Jena.
Frank Hillebrandt (Jg. 1966), Erziehungswissenschaftler und Soziologe, Promotion 1998 an der Universität Münster, Habilitation 2009 an der Universität Hamburg, seit 2012 Professor für Allgemeine Soziologie und Soziologische Theorie an der FernUniversität in Hagen.

Kernaussagen

Grundannahmen/Ausgangspunkt

Die vorliegenden populären (kapitalismus-)kritischen Theoretisierungen Sozialer Arbeit in den 1970er und 1980er Jahren seien, so Bommes und Scherr, unzureichend: „*Die Prominenz von Beschreibungen dieser Gesellschaft als Klassengesellschaft oder geschichtete Gesellschaft im Kontext von Theorien Sozialer Arbeit läßt diese […] eine spezifische Blickverengung mit weitreichenden Folgen für die Leistungsfähigkeit zum Verständnis der Struktur und Dynamik moderner Gesellschaften und der Funktion Sozialer Arbeit darin übernehmen: Soziale Ungleichheit wird in der Ungleichheitsforschung, wo diese gesellschaftstheoretische Ansprüche verfolgt, vor allem markt- und kapitalismuszentriert konzipiert sowie beschrieben als Resultat der Auseinandersetzung zwischen Individuen und Kollektiven, definiert durch ihre ökonomischen Lebenslage*“ (Bommes/Scherr 2000b, S. 69). Zudem handele es sich dabei um „Reflexionstheorien“ Sozialer Arbeit. Als „Reflexionstheorien“ bestimmen Bommes/Scherr im Anschluss an Luhmann/Schorr Theorien, die als Selbstbeobachtungen eines Funktionssystems zu klassifizieren sind, im System erstellt werden und systemspezifischen Anforderungen dienen. Im Falle der Sozialen Arbeit seien dies insbesondere Praxisbezug und Nutzenkalküle der Praxis (Bommes/Scherr 2000a, S. 29). Um Soziale Arbeit angemessen erklären und verstehen zu können, sei aber mehr als eine bloße Reflexionstheorie und zudem eine Gesellschaftstheorie erforderlich, die der hochkomplexen modernen Gesellschaft entspreche, d.h. sie erklären könne. Letztere liege mit Luhmanns Systemtheorie vor, die damit eine Basis für die Entwicklung einer angemessenen Theorie Sozialer Arbeit biete. Damit gelangen die Autoren zum systematischen Ausgangspunkt ihrer Theoriekonstruktion.

Argumentation

Luhmann zufolge ist die moderne Gesellschaft durch funktionale Differenzierung sozialer Systeme gekennzeichnet. Sie unterscheidet sich von der in gleiche Teilsysteme (segmentären) und der in Schichten eingeteilten (stratifizierten) Gesellschaft durch die Herausbildung ungleicher Teilsysteme, die ihrerseits auf eigene Leitdifferenzen zurückgreifen und spezifische Funktionen für das Gesamtsystem übernehmen (z.B. Wirtschaft, Erziehung, Recht). Leitdifferenzen sind teilsystemspezifische Unterscheidungen, die die Anschlussfähigkeit innerhalb von Teilsystemen gewährleisten, z.B. wahr/unwahr im Wissenschaftssystem. Soziale (Teil-)Systeme entstehen autopoietisch und sind selbstreferentiell, d.h. sie entscheiden anhand selbsterzeugter (Leit-)Differenzen über je spezifischen Sinn. Soziale Systeme bestehen aus aufeinander bezogenen, anschlussfähigen Kommunikationen, die Personen zugeordnet werden können. Die Gesamtheit aller beobachtbaren Kommunikationen bilde die Gesellschaft. Aus Sicht der Soziologie Luhmanns sind dabei Personen lediglich als Adressen von Kommunikation relevant. Weder spricht Luhmann von komplexen Subjekten noch negiert er sie. Psychische Systeme bilden für ihn die Umwelt sozialer Systeme und sind Gegenstand der Psychologie (vgl. hierzu Luhmann 1987 bzw. einführend Kneer/Nassehi 1993).

Hieran anschließend rekonstruieren Bommes/Scherr Hilfe in vormodernen segmentären Gesellschaften (Familie, Clan etc.). Sie habe dem allgemeinen Reziprozitätserfordernis unterlegen. Jeder habe in die Lage kommen können, Hilfe zu benötigen und deshalb sei jeder in der Pflicht gewesen, Hilfe zu leisten. Die Wechselseitigkeit sorge dafür, dass niemand aus dem Sozialverband herausfalle. In stratifizierten Gesellschaften dagegen habe Hilfe zunächst nur im Rahmen des gleichen Standes gegolten und habe bedeutet zu verhindern, aus dem Stand zu fallen. Bauern halfen sich im Dorf (Heimatprinzip), Kaufleute und Handwerker untereinander in Gilden und Zünften. Wer aus diesen Systemen herausfiel, wurde von Repression bedroht (Zwangsinklusion, Armenhäuser, Zwangsarbeit, Haft). Exklusion bedeutete hier die Bedrohung der Ordnung (Bommes/Scherr 2000a, S. 89ff.). Die heutige moderne, funktional differenzierte Gesellschaft entwickelte demgegenüber Organisationen der Hilfe. Diese Organisationen bieten formalisierte Hilfe in Form von Geld oder Recht. Hilfe wird aufgrund der Inklusion in bestimmte Teilsysteme (z.B. Arbeitslosen- oder

Krankenversicherung) gewährt. Die Inklusion in die Teilsysteme der Hilfe ist jedoch, wie bei allen Funktionssystemen, kein Automatismus, sondern an Voraussetzungen gebunden. Bommes/Scherr beschreiben als Grundlage ihrer Theorie die umfassende Exklusion als Ausgangspunkt und Normalfall für das Individuum in der funktional differenzierten Gesellschaft: „*Kein Individuum gehört daher in der modernen Gesellschaft nur der Ökonomie, dem Recht, der Wissenschaft oder der Politik an, aber alle sind für ihre Lebensführung darauf angewiesen, an den meisten der Funktionssysteme teilzunehmen, ohne als Ganze darin dauerhaft einbezogen, inkludiert und darüber definiert zu werden. (…) Als Ganze sind die Individuen damit aus der modernen Gesellschaft und ihren Teilsystemen ausgeschlossen*" (ebd., S. 94).

Für die Soziale Arbeit in funktional differenzierten Gesellschaften sei Folgendes charakteristisch: Soziale Arbeit beobachte Individuen und Gruppen im Hinblick auf die Gefährdung von Inklusion. Ihr Konzept gehe dabei über die administrative Unterscheidung von „Fall/nicht-Fall" hinaus und konstruiere ein Hilfeverständnis, das die Person umfassend – nicht nur als zugehörig zu einem bestimmten Teilsystem (z.B. Arbeit/Arbeitslosenversicherung) – berücksichtigt (Bommes/Scherr 2000b, S. 77). Im Unterschied zu anderen helfenden Berufen, die spezifische (z.B. medizinische, pädagogische) Hilfebedarfe identifizieren und bearbeiten, bilde gerade die umfassende und gleichzeitig unspezifizierte Hilfebereitschaft das Charakteristikum Sozialer Arbeit. Nach der Identifikation von Hilfebedarf sei Soziale Arbeit jedoch auf die Kategorien und Maßstäbe der jeweiligen Bezugssysteme angewiesen. Diese werden in rechtlichen und politischen Entscheidungen vorgegeben und liegen nicht im Ermessen Sozialer Arbeit. Sie beobachte und identifiziere Hilfebedarf – verfüge jedoch nicht über die Entscheidung über Inklusion (ebd., S. 80).

Zur Aufrechterhaltung der Beobachtungsfähigkeit bediene sich Soziale Arbeit Reflexionstheorien, die zwischen einem positiven Selbstbild und einem kritischen Gesellschaftsbild oszillierten. Dabei generierten Reflexionstheorien den normativen Rahmen zur Beobachtung von Hilfebedarf. Die Organisationen Sozialer Arbeit deckten den Zwischenraum zwischen alltagsweltlicher und professioneller Hilfe ab. Soziale Arbeit übernehme subsidiär die Exklusionsrisiken jenseits von rechtlicher Standardisierung und professioneller Hilfe anderer Funktionssysteme (ebd., S. 82f.).

Daran gekoppelt stellen Bommes/Scherr auch die Frage, inwieweit bei Sozialer Arbeit von einer Profession zu reden sei (2000a, S. 235ff.). Von Profession könne erst gesprochen werden, wenn es einen, nur einen Beruf gebe, der in seinem beruflichen Handeln die Identität des Funktionssystems bestimme und dessen konstitutive Wissensbestände verwalte. Grundlage von Professionalität in der Moderne sei also das „monoprofessionelle" Funktionssystem, was aber nicht hieße, dass nicht auch weitere Berufe in einem Funktionssystem angesiedelt und tätig seien. Aber diese seien dann der jeweiligen Leitprofession hierarchisch untergeordnet.[87] Voraussetzung einer Profession „Soziale Arbeit" wäre demzufolge die Existenz eines Funktionssystems „Soziale Arbeit" mit ausgewiesener binärer Codierung und exklusiver Zuständigkeit für deren Definition. Vorschläge wie Fall/nicht-Fall oder Hilfe/nicht-Hilfe weisen Bommes/Scherr zurück, weil solche Differenzen nicht exklusiv von Sozialer Arbeit, sondern von vielen verwaltenden bzw. helfenden Berufen verwendet werden würden. *„Vor diesem Hintergrund begreifen wir Soziale Arbeit als Form der Organisation von Hilfe in der modernen Gesellschaft, aber nicht als eigenständiges Funktionssystem"* (ebd., S. 113). Das Feld der Sozialen Arbeit bearbeite damit jenen Bereich, der zwischen Selbsthilfe und professioneller Hilfe in funktional differenzierten Gesellschaften frei sei. Im Kern erfülle Soziale Arbeit die Funktion der *„Inklusionsvermittlung, Exklusionsvermeidung bzw. Exklusionsverwaltung"* (ebd., S. 106). Da diese Aufgabenbestimmung nahe am Alltagswissen liege, sehen Bommes/Scherr die Besonderheit der Handlungskompetenz in ihrer Unbestimmtheit. Soziale Arbeit biete damit kein hochspezialisiertes Wissen, wie Medizin oder Recht. Sie halte vielmehr organisierte unspezifische Hilfebereitschaft bereit (ebd., S. 59).

Abgrenzungen

Neben Bommes und Scherr, deren Systemtheorie Sozialer Arbeit hier exemplarisch vorgestellt wird, haben eine Reihe weiterer Autoren Theorien Sozialer Arbeit im Anschluss an die Luhmannsche Systemtheorie vorgelegt (Baecker 1994; Merten u. a. 1997; Merten 2000, 2010; Weber/Hillebrandt 1999). Bei allen sonstigen Gemeinsamkeiten bestehen Abgrenzungen bzw. Differenzen bei zwei zentralen Aspekten: zum einen bei der Kernbestimmung Sozialer Arbeit und zum anderen bezüglich der Frage nach dem Bestehen eines eigenständigen Funktionssystems Sozialer Arbeit sowie den daraus abzuleitenden Konsequenzen. So bestimmt Merten (2000, S. 196 f.) die Funktion Sozialer Arbeit als „soziale Integration", Baecker (1994, S. 102 ff.) als „stellvertretende Inklusion" und Hillebrandt (2012, S. 244) als „stellvertretende universelle Daseinsnachsorge". Während Bommes/Scherr die Annahme zurückweisen, dass Soziale Arbeit als eigenständiges Funktionssystem verstanden werden könne, gehen Merten, Baecker, Hillebrandt genau davon aus bzw. versuchen genau dies zu begründen. Hierbei erzielt Roland Merten – zumindest in den Fachdiskursen Sozialer Arbeit – große Resonanz. Merten argumentiert, dass ein Funktionssystem Sozialer Arbeit existiere, weil Soziale Arbeit eine binäre Codierung (Hilfe versus Nicht-Hilfe) anwende. Sie unterliege zwar, wie andere Funktionssysteme und Professionen auch, Umweltrestriktionen, gleichwohl verfüge sie über professionstypische Handlungsautonomie, was aber nur heiße, dass es keine externe Einflussnahme auf die

87 Anhand der Funktionssysteme Recht und Medizin wird das Bild einer solchen „hierarchisch strukturierten Insel im funktionalen Meer" anschaulich.

Binnenlogik professionellen Handelns gebe. Damit sei Soziale Arbeit zugleich auch als Profession zu bestimmen, die als Leitprofession des Funktionssystems „Soziale Hilfe“ über die Codierung und damit über die Gewährung bzw. Nicht-Gewährung von Hilfe entscheide.

Grenzen und offene Fragen

Mit der systemtheoretischen Beschreibung Sozialer Arbeit als Agentur der Inklusionsvermittlung entsteht das Paradoxon, dass durch das Inklusionsversprechen Sozialer Arbeit Exklusion erst (mit-)ermöglicht wird. Die Frage danach, wie Soziale Arbeit mit diesem Paradoxon umgehen kann, wird jedoch in den Bereich der Reflexionstheorien verwiesen. Damit sind zwei Desiderate benannt – jedenfalls, sofern man von einer Theorie der Sozialen Arbeit eine normative Orientierung und ein Handlungskonzept erwartet. Die Antwort der Theoretiker darauf lautet, dass jegliche soziologische Theorie nicht als Reflexionstheorie gemeint und gedacht sei, vielmehr gebe deren handlungsentlastete Sicht auf die Soziale Arbeit die Möglichkeit, keine Rücksichten bei der Analyse nehmen zu müssen (Bommes/Scherr 2000b, S. 84). Die explizite Reduktion der systemtheoretischen Ansätze auf Gesellschaftstheorie wird also letztlich wissenschaftssystematisch begründet und unterläuft die interdisziplinäre Wirklichkeit Sozialer Arbeit.

Festzuhalten bleibt, dass die ausschließliche Fokussierung dieser Theorie Sozialer Arbeit auf die Gesellschaft das Individuum in seiner Komplexität systematisch ausblendet. Es fehlt bisher an einer aussagefähigen Systemtheorie psychischer Systeme, die in Ergänzung die Abläufe in der Person problematisiert und die Wechselwirkungen mit sozialen Systemen erhellen könnte. Offen bleiben in der systemtheoretischen Betrachtung deshalb Fragen nach dem „Warum“; zwar wird beschrieben, wie eine AdressatIn zur AdressatIn von Hilfe wird, die Frage warum dies geschieht, bleibt dagegen unbeantwortet.

Literaturempfehlung

a) *Eine knappe Darstellung* („Schlüsseldokument“):
Bommes, M./Scherr, A. (2000b): Soziale Arbeit, sekundäre Ordnungsbildung und die Kommunikation unspezifischer Hilfsbedürftigkeit. In: Merten, R. (Hrsg.): Systemtheorie Sozialer Arbeit. Neue Ansätze und veränderte Perspektiven. Opladen: Leske + Budrich, S. 67–86.

b) *Ausführlicher:*
Bommes, M./Scherr, A. (2000a): Soziologie der Sozialen Arbeit. Eine Einführung in Formen und Funktionen organisierter Hilfe. Weinheim und München: Juventa.

c) *Weitere Texte:*

Baecker, D. (1994): Hilfe als Funktionssystem der Gesellschaft. In: Zeitschrift für Soziologie 23. Jg., H. 2, S. 93–110.

Merten, R. (2010): Handlungskompetenz in der Sozialen Arbeit. Was trägt die Systemtheorie zur Handlungskompetenz Sozialer Arbeit bei? In: Hammerschmidt, P.; Sagebiel, J. (Hrsg.): Professionalisierung im Widerstreit. Zur Professionalisierungsdiskussion in der Sozialen Arbeit – Versuch einer Bilanz. Neu-Ulm: AG SPAK, S. 133–148.

Kosellek, T./Merten, R. (2010): Systemtheorie und Soziale Arbeit. In: Otto, H.-U./ Thiersch, H. (Hrsg.): Handbuch Sozialarbeit/Sozialpädagogik. 4. Aufl. München Basel: Ernst Reinhardt, S. 1614–1621.

Hillebrandt, F. (2012): Hilfe als Funktionssystem für Soziale Arbeit. In: Thole, W.: Grundriss Soziale Arbeit. Ein einführendes Handbuch. 4. Auflage. Wiesbaden: VS, S. 235–248.

Maaß, O. (2009): Die Soziale Arbeit als Funktionssystem der Gesellschaft. Heidelberg: Verlag für Systemische Forschung im Carl-Auer-Verlag.

Merten, R. (1997): Autonomie der Sozialen Arbeit. Zur Funktionsbestimmung als Disziplin und Profession. Weinheim und München: Beltz.

Merten, R. (2000): Soziale Arbeit als autonomes Funktionssystem der modernen Gesellschaft. Argumente für eine konstruktive Perspektive. In: Merten, R (Hrsg.): Systemtheorie Sozialer Arbeit. Neue Ansätze und veränderte Perspektiven. Opladen: Leske + Budrich, S. 177–206.

d) *Orientierende Sekundärliteratur:*

Kneer, G./Nassehi, A. (1993): Niklas Luhmanns Theorie sozialer Systeme. Eine Einführung. München: Fink.

„Steckbrief“

Kernbestimmung Sozialer Arbeit und Bezeichnung der Theorie	Soziale Arbeit leistet Inklusionsvermittlung, Exklusionsvermeidung bzw. Exklusionsverwaltung. Systemtheorie Sozialer Arbeit
Kernbegriffe	Funktional differenzierte Gesellschaft, Inklusion/Exklusion, Hilfebedürftigkeit
Kernargumentation	Soziale Arbeit ist eine Form der Organisation von Hilfe in einer funktional differenzierten Gesellschaft, die auf die Folgeprobleme funktionaler Differenzierung reagiert. Sie leistet dabei Inklusionsvermittlung, Exklusionsvermeidung bzw. Exklusionsverwaltung.
AdressatInnen Sozialer Arbeit	Hilfsbedürftige
Vertreter Herkunftsdisziplin	Michael Bommes, Soziologe Albert Scherr, Soziologe Weitere Vertreter: Frank Hillebrandt, Roland Merten, beide Erziehungswissenschaften und Sozialpädagogik
(Weitere) disziplinäre und Theoriebezüge	Biologie (Autopoiesis)
Wissenschafts- und erkenntnistheoretische Position	Konstruktivismus (Heinz von Foerster) und Kybernetik (Norbert Wiener)
Aufgabenbestimmung der Theorie Sozialer Arbeit	Soziologische Beobachtung und Erklärung
Entstehungszeitpunkt und Hintergrund	1990er Jahre, Rezeption soziologischer Theoriediskussion in der Sozialen Arbeit

3.12 Soziale Arbeit als stellvertretende Deutung

Definition und Gegenstandsbestimmung

Das Verständnis Sozialer Arbeit als „stellvertretende Deutung“ wird am prominentesten von Bernd Dewe und Hans-Uwe Otto vertreten. Sie nennen ihre Theorie der Sozialen Arbeit „reflexive Sozialpädagogik“, wobei sie das Wort „Sozialpädagogik“ als Synonym für die Doppelbezeichnung „Sozialarbeit/Sozialpädagogik“ verwenden. Ihre Überlegungen fanden ihren Ausgangspunkt in der Professionalisierungstheorie. Im Zentrum ihrer Theorie steht die Frage nach den Strukturmerkmalen professioneller Interaktionsprozesse und deren Verhältnis zu „differenten Wissensstrukturen“. Professionelles sozialpädagogisches Handeln wird dabei als „stellvertretende Deutung“ definiert. Die Professionellen deuten die lebensweltlichen Schwierigkeiten und Handlungsprobleme der KlientInnen mit dem Ziel der Öffnung von Perspektiven bzw. Entscheidungsbegründungen unter Ungewissheitsbedingungen, wobei die Lösungen in Verantwortung der AdressatInnen bleiben. Das besondere Anliegen ihrer Theorie der Sozialen Arbeit sind die Analyse der objektiven Bedingungen und Folgen des Handelns der professionell Tätigen sowie die Beantwortung der Frage, inwieweit eine spezifische Professionalisierung, die „reflexive Professionalisierung“, der Sozialen Arbeit wissenschaftlich und politisch durchgesetzt und praktisch umgesetzt werden kann. Die Theorie der „stellvertretenden Deutung“ entstammt der in der universitären Disziplin der Erziehungswissenschaften verankerten Sozialpädagogik und greift auf eine Fülle sozialwissenschaftlicher Theorien und Wissensbestände zurück. Als Schlüsseldokument legen wir hier einen Handbuchbeitrag mit dem Titel „Reflexive Sozialpädagogik“ von 2010 zugrunde, der erstmals 2002 veröffentlicht und für die dritte Auflage überarbeitet worden ist.

Vertreter

Bernd Dewe (1949–2017), Erziehungswissenschaftler. Studium der Erziehungswissenschaft, Soziologie, Philosophie und Sozialökonomie, an den in Bielefeld, Berlin und Osnabrück. Promotion 1982. Von 1992 bis 2013 Professor für „Betriebliche und berufliche Weiterbildung“ am Erziehungswissenschaftlichen Fachbereich der Martin-Luther-Universität in Halle-Wittenberg.
Hans-Uwe Otto (1940–2020), Erziehungswissenschaftler. Studium der Sozialarbeit an der Höheren Fachschule für Sozialarbeit in Dortmund. Anschließend Studium der Soziologie, Psychologie und Erziehungswissenschaft an der Universität Münster. Promotion 1974. Von 1974 bis zu seiner Emeritierung an der Universität Bielefeld Professor für Erziehungswissenschaften unter besonderer Berücksichtigung der Sozialpädagogik.

Kernaussagen

Grundannahmen/Ausgangspunkt

Bernd Dewe und Hans-Uwe Otto kritisieren, dass die (Disziplin) Soziale Arbeit es versäumt habe, über den Status differenter Wissensformen (gemeint ist vor allem der Unterschied zwischen wissenschaftlichem und Handlungswissen) systematisch nachzudenken. Sie habe sich stattdessen auf die Reformierbarkeit der sozialpädagogischen Praxis und ihre gesellschaftlichen und sozialen Bedingungen konzentriert und konnte deshalb keinen theoretischen und wissenschaftslogischen Fokus entwickeln. Solange sich sozialpädagogische Theorieangebote als normative Theorien einer bzw. für eine Praxis verstünden, könnten sie sich ihrem Untersuchungsfeld nicht in analytischer und reflexiver Perspektive nähern; sie könnten dann entweder nur die Begründungsprobleme des praktischen Handels bspw. ideologiekritisch destruieren oder aber die Praxis technologisch als Anwendungsfall von Theorie verstehen. Eine analytische und reflexive Perspektive auf das Untersuchungsfeld sei so aber nicht möglich. Dies und die (externe) Instrumentalisierung der Sozialpädagogik erforderten, dass „*die akademische Sozialpädagogik über sich als Disziplin nachsinnen müsse, um zu einer kognitiven Reorganisation ihres Beobachterstandpunktes gegenüber der Profession und in der Folge zu weiterführenden Selbstbeschreibungen zu gelangen*“ (2010, S. 203). Einfacher formuliert: Die Sozialpädagogik soll ihr Selbstverständnis als Wissenschaft/Disziplin und ihr Verhältnis zur Praxis (neu) bestimmen. Als Ausgangspunkt wählen Dewe und Otto für die Klärung dieser Frage(-n) die Binnenstrukturen bzw. Strukturlogiken sozialpädagogischen Handelns – nachdem sie zuvor schon eine substantialistische oder essentialistische Gegenstandsbestimmung[88] als nicht weiterführend verworfen hatten (2010, S. 201; 1996, S. 10 f., 15 f.) –, womit die Professionstheorie als Basis ihrer Theorie reflexiver Sozialpädagogik fungiert.

Argumentation

Zu den Binnenstrukturen bzw. Strukturlogiken sozialpädagogischen Handelns führen Dewe/Otto Folgendes aus: In der Interaktion mit ihren KlientInnen, bei der es um deren Probleme geht (Handlungsprobleme, lebensweltliche Schwierigkeiten, Blockierungszusammenhänge in der Lebensführung), ist es die Aufgabe der (reflexiven) Professionellen, einen lebenspraktischen Problemfall kommunikativ

88 Eine substantialistische oder essentialistische Gegenstandsbestimmung bestünde darin, nach einem unabänderlichen Wesen einer Sache zu suchen. Aus der von Dewe und Otto eingenommenen sozialkonstruktivistischen Perspektive verbietet sich dies. Der Gegenstand konstituiert sich hiernach über spezifische Fragestellungen, mithin über seine theoretische Konstitution.

auszulegen. Dabei sind auch soziale Kontexte und Konstellationen, in denen die Individuen leben, in den Blick zu nehmen und zu rekonstruieren, um den AdressatInnen aufgeklärte Begründungen für lebenspraktische Entscheidungen anzubieten und ihre subjektiven Handlungsmöglichkeiten zu steigern. Das impliziert „deutendes Verstehen", um situativ und emotional tragbare Begründungen für praktische Bewältigungsstrategien mit den AdressatInnen zu entwickeln. Die Professionellen haben also mit den AdressatInnen eine Verständigung darüber herbeizuführen, was ihre individuelle Problemkonstellation auszeichnet und was aus Sicht der AdressatInnen eine angemessene Bearbeitung und Lösung sein könnte. Im Kern leisten die Professionellen damit eine stellvertretende Deutung, durch welche Wissen vermittelt wird, um Perspektiven zu eröffnen; die Problemlösung selbst und auch die Verantwortlichkeit dafür verbleiben jedoch bei den AdressatInnen selbst.

Für das professionelle Handeln ist nach Dewe und Otto wissenschaftsbasierte Kompetenz als solche nicht konstitutiv. Primäre Kompetenz ist vielmehr die schon angeführte situativ aufzubringende reflexive Fähigkeit – deshalb sprechen Dewe/Otto von „reflexiver Professionalität" –, einen Problemfall kommunikativ auszulegen, also stellvertretend zu deuten. Wenn wissenschaftliches Wissen als solches nicht konstitutiv für professionelles Handeln ist, dann ist zu fragen,

1. welche Bedeutung wissenschaftliches Wissen (Theorie) hat, und zwar sowohl für die Profession wie auch generell,
2. welches Wissen stattdessen für die Profession konstitutiv ist bzw. sein könnte und schließlich,
3. in welchem Verhältnis diese Wissensformen zueinander stehen.

Wissenschaftliches Wissen, so führen Dewe und Otto dazu aus, wird handlungsentlastet durch freies, systematisches Nachdenken erarbeitet und unterliegt einem gesteigerten Begründungszwang. Eine (wissenschaftliche) Theorie kann demnach *„aufgefasst werden als ein System von intersubjektiv überprüfbaren, methodisch gewonnenen, in einem konsistenten Zusammenhang formulierten Aussagen über einen definierten Sachbereich. Im Theoriebildungsprozess werden Phänomene beobachtet, beschrieben oder analysiert und in die Form einer systematischen Konstruktion bzw. Rekonstruktion sozialer Wirklichkeit gebracht. Theoretische Ansätze sind bestimmt von einer wie immer gearteten Gesellschaftsinterpretation und von einem impliziten und teilweise explizierten Menschenbild"* (Dewe/Otto 2011c, S. 1737).

Dabei unterscheiden Dewe/Otto zwischen herkömmlichen wissenschaftlichen Theorien und Reflexionstheorien. Die herkömmlichen Theorien beobachten ihr Objekt von „außen", weshalb sie, so Dewe/Otto in Anlehnung an Luhmann, die Betrachtung des „Beobachters weglassen" können, weil sie selbst als Beobachter wirken. Reflexionstheorien seien dagegen auf Teilsystembasis angesiedelt, also als Theorie des Systems im System selbst aufgestellt (nach Luhmann: „Systembetreuungswissenschaft"), weshalb die (eigene) Beobachterposition reflektiert werden müsse (ebd., S. 1735). Pädagogik und Sozialpädagogik als Wissenschaft müssen damit als Reflexionswissenschaft verstanden und dementsprechend konstruiert werden (ausführlicher zum Wissenschafts- und Theorieverständnis von Dewe und Otto: dies. 2011c).

Im Unterschied zum wissenschaftlichen Wissen unterliegen praktisches Handlungswissen und seine Anwendung im Alltag einem permanenten Entscheidungs- und Handlungsdruck; Handlungswissen zielt auf Angemessenheit. Das professionelle Wissen, als dritte Wissensform, unterliegt wie das Handlungswissen dem Handlungsdruck und gleichzeitig wie das Wissenschaftswissen einem gesteigerten Begründungszwang. Dabei ist professionelles Wissen keineswegs als Addition der beiden anderen Wissensformen oder als schlichte „Anwendung" wissenschaftlichen Wissens in der Praxis zu verstehen. Es stellt vielmehr einen eigenständigen Bereich zwischen beiden dar, der dadurch gekennzeichnet ist, dass hier die beiden anderen Wissensformen „relationiert" werden. Diese Relationierung charakterisiert das reflexive Professionswissen. Gemeint ist damit, dass die PraktikerInnen gleichzeitig beiden Wissens- und Urteilsformen mit ihrer unaufhebbaren Differenz verpflichtet bleiben, diese aber situativ angemessen aufeinander zu beziehen haben. Damit bilden Professionen *„eine Institutionalisierungsform der Relationierung von Theorie und Praxis, in der wissenschaftliche Wissensbestände praktisch-kommunikativ in den Prozess der alltäglichen Organisation des Handelns und der Lösung der hier auftretenden Probleme fallbezogen kontextualisiert werden"* (Dewe/Otto 2010, S. 210). Professionelles Handeln beinhaltet dabei stets Kompetenzanteile, die über die Wissenskomponente hinausgehen (ebd., S. 206). Ein so verstandenes Professionswissen erwirbt man durch berufförmigen Vollzug dieser Tätigkeit im Sinne von Routinisierung und Habitualisierung (ebd., S. 211). Es ist also als Fertigkeit, als Fähigkeit und als Können zu verstehen, die sich lernen, aber nicht lehren lassen.

Theorie und Praxis haben damit bei aller Verwiesenheit aufeinander jeweils ihre eigenständige Bedeutung und Dignität. Es besteht kein Unter-Überordnungs-Verhältnis. So kann es nicht Aufgabe der Praxis sein, Theorien „umzusetzen", denn eine solche „Technologisierung" verkenne die differenten Wissensformen und die professionelle Handlungslogik. Aus demselben Grund weisen Dewe/Otto auch eine schlichte Indienstnahme der Theorie für die Praxis – etwa als Aufgabenzuschreibung an die Theorie, sie solle sich auf die Probleme der Praxis beschränken und für diese Lösungen oder sogar Handlungsanweisen erarbeiten – als unangemessen zurück (ebd., S. 200; ausführlich dazu: dies. 1996, S. 61–92, 117–129). Stelle auch die Wissenschaft erforderliches Theoriewissen zur Verfügung, das für Professionswissen unverzichtbar sei so habe die Wissenschaft Fragen und Probleme nach ihrer Eigenlogik zu bearbeiten. Keineswegs im Widerspruch dazu benennen Dewe und Otto als besonderes Anliegen ihrer

Theorie der Sozialen Arbeit „*die Analyse der objektiven Bedingungen und Folgen des Handelns der professionell Tätigen sowie die Frage, inwieweit eine spezifische Professionalisierung der Sozialen Arbeit wissenschaftlich und politisch durchgesetzt und praktisch umgesetzt werden kann*" (2010, S. 197). Mit der „spezifischen Professionalisierung" ist die reflexive Professionalität sozialpädagogischer Handlungspraxis gemeint, deren Qualität darin bestehe, dass sie Chancen und Handlungsoptionen ihrer AdressatInnen erweitert sowie deren Partizipations- und Zugangsmöglichkeiten steigert (ebd., S. 204).

Die damit vorgenommene Bestimmung der Aufgaben einer Theorie Sozialer Arbeit und auch der Praxis Sozialer Arbeit enthält eine normative Dimension, die auch an verschiedenen Stellen des Schlüsseldokuments (Dewe/Otto 2010) mehr oder weniger implizit zutage tritt und die explizit von den Autoren unter dem Etikett „demokratische Rationalität" thematisiert wird (ebd., S. 206 ff.). Die als Kernelement einer Professionalität charakterisierte „demokratische Rationalität" dient als Gegenbegriff zur ökonomischen und auch rein fachwissenschaftlichen Rationalität. Bezogen auf die AdressatInnen Sozialer Arbeit gehört zur normativen Dimension reflexiver Sozialpädagogik die Orientierung an deren sozialen und weitergefasst staatsbürgerlichen Rechten, an ihren Bedürfnissen und Interessen, an ihren Partizipationsmöglichkeiten (ebd., S. 199) und an ihrer Selbstverantwortung, was eine expertokratische Bevormundung ausschließt. Als problematisch sehen die Autoren an, dass einerseits mit dem Abbau sozialstaatlicher Leistungen und (Dienstleistungs-)Angebote und andererseits durch das Eindringen der Marktlogik in die soziale Dienstleistungserbringung – mit ihren nur ökonomischen Effektivitäts- und Effizienzkriterien (ebd., S. 204) – die Voraussetzungen und Möglichkeiten für eine Soziale Arbeit untergraben werden, die fachlichen Standards (denen der reflexiven Professionalität) und adressatenbezogenen normativen Orientierungen entspricht.

Schlussfolgerungen/Summarisches

Die Theorie der reflexiven Sozialpädagogik bzw. der stellvertretenden Deutung entwickelten Bernd Dewe und Hans-Uwe Otto aus ihrer Professionalisierungstheorie Sozialer Arbeit, die auch weiter den Kern ihrer Theorie Sozialer Arbeit bildet. Ihre Theorie ist ausgeprägt analytisch und integriert Deskriptionen, die vornehmlich aus der Praxisforschung (Verwendungsforschung) gewonnen wurden. Zudem umfasst sie, wie gezeigt, normative Elemente. Soziale Arbeit wird hier als Dienstleistungsberuf und genauer als soziale personenbezogene Dienstleistung verstanden, die im sozialstaatlichen Kontext organisiert und erbracht wird. Sie leistet den AdressatInnen gegenüber Hilfe und Unterstützung bei der Bewältigung von Problemen durch stellvertretende Deutung dieser Probleme, einschließlich einer Aufklärung über Verursachungszusammenhänge und mögliche Handlungsoptionen. Darüberhinausgehende Bestimmungen der

AdressatInnen(-kreise) oder Arbeits- und Praxisfelder sowie weitere in dieser Darstellung interessierende Aspekte wie das Menschen- und Gesellschaftsbild und Methoden finden sich nicht ausformuliert im Schüsseltext. Gleichwohl scheinen uns hierzu folgende Interpretationen zulässig: Die Autoren gehen von einer marktwirtschaftlich organisierten, Ungleichheit produzierenden und sozialstaatlich flankierten Gesellschaft aus, deren Angehörige als (potentiell) mündige, selbstbestimmungs- und freiheitsfähige und über Rechte verfügende Bürger verstanden werden. Daraus folgt auch eine Gleichrangigkeit von AdressatInnen und Professionellen, die von Letzteren zu respektieren ist. Ein Erziehen der AdressatInnen verbietet sich damit ebenso wie andere Formen der Bevormundung. Ausführungen zu Handlungsmethoden der Sozialen Arbeit machen die Autoren nicht. Mit der Fokussierung auf die „stellvertretende Deutung" wird keineswegs das Setting „Beratung" als alleinige oder vorherrschende Handlungsmethode unterstellt, sondern eher als Grundfunktion Sozialer Arbeit quer zum Methodenrepertoire bestimmt.

Grenzen und offene Fragen

Grenzen bzw. offen Fragen zeigen bzw. ergeben sich vor allem hinsichtlich der Gegenstandsbestimmung Sozialer Arbeit. Dewe und Otto kritisieren „substantialistische oder essentialistische Gegenstandsbestimmungen Sozialer Arbeit", denn diese würden nicht weiterhelfen. „(N)ur über spezifische Fragestellungen, mithin über eine theoretische Konstitution des Gegenstandes" sei eine „kognitive Identität der Sozialpädagogik" herstellbar (2010, S. 201). Daraus ergibt sich eine Reihe von Fragen:

a) Sind „spezifische Fragestellungen" gleichzusetzen mit der „theoretischen Konstitution" eines Gegenstandes und wenn nein, wie verhalten sich beide zueinander?
b) Ist die Gegenstandsbestimmung der Sozialen Arbeit identisch mit der „kognitiven Identität der Sozialpädagogik" und wenn nein, wie verhalten sich beide zueinander?
c) Wie lautet die gegenstandsbestimmende Fragestellung der Autoren?
d) Wie verhält sich (c) zu der von den Autoren vorgenommenen Gegenstandsbestimmung über das, was sie als Kern professioneller Tätigkeit von SozialpädagogInnen interpretieren, nämlich die stellvertretende Deutung?

Diese Fragen bleiben offen. Unterstellt man, dass sich die „kognitive Identität der Sozialpädagogik" über die Gegenstandsbestimmung Sozialer Arbeit herstellt – oder umgekehrt, dass sich die Gegenstandsbestimmung aus der kognitiven Identität ergibt – und weiter, dass die theoretische Konstitution des Gegenstandes über eine spezifische Fragestellung erfolgt – oder umgekehrt, dass eine spezifische Fragestellung eine theoretische Konstitution des Gegenstandes hervorbringt – und man so zur Kernbestimmung Sozialer Arbeit als stellvertretender Deutung gelangt, dann bleibt immer noch die Frage nach der Ein- und Abgrenzung der Sozialen Arbeit offen. Schließlich müssten Praxisfelder, die herkömmlicherweise als zur Sozialen Arbeit zugehörig verstanden werden – etwa der gesamte Bereich der (Klein-)Kinderbetreuung, – als nicht zugehörig betrachtet werden, und die Tätigkeit von Personen, die ebenfalls herkömmlicherweise zu anderen Berufsgruppen gehörig verstanden werden – etwa die von PsychologInnen und Priestern –, müssten als sozialarbeiterisch/sozialpädagogisch verstanden werden.

Literaturempfehlung

a) *Eine knappe Darstellung* („Schlüsseldokument"):
Dewe, B./Otto, H.-U. (2010): Reflexive Sozialpädagogik. In: Thole, W. (Hrsg.): Grundriss Soziale Arbeit. Ein einführendes Handbuch. 3. Auflage. Wiesbaden: VS, S. 197–217.

b) *Ausführlicher:*
Dewe, B./Otto, H.-U. (1996): Zugänge zur Sozialpädagogik. Reflexive Wissenschaftstheorie und kognitive Identität. Weinheim: Juventa.

c) *Weitere Texte:*
Dewe, B./Ferchoff, W./Peters, F. (1984): Professionelle Kompetenz im Wandel: alte Probleme und neue falsche Propheten? In: Müller, S. (Hrsg.) (1984): Handlungskompetenz in der Sozialarbeit, Sozialpädagogik – Teil 2; Theoretische Konzepte und gesellschaftliche Strukturen. Bielefeld: AJZ, S. 297–337.

Dewe, B. (2008): Wissenschaftstheorie, kognitive Identität und Forschung in der Sozialarbeit. In: Bielefelder Arbeitsgruppe 8 (Hrsg.): Soziale Arbeit in Gesellschaft. Wiesbaden: VS, S. 107–120.

Dewe, B. (2009): Reflexive Professionalität: Maßgabe für Wissenstransfer und Theorie-Praxis-Relationierung im Studium der Sozialarbeit. In: Riegler, A./Hojnik, S./Posch, K. (Hrsg.): Soziale Arbeit zwischen Profession und Wissenschaft. Wiesbaden: VS, S. 47–63.

Dewe, B./Otto, H.-U. (1980): Über den Zusammenhang von Handlungspraxis und Wissensstrukturen in der öffentlichen Sozialarbeit. In: Neue Praxis 2/1980, S. 127–153.

Dewe, B./Otto, H.-U. (2011a): Profession. In: Otto, H.-U./Thiersch, H. (Hrsg.): Handbuch Soziale Arbeit: Grundlagen der Sozialarbeit und Sozialpädagogik. 4. Auflage. München und Basel: Ernst Reinhardt, S. 1131–1142.

Dewe, B./Otto, H.-U. (2011b): Professionalität. In: Otto, H.-U./Thiersch, H. (Hrsg.): Handbuch Soziale Arbeit. 4. Auflage. München und Basel: Ernst Reinhardt, S. 1143–1153.

Otto, H.-U. (1991): Sozialarbeit zwischen Routine und Innovation. Professionelles Handeln in Sozialadministrationen. Berlin und New York: de Gruyter.

„Steckbrief“

Kernbestimmung Sozialer Arbeit und Bezeichnung der Theorie	Soziale Arbeit ist stellvertretende Deutung. Theorie reflexiver Sozialpädagogik
Kernbegriffe	Differente Wissensformen, Theorie-Profession-Praxis-Verhältnis, stellvertretende Deutung
Kernargumentation	Die Professionellen deuten stellvertretend die Probleme der KlientInnen mit dem Ziel der Öffnung von Perspektiven und Entscheidungsbegründungen. Dies erfordert die Relationierung differenter Wissensformen: (1) des praktischen (laienhaften) Handlungswissens, das einem Handlungsdruck unterliegt, (2) wissenschaftlichen Wissens, das handlungsentlastet erarbeitet wird und einem gesteigerten Begründungszwang unterliegt, (3) professionellen Wissens, das als ein eigenständiger Bereich zwischen beiden entsteht und sowohl einem Handlungsdruck als auch einem gesteigertem Begründungszwang unterliegt, das aber keine Addition oder Anwendung der beiden anderen Wissensformen ist, sondern beide „relationiert“. D. h. dass die Praxis gleichzeitig den ersten beiden Wissensformen mit ihrer unaufhebbaren Differenz verpflichtetet bleibt, die situativ angemessen/ professionell reflexiv aufeinander zu beziehen sind.
AdressatInnen Sozialer Arbeit	Werden nicht spezifiziert
Vertreter Herkunftsdisziplin	Bernd Dewe, Hans-Uwe Otto Erziehungswissenschaften
(Weitere) disziplinäre und Theoriebezüge	Sozialwissenschaften, insbes. Soziologie und Wissenssoziologie
Wissenschafts- und erkenntnistheoretische Position	Sozialkonstruktivistisch, wissenssoziologisch
Aufgabenbestimmung der Theorie Sozialer Arbeit	Analyse der objektiven Bedingungen und Folgen des Handelns der professionell Tätigen sowie die Frage, inwieweit die „reflexive Professionalisierung“ der Sozialen Arbeit wissenschaftlich und politisch durchgesetzt und praktisch umgesetzt werden kann
Entstehungszeitpunkt und Hintergrund	1980er Jahre – mit Wurzeln in den professionalisierungstheoretischen Arbeiten der frühen 1970er Jahre – vor dem Hintergrund der gescheiterten Erwartungen an die Akademisierung und Professionalisierung der Sozialen Arbeit

3.13 Soziale Arbeit als ko-produktive Unterstützung von Selbstproduktionsprozessen von NutzerInnen Sozialer Arbeit

Definition und Gegenstandsbestimmung

Die Bestimmung der Sozialen Arbeit als „soziale, personenbezogene Dienstleistung im Sozialstaat", deren professioneller Handlungsmodus „Dienstleistung" an der Strukturlogik der Aneignung der AdressatInnen (NutzerInnen) ausgerichtet sei und damit die Aneignungs- und Selbstproduktionsprozesse von NutzerInnen ko-produktiv unterstütze, formuliert Andreas Schaarschuch. Die Interaktion zwischen Professionellen und AdressatInnen bzw. den NutzerInnen Sozialer Arbeit ziele auf Veränderungen der Person der NutzerInnen, ihres Denkens, Wissens, Handelns usw. Dies aber seien Prozesse, die die NutzerInnen nur selbst als Akt der Aneignung oder der Selbstproduktion vollziehen könnten. Daraus folge einerseits, dass die AdressatInnen letztlich als ProduzentInnen und die Professionellen lediglich als Ko-ProduzentInnen dieses Dienstleistungsprozesses zu bestimmen seien, andererseits und damit einhergehend, dass den AdressatInnen als (Selbst-)ProduzentInnen das Primat in diesem Prozess zugestanden werden müsse. An anderer Stelle heißt es dementsprechend, der Gebrauchswert Sozialer Arbeit für die Lebensbewältigungspraxen der Subjekte stehe im Zentrum der sozialpädagogischen Professionalität.[89]

Nach Vorarbeiten zu einer Dienstleistungstheorie Sozialer Arbeit in regulationstheoretischer Perspektive Anfang/Mitte der 1990er Jahre formulierte Schaarschuch 1998 in seiner (unveröffentlichten) Habilitationsschrift die „Theoretische(n) Grundelemente Sozialer Arbeit als Dienstleistung"; ein Jahr später erschien mit einem gleichnamigen Aufsatz (Schaarschuch 1999a) eine knappe, zusammenfassende Darstellung. Weitere Beiträge folgten, die auf ein Ausleuchten weiterer Aspekte und Dimensionen des vorgelegten Rahmenkonzeptes einer Nutzertheorie Sozialer Arbeit abzielten. Besonders erwähnenswert erscheinen dabei zwei Beiträge, weil sie sowohl grundlegenden als auch zusammenfassenden Charakter tragen: Einmal die Einleitung zum Sammelband „Soziale Dienstleistungen aus Nutzersicht", den Andreas Schaarschuch gemeinsam mit Gertrud Oelerich herausgab (dies. 2005a, S. 9–25)[90] sowie ein Beitrag Schaarschuchs (2010), der die professionstheoretischen Implikationen der Nutzertheorie darlegt. Als „Schlüsseldokument" legen wir hier den

89 So gesehen erscheint die Forderung nach Ausrichtung sozialarbeiterischen/sozialpädagogischen Handelns an der Strukturlogik der Aneignung der AdressatInnen nicht dezisionistisch, sondern sachlogisch erforderlich (vgl. Schaarschuch 1998, S. 89 Fn. 10 u. S. 96).

90 Das Buch präsentiert Ergebnisse empirischer Forschung, die (nicht ausschließlich) in Perspektive der Nutzertheorie erfolgte, um einerseits die Forschungsrelevanz (oder -tauglichkeit) zu prüfen und andererseits um das Begriffsinstrumentarium der Nutzertheorie weiter zu entwickeln und auszudifferenzieren.

letztgenannten Beitrag zugrunde, weil er der aktuellste zu dem noch nicht abgeschlossenen Theoriebildungsprojekt ist und weil er zudem auf das fokussiert, was anderenorts als „Zentrum einer Neuorientierung der Sozialarbeit/Sozialpädagogik" (Schaarschuch 1999a, S. 547) bestimmt wurde, nämlich das Verhältnis zwischen Professionellen und KlientInnen.

Vertreter

Andreas Schaarschuch (Jg. 1957), Studium der Erziehungswissenschaften, Psychologie und Soziologie an der PH Westfalen-Lippe und Universität Bielefeld, nach seiner Promotion (1990) als Wissenschaftler an den Universitäten Bielefeld, Rostock, Vechta und Münster, seit 2000 Professor für Sozialpädagogik und Soziale Dienste an der Bergischen Universität Wuppertal.
Gertrud Oelerich, Studium der Erziehungswissenschaften an der Universität Bielefeld, von 1989 bis 2000 wissenschaftliche Mitarbeiterin an der Universität Heidelberg, anschließend verschiedene wissenschaftliche Tätigkeiten in Praxisfeldern der Sozialen Arbeit. Nach einer Vertretungsprofessur an der Universität Frankfurt (2005–2007) seit 2009 an der Universität Wuppertal, seit 2011 als außerplanmäßige Professorin.

Kernaussagen

Grundannahmen/Ausgangspunkt

Als Ausgangspunkt für seine Darlegung wählt Schaarschuch im hier herangezogenen Schlüsseldokument (Schaarschuch 2010) die Professionalisierungsdiskussion in der Sozialen Arbeit. Die erste Phase der Professionalisierungsdiskussion in den 1960er und 1970er Jahren stand im Zeichen der Akademisierung und der Etablierung der Sozialen Arbeit im Kontext anderer Professionen. Typisch war hier ein „indikatorisches" Vorgehen, d. h. hierbei wurden die Kennzeichen etablierter Professionen herausgearbeitet – etwa wissenschaftliche Ausbildung, Lizenzierung, berufsständische Solidarität, Gemeinwohlbezug –, um dann diese Indikatoren als Maßstab an die Soziale Arbeit anzulegen. Das Ergebnis dieser Operationen war regelmäßig die Feststellung von (Professionalisierungs-)Defiziten der Sozialen Arbeit, die damit allenfalls als Semi-Profession gelten könne. Als Grund für die konstatierten Defizite wurde vielfach die Einbindung Sozialer Arbeit in die bürokratischen Organisationen des Sozialstaates angeführt. Im Zuge eines allgemeinen Durchstaatlichungsprozesses jedoch, so Schaarschuch weiter, erfolgte eine gewisse Nivellierung, so dass eine Unterscheidung zwischen etablierten und

Semi-Professionen analytisch wenig fruchtbar sein konnte. Die zweite Phase der Professionalisierungsdiskussion ab Mitte der 1980er Jahre setzte vor diesem Hintergrund strukturtheoretisch an. Von Ulrich Oevermann inspiriert, stand und steht die Frage nach den „Binnenstrukturen", nach der „Logik" institutionalisierten (sozial-)pädagogischen Handelns im Zentrum. Hieran knüpft Schaarschuchs Theorie an, wobei er Soziale Arbeit als Dienstleistung reformuliert (ebd., S. 149 f.).

Die (neue) Dienstleistungsdebatte in der Sozialen Arbeit datiert Schaarschuch auf die Jahre 1993/94, womit er die Veröffentlichung zweier Berichte der „Kommunalen Gemeinschaftsstelle für Verwaltungsvereinfachung" (seit 2005: Verwaltungsmanagement) (KGSt) als Ausgangspunkt bestimmt.[91] Der KGSt und den ihre Konzepte übernehmenden Kommunen ging es bei den Maßnahmen der sog. Verwaltungsmodernisierung um die Verminderung der Kosten der öffentlichen Dienstleistungsproduktion mittels betriebswirtschaftlicher Restrukturierung und der Implementierung marktlicher Steuerungselemente. Die Kommunalverwaltung sollte sich hierbei zum „modernen Dienstleistungsunternehmen" entwickeln.[92] In diesem Kontext, so Schaarschuch, *„mutieren die Klienten zu ‚Kunden' und für die Ebene der helfenden Interaktionen zwischen professional und Kunden wird entsprechend der Begriff der ‚Dienstleistung' bestimmend"* (2010, S. 151). In der Praxis, so Schaarschuch weiter, fiel dies auf fruchtbaren Boden: Hier firmierten die Klienten als Kunden, denen Dienstleistungen angeboten werden, und Soziale Arbeit galt als „Kundendienst" (ebd.). Die Charakterisierung der Klienten als Kunden, analysiert Schaarschuch, sei kategorial inadäquat und stelle eine Provokation für das konventionelle Verständnis über das Verhältnis zwischen Professionellen und Klienten der Sozialen

91 Die im Haupttext angeführte Dienstleistungsdiskussion, bei der es um Vermarktlichung oder Ökonomisierung geht, stellt nur einen Strang der neuen Dienstleistungsdiskussion Sozialer Arbeit dar. Der andere Strang, auf den Schaarschuch an anderer Stelle ebenfalls verwies (1998, S. 55–59; 1999, S. 543), stammt aus den fachdisziplinären Diskursen der Sozialen Arbeit selbst. Hier ging es bei der Nutzung der Dienstleistungskategorie um eine fachlich begründete, paradigmatische Neuorientierung Sozialer Arbeit wie sie etwa auch im 9. Jugendbericht von 1994 niedergelegt wurde. Beide Diskussionsstränge, so Schaarschuch, zeigten außer der Bezeichnung „Dienstleistung" zur Beschreibung ihrer konzeptionellen Absichten kaum Gemeinsamkeiten. Schaarschuch selbst ist dem zweiten Strang, dem fachdisziplinären, zuzuordnen, auch wenn er im hier herangezogenen Schlüsseldokument lediglich den ersten, den Ökonomisierungsstrang, anführt.

92 An anderer Stelle ordnet Schaarschuch (2003b) die Verbetriebswirtschaftlichung sozialer Dienste in den Kontext des Übergangs von der fordistischen zu einer postfordistischen Gesellschaftsformation ein. Der Wandel vom „Keynesianischen Wohlfahrtsstaat" der fordistischen Epoche zum „nationalen Wettbewerbsstaat" oder zum „schumpeterianischen postnationalen workfare-Regime" der postfordistischen Epoche gehe nicht nur mit einer Schwerpunktverschiebung staatlichen Handelns einher, sondern auch mit einem Formwandel des Staates selbst und seiner Interventionen.

Arbeit dar. Aber die darin enthaltene Grundidee, nach der ein Primat bzw. eine Privilegierung der Nachfrageseite gegenüber den professionellen Dienstleistungsanbietern einzuräumen sei, nimmt Schaarschuch auf und macht sie für eine Theoretisierung Sozialer Arbeit fruchtbar. Wie lässt sich – jenseits nicht allzu wörtlich zu nehmender betriebswirtschaftlicher Rhetorik, so kann hier ergänzt werden – *„Soziale Arbeit als Dienstleistung auf theoretischer Ebene als ein professioneller Handlungsmodus konzipieren […], innerhalb dessen zugleich die Nachfrageseite systematisch privilegiert ist“*, fragt Schaarschuch (ebd., S. 152), womit er beim logischen Ausgangspunkt seiner Konstruktion einer Theorie Sozialer Arbeit angelangt ist.

Argumentation

Das Verhältnis zwischen Professionellen und NutzerInnen von Dienstleistungen lasse sich grundsätzlich auf zwei verschiedenen Wegen bestimmen, argumentiert Schaarschuch: Einmal ausgehend von gesellschaftlichen Rahmenbedingungen, um hieraus dann *„die Handlungsmöglichkeiten und -spielräume auf der Ebene interaktiver Beziehungen von Professionellen und Nutzern abzuleiten. Die Handlungsmöglichkeiten wären in einem solchen Falle immer nur im Korridor eines vorgängig festgestellten Funktionsrahmens erkennbar“* (ebd., S. 152). Zum anderen könne man *„von einer abstrakten Fassung der Nutzer-Professionellen-Beziehung aus*[gehen; d. Verf.] *und kontextuiert sie sodann mit den organisationalen wie gesellschaftlichen Bedingungen, die diese jeweils rahmen“* (ebd.). Schaarschuch wählt den zweiten Weg, weil er davon ausgeht, dass damit nicht von vornherein die Möglichkeiten verschiedener Konkretisierungsformen begrenzt seien und Konflikte zwischen Handlungsmöglichkeiten und funktionalen institutionellen und professionellen Regulierungsansprüchen des Handelns erkennbar und analysierbar seien. Dazu konstruiert er zunächst (1) das Erbringungsverhältnis ausführlich, weil er hier einen besonderen Begründungsbedarf ausmacht, dann (2) den Erbringungskontext und schließlich (3) die gesellschaftlichen Bedingungen der Erbringung (ebd., S. 153 ff.).[93]

(1) Das Wort *Erbringungsverhältnis* bezeichnet die Interaktionsbeziehung zwischen Nutzern und Professionellen der Sozialen Arbeit. Zu dessen Analyse und Beschreibung rekurriert Schaarschuch auf Ergebnisse der älteren Dienstleistungsdiskussion der 1970er und 1980er Jahre. Dort wurde zunächst von Herder-Dorneich/Kötz (1972) im Rahmen ihrer Dienstleistungsökonomik

93 Ausformuliert wurden die Überlegungen zum Erbringungskontext und zu den gesellschaftlichen Bedingungen der Erbringung in dem hier herangezogenen Schlüsseldokument nicht. Schaarschuch legte das aber an anderer Stelle nieder (1998, S. 97–203; 1999, S. 554–557), worauf dann weiter unten verwiesen wird.

das Verhältnis zwischen Professionellen und Nutzern mit den Begriffen der „Produktion und Konsumtion von Dienstleistungen" gefasst, ohne dass der Nachfrageseite (Konsumenten) ein Vorrang eingeräumt wurde. Etwas später charakterisierten Badura und Groß (1976; 1977) im Rahmen ihrer sozialpolitischen Funktionsanalyse von Dienstleistungen die *Kooperation* von Produzent und Konsument als das *„vielleicht wichtigste Moment der Produktion persönlicher Dienstleistungen"* (Badura/Gross 1976, S. 68; zit. n. Schaarschuch 2010, S. 154). Einen Schritt weiter gingen dann Gartner/Riessmann (1974/1978), indem sie den Konsumenten im Erbringungsverhältnis als gleichberechtigt und gleichwertig konzipierten. Denn die Herstellung des Dienstleistungsproduktes vollziehe sich unmittelbar in oder an der Person, die Beziehung von Produzent und Konsument personenbezogener Dienstleistungen müsse daher als die von professionellen Produzenten und ko-produzierenden Konsumenten verstanden werden (Schaarschuch 2010, S. 154 f.). Eine Begründung für die Privilegierung der Nutzer, konstatiert Schaarschuch (ebd.), sei damit aber noch nicht gegeben.

Um zu einem theoretisch begründbaren Dienstleistungskonzept zu gelangen, in dem der Nachfrageseite systematisch das Primat zukommt, greift Schaarschuch anschließend auf den Marx'schen Produktionsbegriff zurück.[94] Das Verhältnis von Produktion und Konsumtion wird dabei als dialektisch bestimmt. Konsumtion ist zugleich auch Produktion und alle Produktion ist somit stets auch Konsumtion. Produktion wird mit Marx als *„Aneignung der Natur innerhalb und vermittels einer bestimmten Gesellschaftsformation"* verstanden, was nicht nur für die Aneignung der äußeren Natur gelte, sondern auch für die Aneignung der gesellschaftlichen, der sog. zweiten Natur, sowie darüber hinaus und nicht zuletzt der eigenen, inneren Natur. Schaarschuch (ebd., S. 156 f.) fährt fort:

> „Indem das Subjekt Gebrauchswerte konsumiert, produziert es zugleich im Konsumtionsakt seine eigene Person mit ihren Charakteristika. Nun handelt es sich bei personenbezogenen sozialen Dienstleistungen nicht um die Produktion von Gegenständen, sondern um die Veränderung von Zuständen von Personen im Hinblick auf ein angezieltes Niveau von Handlungsfähigkeit und Lebensqualität. Diese Zieldimension wird hier als Bedürfnis aufgefasst. Die Veränderung personaler Zustände kann nicht unabhängig von einer Veränderung der Person gedacht werden.
> Die Konsequenzen dieser Grundannahmen sollen nun zunächst im Hinblick auf die konsumtive und sodann im Hinblick auf die produktive Dimension näher betrachtet werden. Zunächst zur *konsumtiven Dimension*: Könnte die nachfragende Person ihr Bedürfnis nach Veränderung im Hinblick auf eine angestrebte Lebensqualität allein befriedigen, so benötigte sie keine Dienstleistung. So schiebt sich im

94 In einer neueren Arbeit verweisen Oelerich und Schaarschuch (2020, S. 17 f.) zur Begründung zusätzlich auf die Grundüberlegungen des Symbolischen Interaktionismus.

> Dienstleistungsprozess zwischen das Bedürfnis und dessen Befriedigung die Tätigkeit einer anderen – hier: einer professionellen – Person. Soll das Bedürfnis befriedigt werden, dann muss die Tätigkeit der Professionellen für die diese konsumierende und sich mittels dieser produzierenden Person einen realen Gebrauchswert haben.
> Zu den Konsequenzen hinsichtlich der *produktiven Dimension*: Die Konsumtion des Gebrauchswertes der Tätigkeit des Professionellen ist unmittelbar auch Produktion der Person des Konsumenten – seines Verhaltens, seiner Handlungsfähigkeit etc. Indem die nachfragende Person den Gebrauchswert der Tätigkeit einer anderen Person konsumiert, produziert sie sich selbst. Mithin ist es das Subjekt selbst, das sein eigenes physisches und psychisches Wohlbefinden, seine Gesundheit, sein Verhalten, seine sozialen Bezüge, seine Qualifikationen vermittelt durch die professionelle Tätigkeit hervorbringt, produziert.
> Wir können an dieser Stelle festhalten: Was aus der Perspektive der Professionellen als Erziehung, Beratung, Unterstützung etc. erscheint, ist aus der Perspektive der Dienstleistungskonsumenten die Aneignung von Verhalten, Wissen, Gesundheit, sozialen Beziehungen, Handlungsfähigkeiten und damit immer auch die Produktion der eigenen Person. Vor diesem Hintergrund kommt deshalb dem Subjekt, das sich selbst mit Hilfe des Gebrauchs während dieser Tätigkeit einer anderen – professionellen – Person produziert, im Dienstleistungsprozess systematisch der Primat zu." (Herv. i. O.)

Nach dieser Begründung der Privilegierung der Nutzerseite hält Schaarschuch fest, dass die professionelle, personenbezogene Dienstleistungstätigkeit nicht mit der Produktion des Subjektes identisch sei, aber in den veränderten Zustand der Person eingehe. Auf diese Weise werde sie dem Begriff nach Dienstleistung – eine Dienstleistung, bei der der Nutzer Sozialer Arbeit als „eigentlicher Produzent" und der Professionelle als Ko-Produzent zu bestimmen sei. Als professioneller Handlungsmodus sei Dienstleistung auf den Produktionsprozess der Subjekte bezogen, ihr Gebrauchswert bestehe für die Nutzer in ihrem Beitrag zur Selbst-Produktion (ebd., S. 157).

(2) Unter *Erbringungskontext* versteht Schaarschuch den institutionellen und organisatorischen Rahmen, in den das Erbringungsverhältnis eingebettet ist. Hierzu zählt Schaarschuch auch die Unterscheidung zwischen privatwirtschaftlichen und öffentlichen Dienstleistungen, die jeweils zu einem anderen Dienstleistungsmodus führten und anderen Rationalitäten folgten, wie er an Gross (1993) und Berger/Offe (1980) anknüpfend ausführt. Bei kommerziellen Dienstleistungen richte sich der Umfang nach Kosten- und Ertragskriterien; die Unternehmen zielten auf Akkumulation und Kundenbindung. Bei staatlich-öffentlichen Dienstleistungen sei das Ertragskriterium dagegen irrelevant, weil sie nicht über Preise verteilt, sondern als Gebrauchswerte zugeteilt würden.

Politisch-diskretionäre Entscheidungsverfahren stünden an Stelle von marktrationalen. Kundenbindung werde nicht angestrebt, vielmehr solle der Nutzer (Klient, Patient usw.) möglichst nicht wiederkommen. Die Möglichkeit des Kunden kommerzieller Dienstleistungen, steuernd auf das Erbringungsverhältnis und den -kontext Einfluss zu nehmen, um eine adäquate Befriedigung seiner Bedürfnisse zu erreichen, bestünde in der Exit-Option, also etwa in der Abwanderung zu anderen Unternehmen. Die Nutzer öffentlicher Dienstleistungen dagegen verfügten allenfalls dann über eine Exit-Option, wenn sie über alternative Möglichkeiten der Bedürfnisbefriedigung verfügten, was aber regelmäßig nicht der Fall sei. Ihnen bliebe die Voice-Option, also Widerspruch zu artikulieren, die aber im Sozialstaat zumeist ebenso wenig zu praktizieren sei. Die Konsequenz formuliere sich sodann im „neglect", der Vernachlässigung der Bedürfnisse (Schaarschuch 1999, S. 554ff.).

(3) Die *gesellschaftlichen Bedingungen der Erbringung* bilden den Gesamtrahmen, innerhalb dessen der Erbringungskontext und das Erbringungsverhältnis gefasst sind. Konstitutiv ist hier der Sozialstaat als Kompensation für die Funktionsmängel der kapitalistischen Marktgesellschaft, insbesondere des Arbeitsmarktes. Seine grundlegende Aufgabe ist, so Schaarschuch unter Rekurs auf insbesondere Esping-Andersen (1990) und Lenhardt/Offe (1977), die Sicherung des Überlebens der Arbeitskraft als Ware im Zustand der De-Kommodifizierung im Modus der administrativen Re-Kommodifizierung. Anders formuliert: Die vom Sozialstaat gewährte Relativierung der Marktabhängigkeit (De-Kommodifizierung) erfolgt in einer Weise, die nicht grundsätzlich die marktförmige Organisation von (Lohn-)Arbeit (Kommodifizierung) infrage stellt, sondern vielmehr die (Wieder-)Vermarktlichung (Re-Kommodifizierung) absichert. Dabei erweitert der (Sozial-)Staat seine Reichweite und seine klassischen Interventionsformen „Geld" und „Recht" durch personenbezogene, pädagogische Interventionsformen, also durch soziale, personenbezogene Dienstleistungen wie Soziale Arbeit (Schaarschuch 1999, S. 556ff.).

Angesichts von Spaltungs- und Heterogenisierungsprozessen in der „Krise der Arbeitsgesellschaft", der grundlegenden Krise der Integrationsfähigkeit qua Lohnarbeit, von Prozessen der Enttraditionalisierung und Individualisierung, so Schaarschuch, sei das sozialstaatliche Prinzip der Inklusion hinfällig geworden.[95] Es bestehe eine Gleichzeitigkeit von Inklusion und Exklusion. Durch den Verlust ihres bislang zentralen Fixpunktes der „Normalität des Normalarbeitsverhältnisses"

95 In früheren Arbeiten hebt Schaarschuch hervor, dass die hier auf gleicher Ebene angeführten Sachverhalte unterschiedlich zu verorten seien. Enttraditionalisierung und Individualisierung charakterisierte er vordem als Oberflächenphänomene, die grundlegenden Prozesse dagegen seien die Spaltung und Heterogenisierung der Gesellschaft in der Krise des Fordismus (Schaarschuch 1996, S. 857, 861f.; 1999b, S. 58, 60f.).

werde die inhaltliche Aufgabe der Sozialen Arbeit unbestimmter und damit ihr eigener Definitionsspielraum potentiell ausgeweitet. Soziale Arbeit gerate dadurch in eine Situation, sich ihrer normativen Bezugspunkte und Handlungsorientierungen neu versichern zu müssen (ebd., S. 544ff.). Wolle sich Soziale Arbeit nicht mit der ihr funktional zugedachten Rolle als Management des Übergangs von gesellschaftlicher Inklusion und Exklusion bescheiden, dann könne Inklusion – eingedenk der Unmöglichkeit von Inklusion qua Lohnarbeit – nur über den Bürgerstatus[96] und die damit verbundenen sozialen Rechte gewährt werden. Die Zentrierung sozialer Dienstleistungen auf Bürgerrechte – die neben sozialen Rechten auch bürgerliche und politische umfassen – habe aber wesentliche Konsequenzen für die Ausgestaltung des Erbringungskontextes. Dann gelte es, auch die übrigen Rechte ihrer Nutzer zu respektieren, und eine systematische Demokratisierung der institutionellen Erbringungskontexte sei die conditio sine qua non Sozialer Arbeit als Dienstleistung im Sozialstaat (ebd., S. 557).[97]

Die Begründung für eine Demokratisierung der institutionellen Erbringungskontexte lieferte Schaarschuch an anderer Stelle (2003a, S. 159–164; ausführlicher: 1998, S. 166–199). Sie sei erforderlich, weil dies dem Primat des Nutzers im Erbringungsverhältnis entspreche. Auf der Interaktionsebene zwischen Professionellen und Nutzern bestehe eine Machtasymmetrie zugunsten des Professionellen, die sich aus der Verfügung über fachliches Wissen und der Einbindung in formelle Organisationen speise. Dies lasse sich nicht außer Kraft setzen, aber relativieren. Weil die Einflussnahme des Nutzers auf den Erbringungsprozess den Gebrauchswert Sozialer Arbeit erhöhe und damit das Ergebnis, also die

96 Schaarschuch rekurriert damit auf das Konzept „citizenship" (Staatsbürgerschaft) des britischen Soziologen Thomas Humphrey Marshall (1893–1982). Marshalls Ausgangspunkt ist das Spannungsverhältnis zwischen der Gleichheit versprechenden Demokratie auf der einen und der Ungleichheit produzierenden kapitalistischen Ökonomie auf der anderen Seite. Die Ausstattung der Individuen mit „citizenship", mit staatsbürgerlichen Rechten, und die Etablierung von Wohlfahrtsstaatlichkeit kann dieses Spannungsverhältnis ausbalancieren. Dabei unterscheidet Marshall drei Dimensionen oder Elemente von Staatsbürgerschaft, nämlich bürgerliche (Rechtsstaatlichkeit), politische (Demokratie) und soziale Rechte (Sozialstaatlichkeit), die miteinander verflochten sind, aber nur in ihrer Gesamtheit „Staatsbürgerschaft" ausmachen (Marshall 1950/1992, 33–94; Schaarschuch 2003a, S. 164f.). Jedoch führten, so Schaarschuch nach einer ausführlichen kritischen Auseinandersetzung mit Marshalls Konzeption (Schaarschuch 1998, S. 204–243), „(z)ivile und soziale Rechte, die im Kern [bei Marshall; d. Verf.] auf den Status und das Anspruchsrecht der Bürger bezogen sind, [...] – wenn sie, wie in den Einrichtungen des Sozialstaates vom aktiven politischen Recht abgekoppelt sind – zur Klientelisierung und Passivierung ihrer Nutzer." Deshalb könne erst eine reformulierte Konzeption von „citizenship", die auf den aktiven und reflexiven Charakter politischer Teilnahmerechte abhebe, als tragfähige gesellschaftliche Grundlage Sozialer Arbeit als Dienstleistung gelten (ebd., S. 238).

97 Überlegungen zu den Grundzügen einer praktischen Ausgestaltung stellen Schaarschuch und Schnurr (2004) an anderer Stelle vor.

Qualität des professionellen Handelns, verbessere, könne eine Verminderung der Asymmetrie auch als im Interesse der Professionellen liegend betrachtet werden. Ein Einfluss auf den das Erbringungsverhältnis prägenden organisatorischen Rahmen sei damit aber nicht gegeben. Über eine Exit-Option verfügten die Nutzer Sozialer Arbeit nicht und über die Voice-Option praktisch vielfach auch nicht, mit der Konsequenz des „neglect", d.h. der Vernachlässigung der Bedürfnisse (Schaarschuch 1999a, S. 554ff.). Eine solche Nichtbeachtung sozialer Anspruchsrechte sei aber auch demokratietheoretisch betrachtet problematisch, weil ein Ressourcenmangel eine Restriktion im Hinblick auf die Teilnahme an politischen Prozessen, also auf substantielle Demokratie, darstelle (Schaarschuch 2006, S. 91). Erforderlich seien deshalb – dem Staatsbürgerstatus der Nutzer entsprechend – rechtlich verankerte politisch-demokratische Einfluss- und Mitbestimmungsmöglichkeiten über Form und Inhalt des Dienstleistungsprozesses (Schaarschuch 2003a, S. 163).[98]

Schlussfolgerungen/Summarisches

Soziale Arbeit, so räumt Schaarschuch (2010, S. 158f.) am Ende seiner Darstellung summarisch ein, stehe in *„einem machtstrukturierten, funktionalen Zusammenhang mit der staatlichen Regulierung und Normierung von Lebensweisen [...]. Sozialpädagogisches Handeln findet zudem stets in konkreten Organisationen und Institutionen statt"*, womit es *„gesetzlichen Normierungsansprüchen und der organisationellen Arbeitsteilung und Hierarchie"* unterliege.[99] Schaarschuchs dienstleistungstheoretische Reformulierung oder Konstruktion Sozialer Arbeit im hier spezifizierten Sinne ist insofern kontrafaktisch, aber nicht empirieblind. Als eine „idealtypische methodische Fiktion", sei es zugleich ein kritisches Konzept, mit dem „sich die Bedingungen, die den Gebrauchswert professioneller Tätigkeit für die Nutzerinnen und Nutzer systematisch begrenzen, identifizieren, kritisieren, konterkarieren und zum Gegenstand der Veränderung machen" ließen (ebd.). Ist mit der Gebrauchswerthaltigkeit Sozialer Arbeit für die Nutzer ihr Kern zutreffend bestimmt, dann ist damit ein normativer, aber gleichwohl immanenter und insofern auch gegenstandsadäquater Maßstab für eine Kritik sozialer Praxis gegeben.

Die Nutzertheorie Sozialer Arbeit enthält damit sowohl ausgeprägt analytische, normative und auch empirische Elemente, aus denen sich Anforderungen an die unmittelbare Interaktion zwischen Professionellen und

---

98 Dieser zunächst paradox oder zirkulär erscheinende Gedankengang verweist im Kern auf die von Marshall (1950) herausgearbeitete enge Verflechtung der drei Dimensionen der Staatsbürgerschaft.

99 Ausführlicher dazu einschließlich Gründen und Mitteln zur Relativierung der Machtasymmetrien zwischen Professionellen und Nutzern sowie Begründungen und Formen für die Demokratisierung der Institutionen: Schaarschuch 2003a, S. 161–164.

Nutzern ableiten lassen – z. B.: *„neben der realiter strukturell asymmetrisch verfassten Beziehung von NutzerInnen und Professionellen das symmetrische Anerkennungsverhältnis von Bürgern* [zu; d. Verf.] *etablieren"* (ebd., S. 158) – wie auch Anforderungen an die Organisationen bzw. den Erbringungskontext wie an die Sozialpolitik (Demokratisierung). Die Gesellschaft wird als bürgerliche, auf industrie-kapitalistischer Grundlage beruhende, Ungleichheit produzierende verstanden, die mit historischer wie systematischer Notwendigkeit eine sozialstaatliche Ausgestaltung erfahren habe. Die Menschen gelten als (potentiell) mündige, selbstbestimmungs- und freiheitsfähige und über Staatsbürgerrechte verfügende Bürger.

Grenzen und offene Fragen

Die vorgestellte Nutzertheorie liegt in den Grundzügen vor, gänzlich ausformuliert ist sie, wie schon angeführt, aber noch nicht. Dementsprechend kann auch eine Kritik nur vorläufig und unter Vorbehalt formuliert werden. Offen bleibt bei der Nutzertheorie in der vorliegenden Fassung die Ein- und Abgrenzung des Sozialarbeitssektors. Nicht explizit ist das zugrunde gelegte Theorie- und Wissenschaftsverständnis.[100] Implizit ist jedoch, dass Wissenschaft auf die Analyse und Kritik des Bestehenden im Horizont von Veränderungsoptionen zielt bzw. zielen sollte. Kritische Anfragen können an die Ausführungen zum „Verlust der Normalität", zur „Instrumentalisierung" und zur Bestimmung des „Gebrauchswerts der Sozialen Arbeit" gestellt werden.

Schaarschuch bezieht sich, wie oben angeführt, auf die Beck'sche Beschreibung von Individualisierungs- und Pluralisierungsprozessen sowie auf die Rede von der „Krise der Arbeitsgesellschaft". Mit der Erosion des Normalarbeitsverhältnisses verliere (auch) die Soziale Arbeit mit der vormaligen „Normalität" ihren Fixpunkt und ihre Handlungsorientierung,[101] woraus andererseits aber auch folge, dass die Möglichkeit einer Ausweitung eigener Definitionsspielräume für die Soziale Arbeit steige. Diese Argumentation erscheint aber auf der empirischen wie analytischen Ebene zumindest nicht zwingend. Allen Erosionserscheinungen (die Zunahme sog. a-typischer Beschäftigungsverhältnisse) zum Trotz dominiert auch heute noch das sog. „Normalarbeitsverhältnis" bei gleichzeitig (wieder) steigenden Beschäftigtenquoten. Die gleichwohl bestehende Massenarbeitslosigkeit ist, wie auch Schaarschuch weiß, kein Widerspruch zur Lohnarbeitsgesellschaft, sondern historisch betrachtet ein regelmäßiges Phänomen der Lohnarbeitsgesellschaft. Für die lohnabhängigen Massen büßt

---

100 In ihren jüngsten Arbeiten haben Oelerich und Schaarschuch (2020; Schaarschuch 2019) ihre diesbezüglichen Überlegungen entfaltet.

101 Diese Einschätzung hat Schaarschuch (2020, S. 198, Fußnote 3) inzwischen revidiert.

Lohnarbeit für ihre Lebensperspektive und ihre Reproduktionsmöglichkeiten keineswegs ihre Bedeutung ein. Aber selbst wenn man davon ausgehen könnte, dass das alte, in der Phase des Fordismus vollausgebildete „Normalarbeitsverhältnis“ gänzlich verdrängt werden würde, dann würde sich an seiner Stelle eine andere, vielleicht auch sehr viel heterogenere, mit weniger Sicherheiten ausgestattete und mit mehr Anforderungen und Zumutungen einhergehende „neue Normalität“ von Lohnarbeit etablieren. Diese wäre dann eben auch der Bezugspunkt für die Bemühungen der Sozialen Arbeit um Integration in „Normalität“. Die Annahme, dass durch das eine oder das andere die eigene Definitionsmacht der Sozialen Arbeit über Aufgaben, Mittel und Ziele größer oder geringer ausfallen könnte, ist nicht zwingend.

Im selben Zusammenhang spricht Schaarschuch häufiger von einer „Instrumentalisierung“ oder „Indienstnahme“ der Sozialen Arbeit durch die Sozialpolitik (1994; 1998, S. 8f., 104; 2003, S. 58). Die Worte „Instrumentalisierung“ und „Indienstnahme“ sind negativ konnotiert und sie zeichnen ein Bild von Äußerlichkeit zwischen zwei (vordem getrennten) Dingen, bei dem dann späterhin eines der Dinge das andere benutzt (zweckentfremdet), um eigene Zwecke zu erreichen, die nicht die Zwecke des anderen sind (waren). Dass dies auf das Verhältnis von Sozialer Arbeit und Sozialpolitik zutrifft, muss bezweifelt werden. Schaarschuch hat gegen sich selbst, genauer gegen diese Instrumentalisierungsthese recht, wenn er formuliert: *„Soziale Arbeit hat nicht nur systematisch, sondern auch historisch wie empirisch ihren Ort im Sozialstaat“* (Schaarschuch 1998, S. 104), aber dies keineswegs als nachträgliche, *„sozialpädagogische Erweiterung des Sozialstaates“* (ebd.). Vielmehr entstand moderne Soziale Arbeit in der bürgerlichen Lohnarbeitsgesellschaft als Keimzelle von Sozialstaatlichkeit und Sozialpolitik.[102] Die auf der kommunalen Ebene angesiedelte Armenfürsorge kombinierte, anknüpfend an frühere Formen der Hilfe (Armenpflege), materielle Mindestsicherung und persönliche Beeinflussung und richtete sie an den Systemimperativen der neuen, modernen, bürgerlich-kapitalistischen Gesellschaft aus, nämlich am Primat der Lohnarbeit. Erweiterungen erhielt Sozialstaatlichkeit in Deutschland im Deutschen Kaiserreich während der Bismarck-Ära mit der Sozialversicherung und ab dem Ersten Weltkrieg mit Sozialversorgungsleistungen. Beide gewährten (Geld-)Leistungen, die ohne „persönliche Hilfe“, also pädagogische Beeinflussung in Anspruch genommen werden konnten. Damit erübrigt sich die Frage, was Soziale Arbeit vor ihrer „Instrumentalisierung“ war. Sie war, ist und bleibt sachlogisch Teil sozialstaatlicher Sicherung. Die normative Frage, wie Soziale Arbeit sein sollte und sein könnte, ist durch die Zurückweisung von Schaarschuchs Thesen zum Normalitätsverlust und zur Instrumentalisierung aber nicht suspendiert oder desavouiert. Schaarschuchs kritische Weiterentwicklung von Marshalls Konzept der Staatsbürgerschaft (Schaarschuch 1998, S. 238ff.) und seine

102 Das räumt Schaarschuch (2020, S. 198) inzwischen ein.

demokratietheoretische Begründung und Rechtfertigung einer partizipativen und nutzerorientierten Sozialen Arbeit (ebd., S. 241–243 u. passim) mögen dafür eine angemessene Perspektive eröffnen.[103]

Den zentralen Stellenwert der Nutzerperspektive, und damit den des Gebrauchswertes Sozialer Arbeit für die NutzerInnen, arbeitet Schaarschuch analytisch stark und überzeugend heraus. Doch auch wenn man es als analytisch zwingend betrachtet, den NutzerInnen im Dienstleistungsprozess das Primat einzuräumen, so folgt daraus noch nicht zwangsläufig, dass diesen das Primat auch im Erbringungskontext und im Gesamtrahmen der gesellschaftlichen Bedingungen der Erbringung zukommt. Der Rekurs auf das Staatsbürgerschaftskonzept und demokratietheoretische Überlegungen ändern daran nichts. Denn in deren Perspektive sind auch andere, teilweise divergierende Interessen zu berücksichtigen, womit theoretisch betrachtet, nicht das Primat der einen oder anderen Position, sondern vielmehr ein Interessensausgleich auf der Tagesordnung steht. Der Sozialen Arbeit und umfassender sozialer Dienstleistungen generell, so Schaarschuch (1998, S. 112), kommt sowohl ein gebrauchswerthafter Nutzen für den Konsumenten, als auch gesellschaftliche Nützlichkeit zu. Der Primat der NutzerInnen lässt sich proklamieren, aber nicht deduzieren.

Literaturempfehlung

a) *Eine knappe Darstellung* („Schlüsseldokument"):
Schaarschuch, A. (2010): Nutzerorientierung – der Weg zur Professionalisierung Sozialer Arbeit? In: Hammerschmidt, P./Sagebiel, J. (Hrsg.): Professionalisierung im Widerstreit. Zur Professionalisierungsdiskussion in der Sozialen Arbeit – Versuch einer Bilanz. Neu-Ulm: AG-SPAK-Bücher, S. 149–160.

---

103 Der Preis dafür ist indes, dass die gesellschaftskritische und analytische Perspektive auf Sozialpolitik suspendiert wird. Folgt Schaarschuch zunächst Lenhard/Offe (1977), die festhalten, dass der Sozialstaat einerseits die aus der kapitalistischen Gesellschaft resultierenden Risiken kompensiert und anderseits eine Vorbedingung für die Aufrechterhaltung der Bedingungen der Verwertung der Arbeitskraft (als Ware) herstellt (Schaarschuch 1998, S. 27), so muss er für seine demokratietheoretische Begründung ein anderes, nämlich ein normatives Verständnis von Sozialstaatlichkeit zugrunde legen. Dementsprechend heißt es dann später (ebd., S. 241): „*Die Legitimation wohlfahrtsstaatlicher Politik als Qualifikation der Staatsbürger bezieht sich auf das politische Urteilsvermögen der Bürger, das […] materieller, sozialer und bildungsmäßiger Voraussetzungen bedarf. Die Gesellschaft der politisch handelnden Bürger hat in dieser Perspektive ein Interesse daran, daß im politischen Prozeß tendenziell vernünftige Urteile, denen alle zustimmen können, gefällt werden. Sie implementiert zu diesem Zweck Wohlfahrtspolitiken, die die einzelnen Bürger, bei bestehender sozialer Ungleichverteilung von Ressourcen in die Lage versetzen, zu qualitativ gehaltvollen Entscheidungen beizutragen. Eine solchermaßen auf die Autonomie des Bürgerstatus' ausgerichtete Wohlfahrtspolitik kann für den Bereich der Sozialen Arbeit nur als Dienstleistung konzipiert werden, weil diese die Freiheit des Bürgers respektiert.*"

Schaarschuch, A. (1999a): Theoretische Grundelemente Sozialer Arbeit als Dienstleistung. Ein analytischer Zugang zur Neuorientierung Sozialer Arbeit. In: Neue Praxis 6/1999, S. 543–560.
Schaarschuch, A./Oelerich, G. (2005a): Theoretische Grundlagen und Perspektiven sozialpädagogischer Nutzerforschung. In: dies. (Hrsg.): Soziale Dienstleistungen aus Nutzersicht. Zum Gebrauchswert Sozialer Arbeit. München und Basel: Ernst Reinhardt, S. 9–25.

b) *Ausführlicher:*
Schaarschuch, A. (1998): Theoretische Grundelemente Sozialer Arbeit als Dienstleistung. Perspektiven eines sozialpädagogischen Handlungsmodus. Habilitationsschrift, Universität Bielefeld, Fakultät für Pädagogik.

c) *Weitere Texte:*
Schaarschuch, A. (1996): Soziale Arbeit in guter Gesellschaft? Gesellschaftliche Modernisierung und die „Normalisierung" der Sozialpädagogik. In: Zeitschrift für Pädagogik 42, H. 6, S. 853–868.
Schaarschuch, A. (1999b): Integration ohne Ende? Soziale Arbeit in der gespaltenen Gesellschaft. In: Treptow, R./Hörster, R. (Hrsg.): Sozialpädagogische Integration. Entwicklungsperspektive und Konfliktlinien. Weinheim: Juventa, S. 57–68.
Schaarschuch, A. (2003a): Die Privilegierung des Nutzers. Zur theoretischen Begründung sozialer Dienstleistung. In: Olk, T./Otto, H.-U. (Hrsg.): Soziale Arbeit als Dienstleistung. München: Luchterhand, S. 150–169.
Schaarschuch, A. (2003b): Am langen Arm. Formwandel des Staates, Staatstheorie und Soziale Arbeit im entwickelten Kapitalismus. In: Homfeldt, H. G./Schulze-Krüdener, J. (Hrsg.): Handlungsfelder Sozialer Arbeit. Baltmannsweiler: Schneider Verlag Hohengehren, S. 36–65.
Schaarschuch, A./Schnurr, S. (2004): Konflikte um Qualität. Konturen eines relationalen Qualitätsbegriffs. In: Beckmann, C. (Hrsg.): Qualität in der Sozialen Arbeit. Zwischen Nutzerinteressen und Kostenkontrolle. Wiesbaden: VS, S. 309–321.
Schaarschuch, A./Oelerich, G. (2005b): Der Nutzen Sozialer Arbeit. In: dies. (Hrsg.): Soziale Dienstleistungen aus Nutzersicht. Zum Gebrauchswert Sozialer Arbeit. München und Basel: Ernst Reinhardt, S. 80–98.
Oelerich, G./Schaarschuch, A. (2020): Sozialpädagogische Nutzerforschung: Subjekt, Aneignung, Kritik. In: Rießen, A. v./Jepkens, K. (Hrsg.), S. 13–25.
Dolíc, R./Schaarschuch, A. (2005): Strategien der Nutzung sozialpädagogischer Angebote. In: Oelerich, G./Schaarschuch, A. (Hrsg.): Soziale Dienstleistungen aus Nutzersicht. Zum Gebrauchswert Sozialer Arbeit. München und Basel: Ernst Reinhardt, S. 99–116.
Maar, K. (2005): „Nicht lange fackeln, einfach machen". Zum Nutzen und Nichtnutzen von Angeboten der Wohnungslosenhilfe. In: Schaarschuch, A./Oelerich, G. (Hrsg.): Soziale Dienstleistungen aus Nutzersicht. Zum Gebrauchswert Sozialer Arbeit. München und Basel: Ernst Reinhardt, S. 117–131.

„Steckbrief“

Kernbestimmung Sozialer Arbeit und	Soziale Arbeit ist Unterstützung (Ko-Produktion) der Aneignungs- und Selbstproduktionsprozesse der NutzerInnen Sozialer Arbeit.
Bezeichnung der Theorie	NutzerInnentheorie
Kernbegriffe	Selbstproduktion/Ko-Produktion, Dienstleistung als Handlungsmodus, Gebrauchswert, NutzerInnen
Kernargumentation	Die Frage nach der Binnenlogik Sozialer Arbeit führt zum Ergebnis, dass Soziale Arbeit auf Veränderungen der Person der NutzerInnen zielt, was aber nur die NutzerInnen selbst als Akt der Aneignung oder der Selbstproduktion vollziehen können. So gesehen sind die Professionellen nur Ko-Produzenten und die AdressatInnen (Selbst-)ProduzentInnen dieses Dienstleistungsprozesses, weswegen letzteren das Primat in diesem Prozess zugestanden werden muss. Damit ist Soziale Arbeit als eine Dienstleistung zu verstehen, deren professioneller Handlungsmodus, „Dienstleistung“, darin besteht, dass er im Primat der NutzerInnen deren Aneignungs- und Selbstproduktionsprozesse ko-produktiv unterstützt. Somit steht der Gebrauchswert professioneller Unterstützung für die Lebensbewältigungspraxen der NutzerInnen im Zentrum der sozialpädagogischen Professionalität.
AdressatInnen Sozialer Arbeit	Werden nicht spezifiziert
VertreterInnen Herkunftsdisziplin	Andreas Schaarschuch, Gertrud Oelerich Erziehungswissenschaften
(Weitere) disziplinäre und Theoriebezüge	Sozialwissenschaften, Marxismus, Regulationstheorie Marshalls Konzept der Staatsbürgerschaft
Wissenschafts- und erkenntnistheoretische Position	Sozialkonstruktivismus
Aufgabenbestimmung der Theorie Sozialer Arbeit	Implizit: Wissenschaft sollte auf Analyse und Kritik des Bestehenden im Horizont von Veränderungsoptionen zielen.
Entstehungszeitpunkt und Hintergrund	Mitte der 1990er Jahre, vor dem Hintergrund der Dienstleistungsdiskussion Sozialer Arbeit und der Vermarktlichung, Ökonomisierung sozialer, personenbezogener Dienstleistungen

3.14 Soziale Arbeit als Re-Inklusion und Interdependenzunterbrechung

Definition und Gegenstandsbestimmung

Die Bestimmung Sozialer Arbeit als Re-Inklusion und Interdependenzunterbrechung, die es „postmodern" zu theoretisieren gelte, verbindet sich in erster Linie mit dem Namen Heiko Kleve. Die Theoriegeschichte Sozialer Arbeit, so Kleve (2003a, S. 1), sei mit der Realgeschichte Sozialer Arbeit verwoben. Die Schwierigkeiten der sozialarbeiterischen Praxis, eine klare, eindeutige Identifizierung und Abgrenzung ihres Gegenstandsbereichs zu finden, kämen auch in der Theorie zum Ausdruck. Damit genüge auch die Theorie Sozialer Arbeit keinem modernen Postulat nach klarer Identität, nach Eindeutigkeit und feststellbaren Grenzen. Deshalb seien Theorie und Praxis mit Identität sprengender Vielfältigkeit und Widersprüchlichkeit, also Ambivalenz, aufgeladen. Während sich die Moderne um die Beseitigung von Unklarheit, also um Überwindung von Ambivalenzen bemühe, bezeichne die Postmoderne, wie Kleve auf Jean-François Lyotard verweisend darlegt, einen „Gemüts- oder […] Geisteszustand", der Ambivalenz akzeptiere und kreativ nutze. Postmodern sei sein Theorieverständnis, so Kleve weiter, weil er erstens davon ausgehe, dass Soziale Arbeit eine ambivalente Profession und Disziplin sei, und er zweitens dafür plädiere, diese Ambivalenz zu akzeptieren und sie kreativ zu nutzen (ebd.). Kleve entwickelt die Grundgedanken seiner Theorie in seiner 1999 veröffentlichten Dissertation, die mehr noch als andere spätere Buchpublikationen (z. B. 2003), als ausführliche Darstellung seiner Theorie gelten kann. Als Schüsseldokument legen wir hier eine online zugängliche Langfassung (2003a) eines zusammenfassenden Zeitschriftenaufsatzes zugrunde (2003b).

Vertreter

Heiko Kleve (Jg. 1969), Studium der Sozialen Arbeit, 1998 Promotion mit der Arbeit „Postmoderne Sozialarbeit. Ambivalenzreflexion als ein Konzept sozialarbeitswissenschaftlicher Heuristik", 2002–2005 Professur für Theorie und Geschichte Sozialer Arbeit an der Alice Salomon Fachhochschule Berlin (ASFH), 2005–2017 Professur für Soziologische und sozialpsychologische Grundlagen sowie Fachwissenschaft der Sozialen Arbeit im Fachbereich Sozialwesen an der FH Potsdam, seit 2017 Professur für Organisation und Entwicklung von Unternehmerfamilien, Universität Witten/Herdecke.

Kernaussagen

Grundannahmen/Ausgangspunkt

Die Theorie geht von der Frage aus, welche real-historischen Bedingungen dazu geführt haben, dass die Soziale Arbeit zu der Profession geworden ist, die wir heute beobachten können. Drei Schritte sollen zur Beantwortung führen: (1) eine Darstellung der empirisch beschreibbaren Situation Sozialer Arbeit, (2) das Aufspüren der real-historischen und fortbestehenden Probleme, auf die die Soziale Arbeit als Lösungsversuch reagiere, und (3) die Inblicknahme theoretischer Bemühungen für eine Wissenschaft Sozialer Arbeit.

Argumentation

(1) Die Darstellung der empirisch beschreibbaren Situation Sozialer Arbeit überschreibt Kleve mit „ambivalente Realität Sozialer Arbeit". Ausgehend von einem Praxisbeispiel, der Wiedereingliederungshilfe im sozialpsychiatrischen Bereich, wird die dort geleistete Soziale Arbeit als leitende, beratende, begleitende und therapierende Tätigkeit charakterisiert. Sozialarbeiter täten nicht das eine oder andere, sondern all dies sowohl-als-auch, womit die sozialarbeiterische Tätigkeit nicht einer Kategorie zuzuordnen sei. Dieser Sachverhalt erweitere sich bei Betrachtung weiterer Arbeitsfelder, in denen Sozialarbeit (auch) anleite, betreue, kontrolliere, normalisiere, integriere, inkludiere, erziehe, bilde, verwalte usw. Soziale Arbeit sei daher, so seine anschließende Schlussfolgerung, ambivalent bzw. polyvalent (2003a, S. 4 f.).

An Alice Salomons Diktum *„der Mensch in seiner Einheit ist Gegenstand der Wohlfahrtspflege"* anknüpfend, möchte Kleve *„differenzierter veranschaulichen"*, was er unter dem Etikett des *„doppelten Generalismus Sozialer Arbeit"* tut. Der *„spezialisierte Generalismus"* beziehe sich auf die Ambivalenz sozialarbeiterischen Handlungsbezugs und *„auf die Heterogenität ihres Fallbezugs"*. Soziale Arbeit setze auf verschiedenen Ebenen an (Individuen, Familien, Gruppen, Gemeinwesen) und habe damit sowohl psychisch-individuelle als auch soziale Systeme im Blick (ebd., S. 6). Neben psychischen und sozialen habe sie auch biologische Systeme als Themen und die entsprechenden Bedürfnisse im Blick. Soziale Arbeit versuche, die Chancen einer Wieder-Teilnahme (Re-Inklusion) in die sozialen Systeme der biologischen, psychischen und sozialen Bedürfnisbefriedigung zu erhöhen (ebd., S. 7). Der *„universelle Generalismus"* beziehe sich auf die Heterogenität des sozialarbeiterischen Gesellschaftsbezugs, auf die Vielfalt der Aufgaben des gesellschaftlichen Funktions- und Berufssystems Sozialer Arbeit. Sie sei potentiell auf alle Bevölkerungsgruppen und Altersgruppen bezogen (ebd.; 2003c, S. 95 ff.).

(2) Die real-historischen und fortbestehenden Probleme, auf die die Soziale Arbeit als Lösungsversuch reagiere, werden unter der Überschrift „Ambivalenz der Moderne als real-historischer Ursprung Sozialer Arbeit" behandelt. Die Entstehung professioneller – im Sinne beruflich ausgeführter – Sozialer Arbeit verortet Kleve, darin Alice Salomon folgend, im Übergang vom 19. zum 20. Jahrhundert, also in jenem Zeitraum, in dem sich Luhmann zufolge die Gesellschaft als eine funktional differenzierte vollendet hat (Kleve 2003a, S. 9). Das Spezielle der Sozialen Arbeit sei ihr Prinzip, den Menschen als Einheit bzw. aus der o.g. „doppelt generalistischen" Perspektive zu betrachten, was der Differenzierungs- und Spezialisierungsordnung der Moderne zuwiderliefe. Ihre Spezialisierung sei die Ent-Spezialisierung, ihr Generalismus. Dieser Generalismus sei als Reaktion auf das Problem von Ambivalenzen in der Moderne zu werten, auf Ambivalenzen, die (a) einerseits mit der funktionalen Differenzierung entstünden und die (b) andererseits mit professionellen Spezialisierungen einhergingen (ebd., S. 11). Zu (a): Die Dynamik gesellschaftlicher Teilsysteme produziere Probleme, die weder sie selbst noch andere Teilsysteme lösen könnten. Zur Zeit der Entstehung Sozialer Arbeit galt dies besonders für das Teilsystem Wirtschaft (ebd., S. 12). Die mit der gesellschaftlichen, insbesondere wirtschaftlichen Modernisierung auseinanderfallenden primären familiär-lebensweltlichen Bezüge, so Kleve, kompensiere Soziale Arbeit durch materielle und ideelle Hilfeleistungen (ebd., S. 13); dies vor allem auch, weil die religiös und moralisch motivierten Hilfen erodiert seien (ebd., S. 15). Allgemeiner formuliert Kleve dann: Soziale Arbeit greift Probleme auf, die in verschiedenen Funktionssystemen produziert und von dort in ihre Umwelt ausgelagert werden. Sie versuche zu verhindern, dass die aus einem Funktionssystem Ausgeschlossenen zugleich vom Ausschluss aus anderen Systemen bedroht werden, sie fungiere so als „Interdependenzunterbrecherin" (ebd., S. 14).[104] Soziale Arbeit reagiere damit auf die Ambivalenz funktionaler Differenzierung, die darin bestehe, *„dass die gesellschaftliche Modernisierung nicht nur den gesellschaftlichen und individuellen Wohlstand oder die psycho-soziale Stabilität steigert, sondern dass sie auch gegensätzliche Tendenzen wie Massenarmut und psycho-soziale Probleme produziert"* (ebd., S. 15). Zu (b): Die spezialisierten Professionen seien äußerst rational in der Bearbeitung jeweiliger Spezialprobleme, sie seien aber nicht

---

104 Rekurriert wird hier auf den in der Sozialen Arbeit geläufigen Sachverhalt, dass Probleme meist miteinander verknüpft sind und auf Luhmanns späte Einsicht: *„Denn die faktische Ausschließung aus einem Funktionssystem – keine Arbeit, kein Geldeinkommen, kein Ausweis, keine stabilen Intimbeziehungen, kein Zugang zu Verträgen und zu gerichtlichem Rechtsschutz, keine Möglichkeit, politische Wahlkampagnen von Karnevalveranstaltungen zu unterscheiden, Analphabetentum und medizinische wie auch ernährungsmäßige Unterversorgung – beschränkt das, was in anderen Systemen erreichbar ist und definiert mehr oder weniger große Teile der Bevölkerung, die häufig auch wohnmäßig separiert und damit unsichtbar gemacht werden"* (Luhmann 1997, zit. n. Kleve 2003a, S. 14).

in der Lage, kumulierte Probleme, die aus der Wechselwirkung biologischer, psychischer und sozialer Bedingungen resultierten, adäquat zu bearbeiten. Sie exkludierten, wenn die Zuordnung zu ihren speziellen Perspektiven nicht mehr möglich sei bzw. inkludierten erst gar nicht. Dagegen bearbeite Soziale Arbeit solche Probleme, die eine „generalistische Doppelperspektive", eine Perspektive der Ambivalenz erforderten (ebd., S. 15 f.).

(3) Seine Inblicknahme theoretischer Bemühungen für eine Wissenschaft Sozialer Arbeit übertitelt Kleve mit „Ambivalenz der Wissenschaft und Theorie Sozialer Arbeit". Die Theorie der Sozialen Arbeit, so die Ausgangsthese, sei wie die Praxis Sozialer Arbeit *„ebenfalls nur ambivalent und mehrdeutig, nämlich transdisziplinär und zwischen Theorie und Praxis stehend"* konstituierbar (ebd., S. 17). Bestätigt sieht sich Kleve darin durch das, was er „Betrachtung der Theorie-Geschichte Sozialer Arbeit" nennt. Theorie Sozialer Arbeit liefe bereits in ihren Anfängen den modernen Postulaten nach Differenzierung und Spezialisierung zuwider. Die von der modernen Wissenschaft geforderte klare Trennung von Theorie und Praxis sei, wie Kleve unter Verweis auf eine von Silvia Staub-Bernasconi referierte Auffassung von Jane Adams konstatiert, für die Soziale Arbeit nicht möglich (ebd., S. 18). In soziologischer – gemeint ist hier speziell systemtheoretischer – Perspektive gehörten Theorie und Praxis verschiedenen Systemen an, deren Orientierungsstrukturen, Handlungs- und Kommunikationsprozesse sich grundsätzlich unterschieden. Die Fachhochschulen für Soziale Arbeit nähmen demgegenüber eine ambivalente Zwischenstellung ein, die sich nicht klar dem binären Schema Wissenschafts-/Anwendungssystem unterordnen ließe (ebd., S. 19 f.). Die ambivalente Zwischenstellung der Sozialen Arbeit in den Feldern von Theorie und Praxis mache es ausgesprochen schwer, zwischen Disziplin und Profession klar zu unterscheiden. Die geradezu Ununterscheidbarkeit von Wissenschaft und Praxis biete „einen fruchtbaren Boden, um erfolgreiche Theorie-Praxen und Praxis-Theorien in der Sozialen Arbeit zu konstruieren" (ebd., S. 21).

Für eine wissenschaftstheoretische Begründung der ambivalenten Stellung einer Sozialarbeitswissenschaft zwischen Theorie und Praxis sowie zwischen den Disziplinen, so Kleve weiter, könne an den Diskurs der Transdisziplinarität postmoderner Wissenschaften und an die Systemtheorie angeknüpft werden. Vordergründig, so gibt er Richard Münch wieder, scheine das Sozialarbeitsstudium der Tendenz von Ausdifferenzierung und Spezialisierung zuwiderzulaufen. Doch hintergründig handle es sich um Studiengänge, *„die einerseits eine Marktlücke schließen und so das Spektrum der Berufe um den neuen Beruf des Moderators erweitern und andererseits dem Wissen einzelner wissenschaftlicher Disziplinen das langsam zu erarbeitende Wissen über Möglichkeiten ihrer Verknüpfung hinzufügen"* (Münch 1995, S. 145 ff., zitiert n. ebd., S. 22). Damit könne Sozialarbeitswissenschaft ein besonderes Spezialwissen konstruieren,

„dessen Spezifikum in der Verknüpfung von anderem Spezialwissen besteht“ (2003a, S. 22). Um die „Disziplingrenzen sprengende“, von Salomon so genannte „Einheit des Menschen“, in den Fokus zu rücken, fährt Kleve fort, eigne sich die (Luhmannsche) Systemtheorie wie keine andere wissenschaftstheoretische Orientierung (ebd., S. 24). Diese Theorie erlaube das, *„was die Sozialarbeitswissenschaft benötigt, nämlich heterogene, aber zusammenhängende Ebenen des Menschlichen, eben Organismus (biologisches System), Psyche (psychisches System) und soziales System (Interaktion, Organisation, Funktionssystem, Gesellschaft), mit homogenen Begriffen zu beschreiben und bietet der Sozialarbeit damit ein Instrumentarium an, das Verschiedenartiges transdisziplinär vergleichbar und verbindbar darzustellen und zu systematisieren vermag“* (ebd., S. 25).

Schlussfolgerungen/Summarisches

Die Antwort auf die Frage, welche Bedingungen dazu geführt haben, dass die Soziale Arbeit das ist, was wir heute beobachten können, sieht Kleve mit seiner Explikation „der strukturellen Ambivalenzen allen sozialarbeiterischen [...] Tuns“ gegeben (Kleve 1999, S. 16). Aufgrund der unmittelbaren Verwobenheit der Theorie-Geschichte mit der Real-Geschichte Sozialer Arbeit kämen diese Ambivalenzen auch in der Theorie zum Ausdruck, und zwar als Problem einer klaren Identifizierung, einer eindeutigen Bestimmung und Abgrenzung ihres Gegenstands (Kleve 2003a, S. 1).

Grenzen und offene Fragen

Der rationale Kern in dieser Theoretisierung Sozialer Arbeit besteht in der Bestimmung der Funktion Sozialer Arbeit als Bearbeiterin von Problemen, die von anderen Teilsystemen produziert und ausgelagert wurden, mit dem Ziel der Re-Inklusion in soziale Systeme der biologischen, psychischen und sozialen Bedürfnisbefriedigung und der Verhinderung einer Ausschlusskette („Interdependenzunterbrechung“). Dies versuche Soziale Arbeit mit ihrem „doppelten Generalismus“ zu leisten. Insofern stellt Kleves Theorie nur eine Variante bekannter Systemtheorien Sozialer Arbeit dar (→ Kap. 3.11).

Das namensgebende „Postmoderne“ stellt den erkenntnis- und wissenschaftsskeptischen, irrationalen Kern der Theorie dar. Im Ergebnis führt dies dazu, dass Sachverhalte und Kausalitäten als gegeben behauptet und anschließend diese Behauptungen entwertet werden. Das geschieht teilweise dadurch, dass Kleve an anderen Stellen seiner Ausführungen gegenteilige Behauptungen formuliert und es geschieht generell durch grundsätzliche Ausführungen, die notwendigerweise in Selbstwidersprüche führen. Wenn Kleve etwa betont, dass er nicht in der Lage sei, „eindeutige Antworten zu geben“ und „wir“ „nicht mehr klar [...] zwischen richtig und falsch" unterscheiden könnten (Kleve 2007, S. 27, 31 f.), dann ist damit auch der o. g. rationale Kern seiner Theorie entwertet. Aber selbst wenn man bereit ist, das in Kauf zu nehmen, bleibt das Dilemma grundsätzlich: Denn die Aussage, dass sich zwischen richtig und falsch nicht unterscheiden lasse, erhebt entweder keinen Wahrheits- und Geltungsanspruch, womit sie beliebig und wertlos wäre, oder aber sie erhebt einen Wahrheits- und Geltungsanspruch, womit dieser Anspruch in einem logisch unvereinbaren Widerspruch zur Aussage selbst stünde.

Dabei werden durchaus Widersprüche in der Argumentation gesehen und benannt, diese jedoch als den Sachverhalten (wie der hier interessierenden Sozialen Arbeit) selbst innewohnend interpretiert. Und dies nicht nur bei einer Fülle von Einzelaussagen, sondern auch bei Kerngegenständen seiner Theorie sowie auch grundsätzlich bei seinem (impliziten) Begriff einer Theorie Sozialer Arbeit. So operiert Kleve vielfach mit unscharfen Begriffen und Worten.[105] Das prominenteste Beispiel dafür ist sein Zentralbegriff „ambivalent", den er zwar definiert, vielfach verwendet, dies aber nicht in einheitlichem Gebrauch. Wird, wie bei Kleve, „ambivalent" nicht nur als „widersprüchlich", sondern auch (zusätzlich) als Synonym für „vielfältig" oder „nicht-identisch" verwendet, dann lässt sich – zur Not einfach auch dadurch, dass man die aktuelle Abstraktionsebene verlässt und zur nächst konkreteren Ebene wechselt – alles als ambivalent charakterisieren. Im Fortgang der Gedankenführung kann dann das Ambivalente (durchaus richtig als ein Vielfältiges oder Nicht-Identisches beschrieben) unter der Hand als Ambivalentes im Sinne von „Widersprüchliches" ausgegeben werden, womit sich im Ergebnis alles widerspricht und klare Aussagen nicht zu treffen sind. Die gedankliche Unklarheit wird so als Unklarheit der Sache selbst ausgegeben. Soziale Arbeit leite, berate, begleite, therapiere usw., so Kleves Verständnis ihrer Tätigkeit. Das gilt ihm als ambivalent. Richtig ist das, wenn man ambivalent mit Vielfalt übersetzt, falsch jedoch, wenn man allein hieraus auf einen Widerspruch der Sozialen Arbeit schließen wollte, wie in dieser Theoretisierung. Richtig ist, wie Kleve festhält, dass jeder seiner angeführten Begriffe – leiten, beraten usw. – Soziale Arbeit nicht hinreichend charakterisieren kann, falsch ist indes, daraus zu schließen, Soziale Arbeit sei überhaupt nicht zu charakterisieren. Dann gilt es vielmehr, sich eben mit einer Aufzählung zu bescheiden oder einen geeigneten Oberbegriff zu finden. Letzteres unternimmt Kleve mit dem „doppelten Generalismus", eine Antwort, die er aber selbst – ganz postmodern – verwirft. Das Postmoderne, scheint dann doch, wie Kleve einleitend betont, ein „Gemüts- oder […] Geisteszustand" zu sein.

105 Etwa bei der Wortwahl, wenn er von „Inblicknahme" spricht, wo es von der Sache her um eine Gegenstandsbestimmung geht oder von „Veranschaulichung", wo es um eine Analyse, Rekonstruktion oder Kritik gehen müsste.

Literaturempfehlung

a) *Eine knappe Darstellung* („Schlüsseldokument"):
Kleve, H. (2003a): Die postmoderne Theorie Sozialer Arbeit. Ein möglicher Blick auf die real- und theoriehistorische Entwicklung der Sozialarbeit/Sozialpädagogik; http://sozialwesen.fh-potsdam.de/fileadmin/FB1/user/fb1Kleve/PDF_Dateien/Die_postmoderne_Theorie_Sozialer_Arbeit.pdf

b) *Ausführlicher:*
Kleve, H. (2007): Postmoderne Sozialarbeit Ein systemtheoretisch-konstruktivistischer Beitrag zur Sozialarbeitswissenschaft. 2. Auflage. [Erstauflage: 1999 Aachen]. Wiesbaden: VS.
Kleve, H. (2003c): Sozialarbeitswissenschaft, Systemtheorie und Postmoderne. Freiburg: Lambertus.

c) *Weitere Texte:*
Kleve, H. (1999): Soziale Arbeit und Ambivalenz. Fragmente einer Theorie postmoderner Professionalität, in: Neue Praxis 4/1999, S. 368–382.
Kleve, H. (2003b): Die postmoderne Theorie Sozialer Arbeit. Ein Beitrag zur real- und theoriehistorischen Entwicklung der Sozialarbeit/Sozialpädagogik, in: Neue Praxis 3/4/2003, S. 325–340.
Kleve, H.(2003c): Sozialarbeitswissenschaft, Systemtheorie und Postmoderne. Grundlegungen und Anwendungen eines Theorie- und Methodenprogramms. Freiburg: Lambertus.

„Steckbrief“

Kernbestimmung Sozialer Arbeit und Bezeichnung der Theorie	Soziale Arbeit leistet Re-Inklusion und Interdependenzunterbrechung. Postmoderne Theorie Sozialer Arbeit
Kernbegriff	Funktionale Differenzierung der Gesellschaft, Ambivalenzen, Generalismus, Re-Inklusion, Interdependenzunterbrechung
Kernargumentation	Die funktional differenzierten Gesellschaften (der Moderne) produzieren Ambivalenzen, und ihre gesellschaftlichen Teilsysteme als Nebeneffekt Probleme, die weder sie selbst noch andere spezialisierte Teilsysteme lösen können. Soziale Arbeit zielt als sekundäres Funktionssystem „Daseinsnachsorge“ auf Re-Inklusion in soziale Systeme der Bedürfnisbefriedigung und will verhindern, dass der Ausschluss aus einem System zum Ausschluss aus weiteren führt (Interdependenzunterbrechung). Das gelingt ihr nur durch ihren Generalismus, ihre Spezialisierung auf das Ent-Spezialisierte, was als Reaktion auf das Problem von Ambivalenzen in der Moderne zu werten ist.
AdressatInnen Sozialer Arbeit	Potentiell alle Bevölkerungsgruppen
Vertreter Herkunftsdisziplin	Heiko Kleve Soziale Arbeit, Soziologie
(Weitere) disziplinäre und Theoriebezüge	Luhmannsche Systemtheorie Postmoderne (Sozial-)Philosophie (Lyotard, Welsch u. a.)
Wissenschafts- und erkenntnistheoretische Position	Konstruktivismus, „Postmodernismus“
Aufgabenbestimmung der Theorie Sozialer Arbeit	Der Sozialarbeit soll ein postmodernes Wissenschaftskonzept von der Sozialen Arbeit zur Seite gestellt.
Entstehungszeitpunkt und Hintergrund	Ende der 1990er Jahre

4 Zeitgenössische Theorien der Sozialen Arbeit im Vergleich

Nachdem wir im zweiten Kapitel dargelegt haben, in welchem realhistorischen und professionsbezogenen Zusammenhang die zeitgenössischen Theorien Sozialer Arbeit entwickelt wurden, bietet sich als Schlussbetrachtung ein zusammenfassender Vergleich der im dritten Kapitel vorgestellten Theorien an. Ziel dieses Vergleichs ist keine Systematisierung oder gar Typisierung,[106] sondern die Unterschiede, vor allem aber die Gemeinsamkeiten der Theorien aufzuzeigen. Entgegen unserer Intention, die Theorien statt der TheoretikerInnen in den Vordergrund zu stellen, kann dabei nicht darauf verzichtet werden, auch von den Personen zu sprechen.

Im Fokus des Vergleichs stehen im Folgenden vier Dimensionen, die ungeachtet ihrer Verwobenheit analytisch getrennt werden: (1) die Herkunftsdisziplinen der TheoretikerInnen und die erkenntnis- oder wissenschaftstheoretischen Bezugspunkte der Theorien, (2) die Ausgangspunkte für den Aufbau der jeweiligen Theorien und/oder die Anlässe und vorrangigen Ziele, mit denen die Theorien die Erklärung Sozialer Arbeit vornehmen, sowie ggf. weitere Zielsetzungen der Theorie, (3) die Frage nach den normativen Anteilen und Implikationen sowie (4) die Handlungsfeldorientierung und Definition der AdressatInnen Sozialer Arbeit durch die Theorien. Für die dritte Auflage dieses Buches haben wir außerdem die Theorien Sozialer Arbeit als Problemkonstruktionen rekonstruiert und diese Konstruktionen miteinander verglichen (5). Einen knappen Überblick über die in diesem Kapitel vorgenommen Vergleiche bieten die Tabellen 1 bis 6 im Anhang.

4.1 Zu den Herkunftsdisziplinen der VertreterInnen und den erkenntnis- oder wissenschaftstheoretischen Bezugspunkten der Theorien

Es gibt zwei (Haupt-)Herkunftsdisziplinen der VertreterInnen der zeitgenössischen Theorien Sozialer Arbeit: Erziehungswissenschaft und Soziologie. Die von ihnen präferierten Subdisziplinen und vor allem die erkenntnis- und wissenschaftstheoretischen Grundlagen der Theorien sind sehr viel schwieriger zu identifizieren, da sie selten explizit dargelegt werden und meist mehrdimensional, zuweilen auch nicht konsistent sind. Die Vielfalt der erkenntnis- oder

106 Zu den Schwierigkeiten eines solchen Vorhabens vgl. Lambers (2013, S. 257 f.).

wissenschaftstheoretischen Bezugspunkte korrespondiert augenscheinlich nicht nur mit den Herkunftsdisziplinen, sondern auch damit, dass sich „das Soziale" im Laufe des hier fokussierten Zeitraums sowohl in seiner realen sozialpolitischen und sozialrechtlichen Rahmung als auch in den darauf bezogenen gesellschaftlichen, fachöffentlichen und wissenschaftsinternen Diskursen verschiedener Disziplinen immer wieder in neuem Gewand darstellte. Zudem folgte seine Analyse wechselnden „Moden" des Erkenntnisgewinns. Es ist nicht zu übersehen, dass diese Dynamiken sowie der jeweilige Zeitgeist Einfluss auf die Epistemologie der Theorien wie auch auf den Stellenwert von Kritik[107] in den Theorien hatte.

So ist Mollenhauers „Theorie der Jugendhilfe" zum einen von der Entstehung neuer Institutionen in den 1960er Jahren inspiriert. Zum anderen vollzieht sie den Wandel dieser Zeit hinsichtlich der erkenntnisleitenden Disziplinen nach, indem sie die Dominanz der geisteswissenschaftlichen Pädagogik in Deutschland infrage stellt und diesen Zugriff um sozialwissenschaftliche Perspektiven ergänzt. Die Theorie stellt damit den Anschluss her an die angelsächsischen Erziehungswissenschaften, die sich schon viele Jahre zuvor sozialwissenschaftlich orientiert hatten. Der deduktive und bereichslogische, dabei auf die Jugendhilfe konzentrierte Ansatz der Theorie wurde der realen Ausbreitung der Sozialen Arbeit nicht gerecht, während die Hinwendung zur Sozialwissenschaft bei gleichzeitiger Bewahrung geisteswissenschaftlicher Denktraditionen sich als zukunftsweisend für die Integration anschlussfähiger Konzepte und Wissensbestände erwies.

Die in der zweiten Hälfte der 1960er Jahre beginnende Liberalisierung der bürgerlichen Gesellschaft bildete den Hintergrund für die Bestimmung Sozialer Arbeit als „Instanz sozialer Kontrolle und Innovation", die Peters vornahm. Um den Sozialarbeitssektor – aus sozialkonstruktivistischer Perspektive – zu erklären, werden in dieser Theorie drei Grundelemente herangezogen: Kontrolle als zentrale Funktion (also nicht Hilfe oder Erziehung), die Eigeninteressen der Kontrollinstanzen sowie die Situation der AdressatInnen (nicht als Ausgangspunkt und nicht als „objektiv" gegeben, sondern konstruiert – auch durch die Eigeninteressen der Akteure). Die Entwicklungen und Veränderungen des Handlungsfeldes in den Blick nehmend stellte Peters den „alten" Fürsorgesektor

107 „Kritik" im Sinne „kritischer Wissenschaft" beansprucht, die Interessen zu analysieren, die gesellschaftliche Prozesse beeinflussen, die aber durch eine reine Beschreibung der Verhältnisse nicht sichtbar werden, weil sie im Hintergrund wirken. Anspruch kritischer Wissenschaft ist dabei nicht nur, Gesellschaftskritik zu betreiben, sondern sich selbst als Teil der zu kritisierenden Verhältnisse zu begreifen und fortlaufend die gesellschaftlichen Folgen der eigenen Tätigkeit zu reflektieren (ausführlich und bezogen auf die Soziale Arbeit vgl. Hünersdorf/Hartmann 2013). Radikaler schlagen Cremer-Schäfer u. a. (2014) vor, „das Adjektiv ‚kritisch' nur für Denkmodelle, Begriffe und die Sozialforschung zu gebrauchen, die sich dem Motiv der Befreiung von Herrschaft verpflichten oder ein entsprechendes Potential implizieren" (ebd., S. 37).

und die „moderne Fürsorge/Sozialarbeit" in ihren gesellschaftlichen Funktionen und Organisationsformen gegenüber. Der „neue Sozialarbeitssektor" fungiere zwar weiterhin als Kontrollinstanz, übernehme nun aber Innovationsfunktion, indem er gesellschaftliche Probleme formuliere und deren Folgen individuell bearbeite. Dieser Interpretation liegt ein Argumentationsfehler zugrunde: Peters betrachtet die alte Fürsorge als Explanandum, stellt also ihre Abhängigkeit in Rechnung, die moderne Fürsorge/Sozialarbeit definiert er jedoch als Explanans, mithin als unabhängige Variable mit entsprechender Wirkmächtigkeit. Einem solchen Fehler entgeht demgegenüber Rössners Theorie, nach der Soziale Arbeit als „tertiäre Erziehung" bestimmt wird. Explizit orientiert an den Methoden des kritischen Rationalismus und einer den Sozialwissenschaften zugeordneten Erziehungswissenschaft, deren Subdisziplin die Sozialarbeitswissenschaft sei, ordnet sie letzterer den Teil der Erziehung zu, in der „prophylaktische oder korrigierende Maßnahmen" angewandt werden. Diese vermeintlich „wertfreie" Kernbestimmung wurde bereits in den 1970er Jahren als sozialtechnologisch und missbrauchsanfällig kritisiert – ausführlich, gesellschaftskritisch und wissenschaftstheoretisch fundiert von Buer (1976, S. 57 ff.).

Der mit der Liberalisierung der Gesellschaft einhergehende gesellschaftskritische Zeitgeist Ende der 1960er Jahre, der im kollektiven Bewusstsein der Bundesrepublik als sog. 68er-Bewegung oder Studentenbewegung verankert ist, schlug sich auch darin nieder, dass die Soziale Arbeit politisiert wurde und in ihre Theorieentwicklung nun gesellschaftswissenschaftliche, insbesondere kapitalismuskritische Großtheorien Eingang fanden: Sehr deutlich wird dies in den Theorien, die Soziale Arbeit als „Herrschaftssicherung" bzw. als „revolutionäre Praxis" charakterisieren und wissenschaftstheoretisch dem historischen Materialismus verpflichtet sind. Beide Theorien beziehen sich explizit auf den Marxismus und seine Analysen der Klassengesellschaft. Hollstein/Meinhold deduzieren aus der Marx'schen Analyse der bürgerlich-kapitalistischen Gesellschaft die Funktion Sozialer Arbeit in dieser Gesellschaft. Sie kommen dabei zu dem Schluss, dass Soziale Arbeit nicht Hilfe für die KlientInnen, sondern für das Kapital leistet, indem sie sich an der „Sozialdisziplinierung", der Zurichtung und Unterdrückung der Lohnarbeiterklasse sowie der gesellschaftlichen Randgruppen beteiligt. Ebenfalls deduktiv gehen die Autoren vor, die Soziale Arbeit als „revolutionäre Praxis" kennzeichnen. Insbesondere Khella kritisierte in zahlreichen Publikation (u. a. 1974) die „Sozialarbeit von oben" und entwarf eine „Sozialarbeit von unten" als Gegenmodell: Nach dieser Theorie ist es möglich und nötig, dass die Soziale Arbeit gemeinsam mit ihren KlientInnen die Ausbeutungs- und Unterdrückungsstrukturen bekämpft und auf diese Weise letztlich mit dazu beiträgt, die bürgerlich-kapitalistischen Verhältnisse zu überwinden. Seine handlungsorientierte Theorie Sozialer Arbeit verweist radikal auf die Einbettung der Sozialarbeit in die gesamtgesellschaftliche Praxis und darauf, dass das eigene Handeln auf einer Gesellschaftsanalyse beruhen muss.

Auch die Theorie (der sog. Jahrbuch-Autoren), die Soziale Arbeit als „vergesellschaftete Sozialisationsarbeit" analysiert, basiert unter anderem auf den Marx'schen Überlegungen zur gesellschaftlichen Reproduktion der bürgerlichen Gesellschaft und bezieht diese auf die historische Entwicklung und aktuelle Verfasstheit von Sozialpolitik und Sozialarbeit. Sozialarbeit sichere Sozialisationsprozesse, durch die die Individuen zur Teilnahme am gesellschaftlichen Reproduktionsprozess befähigt werden, d.h. aus dieser Perspektive letztlich zur Lohnarbeitsexistenz. Die Theorie Sozialer Arbeit habe zu zeigen, wie sich die Formen und Mechanismen der öffentlichen Interventionen in die Sozialisationsprozesse der Individuen gestalten und verändern und wie dies aus gewandelten Erfordernissen der gesamtgesellschaftlichen Reproduktion zu erklären ist. Die VertreterInnen, insbesondere Juristen, machen explizit, dass sie dabei zwischen einer staatstheoretischen und einer sozialisations- bzw. interaktionstheoretischen Ebene der Erkenntnis unterscheiden. Unklar bleiben hingegen ihr wissenschaftstheoretisches Verständnis und ihr Verhältnis zur Marx'schen Theorie, denn ihre Hinweise auf die gesellschaftlichen Ursachen sozialer Probleme und eine mögliche Verantwortung Sozialer Arbeit in diesem Kontext, formulierten sie „vorsichtig", definitive Festlegungen meidend.

Seit den 1980er Jahren traten gesellschaftspolitische Intentionen und auch Theoriebezüge zunehmend in den Hintergrund. Die Theorie Sozialer Arbeit als „Menschenrechtsprofession" basiert zwar noch auf einer – in den 1980er Jahren entwickelten – Theorie sozialer Probleme, jedoch erfolgt durch die „Züricher Schule" später eine Hinwendung zu einer an Systemen orientierten Betrachtungsweise. Soziale Arbeit wird als Profession mit eigenem Mandat definiert, deren komplexes Handeln sowohl wissenschaftlich begründet als auch auf einen spezifischen Ethikkodex, in diesem Fall die Menschenrechte, bezogen sei. Ihr Beitrag zur – systemimmanenten – Lösung, Milderung und Prävention sozialer Probleme wird handlungswissenschaftlich ausbuchstabiert. Hingegen verschwindet die gesellschaftskritische Dimension bei der Theoretisierung Sozialer Arbeit als „Funktionssystem", die ganz grundlegend auf Luhmanns Theorie funktionaler Differenzierung basiert. Nach dieser Theorie reagiert Soziale Arbeit in modernen Gesellschaften als organisierte Hilfe auf Folgeprobleme von funktionaler Differenzierung sowie der Inklusions-/Exklusionsmodi sozialer Systeme. Dabei benennt die Theorie zwar soziale Probleme und ordnet diese in eine gesellschaftliche Großtheorie ein, jedoch werden – anders als im (Neo-)Marxismus und in der sozialwissenschaftlichen Ungleichheitsforschung – soziale Probleme nicht nur als Folgen von ökonomisch ungleichen Verhältnissen, sondern als Begleiterscheinung von Inklusions- und Exklusionsverhältnissen in funktional differenzierten Gesellschaften aufgefasst. Damit soll es möglich sein, die Entstehung und Bearbeitung von Hilfsbedürftigkeit als Folge einer Differenzierung zu betrachten, die als funktionale – und eben nicht nur soziale – potentiell alle Menschen betrifft. Da aber zugleich die Auffassung vertreten wird, dass aus

Exklusion nicht notwendig Hilfebedürftigkeit entsteht, wie auch Inklusion nicht unbedingt Hilfebedürftigkeit verhindert, entstehen erhebliche Erklärungslücken. Zudem resultiert aus der vorrangigen Betrachtung der Inklusion bzw. Exklusion, die notwendig allen Funktionssystemen innewohnt, eine Entpolitisierung der Theoriebildung, zumal im Vergleich mit den Theorien, die zwischen dem Ende der 1960er und den 1980er Jahren entworfen wurden.

Die bisher in diesem Abschnitt genannten Theorien sind durch ein deduktives Vorgehen geprägt oder sie enthalten zumindest relevante deduktive Gedankengänge. Überwiegend induktiv (und zudem sozialkonstruktivistisch) hingegen nähert sich die Theorie der Sozialen Arbeit als „stellvertretende Deutung" ihrem Gegenstand. Ausgehend von Befunden der Praxisforschung geht sie von den inneren Strukturlogiken sozialpädagogischen Handelns aus. Wissenschafts- und Theorieverständnis werden – im Gegensatz zur erkenntnistheoretischen Position – expliziert; erziehungswissenschaftliche werden mit diversen sozialwissenschaftlichen Zugängen verbunden, wobei Wissenssoziologie und Professionstheorie eine herausragende Rolle spielen. Soziale Arbeit wird als Profession beschrieben, die (selbst-)reflexiv wissenschaftliches Wissen und Handlungswissen relationiert, also Professionswissen erzeugt, mit dessen Hilfe dann Probleme fallbezogen zu kontextualisieren und stellvertretend zu deuten sind. „Stellvertretende Deutung" (und nicht etwa Erziehung) als Kernbestimmung sozialpädagogischer Professionalität stellt AdressatInnen und Fachkräfte „auf eine Stufe", verweist also auf ein egalitäres Menschenbild. Soziale Arbeit als personenbezogene soziale Dienstleistung im sozialstaatlichen Kontext wird aus Sicht dieser Theorie dann professionell erbracht, wenn „demokratische Rationalität" das Handeln der Fachkräfte bestimmt, sodass eine Orientierung an ihren Bedürfnissen und Interessen, ihren Partizipationsmöglichkeiten und sozialen wie auch staatsbürgerlichen Rechten selbstverständlich ist. Damit ist eine normative und durchaus politische Aussage getroffen, ohne dass der Bezug zu einer gesellschaftlichen Großtheorie hergestellt würde. Ebenfalls induktiv und sozialkonstruktivistisch und ebenfalls mit Blick auf die Binnenlogik Sozialer Arbeit wird auch die Theorie „ko-produktiver Unterstützung der Selbstproduktionsprozesse" („Nutzertheorie") Sozialer Arbeit entwickelt; auch sie verbindet sozialwissenschaftliche mit sozialpädagogischen (und berufspolitischen) Perspektiven. Sie baut auf einen politisch-ökonomischen Ansatz, konkret auf eine regulationstheoretisch fundierte Dienstleistungstheorie Sozialer Arbeit auf. Während diese regulationstheoretische Grundlegung von Schaarschuch noch ausführlich dargestellt wurde, verfolgt die sozialpädagogische Theorie von Schaarschuch und Oelerich diesen Zugriff eher implizit weiter, indem sie den auf den öffentlichen Sektor ausgeweiteten Ökonomisierungsgedanken der 1990er Jahre nur konstatiert und ihn positiv wendet. In dieser Theorie stehen die AdressatInnen bzw. NutzerInnen und ihr Aneignungshandeln im Fokus. Ihnen wird das Primat in einem Dienstleistungsprozess zugeschrieben, sie sind die ProduzentInnen und die Professionellen lediglich Ko-ProduzentInnen. Die Fokussierung der Theorie auf das Aneignungshandeln erfolgt mit dem Ziel, die Möglichkeiten statt der Restriktionen professionellen Handelns in den Vordergrund zu rücken. Gleichwohl bleibt die gesellschaftskritische Einbettung der Theorie deutlich, insbesondere mit der Thematisierung der Wechselwirkungen von Erbringungsverhältnis und Erbringungskontext sowie gesellschaftlicher Rahmung.

Die Theorie Sozialer Arbeit als „Re-Inklusion und Interdependenzunterbrechung" ist dadurch gekennzeichnet, dass empirisch konkret das Handeln und eher zeitdiagnostisch die Rahmenbedingungen Sozialer Arbeit aufgegriffen und mit einem wissenschaftstheoretischen Konstrukt aus Aspekten der Systemtheorie und Überlegungen zur Transdisziplinarität postmoderner Wissenschaften verknüpft werden. Damit wird eine notwendig „ambivalente" Stellung einer Sozialarbeitswissenschaft zwischen Theorie und Praxis sowie zwischen den Wissenschaftsdisziplinen deduktiv begründet. Zwar wird Soziale Arbeit dargestellt als Bearbeiterin von Problemen, die aus anderen gesellschaftlichen Teilsystemen ausgelagert werden, doch Gesellschaftskritik unterbleibt, weil die Ausschlussmechanismen der Postmoderne als quasi naturgegeben vorausgesetzt werden. Zeitdiagnostik enthält auch die Theorie der „Lebensbewältigung". Sie greift nicht auf eine Großtheorie zurück, sondern beschränkt sich stattdessen darauf, einzelne Theoretiker und ihre Theoreme als Bezugspunkte zu benennen. Konkret werden Durkheims Anomietheorie, Becks Entwurf einer Risikogesellschaft und Castels Zonenmodell benannt, also Konzepte, die die sozialen Desintegrationsprozesse moderner Gesellschaften analysieren. Zunächst auf der Basis empirischer Daten der Jugendforschung, in ihrer Weiterentwicklung dann deduktiv, verbindet die Theorie der Lebensbewältigung sozialpädagogische Fragen mit einem soziologischen Konzept, dem Lebenslagenansatz. Auf diese Weise werden die Probleme der AdressatInnen Sozialer Arbeit als Folgen sozialer Ungleichheit kenntlich. Die Thematisierung von Lebensbewältigung im Sozialstaat wird unmittelbar verbunden mit der Frage nach den Handlungsmöglichkeiten und -grenzen der Betroffenen. Insofern ist dieser Theorie ein gesellschaftskritisches Potenzial immanent.

Gesellschaftskritik ist auch Teil der Theorie der Sozialpädagogik als „Ermöglichung von Subjektivität", die erziehungswissenschaftliche und sozialwissenschaftliche Zugriffe kombiniert. Kritischer Kern der Theorie ist die Feststellung, dass die bürgerliche Gesellschaft Individualität und Subjektivität gleichermaßen benötigt wie von den Einzelnen einfordert, die bürgerliche Verfasstheit der Gesellschaft jedoch viele Menschen in dem Sinne „sozial benachteiligt", dass sie es ihnen schwer bis unmöglich macht, dieses Ideal und diese Forderung zu erfüllen. Die Folge ist eine beschädigte Subjektivität, die zu ihrer Wiederherstellung der Unterstützung bedarf. Auf Herrschaftsverhältnisse verweist schließlich auch ihre spätere zeit- und ortsspezifische Konkretisierung, in der fünf sozialpädagogisch relevante Grundtendenzen herausgearbeitet werden, zumal dabei die Dreiteilung der Gesellschaft in die „kleine Gruppe der Vermögenden", die „prekär Integrierten" und die Elenden, „nun wieder als verwahrlost Geltenden", als für die Sozialpädagogik kritisch beschrieben wird (Winkler 2006, S. 59 ff.). Darüber hinaus wird von Winkler eine Art „Großtheorie" eingefordert. Um machtvolle Diskurse „in ein rechtes Verhältnis zu den objektiven, sozialstrukturellen Bedingungen" zu setzen, sei Sozialpädagogik „auf eine Theorie der Gesellschaft angewiesen, die sie selbst aber noch erzeugen muss" (ebd., S. 59). Er nimmt mit dieser Forderung nach einer von der Sozialpädagogik selbst zu erzeugenden Gesellschaftstheorie eine Sonderstellung unter den TheoretikerInnen der Sozialen Arbeit ein. In der Theorie der Sozialpädagogik als „Ermöglichung von Subjektivität" bleibt das Wissenschaftsverständnis ebenso wie die erkenntnistheoretische Position implizit. Jedoch berücksichtigt die Theorie mit ihrem diskurstheoretischen Zugriff konsequent die Verwobenheit von gesellschaftlichen Phänomenen und sozialpädagogischer Theorie- (und eben nicht nur Praxis-) Entwicklung. Insofern gibt es in dieser Theorie deutliche Ansätze eines kritischen Wissenschaftsverständnisses.

Zwischenfazit: Die wichtigsten Bezugsdisziplinen der Theorien sind Erziehungswissenschaft und Soziologie, oft in Kombination. Einige TheoretikerInnen verorten sich mehr oder weniger explizit im Kontext gesellschaftlicher Großtheorien, andere beziehen sich auf gesellschaftswissenschaftliche Zeitdiagnosen oder ausgewählte „Klassiker". Vergleichsweise wenige berufen sich auf erkenntnis- oder wissenschaftstheoretische Positionen. Der Erkenntnisweg ist in den meisten Fällen überwiegend deduktiv, teilweise ausgehend von induktiv gewonnenen Vorannahmen. Auch die wenigen überwiegend induktiv entwickelten Theorien greifen in Teilen auf Deduktionen zurück. Gemeinsam ist allen der Bezug auf „das Soziale". Insofern verwundert es nicht, dass alle Theorien auch (historisch) sozialpolitische und/oder zeitdiagnostische Elemente aufweisen und einige auch mehr oder weniger radikale gesellschaftskritische Positionen formulieren. Gleichwohl erfolgt die Theoriebildung überwiegend, ohne dass dabei explizit Kritische Wissenschaft im Sinne einer Reflexion der gesellschaftlichen Folgen der eigenen Tätigkeit betrieben würde. Ansätze dazu finden sich in den Theorien, die Soziale Arbeit als politischen Akteur sehen, und in der diskursanalytischen Theoretisierung von Sozialpädagogik als „Ermöglichung von Subjektivität".

4.2 Ausgangspunkte und (weitere) Ziele der Theorie-Konstruktionen

Mollenhauer nimmt die Unzulänglichkeiten der seinerzeit vorliegenden rein geisteswissenschaftlichen Bestimmungen des „Wesens" der Sozialpädagogik zum

Anlass seiner Theoriebildung. Diese Bestimmungen will er durch die geistes- und sozialwissenschaftliche, mithin auch sozialwissenschaftliche Analyse der neuen Institutionen (genauer: Organisationen, Einrichtungen etc.) ergänzen, wobei die Frage nach deren Gemeinsamkeiten zu einer brauchbaren Kernbestimmung führen soll.

Dem Theorieentwurf von Peters liegt die Analyse der seinerzeit vorliegenden Fachliteratur zugrunde. Dort wurde Soziale Arbeit stets als bloße Reaktion auf soziale Nöte dargestellt, die infolge gesellschaftlichen Wandels eingetreten seien. Dadurch würden die Nöte der AdressatInnen zum Kern der Erklärung von Sozialarbeit, nicht aber die Sozialarbeit/Fürsorge selbst. Damit würde verfehlt, was eine Theorie leisten müsse, nämlich die Bestimmung ihres Gegenstandes. Eine Theorie der Sozialarbeit/Fürsorge, ihrer Einrichtungen und ihrer sozialen Bedingungen sei also erst noch zu entwickeln.

Auch Rössner analysiert die bisherigen Theoretisierungen Sozialer Arbeit. Unterstellend, den Gegenstand Sozialer Arbeit zu kennen (vorbeugende, prophylaktische und korrigierende Maßnahmen zwecks Erhaltung gesellschaftlicher Normen), kritisiert er die Wege der Erkenntnis, die bisher gegangen wurden. Er hält sie für wissenschafts- und erkenntnistheoretisch diffus – womit er Recht hat – und zudem für unmodern – was selbstredend kein wissenschaftliches Argument ist. Es gelte, den „normative[n] Leerformeln" in vorliegenden Theorien ein modernes, am Kritischen Rationalismus orientiertes Begriffs- und Satzsystem entgegenzusetzen. Buer, dessen Theorieentwurf ebenfalls mit dem Begriff der „Dissozialisation" (ergänzt um die Begriffe Re-Sozialisation und Krise) arbeitet, nimmt Überlegungen von Matthes' zu Studienmodulen der Sozialarbeitsausbildung zum Anlass, eine marxistische Theorie der Sozialarbeit als Teiltheorie der marxistischen Theorie der kapitalistischen Gesellschaftsformation entwerfen zu wollen.

Hollstein vermisst in den bis dato vorliegenden (Selbst-)Beschreibungen Sozialer Arbeit als „Hilfe" gesellschaftstheoretische Erörterungen, denn der Hilfebegriff unterstelle, dass Gesellschaft und die in ihr geleistete Sozialarbeit per se gut seien, dass der Klient gegenüber der Gesellschaft versagt habe und nicht umgekehrt. Charakter und Funktion professioneller re-integrierender Hilfen ließen sich aber nur klären, wenn zuvor der Charakter der Gesellschaft untersucht würde, in die re-integriert würde. Ziel der Theorie ist also eine gesellschaftstheoretisch fundierte Funktionsbestimmung Sozialer Arbeit, die den ideologischen Verklärungen ihrer PraktikerInnen und TheoretikerInnen entgegengesetzt werden soll. Ausgangspunkt der Theorieentwicklung von Khella ist ein ähnlich gesellschaftsanalytischer Blick. Ausgangspunkt seiner Theoriebildung ist die Beobachtung, dass die Missstände, die Sozialarbeit zu beheben vorgibt, trotz Sozialarbeit fortbestehen. Eine tragfähige Theorie der Sozialen Arbeit könne nur im Kontext einer Gesellschaftsanalyse, die Ursachen von sozialem Elend analysiert, entwickelt und zur Anleitung für sozialarbeiterisches Handeln werden. Blanke/Sachße (u. a. Jahrbuch-Autoren) argumentieren etwas anders. Sie beobachten trotz eines Rückgangs der Fürsorgebedürftigkeit umfangreiche Eingriffe des Staates in die private Reproduktion durch (materielle) Fürsorge und Erziehung, mithin auch eine Expansion der Sozialen Arbeit. Weil der realhistorische Prozess gezeigt habe, dass der Staat entgegen der liberalen Theorie gezwungen war, in die private Reproduktion durch Fürsorge einzugreifen, sei es nun Aufgabe der Theorie Sozialer Arbeit, die Formen und Mechanismen dieser öffentlichen Interventionen zu beschreiben. Dabei sei das traditionelle Selbstverständnis Sozialer Arbeit als Hilfe zu hinterfragen.

Der theoriesystematische Ausgangspunkt der von Böhnisch vorgelegten Bewältigungstheorie Sozialer Arbeit, ist die – im Anschluss an Durkheims Theorie der bürgerlichen Gesellschaft, insbesondere dessen Anomietheorie formulierte – Feststellung, dass die arbeitsteiligen Industriegesellschaften notwendigerweise Desintegrationsprozesse erzeugten. Um die Arbeitsteilung sozial zu reproduzieren und auszubalancieren, habe der Staat, der sich aus diesem Grund auch zum Sozialstaat entwickelte, sich veranlasst gesehen, die aus den Desintegrationsprozessen resultierenden psychosozialen Bewältigungsprobleme durch Soziale Arbeit bearbeiten zu lassen. Eine Theorie Sozialer Arbeit müsse sich zudem, so seine sozialpsychologische Ergänzung, mit den Handlungsantrieben, den Möglichkeiten und Grenzen der Menschen befassen, die dieser „Bewältigungstatsache“ ausgesetzt sind.

Im Rahmen der Theorieentwicklung, die auf die Systemtheorie rekurriert, nimmt Staub-Bernasconi einen systemisch ontologischen Blick zum Ausgangspunkt ihrer Überlegungen: Menschen lebten in sozialen Systemen und hätten zu lernen, ihre Bedürfnisse innerhalb (und vermittels) sozialer Systeme, also auch miteinander zu lösen. Wo (Grund-)Bedürfnisse nach Gütern und Situationen des Miteinanders dauerhaft nicht erfüllt würden, entstünden soziale Probleme. Deren Bearbeitung im Kontext Sozialer Arbeit will sie mit ihrer normativ orientierten Theorie professions*ethisch* fundieren. Zugleich soll die Theorie die Basis von professionellen Handlungsroutinen werden. Auch Merten, Hillebrandt, Bommes und Scherr argumentieren auf der Basis der Annahme, dass in modernen Gesellschaften gesellschaftliche Funktionssysteme existieren, denen die exklusive Erfüllung einer gesellschaftlichen Funktion obliegt. Jedoch ist ihr Fokus ein anderer, nämlich die Frage, ob es sich bei der Sozialen Arbeit um ein eigenständiges Funktionssystem handelt und welche professionstheoretischen Implikationen mit der Antwort verbunden sind: Merten argumentiert, dass es ein Funktionssystem „Soziale Hilfe“ mit eigener Funktion (soziale Integration), eigener Leitdifferenz/Codierung (Hilfe versus Nicht-Hilfe) und der Leitprofession Soziale Arbeit gebe und eine Theorie Sozialer Arbeit deshalb die Frage zu beantworten habe, was die Systemtheorie zur Handlungskompetenz Sozialer Arbeit beitragen kann. Bommes, Scherr und Stichweh hingegen argumentieren, dass Soziale Arbeit lediglich Folgeprobleme funktionaler Differenzierung bearbeite. Sie liege deshalb quer zum Leitprinzip der funktionalen Differenzierung, müsse und könne deshalb auf strikte Codierung und Konditionalprogramme verzichten, womit „soziale Integration“ bzw. „Hilfe“ im Sinne der Systemtheorie aber kein (eigenes) Funktionssystem darstelle. Kleve, der ebenfalls auf die Systemtheorie Bezug nimmt, wählt die aktuelle Praxis sowie die Real- und Theoriegeschichte Sozialer Arbeit als Ausgangspunkt, um darzulegen, dass sowohl die Praxis als auch die Theorie nicht zu einer eindeutigen Definition ihres Gegenstandsbereichs gefunden hätten und deshalb mit Ambivalenz aufgeladen seien. Sein Ziel ist jedoch nicht, diese Ambivalenz durch Vereindeutigung aufzuheben, sondern eine Theorie zu bilden, deren Kern die Ambivalenz ist. Die moderne Forderung nach Eindeutigkeit soll zurückgewiesen, die postmoderne Uneindeutigkeit als konstitutiv akzeptiert und genutzt werden.

In der Theorie Sozialer Arbeit als „stellvertretende Deutung“ nach Dewe und Otto sind die Unterschiede zwischen wissenschaftlichem Wissen und Handlungswissen der Ausgangspunkt. Sie kritisieren, dass die akademische Sozialpädagogik sich mit ihren normativen, ideologiekritischen Theorien auf die Bedingungen und die Reformierbarkeit der sozialpädagogischen Praxis konzentriert habe, statt induktiv und reflexiv die interne Strukturlogik sozialpädagogischen Handelns zu analysieren, um zu „weiterführenden Selbstbeschreibungen“ zu kommen. Ziele ihrer Theorie der Sozialpädagogik sind ein neues (reflexives) Selbstverständnis als Wissenschaft/Disziplin und ein neues Verhältnis zur Praxis. So wird die Professionstheorie zur Basis ihrer Theorie einer reflexiven Sozialpädagogik, die sie auch mit dem Ziel entwickeln, die (externe) Instrumentalisierung der Sozialpädagogik abzuwehren.

Die Nutzertheorie Sozialer Arbeit analysiert die vorliegenden Theorien aus dem Blickwinkel der Professionalisierungsdebatte. Vor dem Hintergrund zunehmender staatlicher Einflussnahme auch auf klassische Professionen halten Schaarschuch/Oelerich die Diskussion darüber, ob es sich bei der Sozialen Arbeit um eine Profession handelt, für weniger relevant als den Blick auf die Binnenstruktur sozialarbeiterischen Handelns. Diese müsse nun im Zuge der Reorganisation Sozialer Arbeit als Dienstleistung auf induktivem Wege neu gefasst werden. Ziel der von ihnen entwickelten Theorie ist zu ermitteln, wie sich unter der Bedingung, dass der Nachfrageseite, also den AdressatInnen als „Kunden“ das Primat zukommen soll, das Erbringungsverhältnis auszugestalten wäre. Sie liefern damit eine Begründung für die Demokratisierung der institutionellen Erbringungskontexte der Sozialen Arbeit.

Ausgangspunkt von Winklers Theorie Sozialer Arbeit ist seine Auffassung, dass die moderne bürgerliche Gesellschaft Anforderungen an die Subjektivität der Individuen stellt, deren Basis sie zugleich untergräbt. Aktuelle gesellschaftliche Entwicklungen spitzen diesen Widerspruch zu, so Winkler. Deshalb stehe die Sozialpädagogik vor dramatischen Umwälzungen und müsse ihre Theorie (als diskursives Projekt) neu formuliert werden. Ein weiteres Ziel sei, irrational transzendentale ebenso wie technokratisch effizienzorientierte Diskurse in die Schranken zu weisen.

Zwischenfazit: Bedeutsamer Anstoß für die Theorieentwicklung war in allen Fällen die Auseinandersetzung mit dem Vorliegenden und die Einschätzung, dass eine Theorie Sozialer Arbeit nötig sei, jedoch bisher keine adäquate Fassung vorliege. Die von allen TheoretikerInnen angenommene Unzulänglichkeit des Vorgefundenen wird aus sehr unterschiedlichen Perspektiven begründet. Diese Begründungen sind verwoben mit den oben skizzierten vielfältigen subdisziplinären, (impliziten) wissenschafts- und erkenntnistheoretischen Zugriffen und selbst wiederum auch zeit- und wissenschaftshistorisch gefärbt. Überwiegend sind mit der Theorieentwicklung weitere Ziele verknüpft, die unterschiedliche Reichweiten aufweisen – in die eigene Disziplin und Profession hinein bis hin zur Gestaltung von Gesellschaft. Die Zielsetzungen korrespondieren auch mit den gewählten Ausgangspunkten der Theorie-Konstruktionen. Mollenhauer und Peters fokussieren die Fürsorgeinstitutionen bzw. Akteure. Rössner, Dewe/Otto, Schaarschuch und Kleve gehen vom Handeln der Fachkräfte Sozialer Arbeit aus. Hollstein/Meinhold, Khella, die Jahrbuch-Autoren, Böhnisch, Winkler sowie Hillebrandt, Merten, Bommes/Scherr und die Züricher Schule beginnen mit Gesellschaftsanalysen.

4.3 Zur Normativität der Theorien

Wenn wir im Folgenden der Frage nach den normativen Anteilen der Theorien nachgehen, vertreten wir dabei eine eher sozialwissenschaftliche Auffassung von Normativität: Vereinfacht gehen wir von drei möglichen Bestandteilen von Theorien aus: Zum einen gibt es Deskriptionen, die einen Ist-Zustand beschreiben, zum zweiten Analysen, die Erklärungen für den Ist-Zustand liefern und den Kern jeder Theorie ausmachen. Zum dritten können Theorien normative Anteile enthalten, indem sie einen wünschenswerten Soll-Zustand formulieren. Dies kann grundsätzlich in unterschiedlicher Weise geschehen: Der Soll-Zustand kann innerhalb der Theorie entwickelt und begründet, er kann aber auch einfach als allgemein geteiltes Ziel vorausgesetzt werden. Er kann eher als Orientierung oder appellativ als Handlungsaufforderung formuliert werden. Nicht selten bleibt er implizit, wird gewissermaßen „unter der Hand“ eingeführt.[108]

108 In der Erkenntnistheorie gibt es allerdings unterschiedliche Auffassungen darüber, wann eine Theorie als „normativ“ gilt. Insbesondere in der Philosophie gibt es eine lange Tradition der Auseinandersetzung mit dieser Frage. Dabei wird unterschieden zwischen deskriptiven und normativen Aussagen. Die deskriptiven beruhen auf einer empirischen Realität und können deshalb auch empirisch überprüft, verifiziert oder falsifiziert werden. Ob sich auch normative Aussagen rational begründen lassen, ist umstritten und

Die Theorie, die Sozialarbeit als „tertiäre Erziehung“ bestimmt, ist die zeitgenössische Theorie der Sozialen Arbeit, die auf diese Fragen besonders explizit Bezug nimmt. Rössner geht es ausdrücklich darum, eine nicht normative Theorie zu entwickeln, die Wenn-Dann-Aussagen treffen kann; hier Aussagen dazu, wie ein Individuum oder eine Gruppe aus einem nicht erwünschten Zustand in den erwünschten zu bringen ist. Einzig eine solche technologische, empirisch zu prüfende Theorie hält er im Sinne des positivistischen Paradigmas für wissenschaftlich. Die „Normen“ für die „Zustände“ hingegen seien nicht wissenschaftlich abzuleiten, könnten deshalb auch nicht Teil der Theorie sein, weshalb die von ihm vorgelegte erfahrungswissenschaftliche Theorie auch nicht als Zielbestimmung oder Anleitung für die Praxis tauge.[109]

Die Theorie Sozialer Arbeit als „revolutionäre Praxis“ war von den zeitgenössischen Theorien die erste mit expliziter Normativität. Sie nutzt eine gesellschaftliche Großtheorie, Marx’ Gesellschaftsanalyse, um die vorzufindende Praxis in ihrer normativen Grundausrichtung als „Sozialarbeit von oben“ zu bewerten und mit einem radikalen, selbst normativen Gegenentwurf einer „Sozialarbeit von unten“ zu beantworten. Der gewünschte „Soll-Zustand“ ist die Re-Klassierung der Randgruppen und eine Sozialarbeit, die gemeinsam mit ihren Klienten dazu beiträgt, die bürgerlich-kapitalistischen Verhältnisse mit ihren Ausbeutungs- und Unterdrückungsstrukturen zu überwinden. Die Theorie, nach der Soziale Arbeit eine „freundliche Kolonialisierung“ darstellt, entwirft die Norm, die Klienten zu kundigen und selbstbewussten Staats- und Marktbürgern machen statt sie zu entmündigen. Die Theorie, die „Subjektivität“ als zentralen Bezugspunkt von Sozialpädagogik definiert, enthält in der Bestimmung ihres Kern normative Elemente: Sie beschreibt Subjektivität als „doppelsinnige“ Existenz der Individuen in der späten Moderne, in der sie „beherrscht und autonom, aber darin auf eine dramatische Weise auf sich verwiesen“ (Winkler 1988, S. 75) seien, und verbindet dies mit einer normativen Handlungsaufforderung an die Soziale Arbeit: Für sie gelte es, die „Voraussetzungen eines Lebens in einer Gesellschaft und Kultur allgemein und zugleich für jedes Individuum zu schaffen, damit es nicht nur verkehrsfähig wird, sondern einen Anfang von Bildung machen kann“ (ebd.). In der Theorie Sozialer Arbeit als „Menschenrechtsprofession“ sind die

---

Theorien können je nach erkenntnistheoretischer Position schon dann als normativ (und somit eventuell auch als nicht zu überprüfen) gelten, wenn sie zwar beschreiben, welche Bedingungen gegeben sein müssen, damit eine Norm erfüllt wird, diese Norm jedoch einfach voraussetzen, ohne sie selbst herzuleiten.

109 Das hält Rössner aber nicht davon ab festzustellen: Die Sozialarbeits-Technologie hat die Aufgabe zu untersuchen, welche Bedingungen, Mittel und Verfahren geeignet sind, ein Individuum oder eine Gruppe aus einem nicht erwünschten Zustand in den erwünschten (normalisierten) Zustand zu überführen (1975a, S. 278). Rössner bietet damit ein Beispiel für die weiter oben getroffene Unterscheidung zwischen expliziten und impliziten normativen Anteilen einer Theorie (vgl. dazu auch die vorstehende Fußnote).

normativen Anteile klar als vordergründig auszumachen. Zwar geht die sog. Züricher Schule durchaus von empirischen Beschreibungen der sozialen Wirklichkeit aus, doch schon deren Kategorisierung auf der Grundlage einer Bedürfnistheorie weist normative Elemente auf. Wenn deren Bearbeitung im Kontext Sozialer Arbeit professionsethisch fundiert und dabei auf Menschenrechte als zu erreichende (und weiterzuentwickelnde) Realutopien zurückgegriffen wird, tritt die normative Orientierung der Theorie deutlich zutage. Darüber hinaus wird von Staub-Bernasconi (2000, S. 629 ff.) eine Selbstverpflichtung auf die Menschenrechte nicht nur als Ergänzung zum sog. doppelten Mandat allgemein gefordert, sondern handlungsanleitend ausbuchstabiert, sodass man dieser Theorie bescheinigen kann, dass sie unter den zeitgenössischen Theorien ihre Normativität mit der größten Präzision konkretisiert. Die Herstellung „demokratischer Rationalität" ist expliziter normativer Bezugspunkt der Theorie Sozialer Arbeit als „stellvertretende Deutung". Hier werden nicht nur die objektiven Bedingungen und Folgen des Handelns der professionell Tätigen analysiert, sondern es wird zugleich danach gefragt, ob und wie eine „reflexive Professionalisierung" der Sozialen Arbeit wissenschaftlich und politisch durchgesetzt und praktisch umgesetzt werden kann. Damit wird zum einen ein Soll-Zustand als wünschenswert bezeichnet, der außerhalb der Theorie liegt. Normative Aussagen betreffen zum anderen die Art der Professionalität selbst, denn gemäß dieser Theorie mit ihrem egalitären Menschenbild gilt Soziale Arbeit dann als professionell erbracht, wenn „demokratische Rationalität" das Handeln der Fachkräfte bestimmt. Hiermit wird eine Orientierung der Professionellen an den Bedürfnissen und Interessen der AdressatInnen, ihren Partizipationsmöglichkeiten und ihren sozialen wie auch staatsbürgerlichen Rechten nahezu als selbstverständlich gesetzt. Die (Nutzer-)Theorie, nach der Soziale Arbeit ko-produktive Unterstützung der Selbstproduktionsprozesse ist, beschreibt den kontextbedingten Wandel Sozialer Arbeit, insbesondere der Stellung ihrer NutzerInnen in einem „Erbringungsverhältnis", das sich an den nachfragenden „KundInnen" orientiert. Mit dem Anspruch, dabei zunächst induktiv das Erbringungsverhältnis zu „verstehen" und es erst im Anschluss zu kontextualisieren, wird zwar versucht, normative Beschränkungen in der Theorieentwicklung zu minimieren, was normative Bezugspunkte und Schlussfolgerungen (in diesem Fall den – anschließenden – Rekurs auf staatsbürgerliche Rechte und Partizipationsmöglichkeiten als explizite Norm) nicht ausschließt. Die Soziale Arbeit hätte nach dem Verlust des bisherigen Fixpunktes der Inklusion („Normalarbeitsverhältnis") zwei Alternativen: Annahme der Rolle als Verwalterin von Exklusion und Inklusion oder Zentrierung sozialer Dienstleistungen auf Bürgerrechte und systematische Demokratisierung der institutionellen Erbringungskontexte als „conditio sine qua non Sozialer Arbeit als Dienstleistung im Sozialstaat" (Schaarschuch 1999, S. 557). Zudem formulieren Schaarschuch/Oehlerich die Orientierung der Dienstleistung selbst am Gebrauchswert für die NutzerInnen als Norm.

In der „Theorie der Jugendhilfe“ werden normative Bezüge nicht auf den ersten Blick deutlich. Jedoch formuliert Mollenhauer, dass es eine besondere Struktur des „sozialpädagogischen Denkens“ gebe, „Hilfe für das notleidende Individuum“ in den gesellschaftlichen Kontext zu setzen, und damit eine implizite Norm. Bei genauerer Betrachtung operiert auch Peters, der Soziale Arbeit als Instanz Sozialer Kontrolle und Agentur sozialer Innovation definiert, mit einer Norm, indem er die Unabhängigkeit der „neuen Fürsorge“ behauptet und diese als Erklärung gesellschaftlicher Veränderung heranzieht. Mit wenigen impliziten normativen Anteilen kommt die Theoriebildung aus, mit der Soziale Arbeit als „vergesellschaftete Sozialisationsarbeit“ beschrieben wird. Die vorgefundenen realhistorischen Prozesse werden mithilfe liberaler Staatstheorien als von diesen abweichend analysiert sowie Formen und Mechanismen der neuen öffentlichen Interventionen beschrieben. Die grundlegende, nicht normative Bestimmung der Sozialen Arbeit wird jedoch ergänzt um normativ bestimmte Ziele wie etwa das Durchbrechen des „resignativen Zirkels“ (Blanke/Sachße 1998, S. 436) zwischen dem Anspruch gesellschaftlicher Veränderung und unverändertem beruflichen Alltag und um Hinweise auf Ansatzpunkte gesellschaftlicher Emanzipation, etwa durch Rückgriff auf bildungssoziologische Arbeiten. Auch die Theorie Sozialer Arbeit als „Herrschaftssicherung“ gehört zu den Theorien, deren normative Bezüge implizit bleiben. Sie setzt empirisch bei den Auswirkungen des Widerspruchs zwischen Lohnarbeit und Kapital an und nutzt das Instrument der Marx'schen Gesellschaftsanalyse, um die Funktion der Sozialen Arbeit im Kapitalismus zu beschreiben – mit der Begründung, dass eine Funktion nur im Kontext einer Struktur, die sie reproduzieren soll, einen Sinn erhalte. Im Zuge der Theorieentwicklung scheint mit dem Bezug auf Marx im Schlüsseldokument ein normativer Anteil auf. Jedoch wird davon abgesehen, normativ zu formulieren, was Soziale Arbeit leisten könne oder solle, und stattdessen „nur“ beschrieben, dass „Hilfe“ nicht die einzige und entscheidende Funktion der Sozialarbeit in kapitalistischen Gesellschaften ist. Auch die normativen Anteile der Theorie Sozialer Arbeit als „Hilfe zur Lebensbewältigung“ sind nicht besonders offensichtlich. Auf der Basis empirischer Beschreibungen vorgefundener Lebenslagen (Böhnisch/Schefold 1974) und sozialstaatlicher Bearbeitungsmodi in demokratisierten Gesellschaften sowie mithilfe soziologischer Gesellschaftsanalysen wird Soziale Arbeit einerseits nicht-normativ als notwendige Instanz zur Reproduktion des modernen Kapitalismus bzw. als das strukturlogische Mittel der Bearbeitung von kritischen Lebensereignissen gekennzeichnet. Andererseits werden normative Anteile der Theorie sichtbar, wenn in Anlehnung an das Coping-Konzept davon ausgegangen wird, dass Menschen triebbedingt um jeden Preis nach psychosozialem Gleichgewicht und Integration streben und wenn die hegemonialen Vorstellungen davon, was Integration bzw. Desintegration bedeutet, zwar in ihrer krisenträchtigen Dynamik beschrieben, doch zugleich als Bezugspunkte sozialpädagogischen Handelns einfach gesetzt werden. Als unbestimmt hinsichtlich ihrer Normativität muss die Theorie der „Re-Inklusion und Interdependenzunterbrechung" durch Soziale Arbeit gelten. Sie geht von der vorzufindenden Praxis aus, bleibt mit der Anwendung von Gesellschaftstheorie und Theoremen auf diese Praxis deskriptiv, kommt aber nicht ohne – selbst nicht benannte – Normativität aus, denn die sog. postmodernen Bedingungen werden als gegeben vorausgesetzt und die Soziale Arbeit mit der Aufforderung konfrontiert, diese Ambivalenz in Anlehnung an Lyotard als „Geisteszustand" zu akzeptieren.

Die systemtheoretisch inspirierten Theorieansätze, die Hilfsbedürftigkeit als Folge von systemischen Mechanismen ansehen, nehmen für sich in Anspruch, nicht-normativ zu operieren. Es wird jedoch durchaus ein Norm-Zustand als gegeben angenommen, nämlich misslingende Inklusion als Kehrseite von Freiheit und Gleichheit. Diese Norm wird von der Theorie selbst aber nicht problematisiert. Darüber hinaus werden Probleme und Hilfsbedürftigkeit insbesondere als Erscheinung von Inklusions- und Exklusionsverhältnissen in funktional differenzierten Gesellschaften beschrieben und es wird die Frage gestellt, was die Systemtheorie zur Handlungskompetenz Sozialer Arbeit beitragen kann, nicht aber die Frage, was Soziale Arbeit tun sollte.

Zwischenfazit: Überwiegend thematisieren die zeitgenössischen Theorien Sozialer Arbeit die Frage nach der eigenen Normativität nicht, auch weil die wissenschafts- und erkenntnistheoretischen Grundlegungen meist implizit bleiben. Die wenigsten lassen sich in dieser Hinsicht eindeutig einem nicht-normativen oder normativen Paradigma zuordnen, was im Prozess von Forschung und Theoriebildung eher die Regel als die Ausnahme darstellt. Dabei zeigt sich, dass sich mit zunehmender Handlungsorientierung der Theorien die normativen Aussagen mehren. Handeln, gleich ob beruflich oder privat, lässt sich eben nicht ohne eine Richtung bzw. ein Ziel, also letztlich nicht ohne normativen Bezugspunkt vollziehen. Insofern lassen sich auch im folgenden Kapitel, das die Handlungsfeldorientierungen zum Gegenstand hat, Hinweise auf Normatives und damit Überschneidungen mit den vorstehenden Ausführungen, nicht ganz vermeiden.

4.4 Zur Definition der AdressatInnen und der Handlungsfeldorientierung

Die AdressatInnen stehen in den meisten zeitgenössischen Theorien nicht am Ausgangspunkt der theoretischen Herleitung, was sie von einigen klassischen Theorien wie auch von einigen zeitgenössischen Theoremen unterscheidet, die mit Defizitzuschreibungen der KlientInnen beginnen. Mollenhauer und Peters fokussieren die Fürsorgeinstitutionen und somit indirekt auch die AdressatInnen. Ähnlich verhält es sich bei den Theorien, die die AdressatInnen vom Handeln der

Fachkräfte Sozialer Arbeit aus – deduktiv oder induktiv – indirekt in den Blick bekommen. Im Kontrast dazu stehen die Theorien, die von Gesellschaftsanalysen ausgehen, in denen Feld und Adressierung strukturfunktionalistisch aus Großtheorien abgleitet werden. Eine Sonderstellung hinsichtlich des Ausgangspunkts der Theoretisierung nehmen Böhnisch und Winkler ein. Deren Theorien gehen von Strukturproblemen der Gesellschaft aus, die dann aber direkt mit den AdressatInnen verknüpft werden. Böhnischs Theorie setzt die „Bewältigungstatsache" als zwangsläufiges Ergebnis der modernen, arbeitsteiligen Gesellschaft mit den „Lebenslagen" und den „Antrieben" der AdressatInnen in Beziehung und leitet daraus Rolle und Kernbestimmung Sozialer Arbeit ab. Ähnlich nimmt Winklers Theorie die „Subjektproblematik" als notwendige Folge der bürgerlichen Gesellschaft zum Ausgangspunkt, um schließlich dem Subjekt, mithin den AdressatInnen in ihrer Individualität, den zentralen Platz in der Theorie zuzuweisen. Auch wenn nur in wenigen Theorien die AdressatInnen am Ausgangspunkt der Argumentation stehen, lassen sich doch je spezifische Beschreibungen der AdressatInnen aus ihnen ableiten.

Die Theorie der Jugendhilfe bezweckt die Abgrenzung eines Bereiches von Pädagogik. Sie definiert das Handlungsfeld über die Gemeinsamkeit einer vergleichbaren pädagogischen Struktur und zielt damit überwiegend auf Minderjährige. Auch wenn Mollenhauer postuliert, dass es kaum noch Praktiken der Sozialarbeit gebe, die nicht als pädagogische Phänomene interpretiert werden könnten, schließt er mit seiner bereichslogischen Bestimmung bestimmte AdressatInnengruppen aus.

Nur indirekt werden die AdressatInnen auch in der Theorie gekennzeichnet, die die moderne Soziale Arbeit als „Instanz der sozialen Kontrolle und Innovation" definiert. Indem der Wandel fürsorgerischer Aktivitäten beschrieben wird – hin zu nicht-finanziellen restitutiven Maßnahmen für einen vergrößerten AdressatInnenkreis, dem zudem nicht mehr generell der Status von „Gefährdern" zugeschrieben und mit dem Bemühen um Verstehen begegnet wird, werden zwei grundsätzliche Gruppen von AdressatInnen konstruiert: die traditionell als defizitär Betrachteten und die neuen HandlungsadressatInnen, die als (noch) nicht-defizitär eingestuft werden, für die jedoch prophylaktisch Maßnahmen ergriffen werden, um normabweichende Entwicklungen zu verhindern.

Die Theorie Sozialer Arbeit als „tertiäre Erziehung" bestimmt Soziale Arbeit als „Objektbereich", der dadurch gekennzeichnet sei, dass hier prophylaktische und korrigierende Maßnahmen in Bezug auf „Dissozialisation" getroffen werden. Die AdressatInnen erscheinen hier als „dissozialisierte" Menschen und werden nicht näher bestimmt, denn – so die wissenschaftstheoretische Auffassung – die Norm, an der Dissozialität zu messen wäre, liege außerhalb der Theorie.

Die Theorie der Sozialen Arbeit als „Herrschaftssicherung" beschreibt die AdressatInnen aus der Perspektive des kapitalistischen Lohnarbeitsverhältnisses, mithin als Zielgruppe der Reproduktion der Ware Arbeitskraft. Da hierbei darauf verzichtet wird, die Realität sozialarbeiterischer Praxis überhaupt in den Blick zu nehmen und dabei etwa die Möglichkeiten anders gearteter Praxen zu rekonstruieren, werden auch die AdressatInnengruppen deduktiv konstruiert – als LohnarbeiterInnen, die durch sozio-psychischen Druck Probleme haben, die sie alleine nicht lösen können; als „industrielle Reservearmee", die es zu „pflegen" gilt, oder als jene, die endgültig aus dem Produktionsprozess herausgefallen sind. Ganz ähnlich bei Khella, der sozialarbeiterische Praxen jenseits der staatlichen Funktion von Sozialarbeit konstruiert. Hier erscheinen die AdressatenInnen als reguläre LohnarbeiterInnen, industrielle Reservearmee oder Deklassierte.

Die Fassung Sozialer Arbeit als „vergesellschafteter Sozialisationsarbeit" nimmt vorrangig den gesellschaftlichen Kontext der Sozialen Arbeit, ihre Organisationen und Interventionen in den Blick, die AdressatInnen werden hierüber bestimmt. Da hier – ähnlich wie bei Peters – der Wandel fürsorgerischer Aktivitäten beschrieben wird, wird auch der Wandel des Klientels thematisiert. Neben den traditionellen „Fürsorgeempfängern" und sozialen Randgruppen seien zunehmend Teile der Lohnarbeiterklasse und später immer breitere Bevölkerungsschichten zu AdressatInnen der Sozialen Arbeit geworden. Die Jahrbuch-Autoren haben also Minderjährige und Erwachsene im Blick.

Letzteres gilt auch für die Theorie der „Lebensbewältigung" sowie für die Theorie, die der Sozialpädagogik die Aufgabe der „Ermöglichung von Subjektivität" zuschreibt. Hier kommen die AdressatInnen als Gruppen in bestimmten Lebenslagen (und Lebensaltern) bzw. als Subjekte in den Fokus. Bei Böhnisch ergeben sich die AdressatInnengruppen aus den Lebenslagen und Altersgruppen sowie aus kritischen Lebensereignissen, oft an sog. Übergängen, zu deren Bewältigung es an individuellen Ressourcen fehlt. Bei Winkler werden potentiell alle Teile der Bevölkerung zur Zielgruppe der Förderung von Subjektivität, die nicht zur kleinen Gruppe der Vermögenden gehören. Dabei wird unterschieden zwischen den prekär integrierten „Klienten" einer „sauberen" Sozialen Arbeit und den „Adressaten" einer Sozialen Arbeit, die es mit Armut und Elend zu tun hat.

Von der Theorie der Sozialpädagogik als „stellvertretende Deutung", die vor allem die Interaktionsprozesse rekonstruiert, werden keine Gruppen von AdressatInnen unterschieden. Es kann aber unterstellt werden, dass potentiell alle Menschen der Gesellschaft mit Unterstützungsbedarf bei der Problembewältigung adressiert sind und dass die Wahrscheinlichkeit eines Unterstützungsbedarfs mit dem Ausmaß von Unterprivilegierung steigt. Auch in der (Nutzer-)Theorie, die Soziale Arbeit als ko-produktive Unterstützung der Selbstproduktionsprozesse definiert, werden die AdressatInnen nicht spezifiziert, wenngleich ihre Rolle als „eigentliche ProduzentInnen" (der eigenen Person) für die Theorie zentral ist.

Die auf die Systemtheorie bezogenen Theorien behandeln aufgrund ihres soziologischen Fokus' psychische Systeme als Umwelt der sozialen Systeme.

Dies erklärt ihre schwache Affinität zur Analyse der AdressatInnen Sozialer Arbeit als Personen. Ihnen geht es um das „System" Soziale Arbeit und um Professionalisierungsprozesse darin. Die AdressatInnen erscheinen deshalb – in gewisser Weise ent-subjektiviert – als Exkludierte (bei Merten) bzw. als Hilfsbedürftige (bei Bommes/Scherr). Soziale Arbeit als „Menschenrechtsprofession" definiert als AdressatInnen Menschen jeden Lebensalters, deren biologische, psychische, soziale und kulturelle Bedürfnisse ganz oder teilweise unerfüllt bleiben, weil ihnen die sozioökonomischen, psychischen, sozialen und kulturellen Ressourcen der Bedürfnisbefriedigung fehlen bzw. weil sie sich diese nicht selbst erschließen können. In der „postmodernen" Theorie Sozialer Arbeit kommen potentiell alle Bevölkerungsgruppen als AdressatInnen infrage.

Nun zur Handlungsfeldorientierung der Theorien. Die zeitgenössischen Theorien der Sozialen Arbeit verzichten, wie oben (Kap. 4.1) skizziert, weitgehend auf die Explikation ihrer wissenschafts- und erkenntnistheoretischen Positionen und damit auch auf die Erläuterung ihres Theorieverständnisses. Immerhin lässt sich aus den Theorien und/oder den Ausgangspunkten erschließen, in welchem Verhältnis zur Praxis (zum sog. Feld) die Theorien gedacht sind. Rössner fordert eine empirisch zu prüfende Sozialarbeits-Technologie, die untersucht, wie Individuen oder Gruppen aus einem unerwünschten in einen „normalisierten" Zustand zu überführen sind, und daraus Erklärungen und Prognosen ableitet, die für die Praxis empirisch relevant sind (vgl. Kap 4.3, Fn. 119). Mollenhauer geht es um eine Beschreibung des Feldes, Peters um eine Theorie des Handelns im Feld, dies jedoch explizit „wertfrei", sodass normative Bezugspunkte für einen Soll-Zustand nicht formuliert werden. Letzteres gilt auch für Hollstein/Meinhold, während Khella offen normativ den wünschenswerten Soll-Zustand und auch das wünschenswerte Handeln skizziert. So gelte es, in der Berufspraxis keine Methoden anzuwenden, die zur Entmündigung und Unterdrückung der Menschen beitragen (ähnlich Bossong). Khella bleibt hinsichtlich des Handelns abstrakt, geht aber explizit davon aus, dass in einem weiteren Schritt die theoretische Erfassung der Probleme, mit denen sich die Sozialarbeit befasst, die Ableitung und Anleitung sozialarbeiterischen Handelns ermöglicht. Die Jahrbuch-Autoren beschreiben durchaus Widersprüche in der Praxis, gleichwohl ist ihre Theorie nicht handlungsorientiert. Böhnischs Theorie der „Lebensbewältigung" wie auch die Theorie Sozialer Arbeit als „stellvertretende Deutung" und die „NutzerInnen-Theorie Sozialer Arbeit" stellen Reflexionsfolien zur Verfügung, ohne unmittelbar handlungsanleitend zu sein, auch wenn Dewe/Otto explizit die Neubestimmung des Verhältnisses der Wissenschaft zur Praxis fordern und von der Praxis erwarten, sich nicht der „ökonomischen Rationalität" zu unterwerfen, sondern diesen Anforderungen, insbesondere durch ein Angebot stellvertretender, nichthierarchischer Deutungen eine „demokratische Rationalität" entgegenzusetzen. Die Theorien, die sich auf Luhmanns Systemtheorie beziehen, sind unterschiedlich einzuordnen. Merten und Bommes/

Scherr diskutieren, ob die Soziale Arbeit ein gesellschaftliches Funktionssystem mit eigener Leitdifferenz und Logik ist, Handlungsorientierung für die Praxis geben sie nicht. Kleves Theorie könnte man als Aufforderung für „anything goes" lesen. Ganz im Gegensatz dazu ist Staub-Bernasconis Theorie explizit mit normativen Handlungsaufforderungen versehen und wird auch von der Praxis so gelesen. Winklers Theoretisierung hingegen enthält sich explizit einer Handlungsorientierung. Seine Aufforderung zu Subjektorientierung, zu Diskursivität und Reflexivität richtet sich an die Disziplin.

Zwischenfazit: Die Handlungsfeldorientierung der zeitgenössischen Theorien ist schwach ausgeprägt, das liegt in der Natur der Sache. Dass die AdressatInnen nur selten und überwiegend indirekt in den Blick kommen, lässt auf die Selbstreferenzialität der sozialpädagogischen Theorieentwicklung schließen, die ebenfalls legitim ist. Gleichwohl kann man dieses Phänomen einordnen: positiv als Gegenbewegung zu einer Fixierung auf AdressatInnen und ihre – normativ bestimmten – Defizite, die deren gesellschaftliche Ursachen ebenso übersieht wie die vorhandenen Ressourcen; eher negativ als eine Schwachstelle der Theorieentwicklung, die bewirkt, dass die AdressatInnen als handelnde Subjekte unterbestimmt bleiben.

4.5 Zeitgenössische Theorien der Sozialen Arbeit in problemsoziologischer Perspektive

„Die Geschichte Sozialer Arbeit erscheint als Geschichte von Problemen. Soziale Arbeit reagierte mit ihrer Entstehung und in der weiteren Entwicklung bis zur Gegenwart auf problematische Sachverhalte, die jeweils eben erst entstanden oder aber erkannt (entdeckt, aufgedeckt) wurden, um sie einer Lösung zuzuführen oder, wo eine Lösung nicht möglich erscheint, sie zumindest zu mildern. Diese Lesart dominiert […] in Aufarbeitungen der Geschichte und der Zeitgeschichte Sozialer Arbeit" (Hammerschmidt et al. 2019, S. 9) sowie in ihren aktuellen Fachdiskursen.[110] Dewe und Otto (2010, S. 202 f.; vgl. Kap. 3.11) kritisieren, dass sich die Theorien Sozialer Arbeit auf die Reformierbarkeit der sozialpädagogischen Praxis und ihre gesellschaftlichen und sozialen Bedingungen konzentriert hätten, womit sie sich zugleich als normative Theorien einer bzw. für eine Praxis

110 Pars pro toto: Hamburger (2003, S. 17) unter Rekurs auf Böhnisch: *„(3) Als Theorie des Konflikts grenzt sich das Erkenntnisinteresse der Sozialpädagogik ein. Sie konzentriert sich auf die Differenzen, die zwischen dem individuellen Wollen und Können einerseits, dem sozialen Rahmen der Möglichkeiten und Grenzen andererseits bestehen. Weil individuelle Probleme in soziale Probleme integriert sind, richtet sich das sozialpädagogische Interesse auf die Differenz von Realität und fehlender Anerkennung dieser Realität, also auf soziale Probleme."*

verstünden. Deshalb könnten sie entweder nur die Begründungsprobleme des praktischen Handelns bspw. ideologiekritisch destruieren oder aber die Praxis technologisch als Anwendungsfall von Theorie verstehen. Wenn diese Kritik und auch die eingangs vorgestellte Einschätzung der Geschichtsschreibung und des Fachdiskurses Sozialer Arbeit zutreffen, dann sollte es möglich sein, so unsere Überlegung, die Theorien Sozialer Arbeit als Problemkonstruktionen zu rekonstruieren. Diesen Versuch haben wir unternommen. Es war, soviel pauschal vorab, ohne Weiteres möglich, alle in diesem Buch vorgestellten zeitgenössischen Theorien der Sozialen Arbeit als Problemkonstruktionen zu rekonstruieren. Die Ergebnisse in Form von tabellarischen Darstellungen (Auswertungsraster) der einzelnen Theorien als Problemkonstruktionen sind im Anhang dokumentiert.[111]

Vor den Erläuterungen dieser Ergebnisse erscheinen jedoch noch kurze Ausführungen zu der dabei eingenommenen problemsoziologischen Perspektive sowie zu der daraus abgeleiteten Methodologie und Methode erforderlich. Die Rede von einem „Problem" setzt eine gedankliche Operation voraus, die drei Elemente umfasst: a) es muss ein Sachverhalt benannt und auch b) als unerwünscht klassifiziert werden, was c) eine Norm voraussetzt, an der gemessen sich die Unerwünschtheit eines solchen Sachverhalts ergibt. Probleme sind somit immer Kategorisierungen und Bewertungen. Jedes denkende Individuum kann Sachverhalte in diesem Sinne problematisieren. Gesellschaftlich relevant werden Problematisierungen aber erst, wenn sie gesellschaftlich (an-)erkannt werden, dann gelten sie als soziale Probleme; das Adjektiv „sozial" in soziale Probleme verweist also nicht auf einen Ort der Problembearbeitung (etwa den Sozialsektor), sondern nur auf seine gesellschaftliche Anerkennung, um die jeweils zu ringen ist. Soziale Probleme sind mithin als Ergebnis gesellschaftlich erfolgreicher Problematisierungen (Problemarbeit) zu verstehen, d.h. als Problemanerkennung. Anerkannt ist ein Problem, wenn eine Problemlösung verankert wird. Das kann etwa durch die Schaffung gesetzlicher Regelungen, die Bereitstellung von Geldmitteln oder das Ergreifen weiterer Maßnahmen, wie die Gründung von Organisationen, Einstellung von Personal u.ä. geschehen. Durch die Verankerung von Problemlösungen werden Probleme aber nicht einfach

111 Insgesamt haben wir 17 Problemkonstruktionen erstellt, also mehr als anhand der Anzahl der Unterkapitel im dritten Hauptkapitel (14) erwartet werden könnte. Das liegt daran, dass wir neben der Theorie von Rössner auch die Alternativ-Konstruktion von Buer als Problemkonstruktion rekonstruieren konnten. Darüber hinaus ließen sich aus Khellas Argumentation zwei alternative Varianten einer Problemkonstruktion erstellen; eine, die an den gesellschaftlichen Sachverhalten ansetzt, die dann als Begründung zur Entstehung der Sozialen Arbeit führen sollte, und eine zweite, die zeitlich später ansetzt und die von der schon existierenden Sozialen Arbeit ausging. Bei Peters haben wir seine eigene Konstruktion rekonstruiert, möglich war aber auch, seine Rekonstruktion der Problemkonstruktionen der alten wie der neuen Sozialarbeit zu dokumentieren, was wir in einer Tabelle zusammenfasst haben.

gelöst, sie werden vielmehr zumindest erst einmal „verfestigt". In einer solchen problemsoziologischen Perspektive lässt sich Soziale Arbeit als Problemlösung verstehen, mithin als Ergebnis einer erfolgreichen Problematisierung.

Die empirische problemsoziologische Forschung hat sich eingehend mit „Problemkarrieren", also mit der Entwicklung von erstmaligen Problematisierungen von Sachverhalten bis hin zu ihrer gesellschaftlichen Anerkennung oder aber ihrem Scheitern beschäftigt. Der Weg von einem Problem zu einem sozialen Problem, so wird darin deutlich, ist durchaus voraussetzungsvoll und meist auch lang. Ein zentrales Erfordernis für eine erfolgreiche Problematisierung ist eine umfassende Problemkonstruktion, die etwa einen griffigen Problemnamen, eine überzeugende Problembeschreibung, Ursachenanalyse, eine Problemlösung und einiges mehr enthalten muss.[112] Trägt man alle Elemente einer solchen „vollständigen" Problemkonstruktion zusammen, dann lässt sich dies als Idealtyp für die Erfassung und Vermessung realer Problemkonstruktionen verwenden; in eine tabellarische Form gebracht, entsteht ein Auswertungsraster, dass es erlaubt bzw. erleichtert, verschiedene Problemkonstruktionen systematisch zu erfassen und zu vergleichen. Das haben wir zur Aufarbeitung der zeitgenössischen Theorien der Sozialen Arbeit getan. Denn: In problemsoziologischer Perspektive lässt sich Soziale Arbeit als Problemlösung verstehen, mithin als Ergebnis einer erfolgreichen Problematisierung. Und dementsprechend war zu erwarten, dass sich in diesen Theorien auch weitere Elemente von Problemkonstruktionen finden lassen. Das nachstehende Auswertungsraster haben wir bei unserer Rekonstruktion zugrunde gelegt.[113]

112 Als Voraussetzungen für die Anerkennung eines Sachverhalts als Problem wurden von Schetsche (2000; 2008, S. 48 ff.) und Loseke (2010, S. 6 f.) herausgearbeitet, dass: a) ein Sachverhalt als „schlecht" bewertet wird, was b) eine als verbindlich geltende Norm erfordert, und c) eine als nicht hinnehmbar groß charakterisierte Differenz zwischen dieser Norm und dem Sachverhalt besteht, wobei davon ausgegangen werden muss, dass d) der Sachverhalt durch soziales Handeln verändert (verbessert) werden kann und e) auch soll, was regelmäßig nur erfolgt, wenn f) eine größere Zahl von Personen davon betroffen ist.

113 Von den ursprünglich 19 Kategorien unseres Auswertungsrasters haben wir nur zehn in diesem Buch dokumentiert. So ist über die im Haupttext schon angeführten Kategorien auch die „Abgrenzung gegenüber alternativen, nicht sozialarbeiterischen Problemkonstruktionen" entfallen. Die „Problemfolgen", sofern die Theorien diese gesondert anführen, haben wir mit der Problembeschreibung zusammengefasst. Ebenfalls zusammengefasst haben wir „Grundsätzliches zur Sozialen Arbeit, soweit es nicht in die Hauptkategorien passt" mit der Residualkategorie „Sonstiges". Bei anderen, nicht dokumentierten Kategorien, handelte es sich nicht um Kernelemente von Problemkonstruktionen, sondern um ergänzende Informationen, etwa zur zeitlichen Verortung oder über die AutorInnen. Bei wieder anderen handelte es sich um Dimensionen, die schon in den Steckbriefen zu den Einzeldarstellungen der Theorien enthalten sind, wie etwa die disziplinären Bezüge. Damit geben die Auswertungsraster zu den Theorien ein weniger vollständiges Bild (inkl. der aussagekräftigen „Leerstellen"), als es bei einer solchen problemsoziologischen Ausarbeitung möglich wäre.

Auswertungsraster

1.	Problem (Name)
2.	Problembeschreibung
3.	Problembetroffene
4.	Problemursache(-n)
5.	Problemlösung
6.	Beschreibung der Problemlösung
7.	Wirkung der Problemlösung
8.	Sekundäre Probleme
9.	Problemlösung für sekundäre Probleme
10.	Sonstiges

Zwar ist, wie schon erwähnt, mit der Institutionalisierung einer Problemlösung ein Problem zunächst einmal verfestigt, aber Garantien für eine dauerhafte Aufrechterhaltung des Problems – und damit der Problemlösungsinstitutionen – gibt es nicht. (Neu-)Verhandlungen darüber, ob ein Sachverhalt (immer noch) als ein soziales Problem anzusehen ist oder nicht, und wenn ja, ob nicht alternative Problemlösungen[114] geeigneter seien, können permanent erfolgen. Probleme müssen mithin, um aufrechterhalten zu werden, auch diskursiv bestätigt, fortgeschrieben und auch häufig aktualisiert werden (ausführlich zu all dem: Hammerschmidt et al. 2019, S. 15–32). Das leisten, neben den breiteren aktuellen Fachdiskursen über Soziale Arbeit, auch die zeitgenössischen Theorien Sozialer Arbeit.

Nun zu den Befunden unseres solchermaßen angelegten Vergleichs (vgl. auch die Tabellen im Anhang). Bei allen zeitgenössischen Theorien werden Problemnamen und Problemursachen (Ausnahme: Rössner) benannt, finden sich Problembeschreibungen und werden Problemlösungen jeweils mehr oder weniger ausführlich angeführt; dies alles gilt in problemsoziologischer Perspektive als unverzichtbar. In der nachstehenden Überblickstabelle (Tabelle 6) haben wir die angeführten Elemente der Problemkonstruktionen synoptisch gegenübergestellt; auf diese Tabelle beziehen sich die folgenden Erläuterungen über die Gemeinsamkeiten und Unterschiede der zeitgenössischen Theorien in problemsoziologischer Perspektive.

114 Ein und derselbe Sachverhalt kann als Problem konstruiert werden, das durch Soziale Arbeit gelöst wird, dann wäre es ein sozialarbeiterisches/sozialpädagogisches Problem, denn die Problemlösung bestimmt den „Charakter" eines Problems. Denkbar wären aber auch kriminologische, medizinische, psychiatrische oder auch theologische Problemkonstruktionen, dann fiele die Problemlösung in den Bereich der genannten Disziplinen und Professionen (vgl. Hammerschmidt et al. 2019, S. 11).

Problemnamen. Die Problemnamen sind so vielfältig und unterschiedlich wie die Kernbestimmungen Sozialer Arbeit der Theorien; hier zeigt sich ein enges Korrespondenzverhältnis. Das Spektrum reicht von sehr knappen, allgemeinen bzw. abstrakten und teilweise auch „unspezifischen" Problemnamen (z. B. Soziale Probleme/Armut bei Staub-Bernasconi oder, schon spezifischer, Soziale Frage bei Mollenhauer oder Ambivalenz der Moderne bei Kleve) bis hin zu ganzen Sätzen, die entweder eine konkrete und vollständige Feststellung (Blanke/Sachße) oder eine Fragestellung (Dewe/Otto, Schaarschuch) formulieren. Einige Problemnamen sind so konkret, dass mit ihnen schon deutlich wird, in welcher/welchen Gesellschaft(-en) die angeführten Probleme zu verorten sind (Hollstein, Blanke/Sachße, Bommes/Scherr und etwas diffuser bei Kleve), womit dann auch schon ein Vorschein auf die Problembeschreibung gegeben wird, andere sind so abstrakt (Rössner), dass dies nicht möglich ist.

Problemursachen. Die Ursache(-n) für die Probleme, die Soziale Arbeit bearbeitet, verorten die meisten Theorien in der bürgerlichen Gesellschaft, auch wenn sie für diese unterschiedliche Bezeichnungen wählen (industrielle Gesellschaft, kapitalistische Lohnarbeitsgesellschaft, kapitalistische Klassengesellschaft, industrielle Moderne, bürgerlich-kapitalistische Gesellschaft, funktional differenzierte Gesellschaft). Auch in der frühen Theoretisierung von Staub-Bernasconi (1986) wurde auf „Industrialisierung" als Problemursache verwiesen. Mit ihrer späteren Hinwendung zum systemischen Paradigma verzichtete sie auf diesen Verweis und führt seitdem die Nicht-Verfügbarkeit von Mitteln der Bedürfnisbefriedigung infolge von Ausstattungs-, Austausch-, Macht- oder Kriterienproblemen an, womit sie auch auf eine Eingrenzung und Konkretisierung verzichtete. Besonders bemerkenswert sind die Bestimmungen der Problemursache bei Rössner und Peters. Rössner, in der Perspektive des kritischen Rationalismus theoretisierend, verzichtet schlichtweg auf die Benennung von Problemursachen, sie bleiben eine Blackbox. Peters dagegen gelangt mit seiner auf sozialkonstruktivistische Grundüberlegungen aufbauenden Analyse zu dem Ergebnis, dass steigender Wohlstand – und nicht etwa steigende Not oder zunehmende Probleme –, der zu einem Funktionsverlust der Sozialen Arbeit geführt habe, die Ursache für die (Problem-)Konstruktionen der neuen Fürsorge/Sozialen Arbeit seien. In Peters Analyse der Problemursache geraten neben den gesellschaftlichen Entwicklungen auch die Organisationen der Sozialen Arbeit als Akteure, genauer: als Problemkonstrukteure in den Blick. Ähnlich ist das bei Dewe/Otto und Schaarschuch; diese beiden stark auf die Disziplin und die Profession bezogenen Theoretisierungen thematisieren durchaus die Einbettung der Sozialen Arbeit in der bürgerlichen Gesellschaft und ihre aktuelle (sozial-)politische Ausgestaltung, fokussieren dann aber als Reflexionstheorien auf die Disziplin bzw. die Profession als Ursache für die von ihnen ausgemachten Probleme (fehlender theoretischer und wissenschaftslogischer Fokus der Disziplin bei Dewe/Otto und Orientierung der Sozialen Arbeit an überkommenen Normalitätsvorstellungen bei Schaarschuch). Anders als Dewe/Otto und Schaarschuch verzichten Khella und (weniger ausgeprägt) auch Bossong in ihren Ursachenanalysen auf eine eingehende Beschäftigung mit der Disziplin Sozialer Arbeit, aber auch sie sehen in der Sozialen Arbeit selbst ein Problem – zumindest in ihrer konkreten Ausgestaltung, was weiter unten noch unter dem Aspekt der sekundären Probleme ausgeführt wird. Die Betrachtung, Beschreibung und Analyse sozialarbeiterischer Praxis fallen dabei überwiegend abstrakt oder allgemein aus. Anders ist das nur bei Dewe/Otto und Schaarschuch, die ihre Theorie durch eigene empirische Erhebungen (Professionsforschung) fundieren und absichern.

Problembeschreibungen. Ein auffallender Befund bei der Rekonstruktion einiger Theorien war, dass eine Abgrenzung und Unterscheidung der Problembeschreibungen von den Problemursachen sehr schwierig bzw. kaum möglich ist, weil sie in den Darlegungen amalgamieren. Das gilt für Mollenhauer, Buer, Khella, Bommes/Scherr, Kleve sowie spätere Ausführungen von Staub-Bernasconi, aber nicht für Peters, Böhnisch und frühere Äußerungen von Staub-Bernasconi (Dissertation 1986). Offenbar legten die zuerst genannten TheoretikerInnen weniger Wert auf eine eingehende Analyse der Problemursachen oder zumindest auf deren eingehende Darstellung; meist reichten ihnen Verweise auf „gängige Vorstellungen" oder geteilte Wissensbestände über Geschichte/Gesellschaft (Mollenhauer verweist auf die Soziale Frage usw.) oder die Benennung von Gesellschaftstheorien (Buer, Hollstein, Khella und Blanke/Sachße verweisen auf Marx, Böhnisch auf Durkheim, Bommes/Scherr auf Luhmanns Systemtheorie), Sozialtheorien und/oder Zeitdiagnosen[115] (Bossong verweist auf Jürgen Habermas, Böhnisch auf Ulrich Beck), auf die sie sich mehr oder weniger stark stützten. Dass sich ansonsten die Problembeschreibungen der Theorien deutlich unterscheiden, ist kaum erwähnenswert. Erwähnenswerter ist da schon der Charakter dieser Beschreibungen. Mollenhauers Problembeschreibung hat den Charakter der Plausibilisierung eines Problems, wie wir sie ansonsten häufig bei den klassischen Theorien der Sozialen Arbeit finden. Rössner begnügt sich mit einer einfachen Behauptung (der kaum zu widersprechen ist). Alle übrigen Problembeschreibungen haben den Charakter von Analysen, was zumindest zum Teil die angeführte Schwierigkeit der Abgrenzung von Problemursachen und -beschreibungen erklären mag. Stehen die Analysen bei Peters, Blanke/Sachße und Böhnisch gewissermaßen für sich, so sind sie bei Winkler, Bommes/Scherr und Bossong stark in grundlegende theoretische Bezüge eingebettet. Hollstein

115 Zur Verwendung und Bedeutung von Zeitdiagnosen in und für Theoretisierungen der Sozialen Arbeit siehe die erhellenden Ausführungen von Dollinger (2008b), der ausführt, warum „die Sozialpädagogik hochgradig zeitdiagnostisch geprägt ist" (ebd., S. 34), sowie auch die ähnlich gelagerte überaus gelungene Analyse von Hünersdorf (2019, insbes., S. 283–290). Allerdings schlägt sich das sehr viel stärker in jeweils aktuellen Fachdiskussionen und bereichsspezifischen Theoretisierungen, als in den hier in Rede stehenden (vollständigen) Theorien *der* Sozialen Arbeit nieder.

und Staub-Bernasconi gehen im Unterschied dazu von Theoretisierungen aus, von denen sie ihre Problembeschreibungen ableiten, während Dewe/Otto und Schaarschuch die Analyse von Problemen der Disziplin bzw. Praxis Sozialer Arbeit als Problembeschreibungen anlegen.

Problemlösungen. Die Problemlösungen der zeitgenössischen Theorien sind so unterschiedlich wie die jeweiligen Problemnamen und -beschreibungen. Bemerkenswert ist dies nur im Zusammenhang damit, dass bei den meisten Theorien die angeführten Problemlösungen als in der sozialen Praxis verankert gelten; die Aussagen zu den Problemlösungen gelten also als Tatsachenbehauptungen. Diese Theorien – von Mollenhauer, Peters, Rössner, Buer, Hollstein, Blanke/Sachße, Böhnisch, Winkler und Kleve – bieten also mit ihren Problemlösungen unterschiedliche Charakterisierungen der Sozialen Arbeit, wie sie tatsächlich sei. Damit beschreiben sie denselben Ausschnitt gesellschaftlicher Wirklichkeit unterschiedlich. Dabei sind die Unterschiede bei näherer Betrachtung nicht ganz so groß, wie sie zunächst erscheinen mögen. Teilweise bestehen die Unterschiede bei den Problemlösungen lediglich in der Wortwahl. Ob das, was Soziale Arbeit mit ihrem Handeln leistet, mit tertiärer Erziehung (Rössner) oder Resozialisation (Buer) benannt wird, dürfte kaum relevant sein. Teilweise resultieren die Differenzen aus den unterschiedlichen Anliegen der Theorien. Geht es etwa Rössner und Buer darum, das, was die Praxis Sozialer Arbeit tut, auf einen Oberbegriff zu bringen, ist es Hollstein um eine Funktionsbestimmung zu tun. Dabei widerspricht die Funktionsbestimmung „Herrschaftssicherung“ nicht der Feststellung, dass Soziale Arbeit tertiäre Erziehung oder Resozialisation bewerkstellige; das schließt Hollstein ja explizit nicht aus. Weitere Unterschiede folgen aus den jeweiligen Blickweiten bzw. Betrachtungsebenen der Theorien. So liegt etwa der Betrachtungsschwerpunkt bei den AdressatInnen (Rössner, Winkler), der Profession und/oder der Disziplin (Dewe/Otto, Schaarschuch, Staub-Bernasconi), den Organisationen Sozialer Arbeit (Peters) oder bei der Gesellschaft (Hollstein, Blanke/Sachße, Bommes/Scherr). Unterschiedliche Antworten in Form von Problemlösungen, die auf unterschiedlichen Ebenen angesiedelt sind, müssen sich also nicht notwendigerweise ausschließen; ob sie es dennoch tun, kann erst unter Berücksichtigung der jeweiligen Problembeschreibungen und Ursachenanalysen sowie der Theorieperspektiven, die sich wechselseitig ausschließen können, entschieden werden. Neben den Problemlösungen, die in den Theorien als Tatsachenbehauptungen angelegt sind, finden sich in den zeitgenössischen Theorien auch Problemlösungen als Sollens-Forderungen. Nach Khella soll Soziale Arbeit als „Sozialarbeit von unten“ und damit als revolutionäre Praxis angelegt werden, nach Staub-Bernasconi soll sie den Menschenrechten zur Durchsetzung verhelfen, nach Schaarschuch soll den NutzerInnen Sozialer Arbeit der Primat eingeräumt werden und nach Bossong, der konstatieren muss, dass Soziale Arbeit nicht anders kann, als die Lebenswelt ihrer AdressatInnen zu kolonialisieren, soll diese Kolonialisierung „freundlich“ erfolgen. Die damit angeführten Unterschiede bewegen sich als normative Elemente auf derselben Ebene, wo diese sich widersprechen bestehen Unvereinbarkeiten. Aus Khellas Perspektive einer revolutionären Praxis muss Staub-Bernasconi, Schaarschuch und Bossong widersprochen werden. Bossong muss aus seiner Perspektive den drei Genannten Realitätsuntüchtigkeit vorwerfen. Und Staub-Bernasconi muss aus ihrer Menschenrechtsposition heraus das nicht-bürgerliche Anliegen Khellas und Bossongs Problemlösung, die aus seiner ernüchternden Analyse folgt, zurückweisen. Daneben enthält noch die Problemlösung von Dewe/Otto ein normatives Element. Aber das adressiert zuvörderst die Disziplin Sozialer Arbeit, die reflektiert mit der unaufhebbaren Theorie-Praxis-Differenz produktiv umgehen solle.

Der in problemsoziologischer Perspektive interessanteste Befund der solcherart vorgenommenen Aufarbeitung der zeitgenössischen Theorien der Sozialen Arbeit zeigt sich als „weiße Stellen" im Auswertungsraster, die sich als Leerstellen der Argumentation – gemessen am Idealtypus einer vollständigen Problemkonstruktion – interpretieren lassen. Keine der Theorien umfasste Kosten-Nutzen-Erwägungen. Die Gründe dafür mögen wohl darin liegen, dass die Soziale Arbeit zum Zeitpunkt ihrer Formulierungen schon lange gesellschaftliche Anerkennung erfahren hatte – was sie auch von den klassischen Theorien Sozialer Arbeit unterscheidet – und dass die zeitgenössischen Theorien mehr an die Profession und Disziplin Sozialer Arbeit selbst gerichtet sind, als etwa an die allgemeine Öffentlichkeit oder Entscheidungsträger in Verwaltung und Politik. Aus Platzgründen haben wir in den Tabellen diese Kategorie nicht dokumentiert. Ebenso sind wir mit zwei weiteren Kategorien verfahren, dem Wertebezug sowie dem Menschen- und Gesellschaftsbild der Theorien. Zwar finden sich bei einigen Theorien explizit Wertebezüge, doch bleiben diese dann auch häufig trotz des teilweise Schlagwortartigen blass gezeichnet. Hier erbrachte unsere problemsoziologische Rekonstruktion keine Ergebnisse, die über das im vorstehenden Kapitel (4.3) Ausgeführte hinausgehen. Die Menschenbilder, die den Theorien zugrunde liegen, werden nicht explizit, sie schimmern allenfalls auf und sind schwer dingfest zu machen. Greifbarer wird bei einigen Theorien das Gesellschaftsbild, doch dies korrespondiert sehr stark mit den jeweiligen gesellschaftstheoretischen Bezügen der Theorien, die schon Gegenstand der Aufarbeitung der Einzeltheorien im dritten Kapitel waren, so dass hier auf Weiteres verzichtet werden kann. Auffallende Leerstellen zeigen sich auch bezüglich der (intendierten) Wirkungen der Problemlösungen. Keine, jedenfalls keine expliziten Aussagen dazu treffen Mollenhauer, Winkler, Staub-Bernasconi, Bommes/Scherr, Dewe/Otto, Schaarschuch und Kleve und damit etwa die Hälfte der zeitgenössischen Theorien. Die Ausführungen der übrigen Theoretiker über die Wirkung der Problemlösung Soziale Arbeit sind überwiegend deduziert (Rössner, Buer, Hollstein, Khella, Böhnisch und Bossong) und benennen Dinge, die Soziale Arbeit kann (Rössner, Hollstein, Böhnisch, Bossong) bzw. nicht kann (Khella, Böhnisch, Bossong).

Sekundäre Probleme. Ertragreichere Befunde ergeben sich bei einem Blick auf die sekundären Probleme, den Problemen also, die aus der Sozialen Arbeit selbst, zumindest ihrer als gegeben angesehenen konkreten Ausgestaltung, resultieren. Diesbezüglich lassen sich die zeitgenössischen Theorien der Sozialen Arbeit in zwei etwa gleich große Gruppen einteilen. Solche, die keine sekundären Probleme anführen, und solche, die das tun. Keine Thematisierung von sekundären Problemen und damit keine Problematisierung sozialarbeiterischer Praxis finden sich in den Theorien von Mollenhauer, Peters, Rössner, Hollstein, Böhnisch, Staub-Bernasconi und Kleve. Anders sieht das aus bei Buer, Khella, Blanke/Sachße, Winkler, Bommes/Scherr Dewe/Otto, Schaarschuch und Bossong. Damit stellt sich die Frage, warum das bei den einzelnen Theorien so ist, und weiter, welche Gemeinsamkeiten die Theorien der beiden Gruppen haben und worin sich die beiden Gruppen unterscheiden.

Geht man von der Feststellung von Dewe und Otto (2010, S. 203) aus, der zufolge sich sozialpädagogische Theorieangebote ihrem Untersuchungsfeld nicht in analytischer und reflexiver Perspektive nähern könnten, solange sie sich als normative Theorien einer bzw. für eine Praxis verstünden, dann könnte vermutet werden, dass es eben jenes Theorieverständnis sei, dass einer Analyse der tatsächlichen sozialarbeiterischen Praxis entgegenstünde. Dem ist aber offenbar nicht so. Peters, Rössner und Hollstein, die keine sekundären Probleme anführen, legten keine normativen Theorien vor. Und in der anderen Gruppe finden sich Khella, Winkler, Dewe/Otto und Schaarschuch, die sekundäre Probleme anführen, ohne auf normative Vorstellungen zu verzichten. Normative Orientierungen bei der Theoretisierung Sozialer Arbeit schließen kritische Perspektiven nicht per se aus, auch nicht im Hinblick auf die jeweils gegebene sozialarbeiterische Praxis. Gleichwohl verweisen die Leerstellen einer Reihe der zeitgenössischen Theorien auch auf eine gewisse Scheu, die womöglich daraus resultiert, dass sie sich nicht (nur) um die Erklärung der Sozialen Arbeit, sondern auch um ihre Legitimation bemühen. Sie werden damit allzu leicht zu Legitimationstheorien, bei denen „normative Überschüsse“ zu analytischen Defiziten führen. Vom Handlungsdruck der Legitimationsbeschaffung entlastete schonungslos-nüchterne Analysen sozialarbeiterischer Praxis mögen den PraktikerInnen unpraktisch oder gar störend erscheinen, doch letztlich sind sie „nützlicher“, und das möglicherweise nicht nur für die Wissenschaft.

Zwischenfazit: In problemsoziologischer Perspektive lässt sich Soziale Arbeit als Problemlösung verstehen, die aufgrund gesellschaftlich erfolgreicher Problematisierung institutionalisiert werden konnte. Die hier untersuchten zeitgenössischen Theorien der Sozialen Arbeit ließen sich allesamt als Problemkonstruktionen rekonstruieren. Bei allen Unterschieden verfügen diese Problemkonstruktionen – zwangsläufig, sonst wären es keine Theorien der Sozialen Arbeit – über eine fundamentale Gemeinsamkeit, nämlich dass die

Lösung für die mehr oder weniger ausgefeilt dargestellten soziale Probleme die Soziale Arbeit (gleich mit welchem Wort diese belegt wird) ist. Die Problemlösung Soziale Arbeit wird dabei – mit der Ausnahme Hollstein – von allen zeitgenössischen Theorien der Sozialen Arbeit ganz überwiegend explizit, affirmiert – zumindest in der gesollten und als möglich betrachteten konkreten Ausgestaltung –, womit sie sich grundsätzlich auch zur Legitimation sozialarbeiterischer/sozialpädagogischer Praxis eignen. Ein besonderer Reiz für die Disziplin wie Profession liegt dabei darin, dass die meisten Theorien zugleich so angelegt sind, dass sie Sozialer Arbeit nicht nur grundsätzlich Legitimation zu verschaffen vermögen, sondern zugleich auch als legitime Basis für eine (immanente) Kritik bestimmter Praxen taugen.

4.6 Schlussbetrachtung

Franz Hamburger (2014, S. 14) stellt fest, dass die sozialpädagogische Theorie „aus sehr verschiedenen kognitiven Traditionen heraus Stand und Entwicklung der gesellschaftlichen Tatsache des Sozialen" reflektiert. Damit ist bei allen Unterschieden zwischen den Theorien eine erste entscheidende Gemeinsamkeit markiert. Alle Theorien beziehen sich auf die bürgerliche Gesellschaft und die von ihr hervorgebrachte Soziale Frage. Es liegt auf der Hand, dass dabei die Sozialpolitik als Antwort darauf eher die Rahmung bildet, während die Soziale Arbeit als (sozialpädagogische Teil-)Antwort im Fokus steht. Es ist insofern logisch, dass es eine zweite fundamentale Gemeinsamkeit aller Theorien gibt: Alle fassen Soziale Arbeit als institutionalisierte Lösung für soziale Probleme auf. Da die moderne Soziale Arbeit auf die bürgerliche Gesellschaft bezogen ist, setzen sich alle zeitgenössischen Theorien bei ihrer Analyse der sozialen Probleme, zu deren Lösung Soziale Arbeit beitragen kann, mehr oder weniger deutlich mit den Anforderungen der Lohnarbeitsgesellschaft unter kapitalistischen Marktbedingungen und den damit einhergehenden Normalitätserwartungen auseinander. Auch diese dritte Gemeinsamkeit besteht ungeachtet differierender Schwerpunkte und Begriffsbestimmungen, die insbesondere in der Kategorisierung und Benennung der AdressatInnen zum Ausdruck kommen. Als vierte Gemeinsamkeit sind die Formen der legitimierten und institutionalisierten Bearbeitung sozialer Probleme Bestandteil aller Theorien. Wie auch die Bestimmungen von „Normalität", Gefährdungen bzw. Risiken und Abweichungen unterliegen diese Bearbeitungsformen gesellschaftlichen Definitions- und Aushandlungsprozessen, die sich in den Schwerpunkten und zentralen Begriffen der einzelnen Theorien niederschlagen. Eine fünfte Gemeinsamkeit besteht darin, dass die Theorien mit den zeitgeschichtlichen, insbesondere (sozial-)politischen Dynamiken wie auch mit wissenschaftlichen Konjunkturen verwoben sind. Sie sind also zugleich immer Dokumente der Zeit ihrer Entstehung.

Je nachdem, welchen Bezugspunkt man zugrunde legt, weist jede der Theorien ihre spezifischen Stärken und Schwächen auf. Einen möglichen Bezugspunkt setzen die zeitgenössischen Theorien selbst, die sich mehr oder weniger explizit kritisch mit der Verfasstheit der Gesellschaft auseinandersetzen. Die Theorie von Khella geht darüber hinaus. Indem sie nicht nur Gesellschaft kritisiert, sondern explizit auch die Verstrickung Sozialer Arbeit in die Stabilisierung sozial ungleicher Verteilung von Teilhabe und Macht thematisiert, betreibt sie Kritische Wissenschaft. Als Forderung vertritt dies auch Winkler im Zuge der Aktualisierung seiner Theorie.

In der regen Theoriediskussion der letzten Jahre, die sich sowohl um die bereits ausformulierten zeitgenössischen Theorien als auch um interdisziplinäre Anknüpfungspunkte für die Weiterentwicklung der sozialpädagogischen Theorien drehte, lassen sich durchaus Elemente Kritischer Wissenschaft in diesem Sinne finden (vgl. Kap. 2.5). Noch blieben dabei einige naheliegende Verknüpfungen ungenutzt. Um dies an nur einem Beispiel zu verdeutlichen: Die Chancen und Restriktionen Sozialer Arbeit ließen sich etwa unter Rückgriff auf die Kritische Psychologie in der Tradition von Klaus Holzkamp differenziert diskutieren.[116]

Ähnlich wie es auch die TheoretikerInnen Sozialer Arbeit tun, geht Holzkamp (1993) davon aus, dass menschliche Handlungen und Befindlichkeiten weder bloß unmittelbar äußerlich bedingt noch Resultat bloß subjektiver Bedeutungsstiftungen sind. In dieser subjektiven Freiheit sieht Holzkamp die „doppelte Möglichkeit", sich zu arrangieren und die Bedingungen zu nutzen, und/oder Handlungsräume zu erweitern und Bedingungen zu ändern. Das Streben nach Handlungsfähigkeit durch ein Arrangement mit dem Gegebenen bezeichnet er als „restriktive" Alternative, die durch den eigenen Beitrag zur Reproduktion der Verhältnisse zur „Selbstfeindschaft" führen kann. „Lebensqualität" ist nach Holzkamp nicht allein durch aktuelle Absicherung und Befriedigung zu erreichen, sondern nur durch Verfügung über die Bedingungen, von denen die individuellen und kollektiven Lebens- und Entwicklungsmöglichkeiten abhängen. Doch auch diese Möglichkeit der Verfügungserweiterung sei nicht ohne Risiko: Das Streben nach einer solchen „verallgemeinerten Handlungsfähigkeit" könne nur insoweit begründet und funktional sein, wie das Individuum davon ausgehen kann, die dabei zu antizipierende Existenzgefährdung abzuwenden. Dazu bedürfe es des Zusammenschlusses mit anderen, einer überindividuellen Gegenmacht. Indem Holzkamp die für die Lebensqualität zentrale Bedeutung der gemeinschaftlichen Verfügungserweiterung – die in der Regel eben nicht Auftrag Sozialer Arbeit ist – herausstellt, macht er zum einen deutlicher als etwa

116 Der interdisziplinäre Bezug auf Holzkamp liegt nahe, da er sich – wie viele zeitgenössische TheoretikerInnen der Sozialen Arbeit und dies zum Teil auch im Kontext der Entwicklung ihrer Theorien – u. a. mit Lernprozessen befasste und als Klassiker der Kritischen Psychologie und Pädagogik nicht nur in der politischen Bildung, sondern auch in der Erwachsenenbildung eine große Rolle spielt.

Böhnischs Bewältigungstheorie, worin die überindividuelle Ambivalenz des „doppelten Mandats" liegt. Zum anderen erklären Holzkamps Überlegungen – zum möglichen Arrangement wie zum Risiko der Existenzgefährdung – den Eigensinn und ggf. den fehlenden Willen der AdressatInnen. Drittens schließlich könnte die Kategorie der „gemeinschaftlichen Verfügungserweiterung" dazu dienen, die „Bewältigungstheorie" gedanklich anschlussfähig zu machen an Khellas Entwurf einer „Sozialarbeit von unten", wonach die Soziale Arbeit gemeinsam mit den KlientInnen eben diese anstreben soll.

Vielfältige Ergänzungen und Verknüpfungen dieser Art könnten im Folgenden versucht und zur Diskussion gestellt werden. Dies systematisch zu tun, bleibt zukünftigen AutorInnen oder Theorien Sozialer Arbeit überlassen. Im besten Fall haben die LeserInnen dieser Einführung aber schon jetzt Lust, in diesem Sinne weiterzudenken.

Anhang

Tabellenverzeichnis

Problemkonstruktionen

Überblicke

Abkürzungen in den Tabellen

P Problem
PK Problemkonstruktion
PL Problemlösung
SP Sekundäres Problem

Tabellen

1. Problemkonstruktion: Soziale Arbeit/Sozialpädagogik als Theorie der Jugendhilfe

Problemname	**Soziale Frage/soziale Nöte (S. 311)**
P: Beschreibung	Höhere Anforderungen an Soziabilität des Menschen (S. 312)
P: Betroffene	Heranwachsende Generation, in erster Linie (S. 312, S. 315 ff.)
P: Ursache(-n)	Entstehung und Entwicklung der industriellen Gesellschaft führt zu sozialen Nöten/zur „Sozialen Frage“; geht einher mit höheren Anforderungen an Individuen und damit an das Erziehungswesen, denen von Familie und Schule bisher nicht entsprochen werden konnte.
Problemlösung	Jugendhilfe als neuer institutioneller Bereich des Erziehungswesens (neben Familie, Schule u. Berufsausbildung) mit einer Reihe neuer Einrichtungen, die den Sozialisationsprozess der heranwachsenden Generation sichern und fördern sollen (S. 312).
PL: Beschreibung	[Allg. bzw. grundsätzlich formuliert; d. Vf.]: Die Einrichtungen, Maßnahmen, Programme usw. der Jugendhilfe sind vielfältig und ausdifferenziert; gemeinsam ist ihnen die gleiche pädagogische Struktur [die sie von Schulpädagogik unterscheidet; d. Vf.]: 1. Konflikt ist Anlass; 2. subjektive Erfahrungs- und Schicksalslage des Einzelnen ist Gegenstand, 3. Struktur ist Beratung in beliebigen Formen.
PL: Wirkung	Nicht thematisiert
Sekundäre Probleme	Nicht thematisiert
SP: Lösung	
Sonstiges	Sozialpädagogik ist demnach: Theorie der (Praxis der) Jugendhilfe (S. 312). Mollenhauer 1988 [1964], S. 12: „Sozialpädagogik bezeichnet … denjenigen Bereich der Erziehungswirklichkeit, der im Zusammenhang mit der industriellen Entwicklung als ein System gesellschaftlicher Eingliederungshilfen notwendig geworden ist, sich erweitert und differenziert hat; Eingliederungshilfen, die gleichsam an den Konfliktstellen dieser Gesellschaft entstehen: im Wesentlichen das, was das Jugendwohlfahrtsgesetz ‚Jugendhilfe‘ nennt.“
Quellen	Schlüsseldokument: Mollenhauer 1998 [1966] Zusätzlich: Mollenhauer 1988 [1964]

2a. Problemkonstruktion: Soziale Arbeit als Instanz sozialer Kontrolle und Innovation (Konstruktion)

Problemname	**Funktions- und Legitimationsverlust der alten Fürsorge (Armenpflege)**
P: Beschreibung	Die alte Fürsorge legitimierte sich durch das Argument, politisch eine wichtige Funktion zu erfüllen: Die Abwendung der Gefährdung des Gemeinwesens. Sie wendete (a) materielle Not und (b) das damit einhergehende abweichende Verhalten dadurch ab, dass sie (a) materielle Mindestsicherungsleistungen gewährte bzw. vermittelte und (b) mit ihrem „defizitär ausgerichteten Handeln" abweichendes Verhalten der AdressatInnen bekämpfte und normalisierte – mit oder gegen deren Willen. Diese Legitimationsgrundlage erodierte um die Wende des 20. Jh. zunehmend.
P: Betroffene	Fürsorgeorganisationen
P: Ursache(-n)	Steigender Wohlstand, soziale Stabilität und (Leistungs-)Ausbau von vorgelagerten sozialen Sicherungssystemen wie die Sozialversicherung und die Sozialversorgung führten dazu, dass Fürsorge große Teile ihrer ursprünglichen Funktionen einbüßte. Damit droht Legitimationsverlust für die Fürsorgeorganisationen und SozialarbeiterInnen.
Problemlösung	„Moderne Fürsorge"/Sozialarbeit als Instanz sozialer Kontrolle und Innovation. Neue Legitimationsgrundlage: stete „Entdeckung" neuer (immaterieller) Nöte, auf die es mit neuen Maßnahmen der modernen Fürsorge (soziale Innovationen) im Interesse der Gesellschaft zu reagieren gelte. „Vorverlagerung" von Interventionen.
PL: Beschreibung	Maßnahmen für: 1. Leistungsadressaten [KlientInnen; d. Vf.]. Gegenstand weniger materielle Versorgung, mehr persönliche Hilfen, die vornehmlich auf „nicht-defizitäre" Zustände und Verhalten gerichtet sind. Ziel: „gewünschte Normalität" von Verhalten und Zuständen schaffen. Dabei Ausweitung der Adressatenkreise durch Aufspüren neuer sozialer Probleme bei gleichzeitigem Rückbau von repressiven Elementen und intentionaler Diskriminierung, stattdessen der Versuch, Personen zu konditionieren. 2. neu: „Werbeadressaten"/„Entscheider", die für Erhalt/Legitimation der Fürsorge wichtig sind
PL: Wirkung	Ausweitung von fürsorgerischen Problemen und der dabei erfassten Sachverhalte und Personen sowie „Vorverlagerungstendenz". Während die repressive Fürsorge den gesellschaftlichen Status quo konservierte, trägt die Vorverlagerungstendenz der modernen Fürsorge die Chance zu sozialer Innovation in sich (S. 116).
Sekundäre Probleme	Nicht thematisiert
SP: Lösung	
Sonstiges	In Fürsorgeliteratur (herkömmlichen Begründungen Sozialer Arbeit) typisches Argumentationsmuster: Fürsorgerisches Handeln wird als Antwort/Reaktion auf (gesellschaftliche) Herausforderungen („Challenge-Response-Schema") präsentiert (S. 10 ff.). Die Herausforderungen werden allgemein/diffus beschrieben. Die „als reaktiv aufgefassten fürsorgerischen Handlungen" dienten dem „Zweck", „Zustände und Verhaltensformen von Personen, die von einer gewünschten Normalität abweichen, an eine gewünschte Normalität anzugleichen" (S. 12). Dabei handele die Fürsorge auch im Interesse der HandlungsadressatInnen. Abgrenzung gegenüber diesen herkömmlichen „Legitimationstheorien", die (ausschließlich) von AdressatInnen ausgehen, dabei ein „Challenge-Response-Schema" zugrunde legen und zugleich das Agieren und die Eigeninteressen der Fürsorge an Selbsterhalt und „gewünschter Normalität" ausblenden.
Quelle	Schlüsseldokument: Peters 1968

2b. Problemkonstruktion: Soziale Arbeit als Instanz sozialer Kontrolle und Innovation (Re-Konstruktion der Problemkonstruktion der alten und neuen Fürsorge)

	alte PK der Fachliteratur	neue PK der Fachliteratur
Problemname	Gefährdung des Gemeinwesens durch 1. materielle Not, 2. abweichendes Verhalten (deshalb wird Fürsorgebedürftigkeit attestiert)	Fürsorgebedürftigkeit wegen 1. Überforderung der einzelnen durch fatale gesellschaftl. Verhältnisse. 2. raschem gesellschaftl. Wandel, der künftig Nöte hervorrufen könnte/wird
P: Beschreibung	[Geht nicht über 1. Problem hinaus; d. Vf.] 1. materielle Not, 2. abweichendes Verhalten, damit Gefährdung des Gemeinwesens	[Geht nicht über 1. Problem hinaus; d. Vf.] 1. Überforderung der Einzelnen durch fatale gesellschaftl. Verhältnisse, 2. rascher gesell. Wandel, könnte/wird künftig Nöte hervorrufen
P: Betroffene	Arme und Abweichende (z. B. Straffällige, Trinker, Vagabunden, Obdachlose)	1. Überforderte und in Not Geratende, 2. diejenigen, die in Not geraten könnten/würden
P: Ursache(-n)	„Gesellschaftlicher Wandel", „Struktur der modernen Gesellschaft"	1. fatale gesell. Verhältnisse, die immer komplizierter würden und Einzelne überforderten 2. rascher gesell. Wandel
Problemlösung	„Alte Fürsorge" (Armenpflege), die dem „Zweck" dient, „Zustände und Verhaltensformen von Personen, die von einer gewünschten Normalität abweichen, an eine gewünschte Normalität anzugleichen" (S. 12), was im Interesse der HandlungsadressatInnen liege	„Moderne Fürsorge" (Sozialarbeit), Wegfall der Funktion materieller Mindestsicherung (wg. Sozialversicherung und -versorgung), nunmehr neben verbleibenden Restaufgaben auch „vorbeugende Bekämpfung von Not"(S. 19)
PL: Beschreibung	1. Gewährung/Vermittlung materieller Mindestsicherung, 2. Bekämpfung von abweichendem Verhalten (Defiziten), Normalisierung; dies durch defizitär ausgerichtetes Handeln entweder a) repressiv, gegen den Willen oder b) restitutiv, mit dem Willen der AdressatInnen	Maßnahmen für: 1. „Leistungsadressaten" [KlientInnen; d. Vf.], Ziel nunmehr weniger materielle Versorgung, sondern persönliche Hilfe, Ziel: „nicht-defizitäre" Zustände und Verhalten, 2. „Werbeadressaten"/„Entscheider", die für Erhalt der Fürsorge wichtig sind, zwecks Legitimation der Fürsorge
PL: Wirkung	[Implizit] „gewisse extreme Erscheinungen der sozialen Differenziertheit so weit abzumildern, dass jene Struktur (der Gesellschaft, wie sie nun einmal besteht; d. Vf.) weiter auf dieser ruhen kann" (S. 54)	[Implizit] 1. Vermeidung von „Defiziten" 2. Sicherung von Legitimität

	alte PK der Fachliteratur	neue PK der Fachliteratur
Sekundäre Probleme	Nicht thematisiert	Nicht thematisiert
SP: Lösung		
Sonstiges	In Fürsorgeliteratur typisches Argumentationsmuster: Fürsorgerisches Handeln werde hier als Antwort/Reaktion auf (gesellschaftliche) Herausforderungen („Challenge-Response-Schema") präsentiert (S. 10ff.). Die Herausforderungen werden allgemein/diffus („Struktur der modernen Gesellschaft") beschrieben. Die vorliegende Literatur beschreibe die aus dem gesellschaftlichen Wandel resultierenden Nöte so, dass diese auf den Zustand oder das Verhalten der jeweiligen Personengruppe bezogen untersucht werden müssten, um die richtige fürsorgerische Antwort geben zu können. Die *„als reaktiv aufgefassten fürsorgerischen Handlungen"* dienten dem *„Zweck"*, *„Zustände und Verhaltensformen von Personen, die von einer gewünschten Normalität abweichen, an eine gewünschte Normalität anzugleichen"* (S. 12). Dabei handelt die Fürsorge, so die Unterstellung, auch im Interesse der HandlungsadressatInnen. Peters konstruiert kein „eigenes" Problem, sondern rekonstruiert die Problemkonstruktion(-en), wobei er zeitlich zwei Phasen unterscheidet: die „alte Fürsorge" (Armenpflege) und die „moderne Fürsorge" (Sozialarbeit).	
Quelle	Schlüsseldokument: Peters 1968	

3a. Problemkonstruktion: Soziale Arbeit als tertiäre Erziehung

Problemname	**Dissoziales Verhalten**
P: Beschreibung	Es gibt „dissoziales“ Verhalten, das außerhalb der Toleranzgrenzen der diagnostizierenden Gruppe liegt.
P: Betroffene	Dissozialisierte Menschen
P: Ursache(-n)	Nicht thematisiert
Problemlösung	Soziale Arbeit als tertiäre Erziehung: Durch prophylaktische oder korrigierende Maßnahmen soll das Verhalten von Individuen oder Gruppen „normalisiert“, d. h. so werden, dass es als „sozialisiertes“ diagnostiziert wird.
PL: Beschreibung	Die Sozialarbeits-Technologie hat die Aufgabe zu untersuchen, welche Bedingungen, Mittel und Verfahren geeignet sind, ein Individuum oder eine Gruppe aus einem nicht erwünschten Zustand in den erwünschten (normalisierten) Zustand zu überführen (1975a, S. 278).
PL: Wirkung	a) „Normalisierung“ eines Individuums durch 1. transitive Korrektur, d. h. Individuen übernehmen die Normen der diagnostizierenden Instanz; gleichfalls möglich: 2. intransitive Korrektur, d. h. a) die diagnostizierende Instanz übernimmt die Normen des (früher auffälligen) Individuums oder b) die Asymmetrietoleranz der Gruppe erhöht sich (1975a, S. 236 ff., S. 274 f.).
Sekundäre Probleme	Nicht thematisiert
SP: Lösung	
Sonstiges	Aus der Bestimmung der Sozialarbeit als tertiäre Erziehung folgt nicht, dass ausschließlich SozialarbeiterInnen diese leisten; die berufliche Rollenbündelung zeigt, dass auch andere Berufsgruppen wie beispielsweise LehrerInnen, ErzieherInnen und TherapeutInnen tertiäre Erziehung leisten. Der „institutionalisierte Sozialarbeiter“ scheint also nicht zuständig für die Details der tertiären Erziehung, sondern für deren Gesamtbereich (1977, S. 157 ff.). Der *„Sozialarbeiter“* ist zu definieren als *„Sozialdiagnostiker im Hinblick auf befürchtete oder festgestellte Dissozialität, tertiärer Berater sowie Planer und Koordinator (weiteren) tertiären Erziehens mit dem Ziel des Abbauens von Dissozialität und des Aufbauens einer sozialisierten Persönlichkeit“* (ebd., S. 162).
Quellen	Schlüsseldokument: Rössner 1971a Zusätzlich: Rössner 1975a, 1977

3b. Problemkonstruktion: Soziale Arbeit als Resozialisation (Buer in Abgrenzung zu Rössner, vgl. Kap. 3.3)

Problemname	**Dissozialisation**
P: Beschreibung	Es lassen sich fünf (A bis E) unterschiedene Dissozialisierungsprozesse beobachten, die jeweils unterschiedliche Ausgangspunkte haben. Der erste dieser Prozesse (A), der aus der „antagonistischen Grundstruktur des Kapitalismus" herzuleiten ist, ist dominant, weil er auch die anderen Dissozialisierungsprozesse überformt, etwa die, die vom sozialen Umfeld der Individuen, von bestimmten Staatsapparaten, aber eben auch von den Institutionen der Sozialen Arbeit ausgehen (S. 97–103). Diese Dissozialisierungsprozesse bewirkten nicht schon für sich Dissozialisation, sondern nur, wenn sie zu „Krisensituationen" für Individuen oder Gruppen führen. Krisenhaft ist eine Situation, wenn sie widersprüchliche Verhaltensanforderungen formuliert (S. 104).
P: Betroffene	(In erster Linie) Lohnabhängige und andere unterprivilegierte Gruppen
P: Ursache(-n)	Kapitalistische Lohnarbeitsgesellschaft mit ihrer antagonistischen Grundstruktur
Problemlösung	Soziale Arbeit als Resozialisation
PL: Beschreibung	Keine
PL: Wirkung	Kompensatorische Funktion, wenn Krisensituationen die Arbeitskraft dem Reproduktionsprozess des Kapitals entziehen könnten, und eine ideologische bzw. repressive Funktion, wenn Krisensituationen die herrschenden Verhältnisse in Frage stellen bzw. aktiv bekämpfen lassen (S. 147)
Sekundäre Probleme	Dissozialisierungsprozesse können auch von Institutionen der Sozialen Arbeit ausgehen (S. 143).
SP: Lösung	Nicht thematisiert
Sonstiges	
Quelle	Schlüsseldokument: Buer 1976

Problemname	**Reproduktions- und Legitimationsprobleme im Kapitalismus**
P: Beschreibung	Reproduktion der Arbeitskraft ist im Kapitalismus fragil. Die soziale Lage von Lohnabhängigen ist im Kapitalismus grundsätzlich durch Unsicherheit gekennzeichnet; die Möglichkeit der Deklassierung ist der Arbeiterexistenz immanent. Arbeitsschwierigkeiten, Entlassung, Krankheit, Schulden, steigende Mieten usw. und generell Raubbau an der Arbeitskraft können zu Verelendung führen. Degradierung und Elend im massenhaften Ausmaß jedoch gefährden das System politisch-legitimatorisch und ökonomisch (Arbeitskräftemangel), weshalb staatlicherseits gegengesteuert wird.
P: Betroffene	Potentiell alle Lohnabhängigen, jeweils aktuell: 1. Lohnabhängige, die aufgrund des sozio-psychischen Drucks, der alltäglich auf sie ausgeübt wird, in Problemsituationen geraten sind, welche sie nicht selbstständig lösen können, 2. die potentiell Arbeitsfähigen („industrielle Reservearmee", Arbeitslose), die es zu pflegen gilt, um sie bei Bedarf in den Arbeitsprozess zu reintegrieren, 3. diejenigen, die endgültig aus dem Produktionsprozess ausgeschieden sind und daher materiell unterstützt werden
P: Ursache(-n)	Grundwiderspruch zwischen Lohnarbeit und Kapital in der kapitalistischen Klassengesellschaft, der das System selbst gefährdet
Problemlösung	Sozialarbeit als Instrument der Herrschaftssicherung im Kapitalismus. Die sozio-ökonomisch beschränkten Lebensbedingungen der Lohnabhängigen erfordern Hilfeleistung des Staates, durch Sozialpolitik und Sozialarbeit (S. 188). Die ökonomische Funktion dieser Hilfeleistung besteht darin, die Reproduktion der Arbeitskraft im kapital-adäquaten Maßstab zu gewährleisten; die soziale Funktion ist, die Klassenunterschiede zu mildern; die politische Funktion ist, die gegebenen Machtverhältnisse durch Herstellung „sozialen Friedens" mittels Berücksichtigung von Bedürfnissen der Armen zu stabilisieren (S. 189).
PL: Beschreibung	Um ihre herrschaftsstabilisierende Funktion zu erfüllen, fungiert Sozialarbeit (S. 204) als: (1) Reproduktionsagentur, indem sie zur Erhaltung des Arbeitskraftpotenzials beiträgt; (2) Sozialisationsagentur, indem sie die gültigen Normen reproduziert und einzuhalten hilft sowie Wohlverhalten fördert; (3) Kompensationsagentur, indem sie individuell Mängel, Widersprüche und Ungerechtigkeiten ausgleicht und damit verdeckt; (4) Oppressionsagentur, indem sie die Gesellschaft vor den Folgen abweichenden Verhaltens schützt, dieses kontrolliert und diszipliniert; (5) Disziplinierungsagentur, indem sie u. a. die Klienten an die bestehenden Gesellschaftsstrukturen anpasst, abweichendes Verhalten als schlecht behandelt und Abweichende in Heimen oder Arbeitshäusern kaserniert (S. 205 ff.). Generell: Mixtum von Assistenz und Repression (im Unterschied zu Polizei und Justiz) (S. 191). Um die Individuen an die rechtlichen wie gesellschaftlichen Normen anzupassen, verzichtet die Sozialarbeit auf die groben Mittel physischen Zwangs und nutzt vielmehr subtilere, manipulative Mittel wie Überredung, Überzeugung und Bekehrung (S. 193 f.). Speziell: Die Hilfe trägt bisweilen Strafcharakter, wie beispielsweise gegenüber Obdachlosen und Bewohnern von Obdachlosensiedlungen (S. 198 f.), deren Wohnsituation bewusst so gestaltet wird, dass Leidensdruck entsteht. Das Bundessozialhilfegesetz umfasst Regelungen, bei denen Abschreckung und Strafe gegenüber einem Verständnis von Assistenz dominiert (S. 200).

Problemname	Reproduktions- und Legitimationsprobleme im Kapitalismus
PL: Wirkung	Befriedend und herrschaftsstabilisierend (Herrschaftssicherung) durch: (1) Erhaltung des Arbeitskraftpotenzials (Reproduktionsagentur), (2) Sozialisation, die gültige Normen reproduziert (Sozialisationsagentur), (3) Kompensation von Mängeln (Kompensationsagentur); (4) Schutz der Gesellschaft vor abweichendem Verhalten (Oppressionsagentur), (5) Disziplinierung, Anpassung der Klienten an Gesellschaft (Disziplinierungsagentur)
Sekundäre Probleme	Nicht thematisiert
SP: Lösung	
Sonstiges	Zurückweisung des dominanten Selbstverständnisses von Sozialer Arbeit als Hilfe für die KlientInnen; ebenso Zurückweisung einer Sozialarbeitskonzeption als „systemsprengende Kraft“
Quelle	Schlüsseldokument: Hollstein 1980

5a. Problemkonstruktion: Soziale Arbeit als revolutionäre Praxis (Ausgangspunkt: Gesellschaft)

Problemname	**„abweichendes" und „defizitäres" Verhalten**
P: Beschreibung	Die Gesellschaftsordnung legt Normen fest, die ihre Aufrechterhaltung und Erneuerung garantieren. Das, was nicht mit diesen Normen in Einklang steht, wird als „abweichendes Verhalten" und „defizitär" bezeichnet.
P: Betroffene	Potentiell alle Gesellschaftsmitglieder, insbesondere reguläre Lohnabhängige
P: Ursache(-n)	Nicht-Übereinstimmung von persönlichen und gesellschaftlichen Interessen in einem gegebenen Sozialsystem [d. Vf.: Kapitalismus]
Problemlösung	„Sozialarbeit von oben"; Sozialarbeit hat die Aufgabe, sozialabweichendes Verhalten und defizitäre Zustände zu beheben.
PL: Beschreibung	„Sozialarbeit von oben", orientiert sich (symptombehandelnd) an Defiziten und Randgruppen
PL: Wirkung	„Sozialarbeit von oben" kann mit ihrer Orientierung die Probleme weder beseitigen noch wesentlich lindern. Die Zahl der Randständigen wird nicht kleiner, sondern steigt trotz Sozialarbeit (vgl. sekundäre Probleme).
sekundäre Probleme	„Sozialarbeit von oben" kann mit ihrer Orientierung Probleme weder beseitigen noch wesentlich lindern. Denn die bearbeiteten Sozialen Probleme sind nicht – wie unterstellt – punktuelle Zufallserscheinungen, die punktuell behoben werden könnten, sondern gesellschaftlich bedingt (vgl. PL-Wirkung).
SP: Lösung	„Sozialarbeit von unten"/„fortschrittliche Sozialarbeit", die zunächst 1. Ursachen des sozialen Elends auf den Grund geht (diese liegen im Kapitalismus) und 2. „Sozialarbeit von unten"/„fortschrittliche Sozialarbeit" tatsächlich leistet. D. h. sie orientiert sich an den Zielen der Arbeiterbewegung und fördert die Rückgliederung des Klienten in den Klassenzusammenhang und damit Klassensolidarität.
Sonstiges	Der Sozialarbeiter soll keinen „isolierten sozialpädagogischen Kampf führen", sondern hat gemeinsam mit anderen Gruppen der Intelligenz den Emanzipationskampf zu unterstützen (z. B. durch die Beteiligung an Massenkämpfen) nicht aber diesen zu führen (S. 151). Kann auch keine substantielle Verbesserung der Lebensbedingungen im Kapitalismus erreicht werden, so soll Sozialarbeit doch für (mögliche) systemimmanente Verbesserungen kämpfen. Ihre Fortschrittlichkeit besteht aber nicht darin, vielmehr gilt: *„Sozialarbeit* [ist] *in dem Maß fortschrittlich, wie sie den Kampf gegen das System, das das soziale Elend produziert, den Kapitalismus, unterstützt"* (S. 158).
Quelle	Schlüsseldokument: Khella 1974

5b. Problemkonstruktion: Soziale Arbeit als revolutionäre Praxis (Ausgangspunkt: Soziale Arbeit)

Problemname	**„Sozialarbeit von oben"**
P: Beschreibung	„Sozialarbeit von oben" orientiert sich an Defiziten und Randgruppen und versucht, sozialabweichendes Verhalten und defizitäre Zustände zu beheben. Aber sie kann die sozialen Probleme weder beseitigen noch wesentlich lindern. Die Zahl der Randständigen wird nicht kleiner, sondern steigt trotz Sozialarbeit.
P: Betroffene	Klienten der Sozialen Arbeit und Sozialarbeit selbst
P: Ursache(n)	„Sozialarbeit von oben" bearbeitet die Sozialen Probleme punktuell, weil sie sie als punktuelle Zufallserscheinungen betrachtet, womit sie nur Symptome in den Blick bekommt, aber nicht die Ursachen des sozialen Elends. Deshalb besteht soziales Elend (sozialabweichendes Verhalten, defizitäre Zustände, Deklassierung usw.) weiter.
Problemlösung	„Sozialarbeit von unten"/„fortschrittliche Sozialarbeit", die zunächst 1. Ursachen des sozialen Elends auf den Grund geht (das ist der Kapitalismus) und 2. als „Sozialarbeit von unten"/„fortschrittliche Sozialarbeit" leistet. D. h. sie orientiert sich an den Zielen der Arbeiterbewegung und fördert die Rückgliederung des Klienten in den Klassenzusammenhang und damit Klassensolidarität.
PL: Beschreibung	1. Kampf um systemimmanente Verbesserungen; 2. Klienten in den ökonomischen, sozialen, gewerkschaftlichen, politischen und kulturellen Zusammenhang ihrer Klasse (wieder) eingliedern; 3. Sozialarbeiter organisieren sich selbst gewerkschaftlich; 4. sie unterstützen den Emanzipationskampf der Arbeiterklasse gemeinsam mit anderen Berufsgruppen (z. B. durch Beteiligung an Massenkämpfen), aber sie führen keinen „isolierten sozialpädagogischen Kampf"; 5. in der beruflichen Praxis selbst ist es wichtig, keine Methoden anzuwenden, die zur Entmündigung und Unterdrückung der Menschen und zur Verinnerlichung menschenfeindlicher Normen führen (S. 155).
PL: Wirkung	Verbesserungen, Reklassierung, Klassensolidarität, Aufdeckung der Ursachen sozialen Elends
Sekundäre Probleme	Disziplinierung von SozialarbeiterInnen, Berufsverbote
SP: Lösung	Nicht thematisiert
Sonstiges	1. Sozialarbeit kann nicht selbst Träger oder zumindest Sperrspitze einer revolutionären Bewegung sein. 2. Soziale Arbeit kann nicht nur als Herrschaftssicherung gedacht und praktiziert werden, sondern auch als „fortschrittlich". „Sozialarbeit [ist] in dem Maß fortschrittlich, wie sie den Kampf gegen das System, das soziales Elend produziert, den Kapitalismus, unterstützt." (S. 158).
Quelle	Schlüsseldokument: Khella 1974

Problemname	**Selbstregulation der bürgerlichen Gesellschaft funktioniert nicht**
P: Beschreibung	Die in den liberalen Rechtsstaatstheorien des 19. Jh. konzipierte Selbstregulation der bürgerlichen Gesellschaft bei Beschränkung der Staatstätigkeit auf Schaffung der Rahmenbedingungen für freie Konkurrenz wurde in Deutschland nie Wirklichkeit. Eine rein marktliche Reproduktion sicherte nicht die minimalen Lebensbedürfnisse aller Individuen; das gilt für die rein materiellen Bedürfnisse wie auch für Bildungs- und Erziehungsaufgaben.
P: Betroffene	Grundsätzlich: Lohnabhängige mit ihren Familien; jeweils aktuell: diejenigen, bei denen die private Reproduktion mittels Tauschakten scheitert und die dadurch in ihrer Existenz bedroht sind
P: Ursache(-n)	[Implizit] Die liberalen Rechtsstaatstheorien des 19. Jh. und das Selbstverständnis der bürgerlichen Gesellschaft erwiesen sich als nicht realitätstüchtig.
Problemlösung	(Zunehmende) staatliche Eingriffe in die Regulation der Gesellschaft: a) Mindestsicherung (Armenfürsorge/Fürsorge als Verbindung von materieller Unterstützung mit pädagogischer Einflußnahme), später vorgelagerte Systeme (Sozialversicherung und -versorgung), womit die (verbleibende) Fürsorge zum „Lückenfüller“ wurde; allerdings nur für den materiellen Teil, wegen und mit ihrem pädagogischen, sozialisierenden Element konnte Sozialarbeit trotz Bedeutungsverlustes des Materiellen eine enorme Ausweitung erfahren, die inzwischen so weit geht, dass damit die „Durchschnittsarbeitskräfte“ (nicht mehr bloß „Randgruppen“) erfasst werden. b) Eingriffe ins Austauschverhältnis von Lohnarbeit und Kapital (z. B. Verbot von Kinderarbeit). c) Übernahme von Bildungs- und Erziehungsaufgaben (Schule und öffentliche Erziehung)
PL: Beschreibung	Zunächst eher „insuläre“ Interventionen, die dann im Laufe der Geschichte immer umfassender wurden, wobei die anfangs gesonderten PL-Bereiche Sozialarbeit, Bildung, Qualifikation und Sozialisation sich annäherten, so dass sich die Grenzen zwischen ihnen verwischten.
PL: Wirkung	Zunehmende „Vergesellschaftung der Sozialisation“ und eine Tendenz zur „umfassenden Pädagogisierung der Gesellschaft“ (S. 419).

Problemname	Selbstregulation der bürgerlichen Gesellschaft funktioniert nicht
Sekundäre Probleme	Mit der zunehmend staatlichen Absicherung der Risiken der privaten Reproduktion wird diese immer weniger privat. Diese Entprivatisierung führt zum Abbau der Illusion von Autonomie, Subjektivität und Freiheit, die der Äquivalententausch hervorbringt. Das Individuum entwickelt sich vom privatautonomen Rechtssubjekt zum Empfangsberechtigten staatlicher Leistungen.
SP: Lösung	Sozialisation (und Bildung), um Individuen ein Bewegen in diesen (sozial-staatl.) Verkehrsformen zu ermöglichen. Dilemma: Letztere erfordern kollektive Handlungsmuster, die im Spannungsverhältnis zu den primär gewollten privaten (tauschförmigen, individuellen) stehen. „Langsichtiges" Verhalten mit der Verlagerung äußerer Kontrolle in Selbstkontrolle als Internalisierung gesellschaftlicher Zwänge zwecks Herausbildung einer entsprechenden Ich-Identität zu schaffen ist für bürgerl. Gesellschaft erforderlich aber fragil, zumal beim Nachwuchs der Lohnabhängigen, weil sie nicht Nutznießer dieser Sozialisation sind; die bürgerl. Gesell. kann ihre Verheißungen für sie nicht erfüllen, was zusammen mit der Widersprüchlichkeit der Anforderungen Ansatz möglicher gesell. Emanzipation sein kann (S. 426–429).
Sonstiges	Abgrenzung: Zurückweisung des traditionellen Selbstverständnisses der Sozialen Arbeit als Hilfe und „Liebesdienst" für den notleidenden Nächsten. Dieses „privatisierte Verständnis" könne keine theoretische Vorstellung von der gesellschaftlichen Bedeutung der Sozialarbeit entwickeln. Grundsätzliches: Sozialarbeit verbindet materielle Unterstützung mit pädagogischer Einflussnahme; der Rückgang der materiellen Dimension hat nicht zu einem Rückgang der Sozialarbeit geführt, sondern ging historisch mit einer Ausweitung und einem Bedeutungs*zuwachs* der Sozialen Arbeit einher, wobei die pädagogische Dimension immer bedeutsamer wurde (S. 417). Aufgabe der Sozialarbeit ist die Regulierung von Sozialisationsprozessen zur Herstellung und Sicherung der Lohnarbeitsexistenz, d. h. einer „produktionsadäquaten Persönlichkeitsstruktur" (Barabas et al. 1977, S. 524).
Quelle	Schlüsseldokument: Blanke/Sachße 1998 [1978]

Problemname	**Assimilationsprobleme (bei Anpassung an Systemimperative)**
P: Beschreibung	Die Lebenswelt als die sozio-kulturelle Umwelt der Gesellschaft wird im evolutionären Prozess der Herausbildung des kapitalistischen Marktes und des sozialen Rechtsstaates Prozessen einer (inneren) Kolonialisierung durch das Eindringen der kommunikationsersetzenden systemischen Medien Geld und Recht in Bereiche der symbolischen Reproduktion der Lebenswelt ausgesetzt (Habermas) (S. 239 f.). Die dabei erforderlichen Anpassungsleistungen der Individuen an die Imperative des kapitalistischen Wirtschaftssystems und des modernen Sozialstaates können nicht bei allen alleine mittels Geld und Recht hergestellt werden, insbes. nicht bei Menschen am Rande der Gesellschaft.
P: Betroffene	Menschen, die sich nicht alleine durch Geld und Recht zu den geforderten Anpassungsleistungen an die Systemimperative bringen lassen; das sind insbes. jene „an den Rändern der Gesellschaft" (S. 240)
P: Ursache(-n)	(Innere Kolonialisierung durch das System bei gleichzeitigem) Mangel an Bereitschaft und/oder Fähigkeit, den Systemimperativen zu entsprechen
Problemlösung	Intervention in Form von Kommunikation als ergänzendes, abstützendes Medium (neben Geld und Recht). Mit dieser Kommunikationsleistung fungiert Sozialarbeit als Vermittlerin zwischen System und Lebenswelt. Sie intendiert Arrangements der Lebenswelt mit dem System, also die Anpassung der AdressatInnen an die Imperative des Systems (S. 238).
PL: Beschreibung	1. Generell: über kommunikative Prozesse versprachlicht Sozialarbeit Recht. 2. Engagement für Verrechtlichung sozialer Not und sozialer Hilfeleistung zwecks Sicherung von Anspruchsrechten ihrer Klientel (zugleich rechtliche Absicherung ihrer eigenen Eingriffsmöglichkeiten in die Privatsphäre der Klientel). 3. Bei Nutzung dieses Rechts sind drei Strategien verfügbar: a) Vollzug rechtlicher Möglichkeiten am Klienten, b) Anpassen der Bedürfnisse und Situationen der Adressaten an systemangemessene Interpretations-, Verhaltens- und Kommunikationsmodi, c) Setzen auf jeweils situations- und bedürfnisbezogene Prozesse des kommunikativen Aushandelns mit Klienten, was von Sozialarbeit Offenheit und Sensibilität und vom Klientel ein hohes Maß an kommunikativer Kompetenz und Durchsetzungsfähigkeit erfordert (S. 236).
PL: Wirkung	Die Sozialarbeit kann Klienten anpassen und kompetent machen, in den jeweils bestehenden Verhältnissen zurecht zu kommen. Durch ihre Konzepte/Strategien kann Soziale Arbeit die Kolonialisierung für jene, die in besonderer Weise Assimilationsprobleme haben, gleichsam erträglicher machen; sie wirkt dann als „freundliche Kolonialisierung".

Problemname	Assimilationsprobleme (bei Anpassung an Systemimperative)
Sekundäre Probleme	1. Die Mittlerfunktion Sozialer Arbeit zwischen System und Lebenswelt wird dadurch konterkariert, dass sie nicht integraler Teil der Lebens-, sondern der Systemwelt ist und selbst deren immanenten Reproduktionsbedingungen unterliegt. 2. Engagement für Verrechtlichung von sozialer Not und sozialer Hilfeleistung führt im Erfolgsfall zur beständigen Expansion sozialarbeiterischer Intervention in die Lebenswelt (S. 240). Es bestehen kaum verbindliche normative Mechanismen für eine Selbstbegrenzung der Sozialarbeit, immer weiter und tiefer in die Lebenswelt einzugreifen (S. 238). 3. Bei den Nutzungsstrategien des Rechts (vgl. PL: Beschreibung): a) geringe Akzeptanz/Resistenz beim Klienten, b) weitere Destruierung lebens- und alltagsweltlicher Eigen(hilfe)kompetenzen, c) hoher Zeitaufwand, geringe Planbarkeit, innerorganisatorische Koordinations- und Kontrollprobleme (S. 236). 4. Deformation konkreter klienteler Bedürfnisse, Klientifizierung, Entmündigung, Helfersyndrom (S. 242).
SP: Lösung	Zu 1. keine PL möglich Zu 2. (implizit: Verankerung einer Selbstbeschränkung) Zu 3. (implizit: Option/Strategie c) Zu 4. (evtl. auch zu 3) freundliche Kolonialisierung
Sonstiges	Abgrenzung: Eine emanzipatorische Sozialarbeit ist nichts als eine „höchst zweifelhafte Fiktion“ (S. V). Sozialarbeit kann die Lebenswelt prinzipiell nicht gegen Kolonialisierungsprozesse schützen; sie kann ihr Klientel nicht „befreien“. Grundsätzliches: „Die Sozialarbeit ist in starkem Maße historisch wie aktuell in den Prozeß der inneren Kolonialisierung der Lebenswelt involviert und zielt selbst dort, wo sie über kommunikative Prozesse abstraktes Recht wieder zu versprachlichen sucht, darauf ab, Assimilationsprobleme insonderheit an den Rändern der Gesellschaft aufzufangen und die Anpassung der Lebenswelt an die Imperative von Markt und Staat zu unterstützen [...]. Mithin vermag die Sozialarbeit die Lebenswelt prinzipiell nicht gegen Kolonialisierungsprozesse zu schützen.“ (S. IV) Sie kann aber durch radikalisierte Beratungsausrichtung den Klienten Orientierungshilfe im Umgang mit den Subsystemen von Markt und Staat anbieten und damit dazu beitragen, die Ohnmacht des Bürgers gegenüber Prozessen der Durchstaatlichung und Durchkapitalisierung der Gesellschaft zu mildern und Eigenkompetenzen der Betroffenen zu (re-)aktivieren. Sie könnte den Klienten zu einem selbstbewussten Umgang mit Staat und Markt verhelfen; Sozialarbeit wäre dann die freundliche Kolonialisierung (S. 241 f.).
Quelle	Schlüsseldokument: Bossong 1987

Problemname	Probleme der Lebensbewältigung (individuell und gesellschaftlich i. S. sozialer Desintegration)
P: Beschreibung	Individuen sind in der „industriellen Moderne“ mit der „Bewältigungstatsache“ konfrontiert. Soziale Desintegration kann zu psychosozialen Folgeproblemen und/ oder „prekären“ Bewältigungsformen bis hin zu abweichendem Verhalten führen. Aus kritischen Lebenssituationen, d. h. wenn die subjektive Handlungsfähigkeit und damit das psycho-soziale Gleichgewicht gefährdet ist, entstehen Bewältigungsprobleme dann, wenn bislang verfügbare personale und soziale Ressourcen für die Bewältigung der kritischen Bewältigungskonstellation nicht mehr ausreichen. D. h. auch, dass das in der Regel nicht vornehmlich kognitiv-rational, sondern mehr emotional und triebdynamisch strukturierte Streben nach subjektiver Handlungsfähigkeit misslingt.
P: Betroffene	Menschen aller Schichten und Lebensalter in riskanten Lebenslagen und an biografischen Übergängen, deren individuelle Ressourcen zur Bewältigung nicht ausreichen
P: Ursache(-n)	Die arbeitsteiligen Industriegesellschaften („industrielle Moderne“) implizieren eine unaufhebbare „latente sozialstrukturelle Dauerkrise“. Die Spannung von Integration und Desintegration ist dem Wesen moderner Arbeitsteilung immanent. Sie führt zu sozialer Desintegration (Anomien) bzw. „sozialer Entbettung“. Die ökonomisch-technische Arbeitsteilung muss dennoch strukturnotwendig sozial reproduziert und ausbalanciert werden.
Problemlösung	Soziale Arbeit als Hilfe zur Lebensbewältigung
PL: Beschreibung	Interventionen der Sozialen Arbeit gehen auf die sozial beschädigte Individualität der Menschen ein und zielen auf die Neuformierung ihrer sozialen Bezüge aus ihrer Betroffenheit heraus. Das Verstehen von „Betroffenheiten“ der KlientInnen wird im Bewältigungsparadigma durch eine Verbindung zwischen gesellschaftsbezogenem Sozialverhalten und dem Selbst als triebbewegter psychischer Instanz im Rahmen der Diagnostik möglich. Lebensbewältigung – und bezogen auf Einzelne die jeweiligen Bewältigungsmuster – ist/sind dabei nicht nur psychosozial, sondern auch durch die (jeweiligen) Lebenslagen strukturiert zu verstehen. Im Mittelpunkt des sozialpädagogischen Interesses steht die misslungene Balance zwischen psychischem Selbst und sozialer Umwelt, aus der heraus das „verwehrte Selbst“ soziale Aufmerksamkeit auch in antisozialen bis hin zu sozial- oder selbstdestruktiven Handlungen sucht.
PL: Wirkung	Die gesellschaftlich nicht aufhebbare Dauerkrise wird in ihren Folgen für den und am Einzelnen behandelt, also pädagogisch transformiert (womit sie bearbeitbar wird). Damit können aber Bewältigungsprobleme bearbeitet und der sozialen Desintegration kann entgegengewirkt werden.
Sekundäre Probleme	Nicht thematisiert
SP: Lösung	
Sonstiges	Abgrenzung: alternative Problemlösung: ordnungsstaatliche Repression, die allerdings im Lauf des 20. Jh. infolge von Demokratisierungsprozessen immer weiter zurückging, während das Pädagogische in den Vordergrund trat. Gleichwohl besteht bis heute diese historisch rückzubindende Spannung zwischen dem Repressiven und dem Pädagogischen in der typischen Gleichzeitigkeit von Hilfe und Kontrolle (doppeltes Mandat). Grundsätzliches: Soziale Arbeit ist die gesellschaftliche Reaktion auf die Bewältigungstatsache. Zu dieser institutionellen Reaktion war und ist die moderne Industriegesellschaft strukturell gezwungen.
Quelle	Schlüsseldokument: Böhnisch 2002

Problemname	**Gefährdung des Subjekts und seiner Subjektivität**
P: Beschreibung	In bürgerlich-kapitalistischen Gesellschaften herrscht Veränderungsdynamik. Sie sind diskontinuierlich und grundsätzlich in ihrer Reproduktion und Integration bedroht; die politisch-ökonomischen Bedingungen finden einen dramatischen Ausdruck im Pauperismus. Zugleich erfordern sie die Lebensform autonomer Subjektivität, stellen aber die für das Aufwachsen erforderlichen Ressourcen kaum zur Verfügung. Insofern wird Armut ein pädagogisches Problem, weil es den Verlust von Bildungschancen bedeutet. So werden den Betroffenen die zivilisatorischen Grundlagen entzogen. Es fehlen ihnen die Bedingungen von gelingender Sozialisation; dass diese zu organisieren sind, wird bewusst. Das Thema der Sozialpädagogik tritt hervor (2003, S. 14f.).
P: Betroffene	Diejenigen, die an dieser Gesellschaft und ihrer Kultur scheitern, deren Aneignung misslingt, womit sie in den „Modus der Differenz" geraten
P: Ursache(-n)	Industrielle Revolution, die gesellschaftliche Reproduktionsprobleme externalisiert; politisch-ökonomische Bedingungen in bürgerlich-kapitalistischen Gesellschaften
Problemlösung	Soziale Arbeit als Ermöglichung/Rekonstruktion von Subjektivität; Subjekten Bildung (durch Erziehung) ermöglichen (2003, S. 23)
PL: Beschreibung	Soziale Arbeit moderiert in kritischen Lebenslagen und vermittelt einen Anfang von Bildung bzw. die dafür notwendigen Kompetenzen.
PL: Wirkung	Subjekte haben die Kompetenzen, mit denen sie sich in gesellschaftlichen Verkehrsverhältnissen bewegen können.
Sekundäre Probleme	Sozialpädagogisches Handeln ist als „Beziehung zwischen Subjekten" zu analysieren, bei der eine Verständigung über das lebensweltliche Moment sowie Gesellschaft und Kultur als Ganzes kooperativ erforderlich ist. Es ist schwierig, Arrangements pädagogischer Situationen so zu gestalten, dass „die Organisation des Zusammenhangs nicht selbst mit Macht belastet und die Subjektivität der Subjekte beeinträchtigt wird" (2003, S. 22). Es besteht die Gefahr, dass ermöglichte Mündigkeit gesellschaftlicher Vereinnahmung preisgegeben wird (2003, S. 23).
SP: Lösung	Soziale Arbeit unterstützt Individuen und Gruppen in gesellschaftlich erzeugten Krisenlagen durch die Bereitstellung von Lebensorten, die es ermöglichen, sich selbst anzunehmen, Subjektivität zu bewahren oder zu entdecken, sich fremder Verfügung zu entziehen und die eigene Situation selbst zu kontrollieren und zu bestimmen, um eine offene Zukunft zu gewinnen (2006; vgl. 2003, S. 22). Sie kann Subjekte zur Selbstreflexion befähigen.
Sonstiges	
Quellen	Schlüsseldokument: Winkler 2003 Zusätzlich: Winkler 2006

Problemname	**Soziale Probleme (Armut)**
P: Beschreibung	Menschen sind Teil von Systemen und eigene „selbstwissensfähige Biosysteme" mit biologischen, psychischen, sozialen und kulturellen Bedürfnissen (S. 128). Die Bedürfnisbefriedigung ist von der Verfügbarkeit entsprechender Güter und Situationen wie auch von der Fähigkeit des Individuums abhängig, die faktisch erreichbaren Möglichkeiten zu nutzen oder Fähigkeiten zu entwickeln. Das gelingt nicht immer und führt dann zu Armut und der Nicht-Erfüllung von (Grund-) Bedürfnissen. Die dauerhafte Nicht-Erfüllung von (Grund-)Bedürfnissen stellt ein soziales Problem dar.
P: Betroffene	Von Armut – in den verschiedenen Dimensionen – Betroffene
P: Ursache(-n)	Industrialisierung (1986), Nicht-Verfügbarkeit entsprechender Güter und Situationen zur Bedürfnisbefriedigung und/oder mangelnde Fähigkeit des Individuums, die faktisch erreichbaren Möglichkeiten zu nutzen oder neue zu schaffen (spätere Quellen). Gründe (Problemkategorien) dafür können sein: a) Ausstattungs-, b) Austausch-, c) Macht- oder d) Kriterienprobleme (2000b).
Problemlösung	Soziale Arbeit, die auf soziale Probleme reagiert, die besonders intensiv, meist von längerer Dauer und kumulativ sind. Sie soll Menschen befähigen, ihre Bedürfnisse wieder soweit wie möglich und zumutbar aus eigener Kraft (mithilfe von unterstützten Lernprozessen) zu befriedigen. Zudem soll sie darauf hinarbeiten, institutionalisierte, menschenverachtende soziale Regeln und Werte von sozialen Systemen in menschen- und bedürfnisgerechte Regeln und Werte zu transformieren.
PL: Beschreibung	Soziale Arbeit muss sich fünf „W-Fragen" stellen: 1. „Was ist los" (Gegenstandswissen), 2. „Warum ist das so?" (Erklärungswissen), 3. „Woraufhin soll verändert werden?" (Werte- und Kriterienwissen), 4. „Wie kann was verändert werden?" (Verfahrenswissen) und 5. „Was ist geschehen?" (Evaluationswissen). Diese sind bezogen auf die vier Problemkategorien (vgl. Problemursachen) und die jeweiligen Bedürfnisse (vgl. Problembeschreibung) zu beantworten. Je nach Antwort (Problemsituation) stehen dann Ressourcenerschließung, Bewusstseinsbildung, Modell-, Identitäts- und Kulturveränderung, Förderung von Handlungskompetenz und Teilnahme, Soziale Vernetzung und Ausgleich von Pflichten und Rechten, die Befähigung zum Umgang mit Machtquellen und -strukturen oder Kriterien- und Öffentlichkeitsarbeit auf der sozialarbeiterischen Agenda.
PL: Wirkung	Nicht thematisiert
Sekundäre Probleme	Nicht thematisiert
SP: Lösung	
Sonstiges	Die Menschenrechte (gemäß UNO-Menschenrechtscharta 1948), für die sich die Fachkräfte anwaltschaftlich einsetzen sollen, sind ihr drittes Mandat der Sozialen Arbeit neben Hilfe und Kontrolle (Tripelmandat).
Quellen	Schlüsseldokument: Staub-Bernasconi 2000b Zusätzlich: Staub-Bernasconi 1986, 1994

Problemname	**Inklusions-/Exklusionsproblematik der funktional differenzierten Gesellschaft**
P: Beschreibung	Im Unterschied zu vormodernen Gesellschaften, in denen Individuen durch Geburt und Stand (dauerhaft) inkludiert waren, hält die funktional differenzierte Gesellschaft auf Basis bürgerlicher Freiheit keinen Inklusionsautomatismus bereit – vielmehr ist das Individuum zunächst exkludiert. Die Individuen sind damit gehalten, sich an sozialen Teilnahmegelegenheiten auszurichten, Organisationsmitgliedschaften anzustreben und damit Zugang zu den Rollen zu finden, auf die sie für ihre Lebensführung angewiesen sind. Zugang und damit Inklusion (in Funktionssysteme und Organisationen) ist dabei nicht garantiert. Exklusion ist strukturtheoretisch zunächst Voraussetzung funktionaler Differenzierung. Sie wird erst als Problem dieser Differenzierungsform bezeichnet, wenn Inklusionen in wachsendem Maße misslingen und Exklusionen kumulieren, so dass die Lebenschancen von Individuen aufgrund ihrer reduzierten Teilhabemöglichkeiten an sozialen Systemen schwinden (S. 70f.).
P: Betroffene	Individuen, die infolge der Inklusions-/Exklusionsmodi hilfebedürftig sind
P: Ursache(-n)	Die Inklusions-/Exklusionsmodi der funktional differenzierten Gesellschaft, die keine Inklusion garantieren können; es besteht das „Dauerproblem" misslingender Inklusion; dies als „Kehrseite" von Freiheit und Gleichheit.
Problemlösung	Wohlfahrtsstaatliche Organisationen, die den Wiedereinschluss (Inklusion) durch Recht, Geld, Beratung und Vermittlung ermöglichen (S. 74). Soziale Arbeit ist in diesem Rahmen für die Fälle zuständig, die aus generalistischen Auffangmechanismen (z. B. Sozialversicherungsleistungen) herausfallen oder diese Exklusionsdynamiken nicht aufhalten können (S. 75).
PL: Beschreibung	Soziale Arbeit beobachtet Individuen und Gruppen im Hinblick auf die Gefährdung von Inklusion. Sie reagiert auf prekäre Inklusionslagen und Exklusionen (S. 77) mit organisierter Hilfe in Form von Beratung, Erziehung, Bildung, stellvertretendem Handeln usw. Dabei transformiert sie Inklusions-/Exklusionsprobleme in Fälle individueller Hilfsbedürftigkeit (S. 76). Nur in eng begrenzten Fällen kann sie Leistungen (der Funktionssysteme und Organisationen) ersetzen; vielmehr bemüht sie sich um die Eröffnung von Zugängen sowie um Ergänzungen derjenigen Teilsysteme und Organisationen, die gesellschaftliche jeweils primär zuständig sind (S. 77).
PL: Wirkung	Nicht thematisiert
Sekundäre Probleme	Soziale Arbeit reagiert auf den Ausschluss von Individuen aus anderen Organisationen, weil ihre AdressatInnen deren Teilnahmebedingungen nicht erfüllen. Sie tut dies aber ebenfalls mit Organisationen, die ihrerseits Teilnahmebedingungen am Hilfeprozess festlegen müssen, die die Zugänglichkeit von Hilfen einschränken (Scherr 2001, S. 229).
SP: Lösung	Darauf reagiert Soziale Arbeit generell durch einen nicht starren, sondern flexiblen prozessualen Umgang mit Teilnahmebedingungen sowie durch Organisationsformen, die Anforderungen an Klientenrollen maximal reduzieren. Ihr Extremfall sind solche Formen der Einzelfallhilfe, die selbst innerhalb von Diensten und Einrichtungen der Sozialen Arbeit als nicht mehr tragfähig betrachtet werden. Diese werden durch einen ihnen individuell zugeordneten Sozialarbeiter in einer Eins-zu-Eins-Beziehung betreut, also unter Verzicht auf personenunabhängige Regeln. An deren Stelle treten interaktive Aushandlungsprozeduren in der diffusen Sozialarbeiter-Klient-Beziehung (Scherr 2001, S. 229).
Sonstiges	Grundsätzliches: Die Funktion Sozialer Arbeit besteht in der Organisation von Inklusionsvermittlung, Exklusionsvermeidung und Exklusionsverwaltung.
Quellen:	Schlüsseldokument: Bommes/Scherr 2000 Zusätzlich: Scherr 2001

Problemname	**Möglichkeit, eine „reflexive Professionalisierung“ der Sozialen Arbeit wissenschaftlich und politisch durch- und praktisch umzusetzen**
P: Beschreibung	Die (Disziplin) Soziale Arbeit hat versäumt, über den Status differenter Wissensformen [gemeint ist vor allem der Unterschied zwischen wissenschaftlichem und Handlungswissen, d. Vf.] systematisch nachzudenken. Eine analytische und reflexive Perspektive auf das Untersuchungsfeld ist so nicht möglich. Dies und die (externe) Instrumentalisierung der Sozialpädagogik erfordern, dass die Soziale Arbeit ihr Selbstverständnis als Wissenschaft/Disziplin und ihr Verhältnis zur Praxis (neu) bestimmt.
P: Betroffene	Zunächst die (Disziplin) Soziale Arbeit (a), abgeleitet auch die Profession (b) und ihre AdressatInnen (c)
P: Ursache(-n)	Die Disziplin Soziale Arbeit hat sich auf die Reformierbarkeit der sozialpädagogischen Praxis und ihrer gesellschaftlichen und sozialen Bedingungen konzentriert. Solange sich sozialpädagogische Theorieangebote als normative Theorien einer bzw. für eine Praxis verstehen, können sie entweder nur die Begründungsprobleme des praktischen Handels bspw. ideologiekritisch destruieren oder aber die Praxis technologisch als Anwendungsfall von Theorie verstehen; sie können dann aber nicht einen theoretischen und wissenschaftslogischen Fokus entwickeln und damit analytisch und reflexiv auf das Untersuchungsfeld blicken.
Problemlösung	Zunächst ist die Frage nach den Binnenstrukturen bzw. Strukturlogiken sozialpädagogischen Handelns zu klären (1), und dann deren Verhältnis zu „differenten Wissensstrukturen“ (2). Ergebnis: (1) Die Professionellen deuten die lebensweltlichen Schwierigkeiten und Handlungsprobleme der KlientInnen mit dem Ziel der Öffnung von Perspektiven bzw. Entscheidungsbegründungen unter Ungewissheitsbedingungen, wobei die Lösungen in Verantwortung der AdressatInnen bleiben. Damit leistet Soziale Arbeit „stellvertretende Deutung“. (2) Dies erfordert die Relationierung differenter Wissensformen. Praktisches (laienhaftes) Handlungswissen und seine Anwendung im Alltag der Menschen unterliegt einem permanenten Entscheidungs- und Handlungsdruck, es zielt auf Angemessenheit (S. 209). Wissenschaftliches Wissen wird handlungsentlastet durch freies, systematisches Nachdenken erarbeitet und unterliegt einem gesteigerten Begründungszwang (ebd.). Professionelles Wissen ist ein eigenständiger Bereich zwischen beiden; es unterliegt Handlungsdruck und gesteigertem Begründungszwang, es ist aber keine Addition der beiden anderen Wissensformen oder „Anwendung“, sondern es „relationiert“ beide, d. h. dass die Fachkräfte gleichzeitig beiden Wissensformen (Handlungs- und Wissenschaftswissen) mit ihrer unaufhebbaren Differenz, die situativ angemessen aufeinander zu beziehen sind, verpflichtet bleiben. Damit bilden Professionen „eine Institutionalisierungsform der Relationierung von Theorie und Praxis, in der wissenschaftliche Wissensbestände praktisch-kommunikativ in den Prozess der alltäglichen Organisation des Handelns und der Lösung der hier auftretenden Probleme fallbezogen kontextualisiert werden“ (S. 210).

Problemname	Möglichkeit, eine „reflexive Professionalisierung“ der Sozialen Arbeit wissenschaftlich und politisch durch- und praktisch umzusetzen
PL: Beschreibung	Das professionelle stellvertretende Deuten impliziert „deutendes Verstehen“, um situativ und emotional tragbare Begründungen für praktische Bewältigungsstrategien mit den AdressatInnen zu entwickeln. Die Professionellen haben also mit den AdressatInnen eine Verständigung darüber herbeizuführen, was ihre individuelle Problemkonstellation auszeichnet und was aus Sicht der AdressatInnen eine angemessene Bearbeitung und Lösung sein könnte. Im Kern leisten die Professionellen damit eine stellvertretende Deutung, durch welche Wissen vermittelt wird, um Perspektiven zu eröffnen. Die Problemlösung selbst und auch die Verantwortlichkeit dafür verbleiben jedoch bei den AdressatInnen. Professionelles Handeln beinhaltet dabei stets Kompetenzanteile, die über die Wissenskomponente hinausgehen (S. 206). Ein so verstandenes Professionswissen erwirbt man durch berufsförmigen Vollzug dieser Tätigkeit, durch Routinisierung und Habitualisierung. Es ist also als Fertigkeit, als Können zu verstehen, das sich lernen, aber nicht lehren lässt (S. 211).
PL: Wirkung	Nicht thematisiert
Sekundäre Probleme	Durch den Abbau sozialstaatlicher Leistungen und (Dienstleistungs-)Angebote und durch das Eindringen der Marktlogik in die soziale Dienstleistungserbringung – mit ihren nur ökonomischen Effektivitäts- und Effizienzkriterien (S. 204) – werden die Voraussetzungen und Möglichkeiten für eine Soziale Arbeit untergraben, die fachlichen Standards (einer reflexiven Professionalität) und adressatenbezogenen normativen Orientierungen entsprechen.
SP: Lösung	Verfechten einer „demokratischen Rationalität“ – als Gegenbegriff einer ökonomischen Rationalität –, die sich an den sozialen und weitergefasst staatsbürgerlichen Rechten der AdressatInnen und an ihren Bedürfnissen und Interessen, an ihren Partizipationsmöglichkeiten (S. 199) und ihrer Selbstverantwortung orientiert
Sonstiges	Grundsätzliches: Theorie und Praxis haben damit bei aller Verwiesenheit aufeinander jeweils ihre eigenständige Bedeutung. Es besteht kein Unter-Überforderungs-Verhältnis. Stellt auch die Wissenschaft erforderliches Theoriewissen zur Verfügung, das für Professionswissen unverzichtbar ist, so hat die Wissenschaft Fragen und Probleme nach ihrer Eigenlogik zu bearbeiten.
Quelle	Schlüsseldokument: Dewe/Otto 2010

13. Problemkonstruktion: Soziale Arbeit als ko-produktive Unterstützung von Selbstproduktionsprozessen von NutzerInnen Sozialer Arbeit

Problemname	**Unzureichende aktuelle Orientierung Sozialer Arbeit**
P: Beschreibung	Der quantitative Anstieg der Problempopulation (a) und die qualitative Ausweitung der Problemkonstellationen (b) treffen auf eine Soziale Arbeit, deren institutionelle Kapazitäten begrenzt und deren professionelle Konzepte und pädagogische Handlungsformen angesichts dieser Situation wenig innovativ und flexibel sind (c). Zudem geraten ihre Institutionen und Professionellen unter Effizienz-, Rationalisierungs- und Legitimationsdruck (d) (1999a, S. 543 f.). Für die Soziale Arbeit, die bis dato (Re-)Integration von partiell bzw. temporär Ausgegrenzten in die Normalität der Arbeitsgesellschaft zur Aufgabe hat(-te), ist dieser Bezugspunkt gefährdet, denn der Integrationsmodus ist hinfällig geworden (S. 544 f.); sie muss sich in dieser Situation ihrer normativen Bezugspunkte und Handlungsorientierungen neu versichern (S. 545).
P: Betroffene	Organisationen und Fachkräfte der Sozialen Arbeit
P: Ursache(-n)	a) Gesellschaftliche Spaltungs- und Heterogenisierungstendenzen, b) Relativierung der normativen Bezugspunkte („Normalitätsverhältnisse“ wegen „Krise der Arbeitsgesellschaft“) und Enttraditionalisierung soziokultureller Milieus, c) Überkommene Normalitätsorientierung, insbes. Lohnarbeitszentrierung der Sozialen Arbeit (S. 543), d) Krise öffentlicher Haushalte
Problemlösung	Neuorientierung Sozialer Arbeit (S. 543) ausgehend von der Binnenlogik Sozialer Arbeit, der Interaktion von KlientInnen und Professionellen im Erbringungsverhältnis (S. 552). Ergebnis der Frage dieser Binnenlogik: Soziale Arbeit zielt auf Veränderungen der Person der NutzerInnen, ihres Denkens, Wissens, Handelns usw., was die NutzerInnen nur selbst als Akt der Aneignung oder der Selbstproduktion vollziehen können. Damit sind Professionelle nur Ko-Produzenten und AdressatInnen (Selbst-)ProduzentInnen dieses Dienstleistungsprozesses, weswegen Letzteren das Primat in diesem Prozess zugestanden werden muss.
PL: Beschreibung	Die Neuorientierung Sozialer Arbeit, ihr professioneller Handlungsmodus „Dienstleistung“, besteht darin, sich an der Strukturlogik der Aneignung der AdressatInnen (NutzerInnen) auszurichten, um so Aneignungs- und Selbstproduktionsprozesse von NutzerInnen ko-produktiv zu unterstützen.
Wirkung der PL	Nicht thematisiert
Sekundäre Probleme	Gefahr der Nicht-Berücksichtigung der Bedürfnisse der NutzerInnen, weil dieser Prozess nicht durch deren Geld, sondern durch den Sozialstaat mit Geld und Recht gesteuert wird. Über exit- oder voice-Optionen verfügen die NutzerInnen i. d. R. kaum.
SP: Lösung	Rechtlich verankerte politisch-demokratische Einfluss- und Mitbestimmungsmöglichkeiten über Form und Inhalt des Dienstleistungsprozesses (Schaarschuch 2003a, S. 163).
Sonstiges	Das Konzept der „ko-produktiven Unterstützung von Selbstproduktionsprozessen“ stellt eine „idealtypische methodische Fiktion“ dar. Es ist kritisch, weil sich mit ihm die Bedingungen, die den Gebrauchswert Sozialer Arbeit für die NutzerInnen systematisch begrenzen, identifizieren, kritisieren, konterkarieren und zum Gegenstand der Veränderung machen lassen (2010, S. 159).
Quellen	Schlüsseldokument: Schaarschuch 2010 Zusätzlich: Schaarschuch 1999a, 2003a

14. Problemkonstruktion: Soziale Arbeit als Re-Inklusion und Interdependenzunterbrechung

Problemname	**Ambivalenz der Moderne**
P: Beschreibung	In einer vollendet funktional differenzierten Gesellschaft (der Moderne) produzieren gesellschaftliche Teilsysteme als Nebeneffekt Probleme, die weder sie selbst noch andere Teilsysteme lösen können. Gleichzeitig fallen mit der Modernisierung a) die primären familiär-lebensweltlichen Bezüge auseinander und b) erodierten die religiös und moralisch motivierten Hilfen (2003 a, S. 15).
P: Betroffene	Potentiell alle Bevölkerungs- und Altersgruppen (ebd.; 2003c, S. 95 ff.)
P: Ursache(-n)	Die gesellschaftlichen Teilsysteme produzieren in funktional differenzierten Gesellschaften der Moderne Probleme, die weder sie selbst noch andere Teilsysteme lösen können.
Problemlösung	Soziale Arbeit als Re-Inklusion und Interdependenzunterbrechung greift Probleme auf, die in verschiedenen Funktionssystemen produziert und von dort in ihre Umwelt ausgelagert werden.
PL: Beschreibung	Soziale Arbeit versucht als sekundäres Funktionssystem „Daseinsnachsorge“, a) die Chancen einer Wieder-Teilnahme (Re-Inklusion) in die sozialen Systeme der biologischen, psychischen und sozialen Bedürfnisbefriedigung zu erhöhen (2003a, S. 7) und b) zu verhindern, dass die aus einem Funktionssystem Ausgeschlossenen zugleich vom Ausschluss aus anderen Systemen bedroht werden, sie fungiert so als „Interdependenzunterbrecherin“ (ebd., S. 14).
PL: Wirkung	Nicht thematisiert
Sekundäre Probleme	Nicht thematisiert
SP: Lösung	
Sonstiges	Grundsätzliches: Das Spezielle der Sozialen Arbeit ist ihr Prinzip, den Menschen als Einheit bzw. aus einer „doppelt generalistischen“ Perspektive zu betrachten, was der Differenzierungs- und Spezialisierungsordnung der Moderne zuwiderläuft. Ihre Spezialisierung ist die Ent-Spezialisierung, ihr Generalismus. Dieser Generalismus ist als Reaktion auf das Problem von Ambivalenzen in der Moderne zu werten, die (a) einerseits mit der funktionalen Differenzierung entstehen und die (b) andererseits mit professionellen Spezialisierungen einhergehen (ebd., S. 11).
Quelle	Schlüsseldokument: Kleve 2003a Zusätzlich: Kleve 2003c

Tabelle 1: Allgemeiner Überblick über die zeitgenössischen Theorien der Sozialen Arbeit

Kapitel	Soziale Arbeit als …	Kernbestimmung Sozialer Arbeit und Bezeichnung der Theorie	Kernargumentation	Vertreter Herkunftsdisziplin
3.1	Theorie der Jugendhilfe	Jugendhilfe-Theorie: Soziale Arbeit erfüllt in der industriellen Gesellschaft Erziehungsaufgaben, die nicht von Schule und Familie erfüllt werden können. Sozialpädagogik ist die Theorie der (Praxis) Jugendhilfe.	Mit der industriellen Gesellschaft entstand die Soziale Frage, deren Begleiterscheinungen die Erziehungsfähigkeit von Familien und Schule einschränkten, während zugleich die Anforderungen an die Zöglinge zunahmen. In Reaktion darauf wurden neue Institutionen geschaffen, die die Sozialisation fördern sollten; die Jugendhilfe/Sozialpädagogik entstand. Sie erfüllt in der industriellen Gesellschaft Erziehungsaufgaben, die nicht von Familie und Schule erfüllt werden können.	Mollenhauer (früher: Bäumer, Nohl); Erziehungswissenschaft
3.2	Instanz sozialer Kontrolle und Agentur sozialer Innovationen	Fürsorgetheorie: Soziale Arbeit ist Instanz sozialer Kontrolle und Agentur sozialer Innovationen.	Die alte Fürsorge legitimierte sich durch ihre Funktion, materielle Armut und abweichendes Verhalten zu bearbeiten. Mit steigendem Wohlstand erlitt sie einen Funktions- und damit Legitimationsverlust. Die Fürsorgeorganisationen reagierten darauf mit Legitimationsaktivitäten sowie der Vorverlagerung von Interventionen (Prophylaxe) und der Suche nach neuen Nöten. Damit wurde die alte zur neuen Fürsorge, die soziale Innovationen schuf und zugleich soziale Kontrolle verstärkte. Ihr Agieren gibt sie als Reagieren aus.	Peters Soziologie
3.3	Tertiäre Erziehung	Theorie tertiärer Erziehung: Soziale Arbeit leistet tertiäre Erziehung.	Sozialarbeit ist tertiäre Erziehung. Sie ergreift prophylaktische, korrigierende und kompensierende Maßnahmen zur Beseitigung dissozialen Verhaltens, womit sie einzelne und Gruppen „normalisiert".	Rössner, Alisch, (Buer), Erziehungswissenschaft
3.4	Herrschaftssicherung	Theorie der Herrschaftssicherung: Sozialarbeit dient als Instrument der Herrschaftssicherung.	In der kapitalistischen Klassengesellschaft hat die Sozialarbeit die Funktion, soziale Kontrolle auszuüben und die bestehenden Herrschaftsverhältnisse aufrechtzuerhalten. Sie fungiert dabei als Reproduktions-, Sozialisations-, Kompensations-, Oppressions- und Disziplinierungsagentur und bearbeitet damit die Reproduktions- und Legitimationsprobleme des Kapitalismus.	Hollstein, Meinhold; Soziologie/ Sozialwissenschaften
3.5	Revolutionäre Praxis	Theorie revolutionärer Sozialarbeit: Sozialarbeit ist in dem Maß fortschrittlich, wie sie den Kampf gegen das kapitalistische System, das soziales Elend produziert, unterstützt (revolutionäre Praxis).	Die herkömmliche Sozialarbeit (Sozialarbeit von oben) fungiert als Reparaturbetrieb des Kapitalismus, sie orientiert sich symptombehandelnd an Defiziten von Randgruppen. Fortschrittliche Sozialarbeit erkennt im Kapitalismus die Ursache des sozialen Elends und entfaltet eine revolutionäre Praxis, die auf Überwindung dieser Ursache abzielt.	Khella; Sozialwissenschaften

Kapitel	Soziale Arbeit als …	Kernbestimmung Sozialer Arbeit und Bezeichnung der Theorie	Kernargumentation	Vertreter Herkunftsdisziplin
3.6	Vergesellschaftete Sozialisationsarbeit	Sozialisationstheorie: Soziale Arbeit ist vergesellschaftete Sozialisationsarbeit.	Soziale Arbeit ist Teil von Sozialpolitik. Sie zielt auf die Befähigung der Individuen zur individuellen Reproduktion mittels Tauschakten, die in der bürgerlichen Gesellschaft die „Normalität" ist. Sie leistet vergesellschaftete Sozialisationsarbeit, die (zunehmend) erforderlich ist, weil die Selbstregulation der bürgerlichen Gesellschaft dies nicht ohne staatliche Eingriffe mittels Sozialarbeit erreicht.	Barabas, Blanke, Sachße, Stascheit; Rechtswissenschaften
3.7	Freundliche Kolonialisierung	Kolonialisierungstheorie: Soziale Arbeit ist „freundliche Kolonialisierung" der Lebenswelten ihrer AdressatInnen.	Soziale Arbeit vermittelt als Teil des Systems zwischen dem System und der Lebenswelt/Alltagswelt ihrer AdressatInnen, um diesen die Anpassung an die Systemimperative zu ermöglichen/erleichtern.	Bossong; Soziale Arbeit/Sozialwissenschaften
3.8	Hilfe zur Lebensbewältigung	Bewältigungstheorie: Soziale Arbeit ist „Hilfe zur Lebensbewältigung".	Soziale Arbeit ist die gesellschaftliche Reaktion auf die Bewältigungstatsache. Lebensbewältigung bezeichnet das Streben nach subjektiver Handlungsfähigkeit (auch) in kritischen Lebenssituationen. Kritisch sind sie, wenn die bislang verfügbaren Ressourcen nicht ausreichen, womit ein Bewältigungsproblem entsteht, auf das die Soziale Arbeit reagiert. Bewältigungsanforderungen und -probleme sind Folgen der arbeitsteiligen Industriegesellschaft, die mit einer latenten sozialstrukturellen Dauerkrise einhergeht und eine Spannung zwischen Integration und Desintegration erzeugt. Soziale Arbeit behandelt die Folgen der nicht aufzuhebenden gesellschaftlichen Strukturprobleme am Individuum, womit sie Strukturprobleme in pädagogische transformiert.	Böhnisch, Schefold, Schröer; Soziologie/Erziehungswissenschaften
3.9	Ermöglichung von Subjektivität	Subjektivitätstheorie: Sozialpädagogik ermöglicht Subjektivität.	Die bürgerlich-kapitalistische Gesellschaft erfordert die Lebensform autonomer Subjektivität; sie stellt aber nicht allen Subjekten, insbesondere nicht den Armen, die für das Aufwachsen erforderlichen Ressourcen hinreichend zur Verfügung. Damit fehlen ihnen die Voraussetzungen für gelingende Sozialisation wie auch für Bildung, die die Basis für autonome Subjektivität sind. Insofern wird Armut ein pädagogisches Problem. Soziale Arbeit ermöglicht durch Erziehung und die Vermittlung von Kompetenzen Bildung und damit letztlich die Entfaltung (Re-Konstruktion) von Subjektivität, so dass sich die Subjekte in den gesellschaftlichen Verkehrsformen bewegen können und dies auch in prekären oder gar elenden Lebenslagen.	Winkler; Erziehungswissenschaften

Kapitel	Soziale Arbeit als …	Kernbestimmung Sozialer Arbeit und Bezeichnung der Theorie	Kernargumentation	Vertreter Herkunftsdisziplin
3.10	Menschenrechtsprofession	Menschenrechtstheorie: Soziale Arbeit bearbeitet soziale Probleme, wobei sie sich an den Menschenrechten orientiert.	Menschen haben biologische, psychische, soziale und kulturelle Bedürfnisse, die sie in den Systemen, in denen sie leben, befriedigen müssen. Die dauerhafte Nicht-Erfüllung von (Grund-)Bedürfnissen bedeutet Armut und stellt ein soziales Problem dar. Soziale Arbeit reagiert auf soziale Probleme, die besonders intensiv, meist von längerer Dauer und kumulativ sind, wobei sie versucht, die Menschen zu befähigen, soweit wie möglich ihre Bedürfnisse wieder selbst zu befriedigen. Soziale Arbeit ist eine Handlungswissenschaft, die soziale Probleme bearbeitet und sich dabei an den Menschenrechten orientiert. Die Menschenrechte stellen ihren Ethikkodex dar, womit das „doppelte Mandat" von Hilfe und Kontrolle um ein drittes, eigenes Mandat (Tripelmandat) erweitet wird, was auch ihren Status als Profession verbürgt.	Staub-Bernasconi; Soziale Arbeit/ Soziologie Obrecht Soziologie
3.11	Inklusionsvermittlung, Exklusionsvermeidung/-verwaltung	Systemtheorie Sozialer Arbeit: Soziale Arbeit leistet Inklusionsvermittlung, Exklusionsvermeidung bzw. Exklusionsverwaltung.	Soziale Arbeit ist eine Form der Organisation von Hilfe in einer funktional differenzierten Gesellschaft, die auf die Folgeprobleme funktionaler Differenzierung reagiert. Sie leistet dabei Inklusionsvermittlung, Exklusionsvermeidung bzw. Exklusionsverwaltung.	Bommes, Scherr; Soziologie; weitere: Hillebrandt, Merten Erziehungswissenschaften/Sozialpädagogik
3.12	Stellvertretende Deutung	Theorie reflexiver Sozialpädagogik: Soziale Arbeit ist stellvertretende Deutung.	Die Professionellen deuten stellvertretend die Probleme der KlientInnen mit dem Ziel der Öffnung von Perspektiven und Entscheidungsbegründungen, wobei die Lösungen in Verantwortung der AdressatInnen bleiben. Dies erfordert die Relationierung differenter Wissensformen: (1) des praktischen (laienhaften) Handlungswissens, das einem Handlungsdruck unterliegt, (2) wissenschaftlichen Wissens, das handlungsentlastet erarbeitet wird und einem gesteigerten Begründungszwang unterliegt, (3) professionellen Wissens, das als ein eigenständiger Bereich zwischen beiden entsteht und sowohl einem Handlungsdruck als auch einem gesteigertem Begründungszwang unterliegt; das aber keine Addition oder Anwendung der beiden anderen Wissensformen ist, sondern beide „relationiert". Das heißt dass die Praxis gleichzeitig den ersten beiden Wissensformen mit ihrer unaufhebbaren Differenz verpflichtet bleibt, die situativ angemessen/professionell reflexiv aufeinander zu beziehen sind.	Dewe, Otto; Erziehungswissenschaften

Kapitel	Soziale Arbeit als …	Kernbestimmung Sozialer Arbeit und Bezeichnung der Theorie	Kernargumentation	Vertreter Herkunftsdisziplin
3.13	Ko-produktive Unterstützung der Selbstproduktionsprozesse der NutzerInnen Sozialer Arbeit	NutzerInnentheorie: Soziale Arbeit ist Unterstützung (Ko-Produktion) der Aneignungs- und Selbstproduktionsprozesse der NutzerInnen Sozialer Arbeit.	Die Frage nach der Binnenlogik Sozialer Arbeit führt zum Ergebnis, dass Soziale Arbeit auf Veränderungen der Person der NutzerInnen zielt, was aber nur die NutzerInnen selbst als Akt der Aneignung oder der Selbstproduktion vollziehen können. So gesehen sind die Professionellen nur Ko-Produzenten und die AdressatInnen (Selbst-)ProduzentInnen dieses Dienstleistungsprozesses, weswegen letzteren das Primat in diesem Prozess zusteht. Damit ist Soziale Arbeit als eine Dienstleistung zu verstehen, deren professioneller Handlungsmodus, „Dienstleistung", darin besteht, im Primat der NutzerInnen deren Aneignungs- und Selbstproduktionsprozesse ko-produktiv zu unterstützen. Somit steht der Gebrauchswert für die Lebensbewältigungspraxen der NutzerInnen im Zentrum der sozialpädagogischen Professionalität.	Schaarschuch, Oelerich; Erziehungswissenschaften
3.14	Re-Inklusion und Interdependenzunterbrechung	Postmoderne Theorie Sozialer Arbeit: Soziale Arbeit leistet Re-Inklusion und Interdependenzunterbrechung.	Die funktional differenzierten Gesellschaften (der Moderne) produzieren Ambivalenzen und ihre gesellschaftlichen Teilsysteme als Nebeneffekt Probleme, die weder sie selbst noch andere spezialisierte Teilsysteme lösen können. Soziale Arbeit zielt als sekundäres Funktionssystem „Daseinsnachsorge" auf Re-Inklusion in soziale Systeme der Bedürfnisbefriedigung und will verhindern, dass der Ausschluss aus einem System zum Ausschluss aus weiteren führt (Interdependenzunterbrechung). Das gelingt ihr nur durch ihren Generalismus, ihre Spezialisierung auf das Ent-Spezialisierte, was als Reaktion auf das Problem von Ambivalenzen in der Moderne zu werten ist.	Kleve; Soziale Arbeit/ Soziologie

Tabelle 2: Überblick über wissenschaftstheoretische Bezüge der zeitgenössischen Theorien der Sozialen Arbeit

Kapitel	Soziale Arbeit als …	Herkunftsdisziplin	(Weitere) disziplinäre und Theoriebezüge Bezüge	Wissenschafts- und erkenntnistheoretische Position	Aufgabenbestimmung der Theorie Sozialer Arbeit
3.1	Theorie der Jugendhilfe	Geisteswissenschaftliche Erziehungswissenschaft	Sozialgeschichte	Geisteswissenschaftlich und sozialwissenschaftlich	Zurückweisung (später eher Abgrenzung) von sozial- und fürsorgewissenschaftlichen Bestimmungen, Herstellung von Einheitlichkeit in der Theoriebildung
3.2	Instanz sozialer Kontrolle und Agentur sozialer Innovationen	Soziologie	Sozialkonstruktivismus, Georg Simmels Soziologie der Armut	Sozialkonstruktivismus	Soziologische Durchdringung (Erklärung) der (modernen) Fürsorge/Sozialarbeit
3.3	Tertiäre Erziehung	Erziehungswissenschaft	Sozialwissenschaften	Kritischer Rationalismus (Positivismus)	Bestimmung der grundlegenden Begriffe und Axiome, um anschließend (überprüfbare) Thesen und Hypothesen zu formulieren. Objektbereich sind dann die einer Sozialen Diagnose folgenden prophylaktischen, korrigierenden und kompensierenden Maßnahmen. Hier gilt es, Verfahren zu entwickeln und zu überprüfen, die Dissozialität vorbeugen bzw. abbauen.
3.4	Herrschaftssicherung	Soziologie/Sozialwissenschaften	Marxismus	Wird nicht expliziert	Bestimmung der objektiven Funktion Sozialer Arbeit jenseits der ideologischen Verklärungen ihrer PraktikerInnen und TheoretikerInnen
3.5	Revolutionäre Praxis	Sozialwissenschaften	Marxismus	Wird nicht expliziert	Erklärung von Ursachen und Zusammenhänge, um damit Praxis anleiten zu können
3.6	Vergesellschaftete Sozialisationsarbeit	Rechtswissenschaften	Sozialwissenschaften, Liberale Staatsrechtslehre, Marxismus	Wird nicht expliziert	Zeigen, wie sich Formen und Mechanismen der öffentlichen Interventionen in die Sozialisationsprozesse der Individuen gestalten/verändern; erklären, wie dies mit gewandelten Erfordernissen der gesamtgesellschaftlichen Reproduktion zusammenhängt

Kapitel	Soziale Arbeit als …	Herkunftsdisziplin	(Weitere) disziplinäre und Theoriebezüge Bezüge	Wissenschafts- und erkenntnistheoretische Position	Aufgabenbestimmung der Theorie Sozialer Arbeit
3.7	Freundliche Kolonialisierung	Soziale Arbeit/Sozialwissenschaften	Habermas' Theorie des kommunikativen Handelns	Wird nicht expliziert	[Indirekt: Analyse der Sozialarbeit, nicht Anweisungen für deren Handlungspraxis]
3.8	Hilfe zur Lebensbewältigung	Soziologie/Erziehungswissenschaften	Sozialpolitik, Sozialpsychologie, Erziehungswissenschaften; Durkheims Anomietheorie, Becks Risikogesellschaft, Castels Zonenmodell	Wird nicht expliziert	Analyserahmen und Interventionsparadigma
3.9	Ermöglichung von Subjektivität	Erziehungswissenschaften	Philosophie	Diskurstheorie	Theorie hat für die von ihr angeregte Profession die Bedingungen des Handelns deutlich zu machen und zugleich als eine kritische Instanz zu wirken.
3.10	Menschenrechtsprofession	Soziale Arbeit/Sozialwissenschaften	Ilse Arlts Bedürfnistheorie sowie eine Fülle weiterer inkl. Naturwissenschaften	Philosophie und Wissenschaftstheorie von Mario Bunge	Wissenschaft hat Gegenstands-, Erklärungs-, Werte-, Verfahrens- und Evaluationswissen für die Soziale Arbeit zu erarbeiten und zur Verfügung zu stellen.
3.11	Inklusionsvermittlung, Exklusionsvermeidung/-verwaltung	Soziologe/teilweise Erziehungswissenschaften, Sozialpädagogik	Luhmannsche Systemtheorie	Konstruktivismus (Heinz von Foerster), Kybernetik (Norbert Wiener)	Soziologische Beobachtung und Erklärung
3.12	Stellvertretende Deutung	Erziehungswissenschaften	Sozialwissenschaften insbes. Soziologie, Wissenssoziologie, Professionstheorie	Wird nicht expliziert	Analyse der objektiven Bedingungen und Folgen des Handels der professionell Tätigen sowie Antwort auf die Frage, inwieweit die „reflexive Professionalisierung" der Sozialen Arbeit wissenschaftlich und politisch durchgesetzt und praktisch umgesetzt werden kann

Kapitel	Soziale Arbeit als …	Herkunftsdisziplin	(Weitere) disziplinäre und Theoriebezüge Bezüge	Wissenschafts- und erkenntnistheoretische Position	Aufgabenbestimmung der Theorie Sozialer Arbeit
3.13	Ko-produktive Unterstützung der Selbstproduktionsprozesse	Erziehungswissenschaften	Sozialwissenschaften, Marxismus, Regulationstheorie	Symbolischer Interaktionismus	[Implizit] Wissenschaft sollte auf Analyse und Kritik des Bestehenden im Horizont von Veränderungsoptionen zielen.
3.14	Re-Inklusion und Interdependenzunterbrechung	Soziale Arbeit, Soziologie	Luhmannsche Systemtheorie, postmoderne (Sozial-)Philosophie (Lyotard, Welsch u. a.)	Konstruktivismus, „Postmodernismus“	Der Sozialarbeit soll ein postmodernes Wissenschaftskonzept der Sozialen Arbeit zur Seite gestellt werden.

Tabelle 3: Überblick über Ausgangspunkte und weitere Ziele der zeitgenössischen Theorien der Sozialen Arbeit

Kapitel	Soziale Arbeit als …	Ausgangspunkt/Anlass	Vorrangiges Ziel	Ggf. weitere Zielsetzungen
3.1	Theorie der Jugendhilfe	Unzulänglichkeiten der vorliegenden geisteswissenschaftlichen Bestimmungen des „Wesens“ der Sozialpädagogik	„Brauchbare“ Kernbestimmung moderner Sozialpädagogik	Geistes- und sozialwissenschaftliche Analyse der „neuen Institutionen“ (Organisationen, Einrichtungen), Entideologisierung der Theoriebildung
3.2	Instanz sozialer Kontrolle und Agentur sozialer Innovationen	Bisherige Bestimmungen Sozialer Arbeit als Reaktion auf soziale Nöte im gesellschaftlichen Wandel	Analyse der sozialen Bedingungen für die Einrichtungen der Fürsorge, um Wandlungen und Struktur fürsorgerischen Handelns zu beschreiben und zu erklären	Keine
3.3	Tertiäre Erziehung	Vorliegenden Theorien der Sozialen Arbeit fehle eine kritische Distanz zur Praxis, sie seien normativ und „emotional eingefärbt“, was den Aufbau eines deskriptiven Aussagesystems verhindere	Ein am Kritischen Rationalismus orientiertes Begriffs- und Satzsystem	Entwicklung von für die Sozialarbeit empirisch relevanten Erklärungen und Prognosen
3.4	Herrschaftssicherung	Hinterfragung von (Selbst-)Beschreibungen Sozialer Arbeit als „Hilfe“	Gesellschaftstheoretisch fundierte Funktionsbestimmung Sozialer Arbeit	Ideologische Verklärungen der PraktikerInnen und TheoretikerInnen aufklären und kritisieren
3.5	Revolutionäre Praxis	Missstände, die Sozialarbeit zu beheben vorgibt, bestehen trotz Soziarbeit fort.	Tragfähige Theorie der Sozialen Arbeit im Kontext einer Gesellschaftsanalyse, die Ursachen von sozialem Elend analysiert	Anleitung für sozialarbeiterisches Handeln
3.6	Vergesellschaftete Sozialisationsarbeit	Expansion der Sozialen Arbeit, trotz eines Rückgangs der Fürsorgebedürftigkeit; Eingriffe des bürgerlich-liberalen Staates in die private Reproduktion durch (materielle) Fürsorge und Erziehung	Beschreibung von Formen und Mechanismen dieser öffentlichen Interventionen	Hinterfragung des Selbstverständnisses Sozialer Arbeit als Hilfe
3.7	Freundliche Kolonialisierung	Fachdiskussion über das Kolonialisierungstheorem von Habermas	Frage nach der Erklärungskraft des Habermas‘schen Kolonialisierungstheorems für die Soziale Arbeit	Antwort darauf, ob Soziale Arbeit die Lebenswelt vor Kolonialisierung schützen kann oder sie mit voran treibt

Kapitel	Soziale Arbeit als …	Ausgangspunkt/Anlass	Vorrangiges Ziel	Ggf. weitere Zielsetzungen
3.8	Hilfe zur Lebensbewältigung	„Bewältigungstatsache“ durch Desintegrationsprozesse der arbeitsteiligen Industriegesellschaften	Theorie der Bearbeitung psychosozialer Bewältigungsprobleme durch Soziale Arbeit	Analyse der Handlungsantriebe, Möglichkeiten und Grenzen der Menschen mit Bewältigungsproblemen
3.9	Ermöglichung von Subjektivität	Moderne bürgerliche Gesellschaft mit Anforderungen an die Subjektivität, deren Basis sie zugleich untergräbt	Neuformulierung der Theorie angesichts dramatischer gesellschaftlicher Umwälzungen	Theorie der Sozialpädagogik als (diskursives) Projekt, Widerstand gegen irrational transzendentale und technokratisch effizienzorientierte Diskurse
3.10	Menschenrechtsprofession	Soziale Probleme durch dauerhafte Nichterfüllung von (Grund-)Bedürfnissen	Professionsethische Fundierung Sozialer Arbeit	Schaffung einer theoretischen Basis für professionelle Handlungsroutinen
3.11	Inklusionsvermittlung, Exklusionsvermeidung/-verwaltung	Beobachtung und Erklärung Sozialer Arbeit aus der Perspektive der Luhmann'schen Systemtheorie	Soziale Arbeit angemessen erklären und verstehen	Keine
3.12	Stellvertretende Deutung	Unterschiede zwischen wissenschaftlichem Wissen und Handlungswissen, Professionstheorie	Neues (reflexives) Selbstverständnis als Wissenschaft/Disziplin und neues Verhältnis zur Praxis	Abwehr der (externen) Instrumentalisierung der Sozialen Arbeit
3.13	Ko-produktive Unterstützung der Selbstproduktionsprozesse	Konzeption Sozialer Arbeit als Dienstleistung	Analyse der Binnenlogik Sozialer Arbeit; Ausgestaltung des Erbringungsverhältnisses derart, dass der Nachfrageseite, also den AdressatInnen, das Primat zukommt	Begründung für eine Demokratisierung der institutionellen Erbringungskontexte der Sozialen Arbeit
3.14	Re-Inklusion und Interdependenzunterbrechung	Aufladung von Theorie und Praxis mit Ambivalenz (aufgrund des nicht eindeutig bestimmten Gegenstandsbereichs in der Postmoderne), Systemtheorie	Aufzeigen postmoderner Uneindeutigkeit als konstitutiv für die (Theorie der) Soziale(n) Arbeit	Zurückweisung von Forderungen nach Eindeutigkeit

Tabelle 4: Überblick über normative Bezüge und Dimensionen der zeitgenössischen Theorien der Sozialen Arbeit

Kapitel	Soziale Arbeit als …	Explizite normative Bezüge	Implizite normative Bezüge	Wissenschafts- und erkenntnistheoretische Position/Bezüge	Menschen- und/oder Gesellschaftsbild
3.1	Theorie der Jugendhilfe	Keine	Besondere Struktur des sozialpädagogischen Denkens (Hilfe im Kontext von Gesellschaft)	Geisteswissenschaftlich und sozialwissenschaftlich	Moderne bürgerliche Gesellschaft mit modernen Institutionen der Erziehung
3.2	Instanz sozialer Kontrolle und Agentur sozialer Innovationen	Keine	(angebliche) Unabhängigkeit der neuen Fürsorge	Sozialkonstruktivismus	Sozial nivellierender Sozialstaat mit neuer Fürsorge
3.3	Tertiäre Erziehung	Ausdrücklich: keine	Jeweilige Werte der diagnostizierenden Gruppe(n)	Kritischer Rationalismus (Positivismus)	Arbeitsteilige Gesellschaft
3.4	Herrschaftssicherung	Keine	Marx' Gesellschaftsanalyse	Position wird nicht expliziert, Bezüge zu Marxismus	Kapitalistische Klassengesellschaft, unsichere Lohnarbeitexistenz
3.5	Revolutionäre Praxis	Re-Klassierung der Randgruppen und Überwindung des Kapitalismus	Marx' Gesellschaftsanalyse	Position wird nicht expliziert, Bezüge zu Marxismus	Industrie-kapitalistische, bürgerliche Gesellschaft, in der Ausbeutung und Unterdrückung herrschen
3.6	Vergesellschaftete Sozialisationsarbeit	Keine	Durchbrechen des „resignativen Zirkels" notwendiger gesellschaftlicher Veränderung und unverändertem beruflichen Alltag, mögliche gesellschaftliche Emanzipation durch Bildung	Position wird nicht expliziert, Bezüge zu Marxismus	Bürgerliche Gesellschaft, liberaler Staat

Kapitel	Soziale Arbeit als …	Explizite normative Bezüge	Implizite normative Bezüge	Wissenschafts- und erkenntnistheoretische Position/Bezüge	Menschen- und/oder Gesellschaftsbild
3.7	Freundliche Kolonialisierung	„Freundliche" „Kolonialisierung" (nicht entmündigen, sondern KlientInnen zu selbstbewussten Bürgern machen)	Keine	Wird nicht expliziert	Kapitalistische Marktgesellschaft und Rechtsstaat, die mit Geld und Recht zunehmend in die symbolische Reproduktion der Lebenswelt eindringen
3.8	Hilfe zur Lebensbewältigung	Keine	Coping Konzept, hegemoniale Vorstellungen von Integration/Desintegration	Wird nicht expliziert	Moderner Kapitalismus, der notwendig kritische Lebensereignisse und Bewältigungsprobleme verursacht
3.9	Ermöglichung von Subjektivität	Autonomie und Subjektivität	Keine	Diskurstheorie	Kapitalistische bürgerliche Gesellschaft, späte Moderne
3.10	Menschenrechtsprofession	Menschenrechte	Keine	Philosophie und Wissenschaftstheorie von Mario Bunge	Funktional differenzierte Gesellschaft, Menschen sind selbstwissensfähige Biosysteme mit biologischen, psychischen, sozialen und kulturellen Bedürfnissen
3.11	Inklusionsvermittlung, Exklusionsvermeidung/-verwaltung	Keine	Misslingende Inklusion ist die Kehrseite von Freiheit und Gleichheit [also: „notwendiges Übel", d. Vf.]	Konstruktivismus (Heinz von Foerster), Kybernetik (Norbert Wiener)	Funktional differenzierte Gesellschaft, die Inklusions- und Exklusionsverhältnisse hervorbringt

Kapitel	Soziale Arbeit als …	Explizite normative Bezüge	Implizite normative Bezüge	Wissenschafts- und erkenntnistheoretische Position/Bezüge	Menschen- und/oder Gesellschaftsbild
3.12	Stellvertretende Deutung	demokratische Rationalität	Keine	Sozialkonstruktivistisch, wissenssoziologisch	Marktwirtschaftlich organisierte, Ungleichheit produzierende und sozialstaatlich flankierte Gesellschaft, Angehörige sind als (potentiell) mündige, selbstbestimmungs- und freiheitsfähige und über Rechte verfügende Bürger zu verstehen, egalitäres Menschenbild
3.13	Ko-produktive Unterstützung der Selbstproduktionsprozesse	Staatsbürgerliche Rechte und Partizipationsmöglichkeiten	Orientierung der sozialen Dienstleistung der Ko-Produktion am Gebrauchswert für die NutzerInnen	Sozialkonstruktivismus, Bezüge zu Marxismus	Bürgerliche, auf industrie-kapitalistischer Grundlage beruhende Gesellschaft mit sozialstaatlicher Ausgestaltung, Verlust des „Normalarbeitsverhältnisses" als bisherigem Fixpunkt der Inklusion, Menschen gelten als (potentiell) mündige, selbstbestimmungs- und freiheitsfähige und über Rechte verfügende Bürger
3.14	Re-Inklusion und Interdependenzunterbrechung	Keine	Akzeptanz der Postmoderne mit ihrer Ambivalenz	Konstruktivismus, „Postmodernismus"	Postmoderne als „Geisteszustand"

Tabelle 5: Überblick über AdressatInnen und Handlungsfeldorientierung der zeitgenössischen Theorien der Sozialen Arbeit

Kapitel	Soziale Arbeit als …	AdressatInnen	Handlungsfeldorientierung
3.1	Theorie der Jugendhilfe	(Vor allem) Kinder und Jugendliche	Nicht handlungsorientiert, Beschreibung des sozialpädagogischen Feldes
3.2	Instanz sozialer Kontrolle und Agentur sozialer Innovationen	Jeweils als defizitär konstruierte Gruppen, die durch diese Konstruktion zu HandlungsadressatInnen werden, sowie zunehmend Gruppen, die nicht-defizitär sind, für die jedoch prophylaktisch Maßnahmen ergriffen werden, um normabweichende Entwicklungen zu verhindern	„Wertfreie" Theorie des Handelns im Feld
3.3	Tertiäre Erziehung	Dis- und asozialisierte Menschen	Entwicklung empirisch relevanter Erklärungen und Prognosen für das Feld, die Sozialarbeit wie hier Individuen oder Gruppen in einen „normalisierten" Zustand zu überführen sind
3.4	Herrschaftssicherung	Reguläre Lohnarbeiter, industrielle Reservearmee und „Lumpenproletariat"	Theorie des Handelns im – kapitalistisch gerahmten – Feld
3.5	Revolutionäre Praxis	Reguläre Lohnarbeiter, industrielle Reservearmee und „Deklassierte"	Theorie eines wünschenswerten antikapitalistischen Handelns auch der SozialarbeiterInnen im – kapitalistisch gerahmten – Feld
3.6	Vergesellschaftete Sozialisationsarbeit	Anfangs Fürsorgeempfänger, soziale Randgruppen, später immer mehr Angehörige der Lohnarbeiterklasse, inzwischen immer weitere Bevölkerungsteile	Nicht handlungsorientiert, wenngleich Widersprüche in der Praxis beschrieben werden
3.7	Freundliche Kolonialisierung	Menschen, die sich nicht alleine durch Geld und Recht zu den geforderten Anpassungsleistungen an die Systemimperative bringen lassen; das sind insbes. jene „an den Rändern der Gesellschaft"	
3.8	Hilfe zur Lebensbewältigung	Menschen aller Schichten und Lebensalter in riskanten Lebenslagen und an biografischen Übergängen, deren individuelle Ressourcen zur Bewältigung nicht ausreichen	Reflexionsfolie ohne Handlungsanleitung
3.9	Ermöglichung von Subjektivität	Von Armut Betroffene, sowohl „prekär integrierte KlientInnen" als auch „elende AdressatInnen" im „Modus der Differenz"	Explizit keine Handlungsorientierung für die Praxis/Profession, Aufforderungen zu Subjektorientierung und Diskursivität an die Disziplin

Kapitel	Soziale Arbeit als …	AdressatInnen	Handlungsfeldorientierung
3.10	Menschenrechtsprofession	Menschen, deren Bedürfnisse mangels Ressourcen unerfüllt bleiben	Normative Handlungsaufforderungen für die Praxis
3.11	Inklusionsvermittlung, Exklusionsvermeidung/ -verwaltung	Hilfebedürftige, nicht näher spezifiziert	Keine Handlungsorientierung, Analyse des Feldes als gesellschaftliches System ohne eigene Leitdifferenz
3.12	Stellvertretende Deutung	AdressatInnen nicht explizit benannt; potentiell: alle Menschen mit Unterstützungsbedarf bei der Problembewältigung, wobei die Wahrscheinlichkeit eines Unterstützungsbedarfs mit dem Ausmaß von Unterprivilegierung steigt	Reflexionsfolie ohne Handlungsanleitung
3.13	Ko-produktive Unterstützung der Selbstproduktionsprozesse	AdressatInnen nicht spezifiziert, Beschreibung von NutzerInnen mit Bedürfnissen („reale Gebrauchswerte") in ihrer Rolle als „eigentliche ProduzentInnen"(der eigenen Person)	Einordnung des Feldes in die Produktion öffentlicher „Dienstleistungen", nicht explizit handlungsorientiert, Reflexionsfolie: für Primat der Nachfrageseite und Ko-Produktion durch die Professionellen als Handlungsmodus
3.14	Re-Inklusion und Interdependenzunterbrechung	Potentiell alle Bevölkerungsgruppen	Aufforderung zu „anything goes"?

Tabelle 6: Überblick über die zeitgenössischen Theorien der Sozialen Arbeit als Problemkonstruktionen

Kapitel Soziale Arbeit als …	**Problem (Name)**	**Problembeschreibung**	**Problemursache**	**Problemlösung**
3.1 Theorie der Jugendhilfe	Soziale Frage/ Soziale Nöte	Soziale Nöte und höhere Anforderungen an Soziabilität des Menschen	Entstehung und Entwicklung der industriellen Gesellschaft führte zu sozialen Nöten und der „Sozialen Frage“, geht einher mit höheren Anforderungen an Individuen und Erziehungswesen, denen von Familie und Schule allein nicht entsprochen werden konnte (und kann).	Jugendhilfe als neuer institutioneller Bereich des Erziehungswesens (neben Familie, Schule u. Berufsausbildung) mit einer Reihe neuer Einrichtungen, die den Sozialisationsprozess der heranwachsenden Generation sichern
3.2 (a) * Instanz sozialer Kontrolle und Agentur sozialer Innovationen	Funktions- und Legitimationsverlust der alten Fürsorge (Armenpflege)	Die alte Fürsorge legitimierte sich durch das Argument, politisch eine wichtige Funktion zu erfüllen: die Abwendung der Gefährdung des Gemeinwesens. Sie wendete materielle Not und damit einhergehendes abweichendes Verhalten dadurch ab, dass sie (a) materielle Mindestsicherungsleistungen gewährte bzw. vermittelte und (b) abweichendes Verhalten der AdressatInnen (defizitorientiert) bekämpfte und normalisierte – mit oder gegen deren Willen. Diese Legitimationsgrundlage erodierte an der Wende des 19. zum 20. Jahrhundert.	Steigender Wohlstand, soziale Stabilität und (Leistungs-)Ausbau von vorgelagerten sozialen Sicherungssystemen wie die Sozialversicherung und Sozialversorgung führten dazu, dass Fürsorge große Teile ihrer ursprünglichen Funktionen einbüßte. Damit droht Legitimationsverlust für die Fürsorgeorganisationen und SozialarbeiterInnen.	„Moderne Fürsorge“ bzw. Sozialarbeit, als Instanz sozialer Kontrolle und Innovation Neue Legitimationsgrundlagen durch stete „Entdeckung“ neuer (immaterieller) Nöte, auf die es mit neuen Maßnahmen der modernen Fürsorge (soziale Innovationen) im Interesse der Gesellschaft zu reagieren gelte, dabei „Vorverlagerung“ von Interventionen
3.3 (a) * Tertiäre Erziehung	Dissoziales Verhalten	Es gibt „dissoziales“ Verhalten, d. h. Verhalten, das außerhalb der Toleranzgrenzen der diagnostizierenden Gruppe liegt.	Nicht thematisiert	Soziale Arbeit als tertiäre Erziehung Durch prophylaktische oder korrigierende Maßnahmen soll das Verhalten von Individuen oder Gruppen „normalisiert“ werden, d. h. so werden, dass es als „sozialisiertes“ diagnostiziert wird.

Kapitel Soziale Arbeit als …	Problem (Name)	Problembeschreibung	Problemursache	Problemlösung
3.3 (b) * Tertiäre Erziehung	Dissozialisation	Fünf Dissozialisierungsprozesse mit jeweils unterschiedlichen Ausgangspunkten sind zu beobachten: Dominant ist der, der aus der „antagonistischen Grundstruktur des Kapitalismus“ herzuleiten ist, er überformt auch die anderen Dissozialisierungsprozesse (etwa die vom sozialen Umfeld der Individuen, von bestimmten Staatsapparaten, ggf. auch von den Institutionen der Sozialen Arbeit ausgehenden). Diese Dissozialisierungsprozesse bewirken Dissozialisation nur, wenn sie für Individuen oder Gruppen zu „Krisensituationen“ führen, in denen widersprüchliche Verhaltensanforderungen formuliert werden.	Kapitalistische Lohnarbeitsgesellschaft mit ihrer antagonistischen Grundstruktur	Soziale Arbeit als Resozialisation Individualisierung und Pädagogisierung sozialer Probleme, die als Lerndefizite definiert und bearbeitet werden; im Einzelfall leistet Soziale Arbeit dann Vorbeugung, Verwaltung, Verwahrung oder Unterstützung (Bildung, Sozialtherapie, materielle Unterstützung und Informationsvermittlung)
3.4 Herrschaftssicherung	Reproduktions- und Legitimationsprobleme im Kapitalismus	Reproduktion der Arbeitskraft ist im Kapitalismus fragil. Das gefährdet auch die Legitimation des Staates und des Systems als Ganzem. Die soziale Lage von Lohnabhängigen ist im Kapitalismus grundsätzlich durch Unsicherheit gekennzeichnet; die Möglichkeit der Deklassierung ist der Arbeiterexistenz immanent. Arbeitsschwierigkeiten, Entlassung, Krankheit, Schulden, steigende Mieten usw. und generell Raubbau an der Arbeitskraft können zu Verelendung führen. Degradierung und Elend im massenhaften Ausmaß jedoch gefährden das System politisch-legitimatorisch und ökonomisch (Arbeitskräftemangel), weshalb vom Staat gegengesteuert wird.	Grundwiderspruch zwischen Lohnarbeit und Kapital in der kapitalistischen Klassengesellschaft, der das System selbst gefährdet	Sozialarbeit als Instrument der Herrschaftssicherung im Kapitalismus. Die sozio-ökonomisch beschränkten Lebensbedingungen der Lohnabhängigen erfordern Hilfeleistung des Staates, durch Sozialpolitik und Sozialarbeit. Diese Hilfeleistung hat drei Funktionen: eine ökonomische (Gewährleistung der Reproduktion der Arbeitskraft im kapitaladäquaten Maßstab), eine soziale (Milderung von Klassenunterschieden) und eine politische (Stabilisierung der gegebenen Machtverhältnisse durch Herstellung „sozialen Friedens“ mittels Berücksichtigung von Bedürfnissen der Armen).

Kapitel Soziale Arbeit als …	Problem (Name)	Problembeschreibung	Problemursache	Problemlösung
3.5 (b) Revolutionäre Praxis	„Sozialarbeit von oben“	„Sozialarbeit von oben“ orientiert sich an Defiziten und Randgruppen und versucht, sozialabweichendes Verhalten und defizitäre Zustände zu beheben, kann aber die sozialen Probleme weder beseitigen noch wesentlich lindern. Die Zahl der Randständigen wird nicht kleiner, sondern steigt trotz Sozialarbeit.	Sozialarbeit kuriert Symptome, um angeschlagene Arbeitskraft zu reparieren, gesellschaftliche Widersprüche zwischen Kapital und Lohnarbeit zu verdrängen und Ursachen des sozialen Elends zu verschleiern.	„Sozialarbeit von unten“ / „fortschrittliche Sozialarbeit“, die 1. Ursachen des sozialen Elends (dem Kapitalismus) auf den Grund geht und 2. „Sozialarbeit von unten“ / „fortschrittliche Sozialarbeit“ tatsächlich leistet (d. h. orientiert an den Zielen der Arbeiterbewegung die Rückgliederung des Klienten in den Klassenzusammenhang und damit Klassensolidarität fördert)
3.6 Vergesellschaftete Sozialisationsarbeit	Selbstregulation der bürgerlichen Gesellschaft funktioniert nicht.	Liberale Rechtsstaatstheorien des 19. Jahrhunderts konzipierten Selbstregulation der bürgerlichen Gesellschaft (Beschränkung der Staatstätigkeit auf Schaffung der Rahmenbedingungen für freie Konkurrenz). Dies wurde in Deutschland nie Wirklichkeit. Eine rein marktliche Reproduktion sicherte nie die minimalen Lebensbedürfnisse aller Individuen. Das gilt für die rein materiellen Bedürfnisse wie auch für Bildungs- und Erziehungsaufgaben.	[Implizit] die liberalen Rechtsstaatstheorien des 19. Jahrhunderts und das Selbstverständnis der bürgerlichen Gesellschaft waren nie realitätstüchtig.	(Zunehmende) staatliche Eingriffe in die Regulation der Gesellschaft: a) Mindestsicherung (Armenfürsorge/Fürsorge als Verbindung von materieller Unterstützung mit pädagogischer Einflussnahme), später vorgelagerte Systeme (Sozialversicherung und -versorgung), womit die (verbleibende) Fürsorge zum „Lückenfüller“ wurde (Bedeutungsverlust für die materielle Sicherung). Zugleich enorme Ausweitung des immateriellen (pädagogischen, sozialisierenden Elements), geht inzwischen so weit, dass damit nicht mehr bloß „Randgruppen“ erfasst werden, sondern auch die „Durchschnittsarbeitskraft“ erfasst wird. b) Eingriffe des Staates ins Austauschverhältnis von Lohnarbeit und Kapitel (z. B. Regulation/ Verbot von Kinderarbeit). c) zunehmende Übernahme von Bildungs- und Erziehungsaufgaben durch den Staat (Schule und öffentliche Erziehung)

Kapitel Soziale Arbeit als …	Problem (Name)	Problembeschreibung	Problemursache	Problemlösung
3.7 Feundliche Kolonialisierung	Assimilationsprobleme (bei Anpassung an Systemimperative)	Die Lebenswelt (Gesellschaft als die sozio-kulturelle Umwelt) wird im evolutionären Prozess der Herausbildung des kapitalistischen Marktes und des sozialen Rechtsstaates Prozessen einer (inneren) Kolonialisierung ausgesetzt: Kommunikation wird auch in Bereichen der symbolischen Reproduktion der Lebenswelt ersetzt durch die systemischen Medien Geld und Recht. Doch nicht bei allen, insbes. nicht bei Menschen am Rande der Gesellschaft, können die erforderlichen Anpassungsleistungen der Individuen an die Imperative des kapitalistischen Wirtschaftssystems und des modernen Sozialstaates allein mittels Geld und Recht hergestellt werden.	(Innere Kolonialisierung durch das System bei gleichzeitigem) Mangel an Bereitschaft und/oder Fähigkeit, den Systemimperativen zu entsprechen	Intervention in Form von Kommunikation (neben Geld und Recht) als ergänzendes, abstützendes Medium. Diese Kommunikationsleistung erbringt Sozialarbeit, womit sie als Vermittlerin zwischen System und Lebenswelt fungiert. Sie zielt auf Arrangements der Lebenswelt mit dem System, also auf die Anpassung der AdressatInnen an die Imperative des Systems.
3.8 Hilfe zur Lebensbewältigung	Probleme der Lebensbewältigung (individuell und gesellschaftlich i. S. sozialer Desintegration)	Individuen sind in der „industriellen Moderne" mit der „Bewältigungstatsache" konfrontiert. Bewältigungsprobleme entstehen dann, wenn a) eine kritische Lebenssituation eintritt, die subjektive Handlungsfähigkeit und damit das psycho-soziale Gleichgewicht gefährdet ist und b) bislang verfügbare personale und soziale Ressourcen für die Lebensbewältigung nicht mehr ausreichen und in der Folge c) das – i.d.R. nicht vornehmlich kognitiv-rational, sondern mehr emotional und triebdynamisch strukturierte – Streben nach subjektiver Handlungsfähigkeit scheitert. Es droht soziale Desintegration, die zu psychosozialen Folgeproblemen und/oder „prekären" Bewältigungsformen bis hin zu abweichendem Verhalten führen kann.	Die „industrielle Moderne" / die arbeitsteilige Industriegesellschaft produziert eine „latente sozialstrukturelle Dauerkrise", denn die Spannung von Integration und Desintegration ist moderner Arbeitsteilung immanent. Das führt vielfach zu sozialer Desintegration (Anomie) bzw. „sozialer Entbettung". Die ökonomisch-technische Arbeitsteilung muss dennoch strukturnotwendig sozial reproduziert und ausbalanciert werden.	Soziale Arbeit als Hilfe zur Lebensbewältigung

Kapitel Soziale Arbeit als …	Problem (Name)	Problembeschreibung	Problemursache	Problemlösung
3.9 Ermöglichung von Subjektivität	Gefährdung des Subjekts und seiner Subjektivität	Bürgerlich-kapitalistische Gesellschaften sind diskontinuierlich, Menschen sind ihrer Reproduktion und ihrer Integration bedroht (dramatische Form: Pauperismus). Die politisch-ökonomischen Bedingungen erfordern die „Lebensform autonomer Subjektivität“, stellen aber die für das Aufwachsen erforderlichen Ressourcen (darunter Bildungschancen) kaum zur Verfügung. Insofern wird Armut, werden die Bedingungen von gelingender Sozialisation ein pädagogisches Problem. Das Thema der Sozialpädagogik tritt hervor: Die Bedingungen gelingender Sozialisation zu organisieren.	Industrielle Revolution, die gesellschaftliche Reproduktionsprobleme externalisiert; politisch-ökonomische Bedingungen in bürgerlich-kapitalistischen Gesellschaften	Soziale Arbeit als Ermöglichung/Rekonstruktion von Subjektivität, Subjekten Bildung (durch Erziehung) ermöglichen
3.10 Menschenrechtsprofession	Soziale Probleme (Armut)	Menschen sind Teil von Systemen und eigene „selbstwissensfähige Biosysteme“ mit biologischen, psychischen, sozialen und kulturellen Bedürfnissen. Befriedigung ist von der Verfügbarkeit entsprechender Güter und Situationen wie auch von der Fertigkeit des Individuums abhängig, die faktisch erreichbaren Möglichkeiten zu nutzen oder neue zu schaffen. Das gelingt nicht immer. Die dauerhafte Nicht-Erfüllung von (Grund-)Bedürfnissen ist Ursache von sozialen Problemen.	Industrialisierung (1986), Nicht-Verfügbarkeit entsprechender Güter und Situationen zur Bedürfnisbefriedung und/oder mangelnde Fähigkeit des Individuums, die faktisch erreichbaren Möglichkeiten zu nutzen oder neue zu schaffen (spätere Quellen). Gründe (Problemkategorien) dafür können sein: a) Ausstattungs-, b) Austausch-, c) Macht- oder d) Kriterienprobleme.	Soziale Arbeit, die auf soziale Probleme reagiert, die besonders intensiv, meist von längerer Dauer und kumulativ sind Sie soll Menschen befähigen, ihre Bedürfnisse wieder so weit wie möglich und zumutbar aus eigener Kraft zu befriedigen. Sie soll nicht nur entsprechende Lernprozesse unterstützen, sondern auch darauf hinarbeiten, institutionalisierte, menschenverachtende soziale Regeln und Werte von sozialen Systemen in menschen- und bedürfnisgerechte Regeln und Werte zu transformieren.

Kapitel Soziale Arbeit als …	Problem (Name)	Problembeschreibung	Problemursache	Problemlösung
3.11 Inklusionsvermittlung, Exklusionsvermeidung/-verwaltung	Inklusions-/Exklusionsproblematik der funktional differenzierten Gesellschaft	Die funktional differenzierte Gesellschaft auf Basis bürgerlicher Freiheit hält – im Unterschied zu vormodernen Gesellschaften, in denen Individuen durch Geburt und Stand (dauerhaft) inkludiert waren – keinen Inklusionsautomatismus bereit. Vielmehr ist das Individuum zunächst exkludiert. Die Individuen sind damit gehalten, sich an sozialen Teilnahmegelegenheiten auszurichten, Organisationsmitgliedschaften anzustreben und damit Zugang zu den Rollen zu finden, auf die sie für ihre Lebensführung angewiesen sind. Der Zugang und damit Inklusion (in Funktionssysteme und Organisationen) ist aber nicht garantiert. Exklusion ist strukturtheoretisch eine (unproblematische) Voraussetzung funktionaler Differenzierung. Zum Problem wird diese Differenzierungsform erst, wenn Inklusionen in wachsendem Maße misslingen und Exklusionen kumulieren, so dass die Lebenschancen von Individuen aufgrund ihrer reduzierten Teilhabemöglichkeiten an sozialen Systemen schwinden.	Die Inklusions-/Exklusionsmodi der funktional differenzierten Gesellschaft können keine Inklusion garantieren. Es besteht das „Dauerproblem" misslingender Inklusion (als „Kehrseite" von Freiheit und Gleichheit).	Wohlfahrtsstaatliche Organisationen, die den Wiedereinschluss durch Recht, Geld, Beratung und Vermittlung ermöglichen Soziale Arbeit ist in diesem Rahmen für die Fälle zuständig, die aus generalistischen Auffangmechanismen (z. B. Sozialversicherungsleistungen) herausfallen oder diese Exklusionsdynamiken nicht aufhalten können. Sie reagiert auf prekäre Inklusionslagen und Exklusionen mit organisierter Hilfe in Form von Beratung, Erziehung, Bildung, stellvertretendem Handeln usw. Dabei transformiert sie Inklusions-/Exklusionsprobleme in Fälle individueller Hilfsbedürftigkeit.

Kapitel Soziale Arbeit als …	Problem (Name)	Problembeschreibung	Problemursache	Problemlösung
3.12 Stellvertretende Deutung	Möglichkeit der wissenschaftlichen und politischen Durchsetzung einer „reflexiven Professionalisierung“ der Sozialen Arbeit und ihrer Umsetzung in der Praxis	Die (Disziplin) Soziale Arbeit hat versäumt, über den Status differenter Wissensformen [gemeint ist vor allem der Unterschied zwischen wissenschaftlichem und Handlungswissen, d. Vf.] systematisch nachzudenken. Eine analytische und reflexive Perspektive auf das Untersuchungsfeld war so nicht möglich. Dies und die (externe) Instrumentalisierung der Sozialpädagogik erfordern, dass die Soziale Arbeit ihr Selbstverständnis als Wissenschaft/Disziplin und ihr Verhältnis zur Praxis (neu) bestimmt.	Die (Disziplin) Soziale Arbeit hat sich auf die Reformierbarkeit der sozialpädagogischen Praxis und ihre gesellschaftlichen und sozialen Bedingungen konzentriert und konnte deshalb keinen theoretischen und wissenschaftslogischen Fokus entwickeln. Solange sich sozialpädagogische Theorieangebote als normative Theorien einer bzw. für eine Praxis verstehen, ist ihnen eine analytische und reflexive Perspektive auf das Untersuchungsfeld nicht möglich.	Beantwortung der Frage nach den Binnenstrukturen bzw. Strukturlogiken sozialpädagogischen Handelns (1), und der Frage nach deren Verhältnis zu „differenten Wissensstrukturen“(2)
3.13 Ko-produktive Unterstützung der Selbstproduktionsprozesse	Unzureichende aktuelle Orientierung Sozialer Arbeit	Der quantitative Anstieg der Problempopulation (a) und die qualitative Ausweitung der Problemkonstellationen (b) treffen auf eine Soziale Arbeit, deren institutionelle Kapazitäten begrenzt, deren professionelle Konzepte und pädagogische Handlungsformen angesichts dieser Situation wenig innovativ und flexibel sind (c). Zudem geraten ihre Institutionen und Professionellen unter Effizienz-, Rationalisierungs- und Legitimationsdruck (d).	a) gesellschaftliche Spaltungs- und Heterogenisierungstendenzen, b) Relativierung der normativen Bezugspunkte („Normalitätsverhältnisse“ wegen „Krise der Arbeitsgesellschaft“) und Enttraditionalisierung soziokultureller Milieus, c) überkommende Normalitätsorientierung, Lohnarbeitszentrierung der Sozialen Arbeit, d) Krise öffentlicher Haushalte	Neuorientierung Sozialer Arbeit, Ausrichtung am professionellen Handlungsmodus „Dienstleistung“, der sich an der Strukturlogik der Aneignung der AdressatInnen (NutzerInnen) ausrichtet, um so Aneignungs- und Selbstproduktionsprozesse von NutzerInnen koproduktiv zu unterstützen

Kapitel Soziale Arbeit als …	Problem (Name)	Problembeschreibung	Problemursache	Problemlösung
3.14 Re-Inklusion und Interdependenzunterbrechung	Ambivalenz der Moderne	In vollendet funktional differenzierten Gesellschaften (der Moderne) produzieren gesellschaftliche Teilsysteme Probleme, die weder sie selbst noch andere Teilsysteme lösen können. Gleichzeitig fielen mit der Modernisierung a) die primären familiär-lebensweltlichen Bezüge auseinander und b) erodierten die religiös und moralisch motivierten Hilfen.	Die gesellschaftlichen Teilsysteme produzieren in funktional differenzierten Gesellschaft Probleme, die weder sie selbst noch andere Teilsysteme lösen können.	Soziale Arbeit als Re-Inklusion und Interdependenzunterbrechung bei Problemen, die in verschiedenen Funktionssystemen produziert und von dort in ihre Umwelt ausgelagert werden

* Anmerkung: Wie im Fließtext ausgewiesen lassen sich einzelne Theorien in zwei Varianten als Problemkonstruktionen rekonstruieren, entweder weil in den Theorien zwei Argumentationsstränge parallel entfaltet wurden oder weil andere Autoren alternative Konstruktionen formulierten. Wir haben diese Varianten ebenfalls tabellarisch aufbereitet und dokumentiert. Anders als in den Überblickstabellen 1–5 verweisen wir in Überblickstabelle 6 auf einzelne Varianten.

Leseempfehlungen

Im Folgenden werden – aus durchaus subjektiver Sicht der VerfasserInnen – zum Teil über das Literaturverzeichnis hinaus Quellen benannt, die den vorgelegten Überblick in je spezifischer Weise ergänzen können.

Eine gelungene, immer noch lesenswerte Überblicksdarstellung über Theorien Sozialer Arbeit:

- Marburger, H. (1979): Entwicklung und Konzepte der Sozialpädagogik. München: Juventa.

Eine aktuellere, aber vorraussetzungsreichere Abhandlung:

- May, M. (2010): Aktuelle Theoriediskurse Sozialer Arbeit. 3. Auflage. Wiesbaden: VS.

Ausgewählte Fundstellen für Originaltexte/(Quellen-)Bände:

- Otto, H.-U./Schneider, S. (Hrsg.) (1973): Gesellschaftliche Perspektiven der Sozialarbeit. 2 Bände. Neuwied: Luchterhand.
- Thole, W./Galuske, M./Gängler, H. (Hrsg.) (1998): KlassikerInnen der Sozialen Arbeit. Sozialpädagogische Texte aus zwei Jahrhunderten – ein Lesebuch. Neuwied und Kriftel: Luchterhand.
- Thole, W. (Hrsg.) (2002): Grundriss Soziale Arbeit. Ein einführendes Handbuch. Wiesbaden: Leske + Budrich.
- Wollenweber, H. (Hrsg.) (1983b): Sozialpädagogische Theoriebildung. Quellenband. P Paderborn, München, Wien, Zürich: Schöningh.

Lehrbuchartige Darstellungen:

- Niemeyer, C. (2010): Klassiker der Sozialpädagogik. Einführung in die Theoriegeschichte einer Wissenschaft. 3. Auflage. Weinheim und München: Juventa.
- Engelke, E./Borrmann, S./Spatscheck, C. (2018): Theorien der Sozialen Arbeit. 7. überarb. Auflage. Freiburg: Lambertus.
- Lambers, H. (2020): Theorie der Sozialen Arbeit. Ein Kompendium und Vergleich. 5. Auflage. Opladen und Toronto: B. Budrich.
- Sandermann, Ph./Neumann, S. (2018): Grundkurs Theorien der Sozialen Arbeit. München: Ernst Reinhard.

Zur historischen Perspektive auf die Entwicklung von Theorien Sozialer Arbeit:

- Niemeyer, C./Schröer, W./Böhnisch, L. (1997): Grundlinien Historischer Sozialpädagogik. Weinheim und München: Juventa.
- Dollinger, B. (2006): Die Pädagogik der Sozialen Frage. Wiesbaden: VS.
- Dollinger, B./Müller, C./Schröer, W. (Hrsg.) (2007): Die sozialpädagogische Erziehung des Bürgers: Entwürfe zur Konstitution der modernen Gesellschaft. Wiesbaden: VS.
- Dollinger, B. (2008): Reflexive Sozialpädagogik: Struktur und Wandel sozialpädagogischen Wissens. Wiesbaden: VS.

Weitere Literatur:

- Birgmeier, B./Mührel, E. (Hrsg.) (2009): Theorien der Sozialpädagogik – ein Theorie-Dilemma? Wiesbaden: VS.
- Böhnisch, L./Schröer, W./Thiersch, H. (2005): Sozialpädagogisches Denken. Weinheim und München: Juventa.
- Dollinger, B. (Hrsg.) (2006): Klassiker der Pädagogik: die Bildung der modernen Gesellschaft. Wiesbaden: VS.
- Dollinger, B. (2020): Sozialpädagogische Theoriegeschichten. Eine narrative Analyse historischer und neuerer Theorien Sozialer Arbeit. Weinheim und Basel: Beltz Juventa.
- Dollinger, B./Kessl, F./Neumann, S./Sandermann, P. (Hrsg.) (2012): Gesellschaftsbilder Sozialer Arbeit. Bielefeld: Transcript.

- Engelke, E. (2003): Die Wissenschaft Soziale Arbeit. Werdegang und Grundlagen. Freiburg: Lambertus.
- Füssenhäuser, C. (2005): Werkgeschichte(n) der Sozialpädagogik: Klaus Mollenhauer – Hans Thiersch – Hans-Uwe Otto; der Beitrag der ersten Generation nach 1945 zur universitären Sozialpädagogik. Baltmannsweiler: Schneider Verlag Hohengehren.
- Hollstein-Brinkmann, H./Staub-Bernasconi S. (Hrsg.) (2005): Systemtheorien im Vergleich. Was leisten Systemtheorien für die Soziale Arbeit? Wiesbaden: VS.
- Mühlum, A. (1982): Sozialpädagogik und Sozialarbeit. Eine vergleichende Darstellung zur Bestimmung ihres Verhältnisses in historischer, berufspraktischer und theoretischer Perspektive. Frankfurt am Main: Deutscher Verein für Öffentlichkeit und Private Fürsorge.
- Mühlum, A. (Hrsg.) (2004): Sozialarbeitswissenschaft: Wissenschaft der sozialen Arbeit. Freiburg: Lambertus.
- Mührel, E./Birgmeier, B. (Hrsg.) (2009): Die Sozialarbeitswissenschaft und ihre Theorie(n): Positionen, Kontroversen, Perspektiven. Wiesbaden: VS.
- Mührel, E./Birgmeier, B. (Hrsg.) (2011): Theoriebildung in der Sozialen Arbeit: Entwicklungen in der Sozialpädagogik und der Sozialarbeitswissenschaft. Wiesbaden: VS.
- Müller, B. (1995): Außensicht – Innensicht. Beiträge zu einer analytisch orientierten Sozialpädagogik. Freiburg im Breisgau: Lambertus.
- Müller, B. (1997): Sozialpädagogisches Können. Ein Lehrbuch zur multiperspektivischen Fallarbeit. 3. Auflage. [Erstauflage: 1993]. Freiburg: Lambertus.
- Otto, H.-U./Utermann, K. (Hrsg.) (1971): Sozialarbeit als Beruf. Auf dem Weg zur Professionalisierung? München: Juventa.
- Puhl, R. (Hrsg.) (1996): Sozialarbeitswissenschaft. Neue Chancen für theoriegeleitete Soziale Arbeit. Weinheim und München: Juventa.
- Röhers, H. (Hrsg.) (1968): Die Sozialpädagogik und ihre Theorie. Frankfurt am Main: Akademische Verlagsgesellschaft.
- Seelmeyer, U. (2008): Das Ende der Normalisierung? Soziale Arbeit zwischen Normativität und Normalität. Weinheim und München: Juventa.
- Stecklina, G./Wienforth, J. (Hrsg.) (2019): Soziale Arbeit und Lebensbewältigung. Grundlagen, Praxis, Kontroversen. Weinheim und Basel: Beltz Juventa.
- Sünker, Heinz (Hrsg.) (1989): Bildung, Alltag und Subjektivität. Elemente zu einer Theorie der Sozialpädagogik. Weinheim: Deutscher Studien Verlag.
- Sünker, H. (Hrsg.) (1995): Theorie, Politik und Praxis sozialer Arbeit. Bielefeld: Kleine.
- Thiersch, H. (1986): Die Erfahrung der Wirklichkeit. Perspektiven einer alltagsorientierten Sozialpädagogik. Weinheim: Juventa.
- Thiersch, H. (2002): Positionsbestimmungen der Sozialen Arbeit. Weinheim und München: Juventa.
- Thiersch, H. (2005): Lebensweltorientierte Soziale Arbeit. 6. Auflage. [Erstauflage: 1992]. Weinheim und München: Juventa.
- Thiersch, H./Grundwald, K. (Hrsg.) (1995): Zeitdiagnose Soziale Arbeit. Weinheim und München: Juventa.
- Uhlendorff, U./Allemann-Ghionda, C./Meder, N./Mertens, G. (Hrsg.) (2011): Erziehungswissenschaft und Gesellschaft. Stuttgart: Schöningh.

Literatur

Abhamiri, K. (2020): Spaß machen – die Aneignung und Nutzung eines sozialpädagogischen Angebots aus Kindersicht. In: Rießen, A. v./Jepkens, K. (Hrsg.), S. 107–121.

Adorno, T. W./Dahrendorf, R./Pilot, H./Albert, H./Habermas, J./Popper, K. R. (Hrsg.) (1975): Der Positivismusstreit in der deutschen Soziologie. 4. Auflage. [Erstauflage: 1969]. Darmstadt und Neuwied: Luchterhand.

Alisch, L.-M. (1975): Verwendung und Verwendungsmöglichkeit des Begriffs „Soziale Kontrolle" in der Erziehungswissenschaft. Ein Beispiel zu Theorie der Sozialen Diagnose. In: Archiv für Wissenschaft und Praxis der sozialen Arbeit, H. 6, S. 205–237.

Alisch, L.-M. (1983): Sozialpädagogische und sozialarbeitswissenschaftliche Theoriebildung bei Lutz Rössner. In: Wollenweber, H. (Hrsg.): Modelle sozialpädagogischer Theoriebildung. Paderborn, München, Wien, Zürich: Schöningh, S. 121–146.

Alisch, L.-M./Haisch, F./Rössner, L. (1975): Entwurf einer Theorie des Diagnostizierens. Vorstudie zum Problem der Sozialen Diagnose im Rahmen einer Theorie der Sozialarbeit. In: Archiv für Wissenschaft und Praxis der sozialen Arbeit, H. 6, S. 93–120.

Alisch, L.-M./Rössner, L. (Hrsg.) (1990): Grundlagen der Sozialarbeitswissenschaft und sozialarbeitswissenschaftlicher Forschung. 2. erw. Auflage. [Erstauflage: 1980]. Braunschweig: Technische Universität.

Amthor, R.-C. (2003): Die Geschichte der Berufsausbildung in der sozialen Arbeit. Auf der Suche nach Professionalisierung und Identität. Weinheim und München: Juventa.

Andre, G. (1994): SozialAmt. Eine historisch-systematische Einführung in seine Entwicklung. Weinheim: Beltz.

Andresen, S. (2001): Der deutsche Mann und die Klassikerdebatte in der Sozialpädagogik. In: Zeitschrift für pädagogische Historiographie 7, S. 99–105.

Aner, K. (2005): „Ich will, dass etwas geschieht." Wie zivilgesellschaftliches Engagement entsteht – oder auch nicht. Berlin: edition sigma.

Aner, K./Karl, U. (Hrsg.) (2010): Handbuch Soziale Arbeit und Alter. Wiesbaden: VS.

Angerhausen, S./Backhaus-Maul, H./Offe, C./Olk, T./Schiebel, M. (1998): Überholen ohne einzuholen. Freie Wohlfahrtspflege in Ostdeutschland. Opladen und Wiesbaden: Westdeutscher Verlag.

Anhorn, R./Bettinger, F./Stehr, J. (Hrsg.) (2007): Foucaults Machtanalytik und soziale Arbeit. Eine kritische Einführung und Bestandsaufnahme. Wiesbaden: VS.

Arbeitskreis kritische Sozialarbeit (1971): Geschichte und Funktion der Sozialarbeit. Frankfurt: Arbeitskreis kritische Sozialarbeit.

Autorenkollektiv (1978): Gefesselte Jugend. Fürsorgeerziehung im Kapitalismus. 5. Auflage. [Erstauflage: 1971]. Frankfurt: Suhrkamp.

Babic, B./Leßmann, O. (2016): Zwischen Wunsch und Wirklichkeit? Schlaglichter zur Rezeption des Capability/-ies-Ansatzes in der deutschsprachigen Sozialen Arbeit. In: Borrmann, S./Spatscheck, C./Sagebiel, J./Michel-Schwartze, B. (Hrsg.): Die Wissenschaft Soziale Arbeit im Diskurs. Opladen, Berlin, Toronto: B. Budrich, S. 197–216.

Badawia, T./Luckas, H./Müller, H. (Hrsg.) (2006): Das Soziale gestalten. Über Mögliches und Unmögliches der Sozialpädagogik. Wiesbaden: VS.

Badura, B./Gross, P. (1976): Sozialpolitische Perspektiven. München: Piper.

Badura, B./Gross, P. (1977): Sozialpolitik und Soziale Dienste: Entwurf einer Theorie personenbezogener Dienstleistungen. In: Ferber, C. v./Kaufmann, F.-X. (Hrsg.): Soziologie und Sozialpolitik. In: Kölner Zeitschrift für Soziologie und Sozialpsychologie. Sonderheft 19. Opladen, S. 361–385.

Baecker, D. (1994): Soziale Hilfe als Funktionssystem der Gesellschaft. In: Zeitschrift für Soziologie 23, H. 2, S. 93–110.

Bakoben, S. (2020): Integration durch Bildung? Nutzung von Bildungsangeboten für Geflüchtete. In: Rießen, A. v./Jepkens, K. (Hrsg.), S. 199–219.

Barabas, F./Blanke, T./Sachße, C./Stascheit, U. (1975): Jahrbuch der Sozialarbeit 1976. Reinbek: Rowohlt.

Barabas, F./Blanke, T./Sachße, C./Stascheit, U. (1977): Zur Theorie der Sozialarbeit. Sozialisation als gesellschaftliche Praxis. In: dies. (Hrsg.): Jahrbuch der Sozialarbeit 1978. Reinbek: Rowohlt, S. 490–535.

Baron, R./Dyckerhoff, K./Landwehr, R./Nootbaar, H. (Hrsg.) (1978): Sozialarbeit zwischen Bürokratie und Klient. Dokumente der Sozialarbeiterbewegung. Sozialpädagogische Korrespondenz 1969–1973. Offenbach: Verlag 2000.

Bäumer, G. (1929): Die historischen und sozialen Voraussetzungen der Sozialpädagogik und die Entwicklung ihrer Theorie. In: Thole, W./Galuske, M./Gängler, H. (Hrsg.) (1998): KlassikerInnen der Sozialen Arbeit. Neuwied und Kriftel: Luchterhand, S. 149–159.

Becker, H. S. (1963): Outsiders: Studies in Sociology of Deviance. New York: The Free Press.

Beckmann, C. (2009): Qualitätsmanagement und Soziale Arbeit. Wiesbaden: VS.

Beckmann, C./Otto, H.-U./Richter, M./Schrödter, M. (Hrsg.) (2004): Qualität in der Sozialen Arbeit. Zwischen Nutzerinteressen und Kostenkontrolle. Wiesbaden: VS.

Beranek, A./Hammerschmidt, P./Hill, B./Sagebiel, J. (Hrsg.) (2018): Big Data, Facebook, Twitter & Co. – Soziale Arbeit und digitale Transformation. Weinheim und Basel: Beltz Juventa.

Berger, J./Offe, C. (1974): Die Entwicklungsdynamik des Dienstleistungssektors. In: Leviathan, H. 8, S. 41–75.

Berner, H. (2012): Gouvernementalität und Soziale Arbeit. In: Zentrum für Zukunftsstudien der FH Salzburg GmbH Nr. 19, Salzburg.

Bernfeld, S. (1925/1973): Sisyphos oder die Grenzen der Erziehung. Frankfurt: Suhrkamp.

Birgmeier, B. (2012): Soziale Arbeit als Wissenschaft. Bd. 1: Entwicklungslinien 1990 bis 2000. Wiesbaden: VS.

Birgmeier, B./Mührel, E/Winkler, M. (Hrsg.) (2020): Sozialpädagogische SeitenSprünge. Einsichten von außen, Aussichten von innen: Befunde und Visionen zur Sozialpädagogik. Weinheim und Basel: Beltz Juventa.

Blanke, T./Sachße, C. (1978): Theorie der Sozialen Arbeit. In: Gaertner, A./Sachße, C. (Hrsg.): Politische Produktivität der Sozialarbeit. Frankfurt am Main und New York: Campus, S. 15–56.

Blanke, T./Sachße, C. (1987): Wertewandel in der Sozialarbeit – Verfassungstheoretische Überlegungen zur Kritik des Sozialisationsstaates. In: Olk, T./Otto, H.-U. (Hrsg.): Soziale Dienste im Wandel. Band 1: Helfen im Sozialstaat. Neuwied und Darmstadt: Luchterhand, S. 251–285.

Blanke, T./Sachße, C. (1998): Theorie der Sozialen Arbeit. In: Thole, W/Galuske, M./Gängler, H. (Hrsg.) (1998): KlassikerInnen der Sozialen Arbeit. Neuwied und Kriftel: Luchterhand, S. 415–441.

Böhnisch, L. (1982): Der Sozialstaat und seine Pädagogik. Neuwied und Darmstadt: Luchterhand.

Böhnisch, L. (2001): Sozialpädagogik der Lebensalter. Eine Einführung. 3. überarbeitete Auflage. [Erstauflage 1997]. Weinheim und München: Juventa.

Böhnisch, L. (2002): Lebensbewältigung. Ein sozialpolitisch inspiriertes Paradigma für die Soziale Arbeit. In: Thole, W. (Hrsg.): Grundriss Soziale Arbeit. Wiesbaden: VS, S. 199–213.

Böhnisch, L. (2012): Sozialpädagogik der Lebensalter. Eine Einführung. 6. überarbeitete Auflage. [Erstauflage 1997]. Weinheim und Basel: Beltz Juventa.

Böhnisch, L. (2015): Bleibende Entwürfe. Impulse aus der Geschichte des sozialpädagogischen Denkens. Weinheim und Basel: Beltz Juventa.

Böhnisch, L. (2016): Lebensbewältigung. Ein Konzept für die Soziale Arbeit. Weinheim und Basel: Beltz Juventa.

Böhnisch, L./Funk, H. (2002): Soziale Arbeit und Geschlecht. Theoretische und praktische Orientierungen. Weinheim: Juventa.

Böhnisch, L./Funk, H. (2013): Soziologie – Eine Einführung für die Soziale Arbeit. Weinheim und Basel: Beltz Juventa.

Böhnisch, L./Lenz, K./Schröer, W. (2009): Sozialisation und Bewältigung. Eine Einführung in die Sozialisationstheorie der zweiten Moderne. Weinheim und München: Juventa.

Böhnisch, L./Lösch, H. (1973): Das Handlungsverständnis des Sozialarbeiters und seine institutionelle Determination. In: Thole, W./Galuske, M./Gängler H. (Hrsg.) (1998): KlassikerInnen der Sozialen Arbeit. Neuwied und Kriftel: Luchterhand, S. 367–383.

Böllert, Karin et al. (2018): Editorial. In: Soziale Passagen 10, H. 1, S. 1–5.

Bommes, M./Scherr, A. (2000a): Soziologie der Sozialen Arbeit. Eine Einführung in Formen und Funktionen organisierter Hilfe. Weinheim und München: Juventa.

Bommes, M./Scherr, A. (2000b): Soziale Arbeit, sekundäre Ordnungsbildung und die Kommunikation unspezifischer Hilfsbedürftigkeit. In: Merten, R. (Hrsg.): Systemtheorie Sozialer Arbeit. Neue Ansätze und veränderte Perspektiven. Opladen: Leske + Budrich, S. 67–86.

Borrmann, S. et al. (Hrsg.) (2016): Die Wissenschaft Soziale Arbeit im Diskurs. Auseinandersetzungen mit den theoriebildenden Grundlagen Sozialer Arbeit. Opladen, Berlin, Toronto: B. Budrich.

Bösl, E. (2009): Politiken der Normalisierung. Zur Geschichte der Behindertenpolitik in der Bundesrepublik Deutschland. Bielefeld: Transcript.

Bossong, H. (1987): Die freundliche Kolonialisierung. Sozialarbeit zwischen System und Lebenswelt. Bielefeld: Kleine.

Bossong, H. (2011): Wohl-Wollen, Staatsauftrag und professionelle Eigeninteressen. In: Neue Praxis 6/2011, S. 591–617.

Brezinka, W. (1971): Von der Pädagogik zur Erziehungswissenschaft. Eine Einführung in die Metatheorie der Erziehung. Weinheim und Basel: Beltz.

Brezinka, W. (1972): Erziehungswissenschaft. In: Ulich, D. (Hrsg.): Theorie und Methode der Erziehungswissenschaft. Probleme einer sozialwissenschaftlichen Pädagogik. Weinheim und Basel: Beltz, S. 232–253.

Brumlik, M. (1980): Fremdheit und Konflikt. In: Kriminologisches Journal, S. 310–320.

Brunkhorst, H. (1984/1986): „Kolonialisieren" verstehen. Anmerkungen zur pädagogischen Kritik der Verdinglichungs-Kolonialisierungsthese. In: Müller, S./Otto, H.-U. (Hrsg.): Verstehen oder Kolonialisieren?, S. 161–168.

Brusten, M./Hohmeier, J. (Hrsg.) (1975): Stigmatisierung. Zur Produktion gesellschaftlicher Randgruppen. 2 Bde. Neuwied und Darmstadt: Luchterhand.

Buchkremer, H. (Hrsg.) (2009): Handbuch Sozialpädagogik: Ein Leitfaden in der sozialen Arbeit. 3., vollständig überarbeitete Auflage. [Erstauflage: 1995]. Darmstadt: Wissenschaftliche Buchgesellschaft.

Buer, F. (1976): Krise und Sozialarbeit. Zur Konstitution des Gegenstandbereichs einer marxistischen Theorie der Sozialarbeit. Kronberg: Scriptor.

Buer, F. (1985): Form und Funktion des Sozialarbeitssektors. In: Buer, F./Cramer, A./Dittrich E./Reichwein R./Thien H.-G. (Hrsg.): Zur Gesellschaftsstruktur der BRD. Beiträge zur Einführung in ihre Kritik. 2. überarbeitete Auflage. Münster: Westfälisches Dampfboot, S. 378–434.

Castel, R. (2000): Die Metamorphosen der sozialen Frage. Eine Chronik der Lohnarbeit. Konstanz: UVK.

Cleppien, G. (2008): Lebensweltorientierte Orientierung in Widersprüchen. In: Widersprüche 28, H. 108, S. 71–84.

Cleppien, G./Lerche, U. (Hrsg.) (2010): Soziale Arbeit und Medien. Wiesbaden: VS. Dießenbacher, H. (1984/1986): Zur äußeren und inneren Kolonialisierung fremder Lebenswelten. In: Müller, S./Otto, H.-U. (Hrsg.), S. 207–226.

Cremer, C./Bader, C./Dudek, A. (Hrsg.) (1990): Frauen in sozialer Arbeit. Weinheim und München: Juventa.

Cremer-Schäfer, H./Kessl, F./May, M./Scherr, A. (2014): Über den Sinn der Streitbarkeit in Fragen von Kritik und Reflexivität. In: Widersprüche 34, H. 132, S. 11–48.

Dahme, H.-J./Wohlfahrt, N. (2011): Gerechtigkeit im Kapitalismus: Anmerkungen zur affirmativen Normativität moderner Gerechtigkeitstheorien. In: Neue Praxis 4/2011, S. 385–408.

Dahme, H.-J./Wohlfahrt, N. (2012): Ungleich gerecht? Kritik moderner Gerechtigkeitsdiskurse und ihrer theoretischen Grundlagen. Hamburg: VSA.

Damberg, W./Frings, B./Jähnchen, T./Kaminsky, U. (Hrsg.) (2010): Mutter Kirche – Vater Staat? Geschichte, Praxis und Debatten der konfessionellen Heimerziehung seit 1945. Münster: Aschendorff.

Danckwerts, D. (1978): Grundriss einer Soziologie sozialer Arbeit und Erziehung. Weinheim und Basel: Beltz.

Danckwerts, D. (1980): Über die historisch-materiellen Bedingungen der Herausbildung sozialer Arbeit und Erziehung. In: Braun, K.-H. (Hrsg.): Materialistische Pädagogik. Beiträge zu ihren Grundlagen und Gegenstandsbereichen. Köln: Pahl-Rugenstein, S. 184–199.

Danckwerts, D. (1981): Zur Theorie der Sozialarbeit und Sozialpädagogik. In: Kerkhoff, E.: Handbuch Praxis der Sozialarbeit und Sozialpädagogik. Band 1. Düsseldorf: Pädagogischer Verlag Schwann, S. 33–60.

Dewe, B. (2008): Wissenschaftstheorie, kognitive Identität und Forschung in der Sozialarbeit. In: Bielefelder Arbeitsgruppe 8 (Hrsg.): Soziale Arbeit in Gesellschaft. Wiesbaden: VS, S. 107–120.

Dewe, B. (2009): Reflexive Professionalität: Maßgabe für Wissenstransfer und Theorie-Praxis-Relationierung im Studium der Sozialarbeit. In: Riegler, A./Hojnik, S./Posch, K. (Hrsg.): Soziale Arbeit zwischen Profession und Wissenschaft. Wiesbaden: VS, S. 47–63.

Dewe, B./Ferchoff, W./Peters, F. (1984): Professionelle Kompetenz im Wandel: alte Probleme und neue falsche Propheten? In: Müller, S. (Hrsg.): Handlungskompetenz in der Sozialarbeit, Sozialpädagogik – Teil 2: Theoretische Konzepte und gesellschaftliche Strukturen. Bielefeld: AJZ, S. 297–337.

Dewe, B./Otto, H.-U. (1980): Über den Zusammenhang von Handlungspraxis und Wissensstrukturen in der öffentlichen Sozialarbeit. In: Neue Praxis 2/1980, S. 127–153.

Dewe, B./Otto, H.-U. (1996): Zugänge zur Sozialpädagogik. Reflexive Wissenschaftstheorie und kognitive Identität. Weinheim: Juventa.

Dewe, B./Otto, H.-U. (2010): Reflexive Sozialpädagogik. In: Thole, W. (Hrsg.): Grundriss Soziale Arbeit. Ein einführendes Handbuch. 3. Auflage. Wiesbaden: VS, S. 197–217.

Dewe, B./Otto, H.-U. (2011a): Profession. In: Otto, H.-U./Thiersch, H. (Hrsg.): Handbuch Soziale Arbeit: Grundlagen der Sozialarbeit und Sozialpädagogik. 4. Auflage. München und Basel: Ernst Reinhardt, S. 1131–1142.

Dewe, B./Otto, H.-U. (2011b): Professionalität. In: Otto, H.-U./Thiersch, H. (Hrsg.): Handbuch Soziale Arbeit. 4. Auflage. München und Basel: Ernst Reinhardt, S. 1143–1153.

Dewe, B./Otto, H.-U. (2011c): Wissenschaftstheorie. In: Otto, H.-U./Thiersch, H. (Hrsg.): Handbuch Soziale Arbeit. 4. Auflage. München und Basel: Ernst Reinhardt, S. 1735–1747.

Dießenbacher, H. (1986): Der Armenbesucher: Missionar im eigenen Land. In: Sachße, C./Tennstedt, F. (Hrsg.): Soziale Sicherheit und soziale Disziplinierung. Frankfurt: Suhrkamp, S. 209–244.

Dolíc, R./Schaarschuch, A. (2005): Strategien der Nutzung sozialpädagogischer Angebote. In: Schaarschuch, A./Oelerich, G. (Hrsg.): Soziale Dienstleistungen aus Nutzersicht. Zum Gebrauchswert Sozialer Arbeit. München und Basel: Ernst Reinhardt, S. 99–116.

Dollinger, B. (2006): Die Pädagogik der Sozialen Frage: (sozial-)pädagogische Theorie vom Beginn des 19. Jahrhunderts bis zum Ende der Weimarer Republik. Wiesbaden: VS.

Dollinger, B. (2008a): Reflexive Sozialpädagogik: Struktur und Wandel sozialpädagogischen Wissens. Wiesbaden: VS.

Dollinger, B. (2008b): Sozialpädagogische Theorie zwischen Analyse und Zeitdiagnose. In: Widersprüche 28, H. 108, S. 31–42.

Dollinger, B. (2010): Wie punitiv ist die Soziale Arbeit? In: SozialExtra 34, H. 7, S. 6–10.

Dollinger, B. (2011a): Punitivität in der Diskussion. Konzeptionelle, theoretische und empirische Referenzen. In: Dollinger, B./Schmidt-Semisch, H. (Hrsg.): Gerechte Ausgrenzung? Wohlfahrtsproduktion und die neue Lust am Strafen. Wiesbaden: VS, S. 25–73.

Dollinger, B. (2013): Das Politische im Disziplinären – Sozialpädagogische Identität zwischen Diffusität und eigenem Blick. In: Soziale Passagen 2/2013; S. 177–194.

Dollinger, B. (2018): Sozialpädagogik erzählen. Sozialpädagogische Theorie als Narration kontextspezifischer Subjektkonstitution. In: Neue Praxis 1/2018, S. 30–44.

Dollinger, B. (2019): Reflexive Sozialpädagogik. Eine narrationstheoretische Wegbeschreibung. In: ZfSP 17, H. 3, S. 297–314.

Dollinger, B. (2020a): Sozialpädagogische Theoriegeschichten. Eine narrative Analyse historischer und neuerer Theorien Sozialer Arbeit. Weinheim und Basel: Beltz Juventa.

Dollinger, B. (2020b): Zwischen Einheitssuche und Selbstvermarktung. Sozialpädagogik als Plausibilisierungsagentur. In: Birgmeier, B./Mührel, E/Winkler, M. (Hrsg.), S. 69–78.

Dollinger, B./Lütke-Hartmann, M. (2019): Zur Einleitung: Erkenntniskritische Annäherungen an sozialpädagogische Theorie. In: ZfSP 17, H. 3, S. 227–231.

Dollinger, B./Schmidt-Semisch, H. (2011b): Mit dem Hochdruckreiniger gegen soziales Elend? Zur Einleitung. In: Dies. (Hrsg.): Gerechte Ausgrenzung? Wohlfahrtsproduktion und die neue Lust am Strafen. Wiesbaden: VS, S. 11–24.

Dörre, K./Kramer, K./Speidel, F. (2004): Prekäre Arbeit. Ursachen, soziale Auswirkungen und subjektive Verarbeitungsformen unsicherer Beschäftigungsverhältnisse. In: Das Argument 256, S. 378–397.

Eder, S./Mikat, C./Tillmann, A. (Hrsg.) (2017): Software takes commad. München: kopäd.

Eggemann, M./Hering, S. (Hrsg.) (1999): Wegbereiterinnen der modernen Sozialarbeit. Texte und Biographien zur Entwicklung der Wohlfahrtspflege. Weinheim und München: Juventa.

Ehlert, G./Funk, H./Stecklina, G. (Hrsg.) (2011): Wörterbuch Soziale Arbeit und Geschlecht. Weinheim und München: Juventa.

Elias, N. (1977): Über den Prozeß der Zivilisation. 2. Band. 3. Auflage. Frankfurt am Main: Suhrkamp.

Engelke, E. (1998/2002): Theorien der Sozialen Arbeit. Eine Einführung. 1. u. 3. Auflage. Freiburg: Lambertus.

Engelke, E./Borrmann, S./Spatscheck, C. (2018): Theorien der Sozialen Arbeit. 7. überarb. Auflage. Freiburg: Lambertus.

Engels, F. (1845/1972): Die Lage der arbeitenden Klasse in England. In: Karl Marx – Friedrich Engels – Werke [MEW]. Band 2. Berlin: Dietz, S. 225–506.

Erath, P./ Balkow, K. (2016): Soziale Arbeit. Eine Einführung. Stuttgart: Kohlhammer.

Esping-Andersen, G. (1990): The Three Worlds of Welfare Capitalism. Princeton: University Press.

Euteneuer, M./Hammerschmidt, P./Uhlendorff, U. (2014): Karrieren Sozialpädagogischer Probleme und soziale Innovation – Ein zeitgeschichtlich-rekonstruktiver Forschungsansatz. In: Zeitschrift für Sozialpädagogik 12, H. 4, S. 377–401.

Falck, H. S. (1997): Membership. Eine Theorie der Sozialen Arbeit. Stuttgart: Enke.

Föcking, F. (2007): Fürsorge im Wirtschaftsboom. Die Entstehung des Bundessozialhilfegesetzes von 1961. München: Oldenbourg.

Foucault, M. (1976): Mikrophysik der Macht. Über Strafjustiz, Psychiatrie und Medizin. Berlin: Merve.

Foucault, M. (1977): Überwachen und Strafen: die Geburt des Gefängnisses. Frankfurt am Main: Suhrkamp.

Frerich, J./Frey, M. (1996): Handbuch der Geschichte der Sozialpolitik in Deutschland. Band 3. 2. Auflage. München: Oldenbourg.

Gängler, H. (1995): „Die Beobachtung der Beobachter beim Beobachten …". Strukturmuster sozialpädagogischer Theorieproduktion. In: Thiersch, H./Grunwald, K. (Hrsg.): Zeitdiagnose Soziale Arbeit. Zur wissenschaftlichen Leistungsfähigkeit der Sozialpädagogik in Theorie und Ausbildung. Weinheim und München: Juventa, S. 27–42.

Gängler, H. (2001): Klassiker der Sozialen Arbeit. In: Otto, H.-U./Thiersch, H. (Hrsg.): Handbuch Sozialarbeit/Sozialpädagogik. 2. überarb. Auflage. Neuwied und Kriftel: Luchterhand, S. 1044–1057.

Garbers, S. (2008): Sozialpädagogik als „Regierung des Subjekts"? Überlegungen zur Gouvernementalität und Sozialpädagogik. In: Zeitschrift für Sozialpädagogik 6, H. 2, S. 158–186.

Gartner, A./Riessman, F. (1974): The Service Society and the Concumer Vanguard. New York: Harper & Row.

Gartner, A./Riessman, F. (1978): Der aktive Konsument in der Dienstleistungsgesellschaft. Zur politischen Ökonomie des tertiären Sektors. Frankfurt: Suhrkamp.

Geiser, K. (2013): Problem- und Ressourcenanalyse in der Sozialen Arbeit. Eine Einführung in die Systemische Denkfigur und ihre Anwendung. 5. Auflage. Freiburg im Breisgau: Lambertus.

Geyer, M. H. (2008): Rahmenbedingungen: Unsicherheit als Normalität. In: Geyer, M. H. (Hrsg.): Geschichte der Sozialpolitik in Deutschland seit 1945. Band 6: Bundesrepublik Deutschland 1974–1982. Neue Herausforderungen, wachsende Unsicherheiten. Baden Baden: Nomos, S. 1–110.

Gildenmeister, R./Robert, G. (2000): Teilung der Arbeit und Teilung der Geschlechter. In: Müller, S./ Sünker, H./Olk, T./Böllert, K. (Hrsg.): Soziale Arbeit. Gesellschaftliche Bedingungen und professionelle Perspektiven. Weinheim: Beltz, S. 315–336.

Goffman, E. (1961): Asylums, essays on the social situation of mental patients and other inmates. Garden City, N. Y.: Anchor Books.

Goffman, E. (1963): Stigma, notes on the management of spoiled identity. Englewood Cliffs, N. J.: Prentice-Hall.

Gogolin, I./Georgi, V./Krüger-Potratz, M./Lengyel, D. (Hrsg.) (2018): Handbuch interkulturelle Pädagogik. Bad Heilbrunn: Klinkhardt, utb.

Gross, P. (1993): Die Dienstleistungsstrategie in der Sozialpolitik. Neue Herausforderungen. In: Braun, H./Johne, G. (Hrsg.): Die Rolle sozialer Dienste in der Sozialpolitik. Frankfurt und New York: Campus, S. 11–26.

Grunow, D. (2005): Soziale Infrastruktur und soziale Dienste. In: Schmidt, M. G. (Hrsg.): Geschichte der Sozialpolitik in Deutschland seit 1945. Band 7: Bundesrepublik Deutschland 1982–1989. Finanzielle Konsolidierung und institutionelle Reform. Baden-Baden: Nomos, S. 653–682.

Grunow, D. (2006): Soziale Infrastruktur und soziale Dienste. In: Wengst, U./Hockerts, H. G. (Hrsg.): Geschichte der Sozialpolitik in Deutschland seit 1945. Band 5: Bundesrepublik Deutschland 1966–1974. Eine Zeit vielfältigen Aufbruchs. Baden Baden: Nomos, S. 811–856.
Grunow, D. (2008): Soziale Infrastruktur und soziale Dienste. In: Geyer, M. H. (Hrsg.): Geschichte der Sozialpolitik in Deutschland seit 1945. Band 6: Bundesrepublik Deutschland 1974–1982. Neue Herausforderungen, wachsende Unsicherheiten. Baden-Baden: Nomos, S. 779–822.
Grunow, D./Olk, T. (2007): Soziale Infrastruktur und Soziale Dienste. In: Ritter, G. A. (Hrsg.): Geschichte der Sozialpolitik in Deutschland seit 1945. Band 11: Bundesrepublik Deutschland 1989–1994. Sozialpolitik im Zeichen der Vereinigung. Baden-Baden: Nomos, S. 977–1032.
Grunwald, K./Thiersch, H. (2014): Lebensweltorientierung. In: Schröer, W./Schweppe, C. (Hrsg.): Enzyklopädie Erziehungswissenschaften [EEO Online. Beltz Juventa].
Habermas, J. (1975): Analytische Wissenschaftstheorie und Dialektik. In: Adorno, T. W. (Hrsg.): Der Positivismusstreit in der deutschen Soziologie. Darmstadt und Neuwied: Luchterhand, S. 155–191.
Habermas, J. (1981/2019): Theorie des kommunikativen Handelns. 2 Bde. 11. Auflage. Frankfurt: Suhrkamp.
Haferkamp, H./Meier, G. (1972): Sozialarbeit als Instanz sozialer Kontrolle. In: Kriminologisches Journal 4, H. 2, S. 100–114.
Hagn, J./Hammerschmidt, P./Sagebiel, J. (Hrsg.) (2012): Modernisierung der kommunalen Sozialverwaltung. Soziale Arbeit unter Reformdruck? Neu-Ulm: AG SPAK.
Hamburger, F. (2003): Einführung in die Sozialpädagogik. Stuttgart: Kohlhammer.
Hamburger, F. (2014): Sozialpädagogik in Deutschland. Eine Darstellung aus der Perspektive erziehungswissenschaftlicher Tradition. In: Journal of Contemporary Educational Studies 3, S. 14–31.
Hammerschmidt, P. (2010): Soziale Altenhilfe als Teil kommunaler Sozial(hilfe)politik. In: Aner, K./Karl, U. (Hrsg.): Handbuch Soziale Arbeit und Alter. Wiesbaden: VS, S. 19–31.
Hammerschmidt, P./ Hans, A./ Oechler, M./ Uhlendorff, U. (2019): Sozialpädagogische Probleme in der Nachkriegszeit. Eine problemtheoretische Perspektive auf den Fachdiskurs der Jugendhilfe 1945–61. Weinheim, Basel: Beltz Juventa
Hammerschmidt, P./Hans, A./Oechler, M./Uhlendorff, U. (2019): Sozialpädagogische Probleme in der Nachkriegszeit. Eine problemtheoretische Perspektive auf den Fachdiskurs der Jugendhilfe 1945–61. Weinheim und Basel: Beltz Juventa.
Hammerschmidt, P./Pötter, N./Stecklina, G. (2021): Einführung: „Der Lange Sommer der Migration“ und die Soziale Arbeit. In: dies. (Hrsg.): „Der Lange Sommer der Migration“ und die Soziale Arbeit. Weinheim und Basel: Beltz Juventa; S. 8–40
Hammerschmidt, P./Uhlendorff, U. (2012): Zur Entstehungsgeschichte des ASD – von den Anfängen bis in die 1970er Jahre. In: Merchel, J./Conen, M.-L. (Hrsg.): Handbuch Allgemeiner Sozialer Dienst (ASD). München und Basel: Ernst Reinhardt, S. 10–31.
Hartwig, L./Mennen, G./Schrapper, C. (Hrsg.) (2018): Handbuch Soziale Arbeit mit geflüchteten Kindern und Familien. Weinheim und Basel: Beltz Juventa.
Helbig, C. (2014): Medienpädagogik in der Sozialen Arbeit. Konsequenzen aus der Mediatisierung für Theorie und Praxis. München: kopaed.
Henkelmann, A./Kaminsky, U./Pierlings, J./Swiderek, T./Banach, S. (2011): Verspätete Modernisierung. Öffentliche Erziehung im Rheinland. Essen: Klartext.
Herder-Dorneich, P./Kötz, W. (1972): Zur Dienstleistungsökonomik: Systemanalyse und Systempolitik der. Krankenhauspflegedienste. Berlin: Duncker und Humblot.
Herzog, K. (2020): Lehren aus der (Nicht-)Nutzung von Schuldnerberatung? In: Rießen, A. v./Jepkens, K. (Hrsg.), S. 259–273.
Hillebrandt, F. (2012): Hilfe als Funktionssystem für Soziale Arbeit. In: Thole, W. (Hrsg.): Grundriss Soziale Arbeit. Ein einführendes Handbuch. 4. Auflage. Wiesbaden: VS, S. 235–248.
Hoff, W. (2020): Vom Fallverstehen zur Theoriebildung. Über die epistemische Bedeutung einer vernachlässigten Wissensform. In: Birgmeier, B./Mührel, E/Winkler, M. (Hrsg.), S. 89–95.
Hoff, W./Bender-Junker, B./Kraimer, K. (Hrsg.) (2019): Rekonstruktive Wissensbildung. Historische und systematische Perspektiven einer gegenstandsbezogenen Theorie der Sozialen Arbeit. Bad Heilbrunn: J. Klinkhardt.

Hollstein, W. (1980a): Hilfe und Kapital. Zur Funktionsbestimmung der Sozialarbeit. In: Hollstein, W./Meinhold, M. (Hrsg.): Sozialarbeit unter kapitalistischen Produktionsbedingungen. 5. Auflage. [Erstauflage: 1973]. Bielefeld: AJZ, S. 167–207.

Hollstein, W. (1980b): Sozialarbeit im Kapitalismus. Themen und Probleme. In: Hollstein, W./Meinhold M. (Hrsg.): Sozialarbeit unter kapitalistischen Produktionsbedingungen. 5. Auflage. [Erstauflage: 1973]. Bielefeld: AJZ, S. 9–43.

Hollstein, W./Meinhold, M. (Hrsg.) (1977): Sozialpädagogische Modelle. Möglichkeiten der Arbeit im sozialen Bereich. Frankfurt am Main und New York: Campus.

Hollstein, W./Meinhold, M. (Hrsg.) (1980): Sozialarbeit unter kapitalistischen Produktionsbedingungen. 5. Auflage. [Erstauflage: 1973]. Bielefeld: AJZ.

Holzkamp, K. (1993): Lernen. Subjektwissenschaftliche Grundlegung. Frankfurt: Campus.

Hünersdorf, B./Hartmann, J. (2013): Was ist und wozu betreiben wir Kritik in der Sozialen Arbeit? In: dies. (Hrsg.) Was ist und wozu betreiben wir Kritik in der Sozialen Arbeit? Wiesbaden: VS, S. 9–30.

Hünersdorf, B. (2019): Paradoxien der Normalisierung (in) der Sozialpädagogik. In: ZfSP 17, H. 3, S. 281–296.

Hünersdorf, B. (2020): Phänomenologische Annäherungen an die Sozialpädagogik. In: Birgmeier, B./Mührel, E/Winkler, M. (Hrsg.), S. 104–115.

Illich, I. (1979): Entmündigung durch Experten. Reinbek: Rowohlt.

Jay, M. (1981): Dialektische Phantasie. Die Geschichte der Frankfurter Schule und des Instituts für Sozialforschung 1923–1950. Frankfurt am Main: Fischer.

Jepkens, K. (2020): „Alles darf man der auch nicht sagen" – Rahmenbedingungen der Nutzung Sozialer Arbeit in der außerbetrieblichen Berufsausbildung. In: Rießen, A. v./Jepkens, K. (Hrsg.), S. 141–160.

Kaminsky, C. (2018): Soziale Arbeit – normative Theorie und Professionsethik. Opladen, Berlin, Toronto: B. Budrich.

Karsten, M.-E. (2011): Gender-Mainstreaming in der Sozialpädagogik. In: Otto, H.-U./Thiersch, H. (Hrsg.): Handbuch Soziale Arbeit. 4., völlig neu bearb. Auflage. München: Reinhardt, S. 492–498.

Kessl, F. (2005): Der Gebrauch der eigenen Kräfte. Eine Gouvernementalität sozialer Arbeit. Weinheim und München: Juventa.

Kessl, F. (2007): Wozu Studien zur Gouvernementalität in der Sozialen Arbeit? Von der Etablierung einer Forschungsperspektive. In: Anhorn, R./Bettinger, F./Stehr, J. (Hrsg.): Foucaults Machtanalytik und soziale Arbeit. Eine kritische Einführung und Bestandsaufnahme. Wiesbaden: VS, S. 203–225.

Kessl, F. (2011): Punitivität in der Sozialen Arbeit – von der Normalisierungs- zur Kontrollgesellschaft. In: Dollinger, B./Schmidt-Semisch, H. (Hrsg.): Gerechte Ausgrenzung? Wohlfahrtsproduktion und die neue Lust am Strafen. Wiesbaden: VS, S. 131–143.

Kessl, F./Otto, H.-U. (2012): Soziale Arbeit. In: Albrecht, G./Groenemeyer, A. (Hrsg.): Handbuch Soziale Probleme. 2. Auflage. Wiesbaden: VS, S. 1306–1331.

Kessl, F./Otto, H.-U. (Hrsg.) (2009): Soziale Arbeit ohne Wohlfahrtsstaat? Weinheim und München: Juventa.

Khella, K. (1974): Theorie und Praxis der Sozialarbeit und Sozialpädagogik. 1. Teil: Einführung. Hamburg: Theorie-und-Praxis-Verlag.

Khella, K. (1978): Theorie und Praxis der Sozialarbeit und Sozialpädagogik. 2. Teil. [Zugleich: 2. Bd. Handbuch der Sozialarbeit und Sozialpädagogik] Hamburg: Theorie-und-Praxis-Verlag.

Khella, K. (1982a): Handbuch der Sozialarbeit und Sozialpädagogik. 1. Band. Einführung in Sozialarbeit und Sozialpädagogik, 1. Teil: Gesellschaftliche Grundlagen. Hamburg: Theorie-und-Praxis-Verlag.

Khella, K. (1982b): Sozialarbeit von unten. [Zugleich: 2. Teil, des 1. Bd. Handbuch der Sozialarbeit und Sozialpädagogik] Hamburg: Theorie-und-Praxis-Verlag.

Klein, A. (2015): Soziale Unterstützung Online – Unterstützungsqualität und Professionalität. In: Kutscher, N./Ley, T./Seelmeyer, U. (Hrsg.): Mediatisierung (in) der Sozialen Arbeit. Baltmannsweiler: Schneider-Verlag Hohengehren, S. 130–150.

Kleve, H. (1999): Soziale Arbeit und Ambivalenz. Fragmente einer Theorie postmoderner Professionalität. In: Neue Praxis 4/1999, S. 368–382.

Kleve, H. (2003a): Die postmoderne Theorie Sozialer Arbeit. Ein möglicher Blick auf die real- und theoriehistorische Entwicklung der Sozialarbeit/Sozialpädagogik; http://sozialwesen.fh-potsdam.de/fileadmin/FB1/user/fb1Kleve/PDF_Dateien/Die_postmoderne_Theorie_Sozialer_Arbeit.pdf [Abruf: 22. November 2016]

Kleve, H. (2003b): Die postmoderne Theorie Sozialer Arbeit. Ein Beitrag zur real- und theoriehistorischen Entwicklung der Sozialarbeit/Sozialpädagogik. In: Neue Praxis3/4/2003, S. 325–340.

Kleve, H. (2003c): Sozialarbeitswissenschaft, Systemtheorie und Postmoderne. Grundlegungen und Anwendungen eines Theorie- und Methodenprogramms. Freiburg. Lambertus.

Kleve, H. (2007): Postmoderne Sozialarbeit: Ein systemtheoretisch-konstruktivistischer Beitrag zur Sozialarbeitswissenschaft. 2. Auflage. [Erstauflage: 1999 Aachen]. Wiesbaden: VS.

Klumker, C. J. (1918): Fürsorgewesen. Einführung in das Verständnis der Armut und der Armenpflege. Leipzig: Quelle & Meyer.

Klumker, C. J. (1923a): Kinder- und Jugendfürsorge. Einführung in die Aufgaben der neueren Gesetze. Langensalza: H. Beyer & Söhne.

Klumker, C. J. (1923b): Kinderfürsorge. In: Handwörterbuch der Staatswissenschaften. Bd. 1. 4. Auflage. Jena: Fischer, S. 654–677.

Klumker, C. J. (1931): Vom Werden deutscher Jugendfürsorge. Zugleich eine Geschichte der deutschen Berufsvormundschaft. Berlin: C. Heymann.

Kneer, G./Nassehi, A. (1993): Niklas Luhmanns Theorie sozialer Systeme. Eine Einführung. München: Fink.

Kohli, M. (1986): Antizipation, Bildung, Irreversibilität. Dimensionen der Auseinandersetzung mit beruflichen Problemen im mittleren Erwachsenenalter. In: Hurrelmann, K. (Hrsg.): Lebenslage, Lebensalter, Lebensstil. Weinheim und Basel: Beltz, S. 123–136.

Köngeter, S. (2009): Der methodologische Nationalismus der Sozialen Arbeit in Deutschland. In: Zeitschrift für Sozialpädagogik 7, H. 4, S. 340–359.

Kosellek, T./Merten, R. (2010): Systemtheorie und Soziale Arbeit. In: Otto, H.-U./Thiersch, H. (Hrsg.): Handbuch Sozialarbeit/Sozialpädagogik. 4. Auflage. München und Basel: Ernst Reinhardt, S. 1614–1621.

Kraus, B. (2019): Relationaler Konstruktivismus – Relationale Soziale Arbeit. Von der systemisch-konstruktivistischen Lebensweltorientierung zu einer relationalen Theorie der Sozialen Arbeit. Weinheim und Basel: Beltz Juventa.

Kraus, B. (2020): Relationaler Konstruktivismus – Relationale Soziale Arbeit. In: Birgmeier, B./Mührel, E./Winkler, M. (Hrsg.), S. 130–136.

Kraus, T. (2018): Reform vs. Revolution. Zur Relevanz marxistischer Theorie für die Soziale Arbeit. Köln: Papy Rossa.

Krieger, W. (2018): Normativität in Theorien der Sozialen Arbeit. Zu einer normenkritischen Wissenschaftstheorie der „Wissenschaft der Sozialen Arbeit" – ein Versuch. In: Krieger, W. /Kraus, B. (Hrsg.): Normativität und Wissenschaftlichkeit in der Wissenschaft Soziale Arbeit. Weinheim und Basel: Beltz Juventa, S. 18–93.

Krieger, W./Kraus, B. (Hrsg.) (2018): Normativität und Wissenschaftlichkeit in der Wissenschaft Soziale Arbeit. Weinheim und Basel: Beltz Juventa.

Kruse, E. (2004): Stufen zur Akademisierung. Wege der Ausbildung für soziale Arbeit von der Wohlfahrtsschule zum Bachelor-/Mastermodell. Wiesbaden: VS.

Kunstreich, T. (2001): Grundkurs Soziale Arbeit: Sieben Blicke auf Geschichte und Gegenwart sozialer Arbeit. 2. Band. 2. Auflage. Bielefeld: Kleine.

Kutscher, N./Ley, T./Seelmeyer, U. (2015): Einleitung: Mediatisierung (in) der Sozialen Arbeit. In: dies. (Hrsg.): Mediatisierung (in) der Sozialen Arbeit. Baltmannsweiler: Schneider-Verlag Hohengehren, S. 3–15.

Kutscher, N./Ley, T./Seelmeyer, U./Siller, F./Tillmann, A./Zorn, I. (Hrsg.) (2020): Handbuch Soziale Arbeit und Digitalisierung. Weinheim und Basel: Beltz Juventa.

Lambers, H. (2013): Theorie der Sozialen Arbeit. Ein Kompendium und Vergleich. Opladen und Toronto: B. Budrich.

Lambers, H. (2020): Theorie der Sozialen Arbeit. Ein Kompendium und Vergleich. 5. Auflage. Opladen und Toronto: B. Budrich.

Lenhardt, G./Offe, C. (1977): Staatstheorie und Sozialpolitik. Politisch-soziologische Erklärungsansätze für Funktionen und Innovationsansätze der Sozialpolitik. In: Ferber, C. v./Kaufmann, F. X.

(Hrsg.): Soziologie und Sozialpolitik, SH 19 der Kölner Zeitschrift für Soziologie und Sozialpsychologie, Opladen, S. 98–127.
Lenz, K./Schefold, W./Schröer, W. (2004): Entgrenzte Lebensbewältigung. Weinheim und München: Juventa.
Lessing, H./Liebel, M. (1974): Jugend in der Klassengesellschaft. Marxistische Jugendforschung und antikapitalistische Jugendarbeit. München: Juventa.
Loerbroks, K./Wendelin, H. (Red.) (2010): Abschlussbericht des Runden Tisches „Heimerziehung in den 50er und 60er Jahren". Berlin: Eigenverlag Arbeitsgemeinschaft Jugendhilfe.
Loseke, D.R. (2010): Thinking about social problems. An introduction to constructionist perspectives. 2. Auflage. New York: Aldine Transaction
Luhmann, N. (1981): Politische Theorie im Wohlfahrtsstaat. Analysen und Perspektiven. München: Olzog.
Luhmann, N. (1987): Soziale Systeme. Grundriss einer allgemeinen Theorie. Frankfurt am Main: Suhrkamp.
Luhmann, N./Schorr, K.E. (1979a): Das Technologiedefizit der Erziehung und die Pädagogik. In: Zeitschrift für Pädagogik 25, S. 345–365.
Luhmann, N./Schorr, K.E. (1979b): Reflexionsprobleme im Erziehungssystem. Stuttgart: Klett-Cotta.
Lutz, T. (2010): Soziale Arbeit im Kontrolldiskurs. Jugendhilfe und ihre Akteure in postwohlfahrtsstaatlichen Gesellschaften. Wiesbaden: VS.
Lutz, T. (2011): Zwang und Erziehung. Irrwege in der Jugendhilfe. In: Gintzel, U./Hirschfeld, U./Lindenberg, M. (Hrsg.): Sozialpolitik und Jugendhilfe. Regensburg: Walhalla, S. 149–159.
Maar, K. (2005): „Nicht lange fackeln, einfach machen". Zum Nutzen und Nichtnutzen von Angeboten der Wohnungslosenhilfe. In: Schaarschuch, A./Oelerich, G. (Hrsg.): Soziale Dienstleistungen aus Nutzersicht. Zum Gebrauchswert Sozialer Arbeit. München und Basel: Ernst Reinhardt, S. 117–131.
Marburger, H. (1979): Entwicklung und Konzepte der Sozialpädagogik. München: Juventa.
Marshall, T.H. (1950/1992): Bürgerrechte und soziale Klassen. Zur Soziologie des Wohlfahrtsstaates. [Hrsg. und überschrieben von Elmar Rieger]. Frankfurt am Main und New York: Campus.
Marzahn, C. (1984/1986): Nichts als eine modische Metapher? Eine Anmerkung zur Kolonialisierungsdiskussion. In: Müller, S./Otto, H.-U. (Hrsg.), S. 129–132.
Matthes, J. (1975a): Sozialarbeit als soziale Kontrolle? In: Schneider, S./Otto, H.-U. (Hrsg.): Gesellschaftliche Perspektiven der Sozialarbeit. Neuwied: Luchterhand, S. 107–128.
Matthes, J. (1975b [1962]): Soziale Stereotype in der Theorie der Fürsorge. In: Schneider, S./Otto, H.-U. (Hrsg.): Gesellschaftliche Perspektiven der Sozialarbeit. Neuwied: Luchterhand, S. 193–212.
May, M. (2008): Aktuelle Theoriediskurse Sozialer Arbeit. Wiesbaden: VS.
May, M. (2021): Materialistische Dialektik in Theorien Sozialer Arbeit. In: Soziale Arbeit. 70. Jg., H. 3/2021; S. 97–106.
May, M./Schäfer, A. (2018b): Aktueller Stand der Diskussion und Perspektiven für die Zukunft der Theorien Sozialer Arbeit. In: dies. (Hrsg.), S. 199–218.
May, M./Schäfer, A. (Hrsg.) (2018a): Theorien für die Soziale Arbeit. Baden-Baden: Nomos
Meinhold, M. (1980): Zum Selbstverständnis und zur Funktion von Sozialarbeitern. In: Hollstein, W./Meinhold, M. (Hrsg.): Sozialarbeit unter kapitalistischen Produktionsbedingungen. Frankfurt am Main: Fischer, S. 208–225.
Melter, C. (Hrsg.) (2015): Diskriminierungs- und rassismuskritische Soziale Arbeit und Bildung. Weinheim und Basel: Beltz Juventa.
Mennicke, C. (1926): Das sozialpädagogische Problem in der gegenwärtigen Gesellschaft. In: Tillich, P. (Hrsg.): Kairos. Zur Geisteslage und Geisteswendung. Darmstadt: O. Reichl, S. 311–344.
Merchel, J. (1989): Der Deutsche Paritätische Wohlfahrtsverband. Seine Funktion im korporatistisch gefügten System sozialer Arbeit. Weinheim: Deutscher Studienverlag.
Merten, R. (1997): Autonomie der Sozialen Arbeit. Zur Funktionsbestimmung als Disziplin und Profession. Weinheim und München: Juventa.
Merten, R. (1999): Verständigungsprobleme? Die Sprache der Sozialpädagogik im Spannungsfeld zwischen Wissenschaft und Alltag. In: Zeitschrift für Pädagogik 45, S. 195–208.
Merten, R. (2010): Handlungskompetenz in der Sozialen Arbeit. Was trägt die Systemtheorie zur Handlungskompetenz Sozialer Arbeit bei? In: Hammerschmidt, P./Sagebiel, J. (Hrsg.):

Professionalisierung im Widerstreit. Zur Professionalisierungsdiskussion in der Sozialen Arbeit – Versuch einer Bilanz. Neu-Ulm: AG SPAK Bücher, S. 133–148.
Merten, R. (Hrsg.) (2000): Systemtheorie Sozialer Arbeit. Neue Ansätze und veränderte Perspektiven. Opladen: Leske + Budrich.
Meysen, T./Schönecker, L./Kindler, H. (2009): Frühe Hilfen im Kinderschutz: Rechtliche Rahmenbedingungen und Risikodiagnostik in der Kooperation von Gesundheits- und Jugendhilfe. Weinheim und München: Juventa.
Mollenhauer, K. (1959): Die Ursprünge der Sozialpädagogik in der industriellen Gesellschaft. Eine Untersuchung zur Struktur sozialpädagogischen Denkens und Handelns. Weinheim und Berlin: Beltz.
Mollenhauer, K. (1964/1988): Einführung in die Sozialpädagogik. Probleme und Begriffe der Jugendhilfe. 8., erw. Auflage. Weinheim und Basel: Beltz.
Mollenhauer, K. (1966): Was heißt Sozialpädagogik? In: Thole, W./Galuske, M./Gängler, H. (Hrsg.) (1998): KlassikerInnen der Sozialen Arbeit. Neuwied und Kriftel: Luchterhand, S. 307–322.
Mollenhauer, K. (1996): Kinder- und Jugendhilfe. Theorie der Sozialpädagogik – ein thematisch-kritischer Grundriß. In: Zeitschrift für Pädagogik 42, H. 6, S. 869–886.
Mollenhauer, K. (1998): Sozialpädagogische Forschung. Eine thematisch-theoretische Skizze. In: Rauschenbach, T./Thole, W. (Hrsg.): Sozialpädagogische Forschung, Gegenstand und Funktionen, Bereiche und Methoden. Weinheim und München: Juventa, S. 29–46.
Mollenhauer, K. (1999): Ego-Histoire Sozialpädagogik 1948–1970. Eine Skizze. In: Homfeldt, H. G./ Merten, R./Schulze-Krüdener, J. (Hrsg.): Soziale Arbeit im Dialog ihrer Generationen. Baltmannsweiler: Schneider Verlag Hohengehren, S. 10–21.
Müller, B. (1991) [1985]: Die Last der großen Hoffnungen. Methodisches Handeln und Selbstkontrolle in sozialen Berufen. 2. Auflage. Weinheim und München: Juventa.
Müller, B. (1995): Außensicht – Innensicht. Beiträge zu einer analytisch orientierten Sozialpädagogik. Freiburg im Breisgau: Lambertus.
Müller, B. (1997) [1993]: Sozialpädagogisches Können. Ein Lehrbuch zur multiperspektivischen Fallarbeit. 3. Auflage. Freiburg: Lambertus.
Müller, R. W. (Hrsg.) (1977): Geld und Geist. Zur Entstehungsgeschichte von Identitätsbewusstsein und Rationalität seit der Antike. Frankfurt am Main und New York: Campus.
Müller, S./Otto, H.-U. (Hrsg.) (1984/1986): Verstehen oder Kolonialisieren? Grundprobleme sozialpädagogischen Handelns und Forschens. 2. erw. Auflage. Bielefeld: AJZ.
Müller, S./Otto, H.-U./Peter, H./Sünker, H. (Hrsg.) (1984): Handlungskompetenz in der Sozialarbeit/ Sozialpädagogik. 2. Band. Bielefeld: AJZ.
Münch, R. (2009): Globale Eliten, lokale Autoritäten. Bildung und Wissenschaft unter dem Regime von PISA, McKinsey & Co. Frankfurt am Main: Suhrkamp.
Münch, R. (2011): Akademischer Kapitalismus: Über die politische Ökonomie der Hochschulreform. Berlin: Suhrkamp.
Nahnsen, I. (1956): Einige Gesichtspunkte zum Begriff und zur Politik der sozialen Sicherheit. Dissertation. Köln: Wirtschafts- und Sozialwissenschaftliche Fakultät der Universität Köln.
Neumann, S./Sandermann, P. (2008): Hellsichtige Blindheit. Zur vermeintlichen sozialwissenschaftlichen Wende der sozialpädagogischen Theorie. In: Widersprüche 28., H. 108, S. 11–30.
Neumann, S./Sandermann, P. (2012): Gesellschaft mittlerer Reichweite. Alltag, Lebensweltorientierung und Soziale Arbeit. In: dies./Dollinger, B./Kessl, F. (Hrsg.): Gesellschaftsbilder Sozialer Arbeit. Bielefeld: Transcript, S. 41–63.
Neumann, S./Sandermann, P. (2019): Empirie als Problem? Theorien der Sozialen Arbeit nach dem Bedeutungsverlust der Grand Theories. In: ZfSP 17, H. 3, S. 232–250.
Niemeyer, C. (1998): Klassiker der Sozialpädagogik. Weinheim und München: Juventa.
Niemeyer, C. (2001): Klassiker der Sozialpädagogik. In: Otto, H.-U./Thiersch, H. (Hrsg.): Handbuch Sozialarbeit/Sozialpädagogik. 2. überarb. Auflage. Neuwied und Kriftel: Luchterhand, S. 1058–1067.
Niemeyer, C. (2002): Sozialpädagogik, Sozialarbeit, Soziale Arbeit – „klassische“ Aspekte der Theoriegeschichte. In: Thole, W. (Hrsg.): Grundriss Soziale Arbeit. Opladen: Leske + Budrich, S. 123–137.
Niemeyer, C. (2005): Klassiker der Sozialpädagogik. 2. Auflage. Weinheim und München: Juventa.
Niemeyer, C. (2010): Klassiker der Sozialpädagogik. Einführung in die Theoriegeschichte einer Wissenschaft. 3. Auflage. Weinheim: Juventa.

Niemeyer, C. (2015a): Sozialpädagogisches Verstehen verstehen: Eine Einführung in ein Schlüsselproblem Sozialer Arbeit. Weinheim: Beltz Juventa.

Niemeyer, C. (2015b): Nietzsche & Co. vs. Nussbaum & Co. In: Zeitschrift für Sozialpädagogik 13. Jg., H. 1, S. 62–84.

Obrecht, W. (1998): Umrisse einer biopsychosozialen Theorie menschlicher Bedürfnisse. Geschichte, Probleme, Struktur, Funktion. Skript zur gleichnamigen Lehrveranstaltung am «Interdisziplinären Universitätslehrgang für Sozialwirtschaft, Management und Organisation sozialer Dienste (ISMOS)». 4. Auflage. Wien: Wirtschaftsuniversität Wien.

Obrecht, W. (2000): Soziale Systeme, Individuen, Soziale Probleme und Soziale Arbeit. Zu den metatheoretischen, sozialwissenschaftlichen und handlungstheoretischen Grundlagen des „systemischen Paradigmas" der Sozialen Arbeit. In: Merten, R. (Hrsg.): Systemtheorie Sozialer Arbeit. Neue Ansätze und veränderte Perspektiven. Opladen: Leske + Budrich, S. 207–223.

Obrecht, W. (2001): Das Systemtheoretische Paradigma der Sozialen Arbeit als Disziplin und als Profession. Eine transdisziplinäre Antwort auf die Situation der Sozialen Arbeit im deutschsprachigen Bereich und die Fragmentierung des professionellen Wissens. In: Zürcher Beiträge zur Theorie und Praxis Sozialer Arbeit, Band 4. Zürich: Hochschule für Soziale Arbeit, Zürich.

Obrecht, W. (2002): Umrisse einer biopsychosozialen Theorie sozialer Probleme als Beispiel einer integrativen Theorie. In: Dokumentation der Tagung: Themen der Sozialarbeitswissenschaft und ihrer transdisziplinären Verknüpfung vom 5. März 2002, S. 48–57.

Obrecht, W. (2005): Ontologischer, sozialwissenschaftlicher und sozialarbeitswissenschaftlicher Systemismus. Ein integratives Paradigma der Sozialen Arbeit. In: Hollstein-Brinkmann, H./Staub-Bernasconi, S. (Hrsg.): Systemtheorien im Vergleich – Versuch eines Dialogs. Wiesbaden: VS, S. 93–172.

Oelerich, G./Schaarschuch, A. (2020): Sozialpädagogische Nutzerforschung: Subjekt, Aneignung, Kritik. In: Rießen, A. v./Jepkens, K. (Hrsg.), S. 13–25.

Oelerich, G./Schaarschuch, A./Beer, K./Hiegemann, I. (2019): Barrieren der Inanspruchnahme sozialer Dienstleistungen. Abschlussbericht. FGW-Studie Vorbeugende Sozialpolitik 23. Düsseldorf.

Offe, C. (1975): Berufsbildungsreform. Eine Fallstudie zur Reformpolitik. Frankfurt am Main: Suhrkamp.

Olk, T./Otto, H.-U. (Hrsg.) (2003): Soziale Arbeit als Dienstleistung. München: Luchterhand.

Otto, H.-U. (1991): Sozialarbeit zwischen Routine und Innovation. Professionelles Handeln in Sozialadministrationen. Berlin und New York: de Gruyter.

Otto, H.-U. (Hrsg.) (2020): Soziale Arbeit im Kapitalismus. Weinheim und Basel: Beltz Juventa.

Otto, H.-U./Scherr, A./Ziegler H. (2010): Wie viel und welche Normativität benötigt die Soziale Arbeit? In: Neue Praxis 2/2010, S. 134–163.

Otto, H.-U./Schneider, S. (Hrsg.) (1975): Gesellschaftliche Perspektiven der Sozialarbeit. 3. Auflage [Erstauflage: 1973] 2 Bde. Neuwied: Luchterhand.

Otto, H.-U./Wohlfahrt, N./Ziegler, H. (2020): Digitalisierung und Soziale Arbeit im Kapitalismus. In: Otto, H.-U. (Hrsg.): Soziale Arbeit im Kapitalismus. Weinheim und Basel: Beltz Juventa, S. 204–220.

Otto, H.-U./Ziegler, H. (2006): Capabilities and Education. In: Social Work & Society, Vol. 4, No. 2, S. 269–287.

Otto, H.-U./Ziegler, H. (2010): Capabilities-Ansatz als neue Orientierung in der Erziehungswissenschaft. In: dies. (Hrsg.), S. 9–13.

Otto, H.-U./Ziegler, H. (Hrsg.) (2008): Capabilities. Handlungsbefähigung und Verwirklichungschancen in der Erziehungswissenschaft. Wiesbaden: VS.

Payne, M. S. (1991): Modern social work theory. A critical introduction. Chicago: Macmillan.

Peters, H. (1965): Das Verhältnis von Wertsystem und Sozialwissenschaften innerhalb der beruflichen Sozialarbeit. In: Soziale Welt 16, H. 3, S. 246–259.

Peters, H. (1968): Moderne Fürsorge und ihre Legitimation. Eine soziologische Analyse der Sozialarbeit. Köln und Opladen: Westdeutscher Verlag.

Peters, H. (1969): Sozialwissenschaftliche Kritik an den „Theorien" der Sozialarbeit. In: Moderne Sozialarbeit 2, S. 12–27.

Peters, H. (1970): Die misslungene Professionalisierung der Sozialarbeit. In: Kölner Zeitschrift für Soziologie und Sozialpsychologie 22, S. 335–355.

Peters, H. (1975): Die politische Funktionslosigkeit der Sozialarbeit und die „pathologische" Definition ihrer Adressaten. In: Otto/Schneider (Hrsg.), 1. Bd., S. 151–164.

Peters, H./Cremer-Schäfer, H. (1975): Die sanften Kontrolleure. Wie Sozialarbeiter mit Devianten umgehen. Stuttgart: Enke.

Pfaffenberger, H. (2009): Gibt es eine Sozialarbeitswissenschaft? In: Birgmeier, B./Mührel, E. (Hrsg.): Die Sozialarbeitswissenschaft und ihre Theorie(n). Positionen, Kontroversen, Perspektiven. Wiesbaden: VS, S. 17–28.

Preuß, U. K. (1975): Bildung und Herrschaft. Frankfurt am Main: Fischer.

Promberger, M. (2010): Hartz IV im sechsten Jahr. In: Aus Politik und Zeitgeschichte 48, S. 10–17.

Rabe-Kleberg, U. (1990): Sozialer Beruf und Geschlechterverhältnisse. Oder: Soziale Arbeit zu einem Beruf für Frauen machen! In: Cremer, C./Bader, C./Dudek, A. (Hrsg.): Frauen in sozialer Arbeit. Weinheim und München: Juventa, S. 60–71.

Randgruppenkonferenz in Berlin (1970). Berichte und Materialien. Themenheft der Zeitschrift „Rote Presse Korrespondenz" 2, Nr. 54.

Rauschenbach, T./Treptow, R. (1984): Sozialpädagogische Reflexivität und gesellschaftliche Rationalität. In: Müller, S. (Hrsg.): Handlungskompetenz in der Sozialarbeit, Sozialpädagogik – Teil 2: Theoretische Konzepte und gesellschaftliche Strukturen. Bielefeld: AJZ, S. 21–71.

Rauschenbach, T./Züchner, I. (2005): Theorie der Sozialen Arbeit. In: Thole W. (Hrsg.): Grundriss Soziale Arbeit. Wiesbaden: VS, S. 139–160.

Resch, Chr./Wagner, Th. (Hrsg.) (2019): Migration als soziale Praxis. Kämpfe um Autonomie und repressive Erfahrungen. Münster: Westfälisches Dampfboot.

Reyer, J. (2002): Kleine Geschichte der Sozialpädagogik. Baltmannsweiler: Schneider Verlag Hohengehren.

Richter, H. (1984/1986): Verstehen oder Kolonialisieren? Eine falsche Alternative. In: Müller, S./Otto, H.-U. (Hrsg.), S. 151–160.

Rießen, A. v. (2020a): Die Analyse von Nutzen – ein integriertes Modell der Nutzenstrukturierung oder Nachdenken über die Ambivalenz des Subjektes in der Nutzer*innenforschung. In: Rießen, A. v./Jepkens, K. (Hrsg.), S. 27–40.

Rießen, A. v. (2020b): Eine räumliche Analyse: der (Nicht-)Nutzen theaterpädagogischer Maßnahmen im Übergang zwischen Schule und Erwerbsarbeit. In: Rießen, A. v./Jepkens, K. (Hrsg.), S. 123–139.

Rießen, A. v./Jepkens, K. (Hrsg.) (2020): Nutzen, Nicht-Nutzen und Nutzung Sozialer Arbeit. Wiesbaden: Springer VS.

Ritter, G. A. (2006): Der Preis der deutschen Einheit. Die Wiedervereinigung und die Krise des Sozialstaats. München: C. H. Beck.

Röh, D. (2012): Daseinsmächtigkeit, Lebensqualität und die Funktion Sozialer Arbeit. In: Neue Praxis 2/2012, S. 217–225.

Röh, D. (2016): Soziale Arbeit, Gerechtigkeit und das gute Leben. Eine Handlungstheorie zur daseinsmächtigen Lebensführung auf Basis des Capabilities Approachs. In: Borrmann, S./Spatscheck, C./ Sagebiel, J./Michel-Schwartze, B. (Hrsg.): Die Wissenschaft Soziale Arbeit im Diskurs. Opladen, Berlin, Toronto: B. Budrich, S. 217–232.

Rössner, L. (1971a): Entwurf einer Theorie der Sozialarbeit. In: Archiv für Wissenschaft und Praxis der sozialen Arbeit 2, S. 196–223.

Rössner, L. (1971b): Der Begriff der Dissozialisation als Ausgangspunkt für die Konstruktion einer Theorie der Sozialarbeit. In: Pädagogik und Schule in Ost und West 19, S. 65–72.

Rössner, L. (1973): „Resozialisation" und „tertiäre Sozialisation". Ein begriffsanalytischer Beitrag zu einer Theorie der Sozialarbeit. In: Archiv für Wissenschaft und Praxis der sozialen Arbeit, H. 4, S. 71–98.

Rössner, L. (1975a): Theorie der Sozialarbeit. 2. Auflage. [Erstauflage: 1973]. München und Basel: Ernst Reinhardt.

Rössner, L. (1975b): Rationalistische Pädagogik. Stuttgart, Berlin, Köln, Mainz: Kohlhammer.

Rössner, L. (1977): Erziehungs- und Sozialarbeitswissenschaft. München und Basel: Ernst Reinhardt.

Rössner, L. (1977): Sozialarbeits-Praxis und sozialarbeitswissenschaftliche Forschung. In: Wollenweber, H. (Hrsg.) (1983): Sozialpädagogische Theoriebildung. Quellenband. Paderborn, München, Wien, Zürich: Schöningh, S. 132–159.

Roth, H. (1958): Die Bedeutung der empirischen Forschung für die Pädagogik. In: Thiersch, H./ Tütken, H. (Hrsg.): Erziehungswissenschaft, Erziehungsfeld und Lehrerbildung. Gesammelte Abhandlungen, Heinrich Roth 1957–1967. Hannover u. a.: Schroedel, S. 9–56.
Roth, H. (1962): Die realistische Wendung in der pädagogischen Forschung. In: In: Thiersch, H./ Tütken, H. (Hrsg.): Erziehungswissenschaft, Erziehungsfeld und Lehrerbildung. Gesammelte Abhandlungen, Heinrich Roth 1957–1967. Hannover u. a.: Schroedel, S. 113–125.
Rudloff, W./Schliehe, F. (2008): Rehabilitation und Hilfen für Behinderte. In: Geyer, M. H. (Hrsg.): Geschichte der Sozialpolitik in Deutschland seit 1945. Band 6: Bundesrepublik Deutschland 1974–1982. Neue Herausforderungen, wachsende Unsicherheiten. Baden Baden: Nomos, S. 583–604.
Sachße, C. (1984): Die Pädagogisierung der Gesellschaft und die Professionalisierung der Sozialarbeit. In: Müller, S./Otto, H.-U./Peter, H./Sünker, H. (Hrsg.): Handlungskompetenz in der Sozialarbeit/ Sozialpädagogik. 2. Band. Bielefeld: AJZ, S. 283–295.
Sachße, C. (2018): Die Erziehung und ihr Recht. Weinheim und Basel: Beltz Juventa.
Sachße, C./Tennstedt, F. (2005): Sozialpolitik. In: Kreft, D./Mielenz, I. (Hrsg.): Wörterbuch Soziale Arbeit. 5. Auflage. Weinheim und München: Juventa, S. 855–861.
Sachße, C./Tennstedt, F. (2012): Fürsorge und Wohlfahrtspflege in der Nachkriegszeit 1945–1953. [Geschichte der Armenfürsorge Bd. 4]. Stuttgart: Kohlhammer.
Sagebiel, J. (2006): „Mensch in der Gesellschaft sein“. Soziale Probleme und Soziale Arbeit – zentrale Themen einer Sozialarbeitswissenschaft nach Silvia Staub-Bernasconi. München. http://w3-mediapool.hm.edu/mediapool/media/fk11/fk11_lokal/forschungpublikationen/publikationen_4/dokumente_44/sagebiel/Sagebiel-2006-Mensch_in_der_Gesellschaft_sein.pdf (Abfrage: 11.11.2014).
Sagebiel, J./Pankofer, S. (2015): Soziale Arbeit und Macht. Freiburg i. Br.: Lambertus.
Sahle, R. (2004): Paradigmen der Sozialen Arbeit. In: Archiv für Wissenschaft und Praxis der sozialen Arbeit 33. Jg., H. 4/2002 S. 42–74.
Salomon, A. (1921): Leitfaden der Wohlfahrtspflege. Berlin und Leipzig: B. G. Teuber.
Salomon, A. (1926): Soziale Diagnose. Berlin: Carl Heymann.
Salomon, A. (1927): Die Ausbildung zum sozialen Beruf. Berlin: Carl Heymann.
Sandermann, Ph./Neumann, S. (2018a): Grundkurs Theorien der Sozialen Arbeit. München: Ernst Reinhard.
Sandermann, Ph./Neumann, S. (2018b): Normativität(en) im Spannungsfeld von Theorieproduktion und Theorieklassifikation in der Sozialen Arbeit. In: Krieger, W./Kraus, B. (Hrsg.): Normativität und Wissenschaftlichkeit in der Wissenschaft Soziale Arbeit. Weinheim und Basel: Beltz Juventa, S. 194–218.
Schaarschuch, A. (1990): Zwischen Regulierung und Reproduktion. Gesellschaftliche Modernisierung und die Perspektiven sozialer Arbeit. Bielefeld: K. Böllert, KT-Verlag.
Schaarschuch, A. (1996): Soziale Arbeit in guter Gesellschaft? Gesellschaftliche Modernisierung und die „Normalisierung“ der Sozialpädagogik. In: Zeitschrift für Pädagogik 42, H. 6, S. 853–868.
Schaarschuch, A. (1998): Theoretische Grundelemente Sozialer Arbeit als Dienstleistung. Perspektiven eines sozialpädagogischen Handlungsmodus. Habilitationsschrift, Universität Bielefeld, Fakultät für Pädagogik.
Schaarschuch, A. (1999a): Theoretische Grundelemente Sozialer Arbeit als Dienstleistung. Ein analytischer Zugang zur Neuorientierung Sozialer Arbeit. In: Neue Praxis 6/1999, S. 543–560.
Schaarschuch, A. (1999b): Integration ohne Ende? Soziale Arbeit in der gespaltenen Gesellschaft. In: Treptow, R./Hörster, R. (Hrsg.): Sozialpädagogische Integration. Entwicklungsperspektive und Konfliktlinien. Weinheim: Juventa, S. 57–68.
Schaarschuch, A. (2003a): Die Privilegierung des Nutzers. Zur theoretischen Begründung sozialer Dienstleistung. In: Olk, T./Otto, H.-U. (Hrsg.): Soziale Arbeit als Dienstleistung. München: Luchterhand, S. 150–169.
Schaarschuch, A. (2003b): Am langen Arm. Formwandel des Staates, Staatstheorie und Soziale Arbeit im entwickelten Kapitalismus. In: Homfeldt, H. G./Schulze-Krüdener, J. (Hrsg.): Handlungsfelder Sozialer Arbeit. Baltmannsweiler: Schneider Verlag Hohengehren, S. 36–65.
Schaarschuch, A. (2006): Der Nutzer Sozialer Dienstleistungen als Produzent des „Sozialen“. In: Badawie, T./Luckas, H./Müller, H. (Hrsg.): Das Soziale gestalten. Über Mögliches und Unmögliches in der Sozialpädagogik. Wiesbaden: VS, S. 81–93.

Schaarschuch, A. (2010): Nutzerorientierung – der Weg zur Professionalisierung Sozialer Arbeit? In: Hammerschmidt, P./Sagebiel, J. (Hrsg.): Professionalisierung im Widerstreit. Zur Professionalisierungsdiskussion in der Sozialen Arbeit – Versuch einer Bilanz. Neu-Ulm: AG-SPAK-Bücher, S. 149–160.
Schaarschuch, A. (2019): Entfremdung vom Sozialen. Elemente einer Gegenstandbestimmung der Sozialpädagogik. In: ZfSP 17, H. 3, S. 251–265.
Schaarschuch, A. (2020): Die Nutzerinnen und Nutzer Sozialer Arbeit im Kapitalismus. In: Otto, H.-U. (Hrsg.): Soziale Arbeit im Kapitalismus. Weinheim und Basel: Beltz Juventa, S. 195–203.
Schaarschuch, A./Oelerich, G. (2005a): Theoretische Grundlagen und Perspektiven sozialpädagogischer Nutzerforschung. In: dies. (Hrsg.): Soziale Dienstleistungen aus Nutzersicht. Zum Gebrauchswert Sozialer Arbeit. München und Basel: Ernst Reinhardt, S. 9–25.
Schaarschuch, A./Oelerich, G. (2005b): Der Nutzen Sozialer Arbeit. In: dies. (Hrsg.): Soziale Dienstleistungen aus Nutzersicht. Zum Gebrauchswert Sozialer Arbeit. München und Basel: Ernst Reinhardt, S. 80–98.
Schaarschuch, A./Schnurr, S. (2004): Konflikte um Qualität. Konturen eines relationalen Qualitätsbegriffs. In: Beckmann, C. (Hrsg.): Qualität in der Sozialen Arbeit. Zwischen Nutzerinteressen und Kostenkontrolle. Wiesbaden: VS, S. 309–321.
Scherpner, H. (1962): Theorie der modernen Fürsorge. Göttingen: Vandenhoeck und Ruprecht.
Scherr, A. (2001): Soziale Arbeit als organisierte Hilfe in der funktional differenzierten Gesellschaft. In: Tacke, V. (Hrsg.): Organisation und gesellschaftliche Differenzierung. Opladen: Westdeutscher Verlag, S. 215–235.
Scherr, A. (2020): Keine 11. These mehr? Niklas Luhmann als kritischer Theoretiker der Gegenwartsgesellschaft. In: ders. (Hrsg.): Systemtheorie und Differenzierungstheorie als Kritik. 2. Auflage. Weinheim, Basel: Beltz Juventa; S. 47–74
Schetsche, M. (2000): Wissenssoziologie sozialer Probleme. Wiesbaden: VS Verlag für Sozialwissenschaften.
Schetsche, M. (2008): Empirische Analyse sozialer Probleme. Wiesbaden: VS Verlag für Sozialwissenschaften.
Schierz, S. (2015): Diagnostizieren und Dokumentieren? Risikoorientierung und Informatisierung der Bewährungshilfepraxis als Teil einer neuen Kontrollkultur. In: Kutscher, N./Ley, Th./Seelmeyer, U. (Hrsg.): Mediatisierung (in) der Sozialen Arbeit. Baltmannsweiler: Schneider-Verlag Hohengehren, S. 208–222.
Schildt, A./Siegfried, D. (2009): Deutsche Kulturgeschichte. Die Bundesrepublik – 1945 bis zur Gegenwart. Bonn: Bpb.
Schmidt, H.-L. (1991): Theorien der Sozialpädagogik. Kritische Bestandsaufnahme vorliegender Entwürfe und Konturen eines handlungstheoretischen Neuansatzes. Rheinstetten: Schindele.
Schneiders, H. R. (1977): Handlungsspielräume in der Sozialarbeit. Bielefeld: AJZ.
Scholten, L./Rießen, A. v./Jepkens, K. (2020): Räume der Integration? Orte aus der Perspektive Jugendlicher und junger Erwachsener mit Fluchtgeschichte. In: Rießen, A. v./Jepkens, K. (Hrsg.), S. 221–238.
Schönig, W. (2018): Der Prozess als Kern der Theorie Sozialer Arbeit. In: Soziale Arbeit 67, H. 11, S. 414–423.
Schumacher, T. (2018): Mensch und Gesellschaft im Handlungsraum der Sozialen Arbeit. Weinheim und Basel: Beltz Juventa.
Sozialistisches Büro (Hrsg.) (2000): Der kontraktuelle Sozialstaat. Herrschaft des Managements? Ende der Profession? Bielefeld: Kleine. [Widersprüche, Heft 77].
Spatscheck, C. /Borrmann, S. (2021) (Hrsg.): Architekturen des Wissen. Wissenschaftstheoretische Grundpositionen im Theoriediskurs der Sozialen Arbeit. Weinheim, Basel: Beltz Juventa
Spatscheck, Chr./Steckelberg, C. (Hrsg.) (2018): Menschenrechte und Soziale Arbeit. Konzeptionelle Grundlagen, Gestaltungsfelder und Umsetzung einer Realutopie. Opladen, Berlin. Toronto: B. Budrich.
Staub-Bernasconi, S. (2019): Menschenwürde, Menschenrechte, Soziale Arbeit. Opladen, Berlin, Toronto: B. Budrich.
Staub-Bernasconi, S. (1986): Soziale Arbeit als eine besondere Art des Umgangs mit Menschen, Dingen und Ideen. Zur Entwicklung einer handlungstheoretischen Wissensbasis Sozialer Arbeit. In:

Schweizerischer Berufsverband dipl. Sozialarbeiter und Erzieher (Hrsg.): Sozialarbeit 18, H. 10, S. 2–71.
Staub-Bernasconi, S. (1994): Soziale Arbeit als Gegenstand von Theorie und Wissenschaft. In: Wendt, W. R. (Hrsg.): Sozial und wissenschaftlich arbeiten. Status und Positionen der Sozialarbeitswissenschaft. Freiburg: Lambertus, S. 75–104.
Staub-Bernasconi, S. (1995): Systemtheorie, soziale Probleme und Soziale Arbeit. Lokal, national, international, oder: Vom Ende der Bescheidenheit. Bern: P. Haupt.
Staub-Bernasconi, S. (1997): Soziale Arbeit als Menschenrechtsprofession. In: Hochstrasser, F./Matt von, H.-K./Grossenbacher, S./Oetiker, H. (Hrsg.): Die Fachhochschule für Soziale Arbeit. Bildungspolitische Antwort auf soziale Entwicklungen. Bern: Haupt, S. 313–340.
Staub-Bernasconi, S. (1998a): Soziale Probleme, Soziale Berufe, Soziale Praxis. In: Heiner, M./Meinhold, M./Spiegel, H. (Hrsg.): Methodisches Handeln in der Sozialen Arbeit. 4. Auflage. Freiburg: Lambertus, S. 11–137.
Staub-Bernasconi, S. (1998b): Soziale Arbeit als Menschenrechtsprofession. In: Wöhrle, A. (Hrsg.): Profession und Wissenschaft Sozialer Arbeit. Pfaffenweiler: Centaurus, S. 305–332.
Staub-Bernasconi, S. (2000a): Soziale Arbeit: In: Stimmer, F. (Hrsg.): Lexikon der Sozialpädagogik und der Sozialarbeit. 4. Auflage. München und Wien: Oldenbourg, S. 619–625.
Staub-Bernasconi, S. (2000b): Soziale Arbeit als Menschenrechtsprofession: In: Stimmer, F. (Hrsg.): Lexikon der Sozialpädagogik und der Sozialarbeit. 4. Auflage. München und Wien: Oldenbourg, S. 626–632.
Staub-Bernasconi, S. (2000c): Systemische Soziale Arbeit: In: Stimmer, F. (Hrsg.): Lexikon der Sozialpädagogik und der Sozialarbeit. 4. Auflage. München und Wien: Oldenbourg, S. 737–740.
Staub-Bernasconi, S. (2000d): Systemtheorie: In: Stimmer, F. (Hrsg.): Lexikon der Sozialpädagogik und der Sozialarbeit. 4. Auflage. München und Wien: Oldenbourg, S. 740–747.
Staub-Bernasconi, S. (2003): Soziale Arbeit als (eine) „Menschenrechtsprofession". In: Sorg, R. (Hrsg.): Soziale Arbeit zwischen Politik und Wissenschaft. Münster, Hamburg, London: Lit, S. 17–54.
Staub-Bernasconi, S. (2007): Soziale Arbeit als Handlungswissenschaft. Bern, Stuttgart, Wien: Haupt.
Staub-Bernasconi, S. (2010): Professionalisierung der Sozialen Arbeit – Ein uneingelöstes Versprechen. In: Hammerschmidt, P./Sagebiel, J. (Hrsg.): Professionalisierung im Widerstreit. Zur Professionalisierungsdiskussion in der Sozialen Arbeit – Versuch einer Bilanz. Neu-Ulm: AG-SPAK, S. 115–132.
Staub-Bernasconi, S. (2012): Soziale Arbeit und Soziale Probleme. In: Thole, W. (Hrsg.): Grundriss Soziale Arbeit. Ein einführendes Handbuch. 4. Auflage. Wiesbaden: VS, S. 267–282.
Stecklina, G. (2013): Geschlecht als Kategorie sozialarbeiterischer Theorieentwicklung. In: Sabla, K.-P./ Plößer, M. (Hrsg.): Gendertheorien und Theorien Sozialer Arbeit. Opladen, Berlin, Toronto: B. Budrich, S. 41–59.
Steinacker, S. (2011): Kritik – Solidarität – Alternativen. Sozialarbeitsbewegung und Jugendhilfe in den sechziger und siebziger Jahren. In: Dollinger, B./Schabdach, M. (Hrsg.): Zugänge zur Geschichte der Sozialpädagogik und Sozialarbeit. Siegen: Universitätsverlag Siegen, S. 205–222.
Streck, R. (2020): Zwischen Zugriff und Abwehr. Nutzungsstrategien offener Drogenarbeit. In: Rießen, A. v./Jepkens, K. (Hrsg.) S. 239–258.
Streeck, W. (2013): Gekaufte Zeit. Die vertagte Krise des demokratischen Kapitalismus. Berlin: Suhrkamp.
Stüwe, G./Ermel, N. (2019): Lehrbuch Soziale Arbeit und Digitalisierung. Weinheim und Basel: Beltz Juventa.
Sünker, H. (1984): Bildungstheorie und Erziehungspraxis. Bielefeld: Kleine.
Sünker, H. (Hrsg.) (1989): Bildung, Alltag und Subjektivität. Elemente zu einer Theorie der Sozialpädagogik. Weinheim: DSV.
SVR (2019): Bewegte Zeiten: Rückblick auf die Integrations- und Migrationspolitik der letzten Jahre. Jahresgutachten 2019. Berlin: Sachverständigenrat deutscher Stiftungen für Integration und Migration (SVR).
SVR (2020): Fakten zur Asylpolitik 2019/2020. www.svr-migration.de/publikationen/fakten-zur-asylpolitik/ (Abfrage: 20.09.2020).
Tennstedt, F. (2003): Geschichte des Sozialrechts. In: Maydell, B./Ruland, F. (Hrsg.): Sozialrechtshandbuch. Marburg: Nomos, S. 24–80.

Thiersch, H./Grunwald, K. (Hrsg.) (1995): Zeitdiagnose Soziale Arbeit. Zur wissenschaftlichen Leistungsfähigkeit der Sozialpädagogik in Theorie und Ausbildung. Weinheim und München: Juventa.

Thiersch, H./Grunwald, K./Köngeter, S. (2012): Lebensweltorientierte Soziale Arbeit. In: Thole, W. (Hrsg.): Grundriss Soziale Arbeit. Wiesbaden: VS, S. 175–196.

Thole, W. (2002): Soziale Arbeit als Profession und Disziplin. In: Thole, W. (Hrsg.): Grundriss Soziale Arbeit. Ein einführendes Handbuch. Opladen: Leske + Budrich, S. 13–59.

Thole, W. (2005): Soziale Arbeit als Profession und Disziplin. In: Thole, W. (Hrsg.): Grundriss Soziale Arbeit. Ein einführendes Handbuch. 2. Auflage. Wiesbaden: VS, S. 13–60.

Thole, W. (Hrsg.) (2005): Grundriss Soziale Arbeit. Ein einführendes Handbuch. 2. Auflage. Wiesbaden: VS.

Thole, W./Galuske, M./Gängler, H. (Hrsg.) (1998): KlassikerInnen der Sozialen Arbeit. Sozialpädagogische Texte aus zwei Jahrhunderten – ein Lesebuch. Neuwied und Kriftel: Luchterhand.

Treptow, R./Hörster, R. (Hrsg.) (1999): Sozialpädagogische Integration: Entwicklungsperspektiven und Konfliktlinien. Weinheim und München: Juventa.

Vogel, M. R. (1960): Das Jugendamt im gesellschaftlichen Wirkungszusammenhang. Ein Forschungsbericht. Köln und Berlin: Heymann.

Voges, W./Jürgens, O./Mauer, A./Meyer, E. (2003): Methoden und Grundlagen des Lebenslagenansatzes. Endbericht. Bremen. www.bmas.de/SharedDocs/Downloads/DE/PDF-Publikationen/forschungsprojekt-a350-methoden-und-grundlagen-des-lebenslagenansatzes.pdf;jsessionid=230DC9BB1709A8D8D8C98308E8D2CB29?__blob=publicationFile (Abfrage: 21.10.2013).

Weber, G./Hillebrandt, F. (1999): Soziale Hilfe – ein Teilsystem der Gesellschaft? Wissenssoziologische und systemtheoretische Überlegungen. Opladen: Westdeutscher Verlag.

Weber, S. (2014): Leistungsverträge in der Behindertenhilfe. Wohlfahrtspflege zwischen Tradition und Ökonomisierungserwartung. Marburg: Tectum.

Weber, S. (2015): Soziale Arbeit in der Behindertenhilfe – Professionalität zwischen institutioneller Verantwortungsübernahme und Begleitung zur Selbstbestimmung. In: Sagebiel, J./Hammerschmidt, P./Daiminger, C. (Hrsg.): Gesundheit und Soziale Arbeit. Neu-Ulm: AG-Spak, S. 129–144.

Weisser, G. (1978): Sozialpolitik. In: Katterle, S./Mudra, W./Neumann, L. F. (Hrsg.): Gerhard Weisser – Beiträge zur Gesellschaftspolitik. Göttingen: Otto Schwartz & Co., S. 275–283.

Wendt, W. R. (1982): Ökologie und soziale Arbeit. Stuttgart: F. Enke.

Wendt, W. R. (1999): Müssen die Klassiker deutsch sein? In: Sozialwissenschaftliche Literatur-Rundschau 22, H. 38, S. 31–40.

Wendt, W. R. (2008): Die Profession im Wandel ihrer Verhältnisse. Geschichte der Sozialen Arbeit 2. Bd., 5., völlig neu bearb. Auflage. Stuttgart: Lucius & Lucius.

Wendt, W. R. (2018): Wirtlich handeln in Sozialer Arbeit. Die ökosoziale Theorie in Revision. Opladen, Berlin, Toronto: B. Budrich.

Weser, M. (2020): Neue Perspektiven auf alte Debatten: Soziale Arbeit als Menschenrechtsprofession. In: Widersprüche 40, H. 157, S. 101–112.

Wetterer, A. (2002): Arbeitsteilung und Geschlechterkonstruktion. Gender at Work in theoretischer und historischer Perspektive. Konstanz: UVK.

Wiggershaus, R. (1989): Die Frankfurter Schule. 2. Auflage. München: dtv.

Willing, M. (2007): Sozialhilfe. In: Ritter, G. A. (Hrsg.): Geschichte der Sozialpolitik in Deutschland seit 1945. Band 11: Bundesrepublik Deutschland 1989–1994. Sozialpolitik im Zeichen der Vereinigung. Baden-Baden: Nomos, S. 765–800.

Winkler, M. (1984): Pädagogische Denktradition und Handlungskompetenz – Längere Notiz im Blick auf eine mögliche Theorie der Sozialpädagogik. In: Müller, S. (Hrsg.): Handlungskompetenz in der Sozialarbeit, Sozialpädagogik. Band 2: Theoretische Konzepte und gesellschaftliche Strukturen. Bielefeld: AJZ, S. 215–230.

Winkler, M. (1988): Eine Theorie der Sozialpädagogik über Erziehung als Rekonstruktion der Subjektivität. Stuttgart: Klett-Cotta.

Winkler, M. (1993): Hat die Sozialpädagogik Klassiker? In: Neue Praxis 3/1993, S. 171–183.

Winkler, M. (2002): Klaus Mollenhauer. Ein pädagogisches Porträt. Weinheim und Basel: Beltz.

Winkler, M. (2003): Theorie der Sozialpädagogik – eine Rekonstruktion. In: Zeitschrift für Sozialpädagogik 1, H. 1, S. 6–24.

Winkler, M. (2006): Kleine Skizze einer revidierten Theorie der Sozialpädagogik. In: Badawia, T./Luckas, H./Müller, H. (Hrsg.): Das Soziale gestalten. Über Mögliches und Unmögliches der Sozialpädagogik. Wiesbaden: VS, S. 55–80.

Winkler, U./Schmuhl, H.-W. (2011): Heimwelten: Quellen zur Geschichte der Heimerziehung in den Mitgliedseinrichtungen des Diakonischen Werkes der Ev.-Luth. Landeskirche Hannover e. V. von 1945 bis 1978. Bielefeld: Verlag für Regionalgeschichte.

Wollenweber, H. (Hrsg.) (1983a): Modelle sozialpädagogischer Theoriebildung. Paderborn, München, Wien, Zürich: Schöningh.

Wollenweber, H. (Hrsg.) (1983b): Sozialpädagogische Theoriebildung. Quellenband. Paderborn, München, Wien, Zürich: Schöningh.

Zander, H. (1975): Sozialarbeit und Armut – Der Begriff der Armut in seiner Bedeutung für eine marxistische Theorie der Sozialarbeit. In: Schneider, S./Otto, H.-U. (Hrsg.): Gesellschaftliche Perspektiven der Sozialarbeit. Neuwied: Luchterhand, S. 233–266.

Ziegler, H. (2018): Jenseits der „fact-value dichotomy: Normative Elemente einer kritisch-realistischen Theorie Sozialer Arbeit. In: Krieger, W./Kraus, B. (Hrsg.): Normativität und Wissenschaftlichkeit in der Wissenschaft Soziale Arbeit. Weinheim und Basel: Beltz Juventa, S. 219–235.

Zuboff, S. (2018): Das Zeitalter des Überwachungskapitalismus. Frankfurt und New York: Campus.